历史的回声

二战遗产与现代东亚秩序

牛军 主编

人民出版社

目　录

序 言

今年是世界反法西斯战争胜利七十周年，这一历史性时刻再次激发了世界各国、各地不同的人群从不同的角度、带着非常不同的感受和心情，回忆与思考 70 多年前发生的第二次世界大战及其结局、遗产和深远影响。那次战争使全世界 60 多个国家、20 多亿人口卷入，是迄今为止规模最大、烈度最高、对生命的杀戮最惨烈、对物质财产破坏最严重的战争，各种毁灭的程度超过了人类历史上任何一次战争。可以设想，如果没有进步人类的抵抗与通力合作取得最后的胜利，那场战争完全有可能使数千年累积发展的人类文明毁于一旦。今天国际社会集体纪念 70 年前取得的伟大胜利，确实应该为生活在和平的时代感到庆幸，因此也特别要深切悼念当年反抗法西斯侵略和奴役而牺牲的先烈们，缅怀那些在黑暗时刻看清历史前进的方向并促使进步人类团结合作、共同奋斗的先贤们。国际社会应感激这些人不屈不挠的奋斗和作出的牺牲，也应悼念那些死于战火之中的无辜生命。

正是由于二战如此严重地破坏了人类文明的进程，给人民的生命财产造成了空前的毁损，以及进步人类为打败法西斯付出如此巨大的代价，任何对反法西斯战争的纪念和对前人的缅怀，都必须也不可能不导致甚至最终聚焦到如何认识那场战争，包括它爆发的根源、战争进程、结局及其短期后果和深远影响。编写这本书的目的就是要提供部分优秀的中国历史学者对二战的历史遗产及其长远影响等研究与思考，他们的工作对于理解二战以及二战与我们今天的社会生活，包括物质的尤其是精神层面的巨大影响等，是至关重要的。

客观地说，相当长时间以来，在中国学术界，对二战的研究一直在进步，但并不很受重视和关注。相比较一些国家不断推出的有关二战的各个方面的皇皇巨著，在中国研究成果少而且少有高质量的论著。中国学术界应有紧迫感和更多的责任感，毕竟，中国是受法西斯侵略与奴役最严重、持续时间最长、牺牲最惨重的国家，中国军民进行了长达八年的全面抗战，比世界上任何一个反法西斯国家的战斗时间都长，为法西斯战争的最后胜利作出了伟大的贡献。简而言之，不全面深刻地理解二战，无法写好中国的抗日战争，甚至无法深刻理解战后中国的命运。

今天，当中国走在与世界融为一体的进程中，更有必要也不可避免地要站在世界的层面、从世界反法西斯战争的全局，思考和书写那段历史。如果将中国与世界关系融合的规模与速度所提出的客观要求相对照，系统全面研究二战历史可以说是有相当紧迫性的。当然，在实用的层面，二战研究的深入还有助于避免在对外交往中出现不得体甚至不正确的表述，减少与其他有关国家的误解，加深与世界的交往。这绝不是无关紧要的，通常国际社会会根据一个国家对二战的认识和论述，确定它对历史的认知程度和水平，而那些认知都在反映一国的软力量的质量。

二战对世界的影响可以大致分成物质的和精神的两个层面。这体现在世界政治中，可以体现在人、社会、国家、地区和全球等多个层次，以及它们共同构成的国际体系等等之中。本书的主要内容是从世界政治和国际关系的层面，解读和反思二战的起源及其对战后的持久影响。本书作者之一时殷弘教授认为，二战对战后人类社会发展的影响最为重要的有两点，即"它带来了新的国际政治格局，建立了新的世界秩序"。由此产生的问题一目了然，首先就是二战的起源问题。第一次世界大战后的旧秩序是什么，它为什么不足以维护永久和平，或者说就是这个秩序酝酿出二战的苦酒？一战的结果是如此惨烈，给人类社会造成了对战争如此巨大的恐惧，但更为惨烈的二战如此快地接踵而至，那么一战后的秩序到底是如何被破坏的，这可以避免吗？

其次是二战后的世界秩序是如何在战争中酝酿和提出的，其核心理念到底是什么，对战后的"长和平"状态（指没有再发生大国之间的大规模战争和世界战争）到底产生了何种影响，或者说留下了哪些遗产？在这方面，国内的论著对过程的描述性研究不少，但对这方面观念历史的研究则几乎空白。这种情况有可能造成不完全合理的认知。对国际社会在一场几乎遍及全球的战争中的重要思考——它的基本内容诸如永久和平、民族自决、人权和民主等，在逻辑上必然包括了基于进步人类共同利益和普遍原则的思考——和行为等，如果能做更为系统深刻的辨识、分析和阐述，就有助于避

3

免出现片面的甚至是狭隘化的历史记忆和认知。这对中国人带着更为健康、积极和进取的精神与心智走向世界，并非是无关紧要的。在这方面，中国学术界的确还有很长并很艰难的路要走。

在思考和尝试回答上述那些问题时，大量历史个案研究、国家研究、人物研究、世界政治思潮的兴起和衰退的研究等，都是必需的。一本书不可能解答所有问题，甚至都不足以深刻地回答其中的一个问题，但它们的确构成了这本书的逻辑的开端。《历史的回声》主要是基于对二战的历史遗产的思考编写的，这包括了对二战发生的惨痛教训和二战胜利带给后人的积极经验。全书按照四个主题编写共八章，其中有几章是在作者以往的论著基础上改编修订而成。写作具体分工为：第一章：中国人民大学国际关系学院教授时殷弘；第二、七章：首都师范大学历史系教授徐蓝；第三章：中共中央党史研究室原副主任章百家；第四、八章：北京大学国际关系学院教授牛军；第五章：华东师范大学历史系教授戴超武；第六章：华东师范大学历史系终身教授沈志华。

第一部分是对二战起源的全面的分析和论述，包括了时殷弘教授的《何以天翻地覆：第二次世界大战的起源》和徐蓝教授的《法西斯肆虐与绥靖的破产：走向全球大战的十年》两章。这两章分别从不同的视角，全面、系统和深入地分析了二战缘起的思想、政治、经济、社会的根源，尤其深刻地阐述了一战后形成的国际体系中的结构性矛盾。两位作者对一战与二战之间的联系、各主要国家的政策和行为的作用、同盟国取得反法西斯战争胜利的重大意义，及其对对战后世界秩序的影响等重大问题，都做了重要的考察和阐述。特别是他们都阐述了中国抵抗日本侵略对世界反法西斯战争的重要贡献，对中华民族在战争期间的伟大觉醒对战后世界秩序的长远影响等，作出了独特的论述和评价。

第二部分是对战时中美关系和美国对华政策的研究，包括了章百家研究员的《不对称的同盟：太平洋战争中的中美关系》与牛军教授的《美国对华政策与调处国共矛盾失败（1944—1946）》两章。这两章的内容概括分析了中美战时同盟的兴起、特点、中美两国在同盟结构中的互动及其对中国抗战前途的重大影响。作者特别论述了抗战后期美国对华政策调整，以及美国在抗战后期和战后初期，即从1944年到1946年，两年间两次长时间直接介入中国内部事务，调处国共谈判并最终失败。美国的调处是按照其战时的战略构想来构建战后东亚秩序的重要措施，其失败对美国战后亚太政策带来了巨大和长远的影响。

第三部分包括了戴超武教授的《美国结束对日战争的战略与使用原子弹决策》和沈志华教授的《从大国合作到集团对抗：战后斯大林对外政策的转变》等两章。这两章分别阐述了二战后期和战后初期美国和苏联对外政策的内容和特点。关于美国政策的部分，主要针对杜鲁门政府有关对日本使用原子弹的决策，深入分析了杜鲁门政府的决策过程，以及该决策与美国战后的战略设想之间的关系，特别是使用原子弹对之后美国战略演变的影响。有关苏联对外政策的阐述是相当系统和全面的，为读者展示了一幅全景式的苏联对外政策的画面，对战争后期和战后初期苏联对外政策的主要内容和特征，尤其是战后初期政策转变的内部和外部原因之间的互动及其复杂性，做了非常系统和完整的阐述。

第四部分的主要内容是二战后国际秩序的缘起、形成和主要特点。这部分包括了徐蓝教授的《第二次世界大战与战后国际秩序》与牛军教授的《二战与战后东亚国际格局的缘起（1943—1955）》两章。前一章全面系统地分析了酝酿和诞生于二战中的战后国际秩序，包括联合国、布雷顿森林体系等政治和经济等各主要领域的重大事件的发生和发展的过程，以及它们对战后世界政治的深刻而积极的影响。后一章选择东亚国家的历史作用作为视角，比较系统地分析和阐述了战后东亚秩序形成过程中，东亚国家作为主角，在同大国博弈中的政策及其对东亚秩序的重大的有时甚至是决定性的影响。从东亚地区的层次、站在东亚国家的角度，观察和分析战后东亚秩序的产生与形成，是非常有意义的尝试

这本书的最初设想来自人民出版社的编辑刘敬文先生，本人应邀担任主编，从而承担了一份责任。最应该感谢的还是几位作者，他们热情和诚恳的支持和帮助令人感动。本人能在如此之短的时间完成主编应做的工作，全靠各位作者的诚恳支持和提供了高水平的研究成果。这本书是他们为纪念反法西斯战争胜利 70 周年所做的贡献，也是他们为了帮助读者深入理解 70 年前那次伟大的胜利如何影响了我们今天的生活而做的努力。本人相信，读者会从书中获得重要的历史启示。

牛　军

2015 年 7 月 25 日

第一章

何以天翻地覆：第二次世界大战的起源

第二次世界大战的惊人之处之一，就在于它的爆发距第一次世界大战结束不到一代人时间。这种被历史哲学家汤因比称作"双重战争"的现象，大大加剧了它的历史效应，使之远在单单一次大冲突所能产生效应的两倍之上。① 既广泛又整合地探究和思考这次全球大战的起源，或曰追寻何以有如此的天翻地覆，是 20 世纪世界历史考察方面的最大课题之一，从中可以产生的裨益殊为紧要，且意义深远。

一、一战在欧洲的严重后果

一战给欧洲造成了三大方面极严重的后果：生命和物质损毁、

---

① Robert L. O'Connell, *Of Arms and Men* (Oxford: Oxford University Press,1989), p.270.

精神和心理破坏以及国际格局严重失衡。后两方面是讨论的重点。

一战，特别是其极为巨大的生命和物资损毁，非常深刻地以悲观方式影响了欧洲人关于自己和西方文明的观念，使他们深深怀疑西方文明的基本方向，从而引起了现代史上几乎无与伦比的精神危机。[①] 它几乎整个摧毁了无数人心中先前激励民族主义、护国精神和战争热情的那套价值观。幻灭意识甚至支配了文学艺术领域，正统的语言和艺术表现形式在许多人那里，成了空洞无聊和虚伪的东西，不能够表达痛苦、绝望以及内心深处的其他黑暗情感。

然而，大战的心理后果并非全在于强烈否定它代表的一切，也并非全都倾向于和平主义和个人自由精神。尤其对于欧洲大陆成千上万退役兵士来说，最大的幻灭出自战后生计困难，加上照旧的社会压抑和厌烦无趣。他们怀恋战争岁月里的"尚武精神、战友情谊以及暴力行为和战斗的刺激性快感"，崇奉那些在他们看来已经或正在被庸碌无能的中产阶级及其腐朽没落的自由民主制葬送的价值——秩序、纪律、民族荣耀和英雄主义。[②] 随大战而来的上述两类心理扭曲，将作为至关重要的深层要素，促成战后欧洲国际政治的二十年危机。

---

① Ibid., p.242. 又见 R.J. Sontag, *A Broken World,1919—1939*(New York: Harper & Row,1971), p.24.

② Paul Kennedy, *The Rise and Fall of the Great Powers: Economic Change and Military Conflict from 1500 to 2000*（New York: Harper Collins Publishers,1987）, p.285. 对自由民主制的这类鄙视早在 1918 年就由斯宾格勒《欧洲的衰落》一书得到了理论表述。该书同时提倡后来被称为法西斯主义的意识形态，而且很快就售出了 10 万册。见 Pierre Renouvin, *War and Aftermath,1914—1929*(New York: Harper & Row,1968), p.127. 雷诺万：《大战及其后（1914 至 1929 年）》，第 127 页。

一战导致的最大也最深远的恶果之一，是欧洲国际力量分布严重失衡，它比欧洲遭受的巨大生命牺牲和经济损毁更难补救。[1]这也就是所谓凡尔赛体系与生俱来的致命弊端，概而言之，它既激发了德国的复仇心，又加强了德国根本的地缘战略地位，赋予德国潜在战略优势。一战可以说是一场以政治冲突开始、以宗教冲突告终的大搏杀，[2]在其进行过程中愈演愈烈的仇恨等，排除了宽容处置战败者的可能性。凡尔赛条约就是出自这不可抑阻的暴烈情绪，其压倒一切的目的在于严厉惩罚和尽量削弱德国，并且使之承受足以阻止其复兴的沉重负担。体现后一目的的赔偿条款是和约中最愚蠢、最荒谬的一部分：无视德国民众由此遭受严重困苦必然激发他们的强烈愤懑，全然不顾德国远不具有相应的缴纳能力。

不仅如此，为了提供惩罚和榨取的理由且利于长期压制，凡尔赛条约还明确地将大战责任全部归诸德国一边。这个颇可争辩的胜者判决必然使大多数德国人将凡尔赛体系视为头号国际不正义，因而在他们看来，更改这一强权秩序就成了正义追求。[3]

在如此保证了德国人的复仇心、从而铸成未来纳粹兴起的一大条件后，战胜国的政治家们又可谓浑浑噩噩地安排了一套地缘

---

[1] René Albrecht—Carrié, *A Diplomatic History of Europe since the Congress of Vienna*, revised edition（New York:Harper & Row,1973），pp.330—331.

[2] 戈登·克雷格、亚历山大·乔治：《武力与治国方略》，时殷弘、周桂银、石斌泽，商务印书馆 2004 年版，第 68 页。

[3] 使大多数德国人更加愤愤不平的是，他们相信美国总统威尔逊——大战晚期被公认的对德作战盟国方面的主要发言人——示意德国将得到宽大和公正的对待，他们还相信德国之所以投降正是由于有这样的表示，而非像事实上那样处于军事绝境。

政治格局，它足以大大便利德国未来的扩张。在处理主要由奥匈帝国的崩溃遗留下来的东欧问题时，战胜国依据的不是着眼于国际制衡的传统均势原则，而是不考虑或干脆损坏国际制衡的民族自决原则，[①] 将这个高度简单化的原则一蹴而就地贯彻于异常错综复杂的东欧。那里民族分布犬牙交错，族际敌对由来已久，经济上却构成一个自然的整体。据此划分国际疆界，就必然顾此失彼，矛盾百出。[②] 所有这些显然都大有利于凡尔赛体系的未来挑战者德国。

使事情更糟的是其他两大地缘政治现实。第一，十月革命后，苏联由于西方主流国家的排斥，以及因它自己的选择而孤立于大国体系之外，先前在东面钳制德国的唯一有效力量由此消退，更何况它和德国一样敌视凡尔赛体系；[③] 第二，国会对战后安排的强烈不满导致美国退回对欧孤立主义状态。尽管一战已经表明，没有它的全力援助，即使英法俄三国加起来也不足以压倒德国。所有这些，加上在人口和经济技术水平方面全欧差不多首屈一指的巨大潜能，使战败了的德国的潜在战略优势实际上超过战前任何时候。

---

① 参见 Henry A. Kissinger, *Diplomacy* (New York: Simon & Schuster,1994), p.222；E.J. Hobsbawm, *Nations and Nationalism since 1780*, 2nd edition (Cambridge: Cambridge University Press,1992), pp.132—133.

② Ibid., p.86; Kissinger, *Diplomacy*, p.240; Ludwig Dehio, *The Precarious Balance: Four Centuries of European Power Struggle* (New York: Alfred A. Knopf,1962), p.247.

③ 包括和德国一样敌视波兰的恢复，从而在某种意义上准备了它们日后合作消灭波兰。德国陆军首脑冯·塞克特早在 1922 年就预言了这一点。见 William L. Shirer, *The Rise and Fall of the Third Reich* (New York: Simon & Schuster,1960), p.616.

二、大战在欧洲的缘起

1. 英法歧异与法国强硬预防政策的破产

英国作为最主要的欧洲战胜国，理应是凡尔赛体系的首要维护者。然而，它既不明白这个体系的存活条件，也没有意愿为其延续做任何努力。一堆异常混乱的幻想、情绪和谬算等，支配了英国的战后欧洲政策。首先是一种自满自得的虚幻的安全感。如果说战前德国追求制海权的凶猛势头令英国深感恐惧，那么现在德国海军的夭折则使英国高枕无忧，以为大可恢复到尽可能少对欧洲大陆承担军事和政治义务的传统态势。漠视德国巨大的潜在军事能力，不相信可能有中长期意义上的德国威胁，英国可谓根本缺乏安全警觉。对已经执迷于新世界秩序幻想的英国来说，基于辨认具体的安全威胁的国家安全观已是陈腐过时之物。自由国际主义已牢固地确立为英国主流的对外政策思想，导致它不能辨识自己作为一个实际上与欧洲均势互相依存的大国面临的真正危险。

然而，比这更严重的是，英国倾向于否定凡尔赛体系，并且逐渐损害之。它对处置德国抱有一种内疚情结。凡尔赛条约将战争责任全部归诸德国，但事后尤其在英国，这严厉惩罚战败国的根本依据很快遭到怀疑。由此而来的对于德国修改现状要求的愈益广泛的同情感，构成 30 年代英国绥靖政策的首要根源。①

---

① Martin Gilbert, *The Roots of Appeasement* (London: Weidenfeld and Nicolson,1966).

英国还非常厌恶东欧诸小国，从而在心理上鄙弃凡尔赛体系的东半部分。英国从一开始就认为，东欧的国家划分多有不义，因而在商议国联盟约时，主张规定边界可以修改，凡是拒绝国联有关建议者无权请求保护。[①] 可以说，几年后事实上放纵德国东进的《洛迦诺公约》已见端倪。

利益权衡和对国际力量的估计已变得相当浅薄，甚而荒唐，表现于那种在张伯伦首相任内终于达到极点的外交素质堕落。在英国的盘算中，有如一个世纪前为制衡盟友俄国而让战败了的法国保持足够强大，现在德国被当作潜在的主要的可借助战略力量，借以防止盟友法国称霸欧洲。专注于眼前的表面现象，由此对法德力量对比的长远前景做完全颠倒的估计，并且根本误解了法国行为的内在心理动因和真实性质：这就是英国在 20 年代的头号判断错误，它大大加剧了否定和损害凡尔赛体系的倾向。[②]

英法严重歧异是战后初期欧洲政治的主要特征。长久而又频繁的欧陆国际冲突经历，特别是普法战争和第一次世界大战这晚近两度可怕的体验，使得法国人极端害怕德国东山再起。法国深知自己内在羸弱而宿敌潜力巨大，而且鉴于包括自己在 19 世纪的历史经验，明白一个大国可以在战败后不久勃然复兴。法国压倒一切的追

---

① Renouvin, *War and Aftermath*, p.175.

② 在英国看来，安抚甚至扶助德国还涉及制衡法国之外的另外两项重要利益：(1) 促进与英国贸易休戚相关的欧洲经济复兴；(2) 在意识形态和地缘政治的双重意义上阻止 "布尔什维主义的蔓延"。参见 Ibid., pp.185—186；上书第 185—186 页；Andreas Hillgruber, *Germany and the Two World Wars* (Cambridge, Mass.: Harvard University Press,1981)，p.60.

求是军事安全，而且是在大战严重损伤导致的士气低落之中，以一种强烈的恐慌追求着安全。

按照法国的观点，确保安全的最佳办法在于彻底削弱德国，即通过领土肢解和资源榨取，根本铲除德国威胁的可能性。如果做不到这一点，法国便将退一步，谋求主要战胜国之间订立战后对德军事同盟此外，它还可以与一些东欧小国（凡尔赛体系的存活关系到它们的存活）结成一个同盟网络，不过那对防备德国最多只能起补充作用。事情很快表明，这套传统式的预防战略大半乃一厢情愿。领土肢解在商议凡尔赛条约时被美国断然拒绝，[①] 榨取德国虽然由凡尔赛条约的赔偿条款得到了文字体现，但德国政府在缴付方面百般抵制和拖延，而英国越来越倾向于反对无情勒索，致使其落实难上加难。法国退而求其次的安全选择同样可想而不可求。美英两国曾向法国许诺战后军事同盟，这不过是旨在诱使法国放弃肢解德国的策略之举，而且很快烟消云散。以后，法国又两度试图在国联框架内确立成员国强制性的反侵略义务。然而，每次英国都在三心二意地给予某些呼应后幡然变卦。[②] 法国政府早已备感挫折以至气急败坏，于1922年底由普恩加莱主持，决定出兵占领鲁尔工业区，亦即单方面强行贯彻彻底削弱德国的初衷。这一行动遭到英国的强烈反对，英法龃龉一变而为公开碰撞。[③] 到头来，近乎彻底的外交

---

① Kissinger, *Diplomacy*, p.233.

② Ibid., pp.253—255.

③ 英国首相麦克唐纳在给普恩加莱的一份外交文书中，厉言指责："法国决心毁灭德国，统治大陆，而不考虑我们的合理利益和对欧洲安排的未来后果。"见 Felix Gilbert, *The End of the European Era, 1890 to the Present*, 2nd edition (New York: W. W. Norton, 1979), p.218.

孤立、急剧恶化的财政状况和德国以"消极抵抗"方式进行的全力抗争，终于迫使普恩加莱下台，精疲力竭的法国任凭盎格鲁-撒克逊政客和银行家摆布。至此，强硬预防政策彻底破产，法国的权势和意志一蹶不振。

2. 英德协调和英国半面包容之祸

鲁尔事件结束后的 10 年里，英国是欧洲政治独一无二的主导者，而其政策核心是英德协调。更确切地说，英国要包容德国，将其整合到西方大国政治俱乐部和经济网络中，以便制衡法国，孤立和隔绝苏联，促进欧洲经济复兴。与此同时，包容还意味着用德国乐意接受的方法束缚和规范之，以便有效地解决多年来使欧洲无法安宁的德国问题。然而，在束缚意义上的对德包容不是全面的：英国始终不认为东欧领土的基本现状合理正当，始终不愿为防止德国更改此现状而承担任何义务。因此，英国的政策可谓"半面"包容，向东网开一面地为德国留下领土扩张的可能性，也就是为英国自己留下余地，在给予大国地位和经济实惠之外，进一步安抚和笼络德国。

在由对法消极抵抗而来的经济崩溃和政治动荡中，古斯塔夫·斯特莱斯曼上台执政，德国外交开始迎合英国的政策倾向。这位坚定的保守分子和君主主义者以变更欧洲秩序为念念不忘的根本目标：德国必须恢复主要强国地位，摆脱凡尔赛条约强加的赔偿负担、莱茵河左岸军事占领和歧视性军备限制，修正德国东部边界，特别是兼并波兰走廊，取得对捷克斯洛伐克和波兰境内的上千万德意志人的保护权，实现德奥合并。[1] 这些是先前历届政府和所有中、右翼政治力量共同向往的，斯特莱斯曼的变更在于追求这些目标的手段。他认定，德国要脱离眼前绝境并且重新强大起来，就必须俯首履行凡尔赛条约，以便先获得赖以恢复经济实力的安宁和外国资本，然后利用战胜国对既存秩序严重缺乏道义自信这一点，谋求以合作者的身份进入西方大国协商机制，在其中随自身影响的增长越来越有效地修改现状。德英两国彼此间的政策迎合构成了到斯特莱斯曼 1929 年去世为止（或者可以说迟至希特勒上台为止）的欧洲外交基调。

德英彼此迎合的首要标志是《洛迦诺公约》，出自德英两国政府的共同创议。斯特莱斯曼的主要动机，在于确保德国西部领土不再像鲁尔事件期间那样遭受法国入侵和占领，争取通过缓和德法关系促进莱茵河左岸的协约国军队提前撤离，并且为和平地修改德国东部边界留下充分的余地。[2] 英国的动机，则是使德国本着对法安全感而乐意地接受战后领土安排的西半部分，从而促成法德和解，并在此基础上将德国纳入西方大国俱乐部。要使法国能对德国的复起较为放心，英国就不能再规避建立英法军事同盟，然而它又不愿意因此与法国在东欧的同盟体系缠在一起，以致为了在它看来既不合理也不重要的东欧领土现状冒任何风险。承诺一个只保障法德边界及法比边界的"有限同盟"。结果，凡尔赛体系的东半部分由此

---

① Alfred Cobban, *The Nation State and National Self—Determination*, revised edition（New York: Collins,1969）, pp.91—92; Renouvin, *War and Aftermath*, p.214.

② Ibid., pp.242—243.

悄然丧失了合法性。《洛迦诺公约》"与其说使欧洲和平化，不如说确定了下一个战场"。①

以撤出鲁尔和订立《洛迦诺公约》为标志，法国完全放弃了独立的对外政策，萎靡不振地尾随英国。畏惧、疲惫以及弱者的幻想使得法兰西民族完全成了英国的俘虏。《洛迦诺公约》订立后不久开始建造的马其诺防线强烈地体现了法国的萎靡：法国实际上无意于东欧盟国的安全，它只是在自己边界的内侧"坐待命运的降临"。②

3. 纳粹暴政的根源与希特勒的国际政治观

1933年初，希特勒上台，欧洲从此走向空前的灾难。在此，在上面的有关论述之外，只需指明纳粹兴起的其余两大土壤，即战败后德国的社会政治状况和德意志的主要思想传统。1918年11月，德皇被迫退位，魏玛共和国宣告成立，但整个旧统治阶层原封不动地保留下来，他们几乎无例外地仇视共和体制，并且满怀复仇心理。魏玛共和国的创建者和主持者——社会民主党中、右翼异常保守和懦弱，用一位研究者的话说，他们与德国的其他阶级一样，骨子里惯于向确立不移的旧权威卑躬屈膝。③ 不仅如此，他们还背上了看似不败而降的黑锅，而这与接受《凡尔赛条约》一起，使他们成了很大一部分德国人鄙薄甚而仇视的对象。最后，除了战后经济

---

① Kissinger, *Diplomacy*, p.274.

② Ibid.,285.

③ Shirer, *The Rise and Fall of the Third Reich*, p.83.

破败引起德国民众尤其是小有产者众所周知的危险情绪外，历史学家约希姆·费斯特在其权威的希特勒传记中称的"大恐惧"起了重大作用。① 它部分地出于害怕工人阶级运动，但更多也更深层的是由于害怕在德国来得特别迅猛的现代化。希特勒所以能吸引和左右很大一部分德国人，是因为他能够表达和加剧这种恐惧和焦虑，使之指向其希望的方向。

关于大有助于纳粹兴起的德意志主要思想传统，首先应当注意的是18世纪启蒙运动在德意志远未取得它在中西欧其他地区的那种成功。浪漫主义潮流泛滥于18世纪后期和19世纪初期的德意志，其主要实质在于逆反启蒙运动的理性主义。浪漫主义思想迷恋死亡，崇尚神秘，颂扬暴力。而且，在它于19世纪末和20世纪初重新泛起的形态中，更可以看到极端民族主义、种族主义和反民主的强烈倾向。此外，德意志思想的精粹——19世纪德国哲学，同样包含所有那些后来被恶化到极端的观念。它们作为影响非常有力的一般传统，参与塑造纳粹思想。特别是，黑格尔将国家抬到至高无上的拟神位置，强调它有支配个人的无限权利，颂扬据称为保证人民"伦理健康"必需的战争，并且认为德意志民族负有使世界更生的崇高使命。主宰19世纪末期德国哲学思想的特赖茨克、尼采和瓦格纳等人，在贬抑理性、颂扬暴力、神化国家和崇拜领袖（"英雄"或"超人"）等方面，比任何先前的德国哲学家走得更远，而所有这些与他们的种族主义观念或情绪一起，直接助成了纳粹

---

① 　Joachim C. Fest, *Hitler* (New York: Vintage, 1974).

主义。①

第二次世界大战的一大祸因，在于希特勒的国际政治观，或者说是他那套以大陆扩张、武力征服和种族统治为根本的德意志"世界强国"思想。它们当中大部分早见于1926年出版的《我的奋斗》一书。希特勒是有史以来最为狂暴的强权政治论者。德意志思想中的最恶劣传统与社会达尔文主义结合在一起，使他比任何强权膜拜者都更狂热地鼓吹弱肉强食，更赤裸裸地颂扬暴力和奴役。② 在他那里，这种绝对的强权斗争的主要从事者是种族。他是空前绝后最狂暴凶残的种族主义者，确信只有雅利安人才是优秀种族，而纯种的日耳曼族又是雅利安人的精华。压迫和奴役其他种族是它们得以拥有和发展其优越性的必需条件。

在希特勒看来，若无领土的不断扩张，种族必然衰朽下去直至灭亡。这个臭名昭著的"生存空间"（Lebenstraum）信念，与日耳曼种族优越论一起，成为希特勒国际政治观的核心和纳粹疯狂侵略的首要动力。"纳粹运动必须奋力消除在我们的人口与地盘之间的不相称状况，后者既是强权政治的基础，也是食物的来源"③——

---

① Shirer, *The Rise and Fall of the Third Reich*, pp.142—159. 又见 Michael Curtis, ed., *The Great Political Theories*, Vol.2（New York: Harper Collins,1962），pp.78—80,88—104,285—286,288—304; G.P. Gooch, *History and Historians in the Nineteenth Century* (Boston: Beacon Press,1959), pp.138—146.

② 用他自己的话说，"强者有权利贯彻自己的任何意志"；"强者必须统治弱者，而不可与之混为一体因而牺牲自己的伟大"；"支配的只有武力，武力是首要法则"。引自 Shirer, *The Rise and Fall of the Third Reich*, p.128; Alan Bullock, *Hitler: A Study of Tyranny*, abridged edition (New York: Harper Perennial,1971), pp.225—226.

③ Gearóid Ó Tuathail et al., eds., *The Geopolitics Reader* (London and New York: Routledge,1998), pp.4,20—21.

这就是希特勒在《我的奋斗》中宣告的纳粹根本纲领。对他夹说，实现这个纲领乃纳粹的"文明使命"：欧洲正处在决定其文明兴亡的关键时刻，除非它由纳粹得到拯救，否则"犹太—布尔什维克"意识形态就会取代迅速衰朽的自由资产阶级价值体系。[①] 反犹主义在希特勒的世界观和政治纲领中占有非常突出的位置。按照他臆造的神话式的联系，布尔什维主义代表了犹太人的完全统治，西方自由民主制则由于犹太人在其中的主导影响，成了走向布尔什维主义的预备阶段。

在希特勒构想的实现德意志种族世界强国的大战略蓝图中，征服法国是第一项前提，因为法国的毁灭将使德国能够向东大举扩张。[②] 德国的东扩，即夺取东欧和征服苏联（特别是其欧洲部分）、使之成为德国的一部分或殖民地半殖民地，构成希特勒的主要目标。东扩的第一大步，是以民族自决为由，将德国以外的德意志人归并到一个大德意志国家当中，这意味着吞并奥地利、捷克斯洛伐克的苏台德区和包括但泽在内的波兰西部。然而，只有继之以征服东欧其余地区和苏联，才能满足德意志种族的生存空间需要，并为其世界强国提供基础，也才能铲除"犹太杆菌"的主要滋生场所。[③] 按照希特勒的设想，在如此地建立了一个自给自足的大陆帝国之后，德国将在非洲攫取大片殖民地，建设一支强大的远洋海军，从

---

① Bullock, *Hitler: A Study of Tyranny*, pp.224—225.

② Tuathail et al., eds., *The Geopolitics Reader*, p.39; Shirer, *The Rise and Fall of the Third Reich*,123.

③ 希特勒语，见 Hillgruber, *Germany and the Two World Wars*, p.51.

而成为与美国、大英帝国和大日本帝国并驾齐驱的真正的世界强国。他预料，他死后的一代德国人将进行最大的两强即德国和美国之间的决定性较量（"洲际大战"（War of Continents）），以争夺世界统治权；他要做的就是为此做好必需的地缘政治经济准备。[1]

4. 法国的瘫痪和英国的绥靖

"在运用外交方面，希特勒无疑是极权主义领导人当中的最佳高手"，在第二次世界大战爆发前始终将英法玩弄于股掌之间。[2] 他的外交目标，是为最终依靠暴力征服去实现全欧种族主义军事帝国准备条件，而其贯彻经过了四个阶段。在头两个阶段里，他先为不受外部干扰地实现国内极权统治而伪装德国对外政策照旧不变，然后一方面宣布退出国联和裁军讨论，另一方面用信誓旦旦的协调性言辞保证免受任何惩罚。第三阶段始于1935年初，希特勒公然毁坏对德大戒，即宣布德国军备不受凡尔赛条约限制和进兵莱茵非军事区，而且武装干涉西班牙内战，其主要目的在于试探他一旦向东扩张会遭到英法两国多大的抵抗。此后便是兵不血刃地大举侵略的阶段：从实现德奥合并，到攫取捷克斯洛伐克的苏台德区，再到鲸吞这个国家的其余部分和准备消灭波兰。然而，希特勒的根本依凭不在于他的谋术，而在于法国的全面瘫痪和英国的一味姑息。

法国的瘫痪遍布经济、政治、社会和战略等各大方面。在大战

---

[1]　Ibid., p.50.

[2]　克雷格和乔治：《武力与治国方略》，时殷弘、周桂银、石斌译，商务印书馆2004年版，第121页。

和战后初期外交失败造成的巨大精神损伤之外，法国社会更由于
30 年代的经济打击、政治动荡和社会分裂而处于士气崩溃的状态
之中。军界的心理瘫痪尤其危及法国的生存，因循守旧和麻木不仁
到了难以置信的地步，简直只能用灾难降临之前听天由命的极端消
沉来解释。[1] 在战略方面最根本也最致命的问题在于，对法国而言
实际上不存在任何真正可行的选择，或者说无论何种对外政策都无
法取得较长远的成功。[2] 这么一种绝境的后果，必然是法国战略的
自相矛盾和混乱。其东欧战略从地缘政治的角度看固然符合逻辑，
但马其诺防线体现的消极防御使得德国可以大举东进而无虞两线作
战之险。对苏政策从外长巴尔都力求通过大扩展来真正强化法国同
盟体系的努力开始，到 1935 年缔结了法苏盟约，它由同年缔结的
捷苏盟约予以配合。但是，巴尔都的后继者们出于对英德两国的畏
惧，迟迟不与苏联作任何军事磋商，致使法苏盟约如同虚设。说到
底，法国的对外政策只有一个原则，那就是依赖英国，但恰恰在遏
阻德国扩张这个对法国生死攸关的问题上，英国是不可依赖的。

　　30 年代的英国处于经济、民族心理和大战略处境方面的异常
虚弱状态。首先是经济虚弱：世界性萧条和各国以邻为壑的民族主
义经济政策交互作用，导致英国生产急剧跌落，外贸严重萎缩，而
且来自航运、保险和海外投资的无形收入锐减，不能再像以往很长

---

[1]　Kissinger, *Diplomacy*, p.303; Kennedy, *The Rise and Fall of the Great Powers*, p.313.

[2]　Richard D. Challener,"The French Foreign Office: The Era of Philippe Berthelot," in
　　Gordon A. Craig and Felix Gilbert, eds., *The Diplomats,1919—1939*（New York: Ath-
　　eneum,1963）, Vol.1, p.83.

时期内那样绰绰有余地弥补贸易逆差。其次是民族心理的虚弱：除了前面已经谈论过的帝国自处情绪、自由国际主义幻想以及和平主义倾向外，一个突出事态是体现公众关注点的国家政治议程几乎完全集中于国内改良和社会福利问题。这一极端内向化由议会民主型大众政治的充分实现，它与严重恶化的经济形势一起，导致英国无视国际环境愈益险恶而一味砍削国防开支。30 年代，英国面对德日双重威胁造成的战略选择难题。一方面，英国根本无力同时遏阻德日两强；另一方面，它又无法只遏阻其中一强而不葬送自己的很大部分利益。这"不列颠'两面门神'的战略矛盾心理"① 只不过从一个最重要的方面反映了英国全盘战略地位的空前虚弱。"日本从盟友逐渐变成了敌手，意大利亦如此。俄国这传统上与英国一起反对某个大陆霸主的另一个'侧翼'强国现在处于外交孤立之中，并且对西方民主国家深为猜疑。几乎不可理解和不可预测的是（至少在沮丧的英国政府看来）美国在 30 年代初期到中期的政策。规避所有外交和军事承诺，依旧不愿加入国联……以 1937 年中立法致使英国无法像 1914—1917 年间赖以坚持战争努力那样从美国市场借贷；美国不断打乱英国的大战略，恰如英国打乱法国的东欧战略一样。"②

英国当权者的麻木和卑俗严重加剧了 30 年代逐步展开的国际危险，特别是导致纳粹德国能够几无阻碍地准备并着手进行穷凶极恶的侵略扩张，而世界反纳粹力量（实在的和潜在的）却由此在大

---

① Kennedy, *The Rise and Fall of the Great Powers*, p.316.
② Ibid., pp.317—318.

战爆发时处于可想象的最不利状况。与工业化和大众政治这两大趋势引起的社会／政治的结构性变化相关，战后英国国务总的来说由商人政客和工会领袖交替掌管，而且事实上被托付给其中的格外庸碌或空疏之辈。当然，只是到内维尔·张伯伦执政期间，由于慕尼黑事件这特别丑恶的一幕，英国政治领导人和外交素质的败坏才变得臭名昭著。他以商人般的讲求实际，断定奢谈集体安全、小国权利和禁止侵略早已徒劳无益，欧洲必须以英德法意四强互相协调和共同主宰作为新的秩序基础。他还相信用欧洲境内的少许领土变更可以满足希特勒，使之从不守规矩的局外人变成大国俱乐部里负责任的一员。① 慕尼黑事件过后，希特勒曾私下轻蔑地将张伯伦称作"小毛虫"。② 这确是当时英国对外政策卑俗、虚妄和懦弱的绝好写照。

5. 苏联的内在虚弱和斯大林的外交

第一次世界大战的最大结果之一是苏联的诞生，而苏联对第二次世界大战在1939年9月的正式爆发起了深切的、至关重要的作用。

列宁去世后，斯大林经过历经数年的激烈的党内斗争击败托洛茨基等人，确立起新的苏联国家目标——"一国建成社会主义"。此后不久，通过批判、打击先前的党内政治盟友布哈林和李可夫，他又给如何实现"一国建成社会主义"提供了答案，那就是一般被

---

① 参见 Hillgruber, *Germany and the Two World Wars*, p.60。

② Shirer, *The Rise and Fall of the Third Reich*, p.708.

称为"斯大林治国模式"的苏联国家大战略，即以迅速加强苏联国防力量为直接目的，实行国家急速工业化和农业强制集体化，虽然这样的方针与托洛茨基的治国主张没有多大区别。依靠严酷的国家强制剥夺和牺牲农民，无情地压低城乡居民的消费水平，用由此取得的巨大资源发展军事—重工业。在此过程中，国家利益估量、个人专权欲望和病态猜疑心理共同作用，驱使斯大林在30年代中后期进行了"大清洗"。成千上万官员和普通公民被送上刑场或投入监狱，关押上百万冤者的劳改营体系成了苏联制度的一个重要组成部分。所有这些使苏联人民遭受了不易想象的巨大牺牲，并且使苏联制度和政治文化有了若干重大的、难以根除的经久弊端。然而另一方面，也正是斯大林的这一大战略导致苏联国力剧增。在1928年开始的两个五年计划中，大半由于重工业史无前例的飞速发展，苏联国内生产总值猛增近3倍，工业产量猛增4倍多。在此基础上，国防开支从1930—1938年猛增6倍半，其绝对数额远远超过德国以外的任何国家。①

苏联国力突飞猛进，但同时有其严重的内在虚弱，这与谋求安全一起，决定了斯大林的外交。强制性集体化造成农业的大破坏，食物生产量长时期赶不上沙俄时代；工业经营权的极端集中和指令性计划的异常刻板导致产品难以更新，生产往往失调；管理干部和专业技术人员因"大清洗"而严重短缺，经济技术发展需要的创新精神和个人主动性则因政治恐怖气氛而受到非常严重的阻碍。难以

---

① Kennedy, *The Rise and Fall of the Great Powers*, pp.296,299,323—324.

置信的是，农业以外最虚弱的，竟是被斯大林摆在最优先位置的国防系统。军内"大清洗"使红军丧失了约 90% 的将官和 80% 的校官，屠哈切夫斯基为首的一流军事家几乎统统被处决。其结果是就军事力量而言，"俄国在 30 年代结束时比它在 5 年或 10 年前弱得多，与此同时德国和日本都大大增加了它们的武器生产，并且在变得更具有侵略性"。①

国家的内在虚弱使得斯大林将防止或避免对苏联的战争当作最高国策。1934 年初，他在对联共（布）第十七次代表大会的讲话中，向上台不多久的希特勒试探友好。② 然而，希特勒外交随即开始显示的反苏态度促使斯大林转变方针，谋求建立一个尽可能广泛的国际阵线遏阻德国。1934 年秋苏联加入国联，在其讲坛上外交人民委员李维诺夫成了依靠集体安全来防止和制裁侵略的最坚决、最一贯的呼吁者。③ 不到一年，苏联先后与法国和捷克斯洛伐克缔结了互助盟约。稍后，共产国际第七次代表大会规定了人民阵线方针，各国共产党争取与任何反对法西斯侵略势力的政府、党派和个人合作。然而，苏联的努力没有取得多大实效。英国政府对苏联怀抱顽固的敌意，张伯伦首相任内尤其如此。在法国方面，对英国的

---

① Ibid., p.325. 参见 Condoleezza Rice,"The Making of the Soviet Strategy", in Peter Paret, ed., *Makers of Modern Strategy: From Machiavelli to the Nuclear Age* (Princeton, N.J.: Princeton University Press,1986), pp.668—669;麦德维杰夫:《斯大林周围的人》，李玉贞译，北京出版社 1986 年版，第 18—19 页。

② Leonard Schapiro, *The Communist Party of the Soviet Union*,2nd edition (New York: Vintage,1971), p.486.

③ 参见 Henry L. Roberts,"Maxim Litvinov", in Craig and Gilbert, eds., *The Diplomats, 1919—1939*, Vol.2, pp.344—377.

依赖和对德国的惧怕合成作用，使之同样消极对待与苏联的合作问题，法苏盟约无异于一纸空文。此外，苏联一边也存在重要的妨碍因素："大清洗"既严重恶化了它在西方的政治形象，增添了那里的反苏派别的说服力，也使得它的军事能力、因而作为抗德盟友的价值受到严重的怀疑；不仅如此，它惯常的僵硬刻板、迂回暧昧的谈判方式加强了谈判对手原已根深蒂固的对苏不信任感。

慕尼黑协定签署后，国际局势在斯大林看来非常危险：希特勒再明白不过地显示了东进野心，英法则不仅一味软弱姑息，而且可能将德国侵略祸水引向苏联。此外还有日本在苏联远东边境的军事存在和武装挑衅，这使苏联有可能陷于同时在东西两端同两大强国作战的可怕境地。为了消除或大大推迟对苏战争，斯大林决心比五年前更着力地尝试苏德接近。不仅如此，对斯大林来说，与德国交好（即使是纯粹权宜性的）还有非同小可的正面好处：可以与德国就他想望的东欧领土做交易，那是他不可能从英法得到的。1939年3月，他在联共（布）第十八次代表大会讲坛上向希特勒发出了明确的试探信号：苏联不会让"惯于要别人为之火中取栗的战争贩子拖入冲突"，苏联愿意同一切对苏友好的国家发展关系。[①] 事实上，慕尼黑协定一经签署，德国政府就料到苏联将采取"较为积极的对德态度"，[②] 而在消灭波兰的计划确定后，希特勒更是急于同斯大林达成协议，以保证苏联的中立甚或合作。7月底，德苏双方开

---

① Kissinger, *Diplomacy*, pp.338—339; Shirer, *The Rise and Fall of the Third Reich*, pp.639—640.

② Schapiro, *The Communist Party of the Soviet Union*, p.491.

始了那一次又一次地由历史学家们叙述的接触和谈判过程，①其结果是一个月后签署的德苏互不侵犯条约及其秘密议定书。

从斯大林的观点看，这一结果确可称作他的绝妙高招。它给了苏联至少一段和平时间以利备战，同时又将波兰东部、爱沙尼亚和拉脱维亚划归苏联控制，从而使它获得了辽阔的西部安全缓冲地带。不仅如此，"局面已经扭转过来，现在要看西方国家是否会抵抗德国对波兰的侵略；如果它们信守自己的宣言，结果就将是一场俄国可以袖手旁观的冲突，其前景是它的所有敌手都互相大大削弱"。②

然而，从世界历史的角度看，很难得出与如下断言大为不同的结论：斯大林对第二次世界大战的爆发起了一种可称决定性的作用，因为他使希特勒不用害怕两线作战，从而肆无忌惮地发动战争。而且，也很难将斯大林的这番作为同英法的绥靖政策在道义上等量齐观：英法出卖了小国，但毕竟没有像苏联那样伙同德国瓜分小国；它们在慕尼黑的可耻退让主观上是为了防止战争，不管是在西方还是在东方，③而苏联却不惜以英法和德国之间必然爆发战争来谋取自己与德国之间的和平；德国吞并捷克斯洛伐克之后英法不再听任其侵略，并且为波兰对德宣战，而苏联不仅听任这些侵略，

---

① 苏联之所以与此同时和英法进行毫无成果的军事互助谈判，主要是为了防备苏德做不成交易。在这一谈判中，英法代表团的从容不迫和漫不经心恰与苏联方面同样的状况相对应。

② Albrecht—Carrié, *A Diplomatic History of Europe since the Congress of Vienna*, p.538.

③ Hillgruber, *Germany and the Two World Wars*, p.60.

甚至还以物资供应等方式帮助之，①直到它自己遭到德国进攻为止。

三、大战在亚太的缘起

1. 日本军事帝国主义兴起与肆虐

日本在明治初期面对的决定性选择是和平扩张主义抑或军事帝国主义，这在著名政论家中江兆民1887年出版的《三醉人经纶问答》中有非常突出的写照。第一位"醉人"即酒客大致代表当时业已兴起的和平扩张主义思想，主张与所有国家进行完全自由的贸易，使日本成为促进实现"天下一家"即自由国际主义一体化的全球先驱。在他看来，依靠武力侵略获取领土、财富和国家威望无异于反时代的疯狂。然而，第二位"醉人"强调文明国家正是军事上的强者和最具侵略性的海外扩张者，日本应当依凭已有的财力和武力走出强国之路的下一步，那就是夺取可供殖民之用的海外领土，特别是中国领土，成为与英俄两国并驾齐驱的大帝国。②

作为从明治维新到中日甲午战争爆发期间日本国内一大派国际关系思想和对外政策主张，和平扩张主义很大程度上出于对西欧北

---

① William H. McNeill, *The Pursuit of Power: Technology, Armed Forces, and Society since A.D.1000*（Chicago: Chicago University Press,1982），p.352.

② 至于第三位"醉人"，则代表中江兆民本人的取向。他认为，日本的国策应当是在竞争性的世界上一方面维持仅用于防御的武力，另一方面开发经济资源以富国富民。这被一位研究者称为"非侵略性的民族主义"。见 Akira Iriye, *Pacific Estrangement: Japanese and American Expansion,1897—1911*（Cambridge, Mass.: Harvard University Press,1972），pp.23—25，引语见 p.25.

美强国的发达经历的一定了解，连同相关的模仿意愿。其中对和平扩张主义的信奉者来说尤其突出的，是它们的海外商业活动和在移民意义上的殖民活动。例如"现代日本（和平）扩张的首次全面叙述"——《世界上的日本人》（1893 年）强调，欧洲强大的原因在于"白种民族合作并竞相将其事业兴办到世界各地"，日本人只有起而仿效，努力从事海外活动，才有望超过欧洲人。另一本长达600 页的欧美游记《新立国》（1892 年）同样呼吁日本人像欧美人一样，通过海外移民和贸易成为一个扩张性的强大的民族。[①] 曾在剑桥师从头号大英帝国史家约翰·西利的稻垣满次郎，则在其《东方策》（1891 年）中断言，"如果一国希望确立长远的计划和旨在实现富强，就必须力图成为世界工商业中心，因此也成为世界政治中心"，而日本具有变成此等中心的优越的地缘条件。[②]

然而，军事帝国主义作为另一种选择，同样在明治维新后发端，并且恶性地发展起来。军事帝国主义思潮出自几个方面，其中最早也最凶狠的当推头山满等人为首、主要由维新后不满士族组成的玄洋会及其分支黑龙会。这两个右翼团体一贯标榜天皇崇拜和国权主义，竭力鼓吹吞并朝鲜和侵略中国，同时频繁地派员渗入东亚大陆，刺探情报或组织政治、军事阴谋。其领导人在最后、也是最大一次士族武装叛乱（史称西南战争）被镇压下去以后吸取教训，改行在政府和军部内争取同情者和代言人，并且获得越来越大的

---

① Ibid., pp.39—40. 这两本书的作者分别为渡边修二郎和竹内正志。
② Ibid., pp.35—36. 又见 pp.37—38,40—41。

成功。① 军事帝国主义思想的另一大来源是明治重臣，其中最重要的大概是曾任首相、陆军大臣和内务大臣等职的山县有朋。甲午战争爆发前七八年里，他反复在政府内强调：决不能让清政府或任何欧洲列强控制朝鲜，必须使之成为日本的势力范围。他总是在谈论列强竞争环境中日本的安全，怹他的安全理念同极端民族主义和强权政治观结合起来，变成了不折不扣的帝国主义。② 另外，在形成日本的军事帝国主义思想方面，思想界、教育界和新闻界内有很大影响的福泽谕吉也起了重要作用。他宣传为日本自身安全或为"保卫东亚"，有权在必要时武装入侵朝鲜和中国，并且迫使其"文明化"。他的例子表明，在日本，"自由主义并非总是无法同帝国主义或专制主义相符"。③

以甲午战争以及 10 年后的日俄战争为标志，日本作出了无论对自己还是对东亚都是命运攸关的抉择，那就是穷凶极恶的军事帝国主义，它导致了直至第一次世界大战结束为止的日本权势大扩张。甲午战争的首要目的——夺取对朝鲜的独占性控制出于多种动机，包括谋求山县有朋谈论的那种安全，确立更进一步向中国扩张的跳板和基地，取得强国地位的象征，激励国内的军国主义和扩张主义精神等。

---

① Jon Livingston, et al., eds., *The Japan Reader*, Vol.1（New York: The Penguin Books,1973），pp.355—367.

② Ibid., pp.214—217.

③ Ibid., pp.217—221. 甲午战争爆发时，这位日本的开明思想泰斗竟写道：这场战争是在"一个正力图发展文明的国家与一个扰乱文明进程的国家之间"进行，"它是一种宗教战争"。Ibid.,220.

　　著名报人、《大日本膨胀论》（1894 年）作者德富苏峰概括地说，这场战争是为了将日本转变成一个扩张的国家。[1] 到胜和已成定局时，要求攫取朝鲜、中国的辽东半岛和台湾的呼声已甚嚣尘上，其中辽东半岛主要被当作维护对朝鲜的控制的一大保障，台湾则被视为可借以突入南海直至菲律宾和荷属东印度的基地，以便最终造就一个可与大英帝国媲美的大日本海陆帝国。[2] 围绕甲午战争的日本国内舆论表明，这场战争在领土、势力范围和财富的掠夺之外，还给了日本人作为列强之一的自信和狂傲。以此，"日本人在 1895 年之后着力统治新获得的台湾和澎湖殖民地，在朝鲜半岛伸展其权势，攫取在华势力范围，并且与其他帝国主义强国达成排外性安排，以维护它们各自在亚洲的利益"。[3] 然而，这里说的其他帝国主义强国不包括沙俄，因为它主使的三国干涉还辽引起了日本举国上下的强烈仇视，何况它力图控制的中国东北也是日本决心争夺的。除了急剧扩充陆海军备外，对付俄国的关键一着是在 1902 年与英国缔结同盟，以便日本能放手打击俄国。对俄战争的胜利极显著地扩展了日本在东亚的帝国主义权势，并且强烈地激励了它的帝国主义野心。

　　此后 10 年里，日本正式吞并朝鲜，着力控制南满，与俄国分割内蒙势力范围，而且形成了足以威胁美属菲律宾的西太平洋海军优势。与此同时，军事帝国主义思潮也进一步恶性发展，而其中最

---

[1]　Iriye, *Pacific Estrangement*, p.44.

[2]　Livingston, et al., eds., *The Japan Reader*, Vol.1, p.225.

[3]　Iriye, *Pacific Estrangement*, p.47.

重要的动向，是基于战胜俄国引起的巨大优越感和在东亚扩张的凶猛势头，出现了未来"大东亚共荣圈"的思想雏形。著名政论家浮田和民宣称，有如希腊城邦击败波斯后成了西方文明的楷模那样，日本已成为东方的楷模，有资格训导亚洲其余国家。另一位颇有影响的政论作家矢野龙溪宣称，日本在亚洲的势力应当有如美国在南美的势力，日本需要积极施展权势，以便在亚洲创立一个"大乐园"。这个"乐园"的大部分将如东乡实《日本殖民论》（1906年）所说，由日本依靠武力获取的殖民地半殖民地构成，而两年之后日本政府就正式确定对外殖民方向集中于朝鲜和中国东北。①

就东亚太平洋范围而言，日本是一战的最大受益者，因为它趁大战提供的地缘政治和战略便利，有力地排挤了其余列强的势力。一位日本内阁大臣在甲午战争后不久就预言，难以避免的未来欧洲大战将让日本获得令人敬畏的权势，从而"一举实现东方的公平调整"。② 之后近30年的实况确实如此：英法俄德在欧洲全力厮杀，很难兼顾各自在东亚的利益；美国虽然暂未卷入战火，但由于欧洲列强无力东顾而失去了制衡日本的必要助力。一时间，东亚的帝国主义均势倾覆，日本获得了争取独霸的机会。

外务省和军部预料协约国最终将获胜，因而很快决定以履行1902年缔结的英日同盟为借口，加入协约国一边对德作战。在分别以威胁和利诱从主要当事者——英国和中国袁世凯政府获得同意

---

① Ibid., pp.98,131—132,169—171.

② Gerrit W. Gong, *The Standard of "Civilization" in International Society* (Oxford:Oxford University Press,1984) , p.191.

后，日本发兵攻占胶州湾德国租借地，并在此过程中非法占领胶济铁路全线，企图持久霸占之。① 日本还在太平洋上轻而易举地夺取了德国无力防守的马里亚纳、加罗林和马绍尔三个群岛。随后，日本向袁世凯提出臭名昭著的"二十一条"。在这套以独霸中国、奴役中国为宗旨的要求中，第一至第四部分主要涉及将山东变为日本独控的势力范围，将南满和内蒙东部变为事实上的日本殖民地，而第五即最后一部分是要全面控制中国政府，并且建立涉及闽粤鄂赣浙五省的日本在华又一大势力范围。

在欧美列强中间，英美两国在华利益受到"二十一条"影响最大，干预能力也强于其他国家，因而是袁世凯对日交涉的依靠。但是，英国毕竟深陷于欧战，美国也碍于军力不足和缺乏斗志，它们的外交态势之软弱达到了实可称为牺牲中国的地步。结果，袁世凯政府在日本最后通牒之下，签约接受"二十一条"中的第一至第四部分。

第一次世界大战结束后，日本军事帝国主义暂时落潮，直至30年代才再度勃兴。这落潮出于三方面的原因：（1）战后日本的经济、社会困境；（2）权势和意识形态影响经大战而空前兴盛的美国对日本强权的有力制约；（3）和平扩张主义思想在日本的暂时复兴。先前，由于一战的巨大震荡，欧洲工商业一度退出东亚市场（包括日本国内市场），日本工商业得以在几无竞争的情况下蓬勃扩

---

① 丁名楠等：《帝国主义侵华史》第二卷，人民出版社 1986 年版，第 457、460—468 页；K.M. Panikkar, *Asia and Western Dominance* (London: George Allen & Unwin,1969)，pp.212,221—222.

展；然而，随着战火的平息，欧洲商品卷土重来，竞争力不免逊色的日本受到沉重打击。这一点，加上军事订货的急剧减少、战时生产能力的大过剩和关东大地震等因素，使得日本自 1920 年初起陷于经济和金融危机，而且久久难以解脱。① 另一方面，从大战末年起，日本国内矛盾尖锐，社会很不稳定。1918 年，由于米价不断上涨，激起有数百万人参加的全国性贫民暴动（"米骚动"），震撼了整个社会和国家机器；不仅如此，其后多年里劳工运动和社会主义运动此伏彼起，也牵制了政府的相当大注意力。②

关于一战结束后美国对日本强权的制约，华盛顿会议通过的诸项决定和日本被迫交还山东利权就是明证。不仅如此，在东亚问题上，威尔逊式的国际政治观当时占据明显的优势。无论是《四国公约》取代英日同盟，还是通过《九国公约》将机会均等和维持中国独立与完整规定为国际共同规范，都表明威尔逊主义原则（或曰和平的、自由国际主义的扩张主义原则）在东亚暂时压倒了军事帝国主义。③ 与此相关，和平扩张主义思想在日本暂时复兴。以外交大臣币原喜重郎为头号代表的一批国务活动家和文职官僚接受了美国的力量优势，并且信奉"世界发达国家间的经济互相依赖和政治互相谅解"。他们不赞成大战期间日本的行为模式，即不与英美协商

---

① Livingston, et al., eds., *The Japan Reader*, Vol.1, pp.318—322; Renouvin, *War and Aftermath*, p.201.

② Livingston, et al., eds., *The Japan Reader*, Vol.1, pp.322—326,327—331,332—335.

③ Akira Iriye, *After Imperialism: The Search for A New Order in the Far East,1921—1931*（Cambridge, Mass.: Harvard University Press,1965）, pp.17—18; Iriye, *Pacific Estrangement*, p.232.

便凭武力扩张，立意改行"协调外交"，主要依靠以列强共同同意为前提的在华和平扩张谋求日本的帝国主义利益。这一基本政策得到了大部分财阀的支持。[①]

然而另一方面，20年代的日本仍然存在浓重的军事帝国主义阴影。尽管有币原等人的"协调外交"，但军部一直坚持将来要与美国武力较量的想法，并且以此为基本前提设计战略规划，制定备战政策。不仅如此，在中国的直接或间接军事干涉时有发生，其中特别严重的是1928年发生的两项事态：第一，退役陆军大将田中义一在暂时取代币原主持外交后，为了阻截和威慑南京国民政府北进，派遣部队开进山东，而且极野蛮地制造了震惊中外的济南惨案；第二，关东军为了确保对东北的控制，在皇姑屯炸死张作霖。[②]军界以及其他一些方面的军事帝国主义信奉者认为，尤其鉴于中国国内的愈益强劲的现代民族主义浪潮，日本必须进行首先针对中国东北、然后针对华北的武力扩张，以保证可靠的独占性原料来源和市场，并且奠定必备的基础，以实现其教化和统一其余亚洲人的使命。

2. 日本发动侵华战争

30年代，大致与纳粹德国的兴起相伴，日本军事帝国主义再度勃发。这很大程度上是世界性大萧条和中国事态引发的结果，并

---

① Ibid., p.232; Iriye, *After Imperialism*, pp.8—9, 26; Renouvin, *War and Aftermath*, pp.228—229.

② "1928年常被当作1931年开始的日本侵略的起点。" Iriye, *After Imperialism*, p.192.

且与涉及日本国内政治和社会的三对关系密切相连，那就是基层与上层、军部与内阁、财阀与政府之间的关系。[①]20 年代主流派的和平扩张主义基于一个根本前提：经济扩张比武力扩张有利，追求殖民地和独占性势力范围不如追求商业优势和相应的政治影响。

然而，1929 年从美国开始的大萧条逐渐弥漫到整个资本主义世界，各国为应付危机竞相采取以邻为壑的保护主义（或曰经济民族主义）政策，使得原先较为自由、较为统一的国际经济完全被纵横交错的贸易壁垒和市场分割取代。就日本而言，出口普遍碰壁是在 1932 年以后；至迟从那一年开始，和平扩张主义的信奉者再也无法为之辩解了，因为"经济（和平）扩张主义已在经济上崩溃"。[②]与此同时，军事帝国主义的信奉者却以此为口实，鼓吹用武力建立一个自给自足的大日本帝国。

不过，使这类军事侵略主张得以转变为日本国策的更重要的原因，在于中国国内的统一倾向和现代民族主义潮流，它们正在动摇日本在中国东北地区的广泛特权和势力。与南京国民政府的召唤相呼应，张学良越来越明确地表现出归顺意向，直至东北易帜，在政

---

① 　此外，还有一个比较重要的问题，即在相当大部分日本人心目中日本军事帝国主义的"道义理由"：日本虽然努力按照西方标准实现了"文明化"，但西方始终未予日本平等对待；它剥夺了日本从甲午战争、日俄战争和第一次世界大战中应得的部分胜利成果，它拒绝将日本提出的种族平等条款载入国际联盟盟约，此外还要加上美国在日本移民问题上几次采取歧视性法律和外交行动。因此，日本对外侵略扩张如同德国人追求"阳光下的地盘"一样，是争取与西方平等的"正义"行为。至少对遭受日本侵略灾祸的中国和亚洲其他国家人民来说，这是一种荒谬和邪恶的伦理逻辑。

② 　Iriye, *Pacific Estrangement*, p.232. 又见 Livingston, et al., eds., *The Japan Reader*, Vol.1, pp.371—373.

治上与关内重新统一。大致同时，东北地方当局积极筹资建造与日控南满铁路和大连港竞争的铁路干线和港口，东北城乡居民的反日情绪也在正义宣传的激励下愈益高涨。虽然日本内阁对局势变化的态度还比较慎重，但军部强烈倾向于动用武力，以保护日本特权和在东北建立亲日政府。①

日本军事帝国主义势力有一种愈益强烈的恐惧，即中国这个东方大国正在现代民族主义的推动下走向强盛，日本若不及早强行阻止，它在亚洲称王称霸的希望用不多久就将全然破灭。② 可以说，这种恐惧，加上关于东北的帝国主义考虑，提供了发动"九一八"事变并且侵占东北全境的根本动力，而在六年后，它又决定性地促成了对中国发动全面侵略战争。到此时，军部已在政府体系内确立了近乎绝对的优势地位，亦已正式提出称为最高纲领的《国策基准》，即确保伪满洲国，进而控制中国关内，消除"苏联威胁"，打击美英势力，"以始终一贯的海外扩张政策实现皇道精神……促进日本的种族和经济发展"。③ 日本军事帝国主义狂野肆虐正是推行这一纲领的结果。

3. 日本发动太平洋战争

发动太平洋战争是日本军国主义肆虐的又一次恶性发展。华盛顿会议确定的大国间格局和行为规范，加上它仍在维持的列强对华

① Iriye, *After Imperialism*, pp.237—241.

② 参见 Panikkar, *Asia and Western Dominance*, pp.229—230.

③ Ibid., p.232.

歧视和压迫，构成了一个新旧相兼的东亚国际秩序——"华盛顿体系"。这个体系的权势关系基础实际上主要是美日均势。美日均势的前提，一是日本被约束及其自我约束，二是美国政府愿意并有能力在东亚维持足够的介入和进行有效的干预。到"九一八"事变爆发时，这两个前提基本上已不再存在，东亚国际政治由此进入了一战爆发往后的第三阶段，即日本武装侵略浪潮兴起并最终导致美日全面冲突。

对日本推翻华盛顿体系，美国的反应在大约七八年内始终是两重的，即观望与干预、姑息与抗争，而观望和姑息更为显著。"九一八"事变爆发后，美国政府持消极态度，国务卿亨利·史汀生幻想日本文官内阁能约束军部，希望国联出面解决中日争端。日本对中国东北的侵略不断扩大终于导致史汀生谴责和警告日本，并且公开声明美国不承认由这侵略导致的任何损害中国主权和领土完整的事态具有合法性。在美国的干预仅限于言辞的情况下，这一"不承认主义"的实际阻遏作用微乎其微，但它毕竟明确地反对日本的武力侵占，同时保留了美国以后进一步干预的权利。[①] 罗斯福政府在其 1933 年开始的第一任期内，由于随全力应付大萧条而来的极端内向，加上对日本文职政治家有机会扭转国策怀抱的旧幻想，对日政策极为软弱，以至在涉及中日关系的几乎所有问题上都谨小慎微，唯恐冒犯日本。

---

① 详见陶文钊：《中美关系史（1911—1950）》，重庆出版社 1993 年版，第 140—151 页。参见 Christopher Thorne, *The Limits of Foreign Policy: The West, the League and the Far East Crisis of 1931—1933*（New York: Palgrave Macmillan,1973）。

　　1937 年，罗斯福开始了他的第二个总统任期，日本则发动了全面侵华战争。大致从此往后，美国逐渐趋向抗日。诚然，美国政策的变化不是直线式的，国务卿科德尔·赫尔就卢沟桥事变发表的软弱无力的声明，连同美国在《九国公约》成员国会议上的无所作为，表明罗斯福政府没有放弃姑息政策。然而另一方面，罗斯福毕竟发表了"检疫隔离"演说，其中强烈谴责作为"世界无法无天之瘟疫"的德日法西斯国家，他的政府毕竟实行了针对日本侵华战争暴行的"道义禁运"。特别关键的变化发生在美国决策者对日本的认识方面：罗斯福和赫尔已将日本视为"被统治之梦陶醉"，"公开和毫无廉耻地充当一个掠夺成性的民族"，力图与纳粹德国一起将世界拖回野蛮黑暗的中世纪。①

　　1938 年底到 1940 年初，美国政府三次以贷款方式实际援助中国抗日。② 此后，美国对日强硬化趋势，在世界政治其他重大事态的影响下迅速发展。法国败降和英国抗战，日德意三国结成正式军事同盟，日苏缔结中立条约，日军进占印度支那南部：这一个个重要事件决定了美国的对日和对华政策。③ 其中最具关键意义的是发生在 1941 年 7 月的上面最后一个事件，它迅即导致美国政府冻结日本在美全部资产，从而实际上断绝了对日贸易，包括停止向日本

---

① Michael H. Hunt, *Ideology and U.S. Foreign Policy*（New Haven, Conn. Yale University Press,1987）, p.145.

② Michael Schaller, *The U.S. Crusade in China,1938—1945*（New York: Columbia University Press,1979）, chapter 2; 任东来：《围绕美国贷款展开的中美外交》,《南京大学学报》1990 年第 5—6 期。

③ 详见陶文钊：《中美关系史（1911—1950）》，重庆出版社 1993 年版，第 221—230 页。

输送其必不可少的石油。正是这一举措，促使日本作出了准备对美、英、荷三国开战的初步决定。珍珠港事件开始了美日之间的全面大冲突，其结局是日本在美国与其盟国的打击下被彻底征服。

在日本军事帝国主义再度勃发的种种原因中间，社会政治基层的黩武情绪和对外扩张狂热几乎与上层的侵略谋划和帝国主义追求一样重要。它们既是随经济萧条而产生的社会不满的对外发泄，也源自尤其是被军界操纵的大众媒体的蛊惑煽动，[①] 而对日本内外政策的法西斯化起了重大推动作用的低级军官"皇道派"，大概是这种基层原因的最典型体现。与当代史上所有举国上下沙文主义和帝国主义大发作的其他史例一样，30 年代日本基层与上层之间在这方面彼此助长，决定性地加大了日本侵略扩张的疯狂程度。在上层，起最大作用的是军部，在发动"九一八"事变方面还有关东军。它们的独断专行和对 30 年代几届内阁的强大压力或操纵，构成解释若干重大事态的关键因素。

然而另一方面，又如一些学者强调的那样，"基本政策是在内阁中制订的"，"那些主张和反对更具侵略性的政策的人都一致认为，日本在（东亚）大陆应当拥有种种损害中国主权的帝国主义特权；他们的分歧仅在于什么是从不情愿的中国人那里得到这些退让的恰当手段。"[②] 在军部和内阁之外，垄断财团即财阀是日本上层又一大势力，它们与政府及其侵略政策的密切联系构成了关于日本军事帝国主义的政治经济学。日本政府进行的对外侵略扩张有赖于财

---

①   Livingston, et al., eds., *The Japan Reader*, Vol.1, p.369.

②   Ibid., pp.353,368.

阀提供物质资源，甚至专门知识，反过来财阀的发财机会及其对日本经济生活的主宰有赖于政府庞大的军事采购，外加通过侵略获得的殖民地半殖民地。[①] 到太平洋战争期间，几家最大的财阀不仅将它们在日本全国总资本中所占的比例翻了一番，而且通过它们的多名代表入阁，成了与军部平分秋色的政治力量，以致大体从 1943 年起，日本战时政府完全可称为军阀—财阀政府。[②]

四、现代中国的伟大崛起

中国现代史的历程最辉煌地表现了非西方现代民族主义的兴起与其"对西方造反"成功的过程。中国以自己的方式经历了大历史学家杰弗里·巴勒克拉夫总结的如下三个典型阶段。[③] 首先有被称为"原始民族主义"的准备阶段。在此阶段中，西方扩张者对其控制下的非西方传统社会的侵蚀和破坏，连同他们或其代理人的无情剥夺、肆意侮辱和残酷压迫，激起了以仇恨西方人和眷恋旧传统为主要特征的反抗运动。它们的失败引起了对传统体制和文化的现今价值的深刻怀疑，这与其他因素一起促成了下一个阶段，亦即现代民族主义的真正出现。在其中，民族主义运动的领导一般由开明的精英担任，其社会基础几乎全由城市部分中小有产者和知识分子构

---

① Ibid., pp.378—383.

② Ibid., pp.452—456,458—464.

③ Geoffrey Baraclough, *An Introduction to Contemporary History*（Harmondsworth, Middlesex: Penguin Books,1967），pp.177—178.

成，而其目标大多是争取部分民族权利和若干政治、文化进步，以此改良西方或其代理人的统治，而非推翻之。

第三个阶段是非西方现代民族主义的蓬勃兴盛和大发展，其特征主要在于将城乡大众动员起来，组织进一个旨在最终实现民族独立和社会革新（或改良）的运动中去。它与第一阶段的主要区别，在于积极地顺应世界潮流而非徒然眷恋过去，与第二阶段的最大不同，则在于拥有广泛的社会基础和强大的政治力量，从而具备了造反成功的根本保障。

20 世纪初，随中国现代民族主义兴起，中国进入了一个谋求成为现代主权民族国家、改变自己在国际社会中不平等地位的历史阶段。甲午战败后，列强的瓜分狂潮激发了两大"原始民族主义"运动——戊戌变法与义和团。戊戌变法的领导者们希望走明治维新的道路，而且（特别是康有为一系）力图维持儒家体系的根本价值观念，办法是按照现代条件解释儒家经典。义和团则是下层大众的反帝反洋运动，其组织、宣传和作战方式完全出于民间旧传统，被清廷顽固守旧派利用。

1905 年，上海总商会为抗议美国排华暴行和排华法令，发起大规模抵制美货运动，席卷中国十几个省和数百个城镇，持续时间长达 8 个月之久。[①] 它实际上可被认作中国现代民族主义的开端。短短几年后，严重侵害中国主权和华商利益的湖广铁路借款又激起声势浩大的保路运动。这场数省绅商民众共同反对清政府"夺路劫

---

① 陶文钊：《中美关系史（1911—1950）》，重庆出版社 1993 年版，第 15—19 页。

款，转送外人"的斗争，连同孙中山及其同盟会的革命活动和为反对"二十一条"而掀起的大规模抵制日货运动，[①] 表明中国现代民族主义已经广泛崛起，而1919年的五四运动更标志它步入上述的第三阶段。

所有中国现代民族主义者的根本愿望是要消除不平等条约体系，摆脱外来控制，实现民族独立自强。但是，在如何实现这一愿望的问题上，可以有两种大相径庭的回答。第一种是在国家组织和国际行为方式上较主动地趋同于西方，争取其认同，从而逐步取得在现有国际社会之内的、被西方接受的法律平等甚至实际平等地位。或者说，采取在现有国际社会内的改良的道路。

第二种是将中国的被压迫、被歧视归因于现有国际社会根本性的结构和运行机制，认为中国的现代化和独立自主无法在此框架内通过西方的允准而实现。平等以解放为条件，解放则意味着挣脱西方的控制和现有国际社会的桎梏。不仅如此，由于解放而取得的真正独立和自强，只有在平等公正的新型国际社会最终取代现有国际社会的情况下，才能永保无虞。这就是反叛现有国际社会的道路，它要求的是国内和国际双重意义上的革命。

中国现代民族主义者中间趋同倾向和反叛倾向的分野，或者说改良派与革命派的分裂，大致从1919年开始。前者主张改革和渐进进化，后者立意造反和暴力革命。前者深受威尔逊国际政治思想

---

① 关于保路运动和反对"二十一条"的运动，分别见刘大群：《谈湖广铁路的恶债性质》，载于丁名楠等主编：《中美关系史论文集》第一辑，重庆出版社1985年版，第234—235页；Renouvin, *War and Aftermath*, p.50.

影响，后者接受列宁主义世界观，奉苏俄革命为榜样。对现有国际社会的这两种根本不同态度，分别决定了一方面是北洋和国民政府、另一方面是中国共产党人的行为方向。

改良的观念在很大程度上来自西方的渐进进化论思想，并且与中国的"以夷制夷"传统密切相关。改良派认为，中国在国际社会中的不平等地位应当得到改变，但其唯一合理和合算的途径是渐进的和平变迁，急于求成和诉诸暴力只会适得其反，破坏国际社会内可以发生的、中国和西方列强渐趋平等的进化过程。"以夷制夷"则不仅被当作一种外交策略，而且被当作事实上的外交纲领或大战略，当作能够指望在国际社会中取得平等地位的根本依据之一。国际政治等级结构中的这个或那个弱国，之所以可能取得与上层强国同等或相近的权利待遇而无须造反，主要原因之一是各个上层强国由于相互间的竞争而有求于弱国偏向己方，而吸引弱国这么做的最有效途径是予以酬赏，其中可以包括有助于弱国最终取得国际社会内平等地位的种种权利让步；或者，它们同样由于相互间的竞争而互拆台脚，为此可能致力于抑制或破坏对方对下层弱国的特权压迫，这就有利于弱国地位的提高。

改良的观念很大程度上决定了北洋和国民政府外交政策的总的温和性。尽管其外交的根本目标之一是收回主权，争取成为国际社会的一个平等成员，但主要手段是通过与列强协商来修改不平等条约，因而往往如同与虎谋皮。同样重要的是，它们追求平等地位的意愿和能力俱不充足。在北洋和国民政府看来，取得外国对其统治的承认和支持远比修约重要，而这意味着不能过分触动列强在华权益。同时，中央政府的羸弱限制了争取修约的能力，而动员和利用广大民众的反帝情绪和反帝力量，又有违它们的国内统治利益及其保守的社会政治观念。还有一个根本的问题在于：法律意义上的平等不等于社会意义上的平等，形式上的独立不等于实际上结束政治、经济等方面的依附和被控状态。改良派主要关注的正是中国在西方支配的国际社会内的法律平等和形式独立，其目的的有限性与过程的渐进性一样，远不能满足很大一部分中国现代民族主义者。

与改良派不同，作为革命派的中国共产党人将民族独立自强目标与反对世界帝国主义的列宁主义革命结合起来。与其在国内彻底改造中国社会的宏伟志向相似，在中国的对外关系方面，他们的矛头不仅指向列强在华势力，还指向现有国际社会体系本身。虽然在从 20 年代初起长达半个世纪的革命历程中，中共的具体纲领、战略和策略历经变迁，但在决定其国际行为模式的最重要因素中间，始终有革命民族主义情绪的激励和列宁主义国际政治观的影响，而这两者都是否定现有国际社会的。[①] 将现有国际社会的本质认定为国际资本主义帝国主义的压迫和剥削，将推翻其在华统治、进而脱离国际资本主义帝国主义体系当作中华民族独立自强、中国人民翻身解放的前提。不仅如此，新生的中国无论从国际政治理想还是从

---

① 两位研究现代亚洲和中国的美国历史学家认为，可以将现代亚洲的革命按其国内和国际行为模式分为"革命运动"和"革命国家"两大阶段。见 Michael H. Hunt and Steven Levine,"The Revolutionary Challenge to Early U.S. Cold War Policy in Asia," in Warren I. Cohen and Akira Iriye, eds., *The Great Powers in East Asia*,1953—1962（New York: Columbia University Press,1990）. 对于中国共产党的革命进程亦可作此划分。作为一个革命国家，中国在国际关系中总的革命属性持续到 70 年代。

直接间接的安全保障出发，都要尽可能帮助推进国外的革命，特别是在不发达地区，因为那里是打击这一体系的主战场。[①]

在两次世界大战之间的时间里，非西方现代民族主义运动有了很大的发展。这发展大多以前面所说的第三阶段即精英与大众、民族独立与社会革新（或改良）相结合为根本特征，因而甚至可谓飞跃。特别在中国，民族民主革命的先行者孙中山在辛亥年之后多番奋斗，多番失败。是十月革命、五四运动和他本人那最可贵的思想、政治朝气，使他在晚年开始走上联俄、联共、扶助农工的道路。作为孙中山事业的真正继承者和发展者，以毛泽东为首的中国共产党以在农村建设党、革命武装和根据地为主要内容的独创性的大战略，开发中国极为宏伟的人力资源，并且在此过程中越来越成功地进行中国的革命改造。

尤其是抗日战争，构成中华民族现代伟大复兴的开端。对此，需要有真正宏大的视野。与简单化论者的传统中国——一个被想象成在智识／精神本质上近乎静止的中国——差不多截然相反，现代中国充满了急剧的重大变革。这个中国最早可认为始于 1840 年鸦片战争，那是被 20 世纪的中国历史编纂学选为中国现代史（近代史）开端的年头。为什么鸦片战争是中国现代历史的开端，而且极可能在这么一个未来也将继续被认作如此：那时，怀抱新信心、沐浴在它再度振兴了的民族伟大辉煌中的中国已经淡出了上述耻辱和激愤？

[①] 参见 David Armstrong, *Revolution and World Order: The Revolutionary State in International Society* (Oxford: Oxford University Press,1993)，pp.176—180,184.

在此，无须重复已经在现代中国历史编纂学上被一遍又一遍地重复过了的种种原因。大体被忽视或轻视了的最宽宏背景是它的世界历史背景：正是在 19 世纪中叶这个时期，由于工业革命来临与其在西欧北美初步扩散造成的种种基本效应，世界史上从未发生过的一项巨变差不多突然来临，那就是"非欧世界黯然失色"。[①] 中国当时的屈辱和屈从经历只是整个时代图景的一部分：其他部分主要是下列民族的同类的屈辱和屈从：1830 年后的阿尔及利亚、1840 年时的埃及和奥斯曼土耳其、19 世纪 50 和 60 年代的印度、19 世纪 20 年代后期开始的缅甸、19 世纪 50 年代末后的印度尼西亚和 1853 年后的日本。[②] 这意味着，中国的命运和生活已开始卷入，并且根本地和永远地卷入一个在全球化的世界。

中国从此经受一次又一次急剧的重大变化，而且总的来说几乎"每况愈下"。然而，抗日战争期间中国开始重新大振兴，或曰在现代史上首度"崛起"。对这次崛起，需要有至少像新加坡中国学权威学者王赓武那样的理解：所以有这"中国人民中间战斗精力的新迸发"，是因为中国国内的基本变革，它与第二次世界大战的世界变革相伴："动员农民，既为抗日爱国战争，也为——以最佳的传统方式——对地主和腐败的官员加上其背叛性的亲帝国主义资产者

---

①　Kennedy, *The Rise and Fall of the Great Powers*, p.147.

②　参见 Hedley Bull and Adam Watson, eds., *The Expansion of International Society* (Oxford: Clarendon,1984)；时殷弘：《现当代国际关系史（16 世纪到 20 世纪末）》，中国人民大学出版社 2006 年版，第 125—140 页。

盟友造反。"①

中国是第二次世界大战中的主要反法西斯盟国之一，因而也是战后世界根本秩序和根本规范的主要缔造者之一。可以说，历史上几乎从来没有一场战争，像纳粹德国和军国主义日本发动的第二次世界大战那样，造成了那么巨大的死亡和那么令人发指的人道主义惨剧；但是另一方面，第二次世界大战与其他许多超大规模战争的最大差别不在这里，而在于历史上几乎从来没有一场这样的战争，像反法西斯盟国方面的第二次世界大战具有那么大的正义性。它导致了世界政治和世界观念非常巨大的进步，而这与战争发动者的异常邪恶的性质有很大关系。

在以往的国际关系历史中，战争一般而言历来天经地义，只要发动和进行战争的权威是独立的国家。第二次世界大战扭转了这一准则，出自反法西斯战争胜利的《联合国宪章》否定侵略战争合法，规定只能进行个别国家或国际集体的自卫性战争。不仅如此，在第二次世界大战以前，从来没有发动侵略战争和造就战争中暴行的个人问责，但紧接第二次世界大战结束，分别在纽伦堡和东京举行的国际军事法庭审判开创了这方面的先例，并且规定了新的罪行，即破坏和平罪、反人类罪和战争暴行罪。

不仅如此，甚至更重要的是，反法西斯战争不仅决定性地巩固了第一次世界大战造就的、作为法律和伦理准则的"民族自决"，而且经过《大西洋宪章》、《联合国家宣言》和《联合国宪章》等举

---

① Wang Gungwu, *Anglo—Chinese Encounters since 1800: War, Trade, Science and Governance* (Cambridge: Cambridge University Press,2003)，p.32.

旗性质的根本文件，确立了"人民自决"准则，即一国人民有权自主决定本国的政治体制、社会体制和生活方式。此外，反法西斯战争导致的世界性的一大进步，是在根本的法律和伦理上弘扬基本人权。纳粹德国和军国主义日本的罪孽昭示世界，一个国家发动侵略战争与其在国内和征服区内摧残基本人权往往有直接的关系，因而《联合国宪章》和1948年《联合国普遍人权宣言》规定保护基本人权，也是为了保护国际和平。人民民主观念也得到了反法西斯战争的重大弘扬。尽管战后对"人民民主"的解释会因地因时因情势而有所不同，甚或重大歧变，但这原则本身已被普遍公认为法律准则。总之，第二次世界大战为人类留下的最大世界历史性遗产是民族自决、人民自决、基本人权、人民民主，而中国的抗日战争为之作出了巨大贡献。

中国是第二次世界大战中的主要反法西斯盟国之一，反法西斯战争及其胜利使中国内部的现代进程第一次在巨大的规模和空前的深度上与世界根本潮流接轨，并且成为这潮流的伟大推进力之一。中国自身的发展第一次汇入了世界根本潮流中最重要的部分。这可以说是以前从未有过的情况，而这伟大进展一旦开始，就以尽管不乏曲折、但仍加速的形态持续下去，直至当今，并且必定持续到长远的未来。

第二章

法西斯肆虐与绥靖的破产：
走向全球大战的十年

　　第二次世界大战是迄今为止历史上最大规模的战争，其广度、深度、烈度及破坏程度，超过了人类历史上任何一次战争。当时世界上绝大多数独立国家，无论是主动还是被动，几乎无一幸免地被卷入其中，数千年的人类文明几乎毁于一旦。

　　那么，第二次世界大战是如何打起来的？人类是否能够避免这样的浩劫？这样的问题始终萦绕在人们的脑海之中。于是，研究第二次世界大战的起源，考察二战的影响，从而深入探讨战争与和平这一人类历史上的永恒主题，自然成为历史学家和政治家们长久关心和思考的问题。

　　在纪念二战胜利70周年的今天，从更广阔和长远的时空来审视这场惊心动魄的战争，会清楚地看到两个重要的历史现象：其一,二战是由日本、德国、意大利等法西斯国家发动的,没有一个严肃的政治家或历史学家会质疑这一基本事实;其二,20世纪30年代以英国为首的西方民主国家对法西斯国家的侵略扩张实行的绥靖政策,也是促使二战提前爆发的一个不容忽视的重要因素。正因为如此,在关于二战起源的研究中,法西斯主义和绥靖政策成为学术界的两个研究热点,至今不衰。在这些研究中,主要探讨和回答的有以下几个重要的问题:什么是法西斯?法西斯国家为什么要发动二战?西方民主国家为什么会实行绥靖政策?两次世界大战之间是否有联系?第二次世界大战到底是如何爆发的?

一、法西斯主义和法西斯运动

"法西斯"一词来源与拉丁文"Fasces",原意是中间插着一把战斧的一束棍棒,是古罗马帝国高级长官的一种权力标志,在他们出巡时其扈从每人肩负一束,寓意人民必须服从至高无上的国家权威,否则立即绳以斧钺。今天,"法西斯"是一个令人憎恶的字眼,它是独裁、暴政、恶行和侵略战争的代名词。实际上,在第一次世界大战爆发以前,世界上的任何地方都不曾存在法西斯主义。毫无疑问,正是由于大战带来的社会大动乱及其造成的破坏和引发的危机,在一些国家中出现的激烈的极端民族主义情绪和对"红色"革命的深深恐惧,以及"凡尔赛—华盛顿体系"的安排所激起的新的不满与冲突,才产生了称之为法西斯主义的运动。在世界范围内,这一运动几乎同时产生于意大利、日本和德国，并最终在这些国家成了气候，先后掌握了国家政权，并为这个世界带来了另一场战争大灾难。

在国际范围内，法西斯运动有两次高潮。第一次高潮发生在第一次世界大战后的1919—1923年，这是法西斯运动的"滋生期"。

1919年3月，本尼托·墨索里尼在意大利的米兰成立了"战斗的意大利法西斯"，这是世界上第一个法西斯主义政党。该政党在墨索里尼的领导下，于1922年10月，在意大利建立了世界上第一个法西斯政权。1919年8月，日本出现第一个民间法西斯社团"犹存社"。1921年10月27日在德国留学的三个军人永田铁山、冈村宁次、小畑敏四郎等人，在莱茵河畔的巴登巴登温泉订立密约，约定回国后将致力于"消除派阀、刷新人事、改革军制、建立总动员态势"，第二天东条英机加入。"巴登巴登密约"是为日本军部法西斯运动的开始。1920年2月，希特勒宣布把德意志工人党改名为"民族社会主义德意志工人党"，是为德国法西斯运动的开始。1923年希特勒发动"啤酒馆暴动"，但很快失败。

第二次高潮发生在1929—1936年，这是世界经济大危机时期，也是法西斯主义及法西斯运动的"泛滥期"。在纳粹德国，纳粹党员从1928年的10万人，发展到1932年3月的100万人；在国会选举中，纳粹党的选票从1928年的81万张，增加到1932年的1374.5万张。1933年1月，纳粹党领袖希特勒上台执政。

在日本，1931 年 9 月 18 日，日本发动了侵略中国东北的"九一八事变"，燃起了 20 世纪 30 年代的第一场战火，开启了二战的序幕。1936 年 5 月，以广田弘毅内阁恢复陆海军大臣现役武官专任制为标志，日本法西斯政权初步确立。1937 年 7 月 7 日，日本法西斯发动了全面侵华战争，成为第二次世界大战在亚洲开始的标志。①

意大利于 1935 年 10 月发动了侵略埃塞俄比亚（当时称阿比西尼亚）的战争，在世界上燃起了另一场战火，并于 1936 年 5 月完成了对埃塞俄比亚的占领。

法西斯主义和法西斯运动作为 20 世纪的一种特殊的历史现象，从一开始就引起了学术界的重视。但是，它又是一个颇具争议的话题，对它的概括极为困难。

改革开放以前，中国学界一直以共产国际领导人、保加利亚共产党人季米特洛夫在 1935 年 8 月共产国际第七次代表大会上的讲话，作为对法西斯主义的定义："无论法西斯戴的是哪些假面具，无论它是以哪些形式出现，无论它用哪些方法获得政权——法西斯是资本家对劳动人民大众的最猖獗的进攻；法西斯是肆无忌惮的沙文主义和侵略战争；法西斯是疯狂的反动和反革命；法

---

① 改革开放以来，中国学术界对第二次世界大战的研究不断深入，出现了许多新的研究成果。其中一个重要的看法，就是不再将 1939 年 9 月 1 日德国入侵波兰视为第二次世界大战的开端，而是认为第二次世界大战是一个从局部战争不断发展为世界大战的过程：1931 年的"九一八事变"，揭开了二战的序幕；1937 年的"七七事变"，是二战在亚洲的开始；1939 年 9 月德国入侵波兰，是二战在欧洲的开始；1941 年 6 月 22 日德国入侵苏联，是二战在欧洲的扩大；1941 年 12 月 7 日日本偷袭珍珠港，使二战发展到真正的全球阶段。

西斯是工人阶级和全体劳动人民最恶毒的敌人";"执政的法西斯是金融资本的极端反动、极端沙文主义、极端帝国主义分子的公开恐怖独裁。"① 这两段话揭示了法西斯主义的本质，认为它是当时世界面临的主要危险和威胁，提出反对法西斯是世界各国共产党人的主要斗争目标。季米特洛夫的讲话成为建立广泛的国际反法西斯统一战线的理论指导，是当时国际共产主义运动的一次重大战略转变。

改革开放后，中国学者重新对法西斯主义进行了系统研究，作出了两点重要贡献。

第一是丰富了对法西斯主义的定义："法西斯主义是在帝国主义陷入全面危机期间，主要在一些封建主义和军国主义传统影响浓厚的帝国主义国家出现的，以克服危机、对抗革命、实行扩张为目标的反动社会思潮的政治运动和政权形式。执政的法西斯主义的基本特征是：第一，它是崛起于社会中下层的右翼狂热运动，同原有统治阶级权势集团结成政治联盟所建立的反动政权，代表以垄断资产阶级为主体的新老统治集团的利益。第二，它是以极端民族主义为政纲核心，以侵略扩张，发动战争，争霸世界为其一切重大政策根本出发点的最野蛮凶残的帝国主义国家政权。第三，它是以极权制取代民主制的反共、反社会主义、反民主主义的恐怖独裁统治，是资产阶级专政的极端形式。"②

以上定义指出了法西斯运动的实质，强调法西斯政权的帝国主

---

① 《季米特洛夫选集》，高宗禹等译，人民出版社1953年版，第47、46页。
② 朱庭光主编：《法西斯新论》，重庆出版社1991年版，序论第10页。

义侵略本性。另一方面，学者深入研究德、意、日等法西斯国家的内部情况，通过对德国的纳粹体制、意大利的极权体制、日本的"国防国家体制"的全面确立过程和运行机制的详细探讨，揭示了德、意、日法西斯国家体制的特点，以及发动二战的政策与行动的过程及主要特点。[①]

第二，对20世纪30—40年代中期的日本是不是法西斯国家，作出了至关重要的判断。中国学者认为：日本既是军国主义国家，也是法西斯国家，尽管日本的法西斯与德国、意大利有着不同的表现形态。纵观日本国家的法西斯化过程，其主要特点就是通过近代天皇制，自上而下地逐步实现国家的法西斯化。

在日本，军部是法西斯化的核心力量，在很大程度上，军部起到德、意法西斯政党的作用。军部在首先将自身法西斯化之后，成为一个法西斯主义的政治军事集团。它与宫廷、官僚、财阀等其他权势集团相结合，依靠发动战争等外部事件的刺激，取得对国家政权的支配地位，逐步推动了近代天皇制向法西斯体制演变。简而言之，日本经历了先外后内（先发动对外侵略战争），上下结合（利用下层激进法西斯运动暴力事件的压力，并借助天皇制意识形态），自上而下实现法西斯化。它不是完全否定天皇制体制，而是以渐进方式，逐步将从属于君主立宪范畴的近代天皇制转向天皇制法西斯体制，虽然保留了较多的传统形式和特征，但其国家政权的实质已

---

① 朱庭光主编：《法西斯体制研究》，上海人民出版社1995年版；陈祥超对意大利法西斯的专门论述见《墨索里尼与意大利法西斯》，中国华侨出版社2004年版。

经法西斯化，是另一种极权主义。①

历史已经证明，正是法西斯政权的对外侵略和无限扩张的本质，导致德国、日本、意大利等国家发动了二战。

二、帝国主义与法西斯国家

帝国主义是法西斯国家发动第二次世界大战的最深厚的根源。

首先要指出的是，战争的规模与社会生产力的发展水平直接相关。战争的历史与人类社会的历史一样久远，但不同社会发展阶段的战争目的和起因却各不相同。原始社会的部落战争，不过是为了争夺自然条件比较优越的生活区域和生活资料。奴隶社会和封建时代的大国征伐，是要开疆拓土，囊括天下（当然是征服者当时所知的"天下"）。人类进入资本主义时代之后，也曾有拿破仑的南征北战，甚至打到海外，但其目的是向欧洲输出法国革命原则的同时，建立法国在欧洲的霸权，因此也并未形成世界大战。

从历史长河来看，社会经济愈发展，科学技术愈进步，战争的规模就愈宏大，其破坏性就愈强烈，对人类社会生活的影响也就愈

---

① 参见朱庭光主编：《法西斯新论》，重庆出版社 1991 年版，第 7、第 8 章；武寅：《近代日本政治体制研究》，中国社会科学出版社 1997 年版，第 5 章。对于 20 世纪 30 年代至 40 年代中期的日本是不是法西斯国家的问题，国际学术界一直争论很大。一些学者承认当年的日本是军国主义国家，但不是法西斯国家。对于这种现象，究其学术上的原因，一方面在于对"法西斯主义"这一特定概念的不同理解，另一方面也是由于日本法西斯主义和法西斯体制与德、意法西斯有着不同的特点（如前者没有后者所具有的政党和领袖以及群众运动等形式），因此在历史比较方法上出现了错误的结果。

深远。可以说，不同的社会生产力发展水平，规定了战争的动力和内容，也规定了战争的形式与规模。因此，真正的世界大战，即具有影响整个人类社会生活的总体性和牵动全球的世界性战争，是20世纪的产物，是世界形成一个息息相关的整体的产物。当20世纪初社会生产力和资本的规模已经遍布全球，资本主义列强之间已经结成覆盖全球的层层利害关系的网络之时，他们之间的竞争与争夺，就必然会影响到全球，而最终为争夺霸权所引发的战争，也极易发展为世界大战。

从这一视角出发，20世纪的两次世界大战在起源上的第一个共性，就是它们都根源于资本主义发展到垄断阶段，即帝国主义。垄断是世界大战最深厚的根源这一列宁的论断，对理解二战的起源是至关重要的。

人类进入20世纪时，各资本主义大国发展到垄断阶段，各国在垄断基础上的竞争以及政治经济发展的极不平衡，社会生产和资本的规模越出民族国家的狭隘范围，整个世界经济融为一个经济机体，而整个世界又被瓜分完毕，几个最富有的大国对全世界的统治、控制与争夺等等，为大国争霸提供了前所未有的动力和内容。它们不仅要争夺市场和原料产地，还要独占这些地区。

1880—1914年，英国、法国、德国、意大利和比利时疯狂地卷入对非洲的迅速瓜分之中，并导致90％的非洲领土落入欧洲列强的统治之下；与此同时，这些国家和日本与美国一道，也同样狂热地在亚洲进行领土的争夺。正如当时的一位法国政治家所说："要保持一个大国的地位，或成为一个大国，你就必须开拓殖民地"。① 它们把对小国、弱国和前工业化国家的残酷进攻并把它们变成殖民地等等帝国主义的争斗，看成是为本国的福利、生存和在国际上权力的增长而进行的斗争。而且，当这种争夺不能用谈判来解决时，列强就会兵戎相见。第一次世界大战正是在这样的基础上爆发的。因此，第一次世界大战是一场帝国主义世界霸权争夺之战，这也是参战各国最终坚决走上拒和之路而非要分出绝对胜负的根本原因。

对二战的发动者——法西斯国家来说，这种争霸世界的帝国主义目的更为明显。墨索里尼所建立的法西斯政权奉行帝国扩张与战争政策，他曾在官方的《意大利百科全书》中关于《法西斯主义》词条中写道："只有战争能使人类的能力达到最高水平，能在敢于从事战争的人身上打上高贵的印记……法西斯主义认为获得最高统治权的趋向……是生命力的表现。" ②

希特勒从基于其种族主义的"生存空间论"，声称国家具有潜在的无限扩张性。这种要使空间去适应日益增长的人口的理论的唯一可能性，就是不断进行扩张，直到最后占领整个地球，而这就意味着不断的对外战争。曾为希特勒的副手的鲁道夫·赫斯在1927年说过，希特勒认为，只有"当一国（种族上最优秀的那一国）取得了完全而无可争辩的霸权时"，世界和平才会到来。希特勒本人

---

① James Joll, *The Origins of the First World War*, Second Edition, (London: Longman, 1992), p.174.

② 斯塔夫里阿诺斯:《全球通史，1500年以后的世界》，吴象婴等译，上海社会科学院出版社1992年版，第669页。

在 1928 年对此作了更确切的说明："我们考虑着我们（预计）的牺牲，衡量着可能成功的规模，并将继续进攻，不管进攻是否会在目前战线之外十公里或一千公里处停止。因为无论我们的成功可能在哪里结束，这将永远仅仅是一场新战斗的起点。"[①] 正如曾任德国总理的巴本在纽伦堡审判时所承认的："正是由于纳粹目的的无限性，致使我们触了礁。"[②]

日本法西斯同样如此。早在 1918 年 12 月 15 日，当时随同元老西园寺公望参加巴黎和会的近卫文麿就曾发表文章，认为一战是赞成维持现状的英美等"富国"和要求打破现状的德国等"穷国"之间的战争。他肯定德国发动大战是正当要求，并宣称日本为了自己的生存，也应该像德国一样要求打破现状，并且"从我们自己的前途出发建立新的国际和平秩序"。[③]

1931 年间，时任"满铁"副总裁的众议员松冈洋右煽动性地提出满蒙是日本的"生命线"的口号。[④] 制造九一八事变的关键人物、关东军高级参谋板垣征四郎则声称："切实拥有支那以增强国力，

---

① 格哈特·温伯格：《希特勒德国的对外政策》上编：《欧洲的外交革命（1933—1936年）》，何江等译，商务印书馆 1992 年版，第 11 页。本书的第一章有对希特勒的种族论和空间论的十分清楚的说明。

② 艾伦·布洛克：《大独裁者希特勒（暴政研究）》上册，朱立人等译，北京出版社1986 年版，第 316 页。

③ 参见矢部贞治：《近卫文麿》，东京读卖新闻社 1976 年版，第 84—86 页；入江昭：Akira Iriye, *The Origins of the Second World War in Asia and the Pacific*, (London and New York, Longman,1987), pp.38—39.

④ 松冈洋右：《動く满蒙》，东京先进社 1931 年版，第 112 页。

真正掌握东洋和平之关键，就能完成未来争霸世界的战争准备。"①

可以看出，墨索里尼对"最高统治权"的追求，希特勒以无限"生存空间"为依托的扩张野心，以及日本要征服亚洲最终争霸世界的目标，都是要用战争的手段与一战的获利者英、法、美等国，进行全球争夺，建立自己的帝国，甚至统治全世界。它们发动战争的目的都具有帝国主义的性质。

德国研究法西斯主义的专家莱因哈特·屈尔曼深刻指出："实现大资本的利益是法西斯政策的主要社会内容，这不仅表现在对内政策上。法西斯主义一旦在那些国际竞争中大企业拥有独立而重要地位、经济实力强大的国家里上台，这一社会内容也表现在要求实行军备和战争，也就是说，要求用军事暴力手段改变领土现状这一强大趋势上。德国国家社会主义和在意大利及日本所建立的制度同样都具有这种趋势。进行掠夺和重新瓜分世界是以上三个国家的欲望，这种欲望导致了第二次世界大战的爆发。"②

三、极端民族主义与法西斯国家

法西斯国家发动二战的另一个重要因素，是民族主义恶性发展到极端民族主义的结果。

---

① 日本国际政治学会太平洋战争原因研究部编：《太平洋戦争への道》别卷·资料编，东京朝日新聞社1963年版，第102页。
② 莱因哈特·屈尔曼：《法西斯主义剖析》，邱文等译，军事科学出版社1992年版，第86页。

　　民族主义是近代以来民族在其生存与发展过程中产生的产物，是基于对本民族历史和文化的强烈认同、归属、忠诚的情感与意识之上的，旨在维护本民族权益、实现本民族和民族国家的发展要求的意识形态和实践运动。如果对此作进一步的阐述，可以说，民族主义作为意识形态，至少有以下三种功能：（1）加强对本民族起源和民族家园的认同；（2）表达民族的集体身份并以此为基础证明国家政权的合法性；（3）提供维系和丰富本民族的价值观体系。民族主义作为社会实践运动，可能有三种不同的取向：（1）创立民族国家；（2）维护和提高民族国家的声望；（3）对外扩张。① 第三种取向是一种非理性的蜕变的民族主义行动。

　　产生于 19 世纪的现代民族主义，随着法国大革命的胜利开始了从西欧向世界的传播过程。到 19 世纪末 20 世纪初，西欧的民族主义发生了蜕变。资本主义的迅速发展和生产力的快速增长，使欧美各国的国内市场相对狭小，以武力开拓国际市场成为列强竞相选择的发展道路。资产阶级利用本国人民的民族主义情感，利用本民族是"上帝独选之子民"的迷信，做狂热的民族优越论甚至种族优越论的宣传，假借为本民族"谋利益"和"传播文明"的名义，对东方众多弱小与落后国家和地区进行殖民扩张、侵略和掠夺，把亚非拉的广大地区变为它们的殖民地和附属国，从而对整个世界进行瓜分，疯狂争夺"阳光下的地盘"，建立起了帝国主义的殖民体系。当这些国家堂而皇之地瓜分世界其他国家的领土或肆意划分势力范

---

① M. Reijai, *Political Ideology: A Comparative Approach,* (New York: Westport,1991), p.25.

围的时候，它们以世界的主宰自居，全然不考虑被侵略被瓜分的国家的民族情感和民族利益。因此，随着 19 世纪的逝去，西方国家的民族主义在性质上发生了根本变化，逐渐失去了维护本民族正当权利和利益的进步性，而是向恶性发展，蜕变为维护资产阶级统治集团利益的极端民族主义、民族沙文主义、殖民主义、帝国主义，并给人类带来了一战这样的灾难。①

一战之后，西方蜕变的民族主义在意大利、德国和日本进一步发展。在意大利，国家法西斯党的纲领具有突出的极端民族主义倾向，宣称"法西斯主义为民族而奋斗，它的目标是实现意大利人民的荣耀"②，这种荣耀的具体表现就是要重振古罗马帝国的霸业，强调意大利"要实现自己历史上的完全统一"，"行使地中海与拉丁文明之堡垒的职能"，"重视地中海和海外的意大利殖民地"。③

德国纳粹党的极端民族主义则深深植根于种族主义，宣扬雅利安种族是对人类进步作出显著贡献的唯一民族，理应统治世界，而把犹太人和斯拉夫人都视为劣等民族。希特勒在《我的奋斗》中不仅要求建立把所有雅利安人的后代日耳曼种族和说德语的民族都包

---

① 在第一次世界大战前，东欧和东南欧的各个少数民族，也有着不断高涨的民族主义愿望和行动。然而它们国小力弱，内部纷争，又为大国所利用，为争自由保独立而苦苦挣扎，还无法完全主宰自己的民族命运。迄今为止，西方学者对 19 世纪末 20 世纪初的西方列强的民族主义的恶性发展论述极少，而对巴尔干民族主义的评价也不够公允。可参见悉·布·费：《第一次世界大战的起源》上下册，于熙俭译，商务印书馆 1959 年版；Frank McDonough, *The Origins of the First and the Second World Wars,*（Cambridge: Cambridge University Press,1997）.

② 萨尔沃·马斯泰罗尔：《欧洲政治思想史——从十五世纪到二十世纪》，黄华光译，社会科学文献出版社 1998 年版，第 506 页。

③ 朱庭光主编：《法西斯新论》，重庆出版社 1991 年版，第 87 页。

括在内的大德意志国家①，而且要首先向东方发展，"建立在劣等民族的奴隶劳动基础之上的统治民族的帝国"。② 正是在这种种族主义的丧失理性的狂热中，成千上万的犹太人最终被惨无人道地送进了纳粹的焚尸炉。

在日本，极端民族主义表现为宣扬大和民族优越论，宣扬日本的国体"万世一系"，"万国无比"，并把这种宣传引入对外事务，宣扬"国兼六合，八纮一宇"，以此煽动对外侵略战争。

因此，第一次世界大战后，这种蜕变的极端民族主义进一步与法西斯主义、极权主义、军国主义、帝国主义相结合，形成了意大利法西斯极权主义、德国纳粹主义和日本法西斯主义和军国主义国家体制；并最终驱使他们发动了生灵涂炭的第二次世界大战，去实现希特勒的建立拥有无限"生存空间"的第三个千年德意志帝国、墨索里尼的恢复古罗马帝国以及日本法西斯的建立"大东亚共荣圈"的迷梦。

四、两次世界大战的联系

一些严肃的历史学家和政治家认为，二战是一战的继续。他们

---

① 以纳粹党的标志为例，希特勒采用长期以来在一些民族主义团体中被用作雅利安德意志精神象征而闻名的带钩十字"卐"（Hankenkreuz）作为纳粹党的标志，并亲自设计了红底白圆心、中间嵌上一个硕大黑色"卐"字的纳粹党旗，以吸引民众。据说"卐"字是古代居住在苏台德地区的德意志人的图腾崇拜，意为太阳。

② 艾伦·布洛克：《大独裁者希特勒（暴政研究）》上册，朱立人等译，北京出版社1986年版，第315页。

认为，"第二次世界大战就是从第一次世界大战的种种胜利成果中生长出来的，是从运用这些胜利成果的方式中生长出来的"[①]；"正是第一次大战，使得欧洲社会不可能在旧基础上重建。这次战争'为未来洗好了牌'；它造成一种人们无法维持国内国际稳定的局面，从而下一次大战终于不可避免。"[②] 对于二战起源的研究，这些看法颇具启发性。二战与一战之间的继承性正是二战在起源上的重要特点之一。

关于两次世界大战之间的因果关系，主要可以概括出以下两点。

第一，法西斯国家的建立与一战结果直接相关。

二战的一个重要根源即存在于一战后战胜国对世界作出的和平安排之中，"第二次世界大战的种子深植于 1919—1920 年签订的凡尔赛、圣日耳曼和特里亚农条约的条款之中。"[③] 可以说，凡尔赛体系是产生第二次世界大战的温床。

大量的资料和不断做出的研究成果已经表明，一战是两大帝国主义集团共同发动的，战争的罪责应当由双方承担。在一战期间上台执政的英国首相劳合—乔治承认，当年"所有的欧洲国家都滑过沸腾的大锅的边缘而掉进了 1914 年的战争之中"。[④] 然而战胜国却

---

① A.J.P. 泰勒：《第二次世界大战的起源》，潘人杰等译，华东师范大学出版社 1991 年版，第 15 页。

② H. 斯图尔特·休斯：《欧洲现代史（1914—1980 年）》，陈绍衡等译，商务印书馆 1984 年版，第 49 页。

③ Richard Lamb, *The Drift to War 1922—1939*, (London: W. H. Allen & Co. Plc,1989), p.3.

④ David Llord George, *War Memoirs*, Vol.1, (London: Ivor Nicholson & Watson,1933), p.52.

根据强权政治的原则，在《凡尔赛条约》第 231 条中明确规定，德国及其盟国应当承担战争责任，这就给战胜国堂而皇之地掠夺战败国，提供了法律依据。它至少造成了两个极其严重的后果。

其一是根据这一条款，使构成凡尔赛体系的几个主要条约对战败国极为苛刻，其掠夺性骇人听闻，其中最为典型的是关于德国赔款的规定。著名的英国经济学家凯恩斯曾经深刻地指出，这种要求德国支付赔款的方法是"年复一年地永远地把它（指德国）的皮剥光。无论这种手术做得如何熟练和小心，在手术中多么注意不要杀死病人，它却代表了一种政策，这种政策如果真被采纳并蓄意实行，人们的判断就会宣告，它是一个残忍的胜利者在文明史上所干出的最凶残的行为之一。"①

作为一场相互厮杀的帝国主义战争之后由战胜国制定的、以维护战胜国利益为根本宗旨的和平解决方案，被战败国认为是一个"强制的和平"，而且"其强制的成分比近代以来的任何早于它的和平条约的强制成分都更为明显"，并且这个"从德国勒索而来的签字画押在道义上对德国没有约束力"。不仅如此，它还在战败国中产生了深远的心理影响，必然导致战败国与战胜国之间矛盾的加剧。② 德国虽然被迫接受了凡尔赛条约，但从未承认过自己的失败，并对该条约充满仇恨。

---

① 齐世荣主编：《世界通史资料选辑·现代部分》第一分册修订第 2 版，商务印书馆 1998 年版，第 40 页。

② 参见 E. H. Carr, *International Relations between the Two World Wars 1919—1939*, (Hong Kong, Macmillan Press,1986）, p.5.

例如，当1919年5月12日德国国民议会讨论是否接受和约时，参加会议的所有党派从未有过的空前一致地反对批准和约，会议主席费伦巴赫曾用这样的话来结束会议：今天的会议进程是目前这一痛苦时期的巨大安慰。这是德国人民的全体代表反对他们命令我们接受的残酷和约的强有力的表现。谁也不能说我们之间有细微的分歧，有不同的心情；不，所有发言人的心情都是同样炽热的！我们不能接受这项和约。在和约的签字之日，德国各右翼报纸在第一版都加上了表示哀悼的黑框。① 可以肯定，随着国力的恢复与增长，德国必然会从要求修改条约到不履行条约，直至撕毁条约。

实际上，在巴黎和会期间，和约的缔造者之一、英国首相劳合—乔治就预感到了这种危险。他在1919年3月25日的《枫丹白露备忘录》中写道："历史证明，一项作为外交技巧和政治家手腕的成就而受到胜利者欢呼的和约，即使从长远后果看来是适度而有节制的，也必将被证明是目光短浅的，并且对胜利者来说，也是充满危险的。"他还说："你们可以夺走德国的殖民地，将它的军队裁减到只够建立一支警察部队的数量，将它的海军降到五等国家的水平。这一切终归毫无意义，如果德国认为1919年的和约不公平，那么它将会找到对战胜国进行报复的手段。"② 积极主张掠夺德国的法国元帅福熙也预言："这不是和平。这是20年的休战。"实际上，

---

① 科佩尔·S. 平森：《德国近现代史——它的历史和文化》下册，范德一等译，商务印书馆1987年版，第530—531、532页。

② 《枫丹白露备忘录》的全文，见 David Lloyd George, *The Truth about the Peace Treaties*, Vol.1，(London: V. Golla,cz,1938)，pp.404—416。

和会刚刚结束，德国的复仇主义者就喊出了"打倒凡尔赛条约"的口号。战后民族主义和复仇主义在德国的蔓延并达到了历史上的最高点，是30年代纳粹党得以上台的重要原因之一。

其二，一战结束前成立的魏玛共和国本来是德国历史的进步，但无论是德国的右派还是左派，都对这个共和国十分反感。右派认为它是在对帝国的革命中诞生的，左派则认为它是镇压了11月革命的结果。

魏玛共和国成立后的第一件大事就是签订《凡尔赛条约》，左派谴责它是帝国主义的和约，右派则站在德帝国主义复仇的立场上，认为谁签订和约，谁就是民族的罪人。然而战胜国只要求这个共和国承担战争罪责，裁减军备，割地赔款，并对其进行经济制裁，而对于加速德国的民主化进程却置若罔闻，使本来就先天不足的共和国更失人心。在这种情况下，德国人怀念帝国，希望有一个强有力的铁腕人物"重振国威"。这种社会状态，同样是纳粹党和希特勒上台的适宜土壤。

另外，对于现状深感不满的国家，并不只限于战败国。日本和意大利虽然算是胜利的一方，心中也总是因为分赃不均而耿耿于怀。意大利为盟国未能全部兑现战时签订的伦敦密约中所许诺给它的战利品而十分不快，日本则由于华盛顿体系对它在远东扩张野心的一定限制而始终不悦。因此一战后的和平十分短暂。特别是当30年代法西斯国家的侵略扩张日益猖獗之时，西方国家仍然坚持巴黎和会所定下的敌视苏联的基调，致使世界反法西斯统一战线未能在二战前建立，并因此对二战的进程产生了极为不利的影响。丘吉尔曾尖锐地把凡尔赛体系称为"胜利者所做的蠢事"。此话颇有见地。①

第二，绥靖政策的形成与一战直接相关。

20世纪30年代，以英国为首的西方民主国家实行绥靖政策等，既与一战直接相关，也成为促使二战提前爆发的重要因素。1931年9月，日本发动"九一八事变"，侵占中国东北，西方民主国家坐视不管；1941年12月7日，日本偷袭美国海军基地珍珠港，导致太平洋战争爆发。其间经历了十年，法西斯国家挑起一系列侵略事端与局部战火，而英、法（有时也包括美国）等国则一而再，再而三地退让，甚至企图用出卖其他国家领土主权利益来换取侵略者的让步。由此可以看到贯穿其中的一条绥靖主义外交路线的萌芽、形成、发展、演变及至达于顶峰的历史过程。这一过程与法西斯国家不断扩大侵略相辅而成，终于使大战提前爆发。关于这段历史，我们将在后面具体论述。

学术界在研究法西斯主义的同时，也开展了对英法等国绥靖政策（也包括美国中立法）的研究。在大量研究的基础上，学界对"什么是绥靖政策"这一命题取得了基本一致的看法：绥靖政策是日益衰落的英、法帝国主义，面临德、意、日法西斯国家的挑战，为了保存自己的既得利益，采取了一种以牺牲其他国家利益的办法换取与对手妥协的政策。

绥靖政策作为20世纪30年代指导英国和法国的基本外交政策，

---

① 参见温斯顿·丘吉尔：《第二次世界大战回忆录》第一卷上部第一分册，吴万沈译，商务印书馆1974年版，第一章。

产生的原因十分复杂，且英、法也有差异；美国的政策表现和形成原因与英法也不尽相同。

　　在英国，一战的极端残酷性所引起的战后英国和平主义和反战运动的盛行及其向绥靖化发展，无疑是该政策能够出台并得以实施的民众与社会基础。由于一战的主要战场在欧洲，而且以极其残酷的杀戮为主要特点，因此参战双方的兵员死亡人数巨大，接近1000万人：德国180万，奥匈帝国130万，俄国170万，法国140万，英国及英帝国100万，意大利61.5万；罗马尼亚、土耳其、保加利亚、塞尔维亚分别损失33.5万人、32.5万人、9万人、5.5万人；俄、奥、德、法、英等国共有1860多万人受伤。据统计，1914年20—32岁的法国男子，一半死于战争；在1916年的索姆河战役中，英军第一天的进攻就损失了6万人。美国在一战中有11.5万人死亡，20.5万人负伤。① 西欧各国几乎失去了一代最有才华和最具创造力的青年。因此，欧美社会中充满了反战、厌战的社会情绪，和平运动重新高涨。

　　战后英国国内弊病丛生、失业和罢工此起彼伏，引起当政者实实在在的担忧，因此他们极力要在意识形态和地缘政治两个方面，阻止"布尔什维主义的蔓延"。一战中爆发的十月革命及其后果，

---

① 伤亡的统计数字并不相同。参见 John Terraine, *The Great War, 1914—1918: A Pictorial History*, (London: Macmillan, 1965)，p.183.[美]托马斯·帕特森等：《美国外交政策》下册，李庆余译，中国社会科学出版社1989年版，第418页；[英]马丁·吉尔伯特：《二十世纪世界史》第一卷下册，史建云等译，陕西师范大学出版社2000年版，第587页；[美] R. R. 帕尔默等：《两次世界大战：西方的没落?》，陈少衡等译，世界图书出版公司2011年版，第17页。

也使备受战争浩劫之苦的欧洲各国人民对生活在其中的社会制度产生了极度的怀疑与不满，社会主义思想在欧洲进一步传播，各国资产阶级政治家极为担忧和惊恐。美国总统威尔逊的密友和顾问豪斯上校在1919年3月22日写道："每天都有不满的呼声。人民需要和平。布尔什维主义正越来越为各地的人们所接受。匈牙利刚刚屈服。我们正坐在一座露天的火药库上，总有一天一颗火星就能把它点燃……"[1] 英国首相劳合—乔治也在《枫丹白露备忘录》中写到俄国革命对其他国家和地区革命的影响，所以要求对德国提出和约，并且不能太严厉。

20世纪30年代世界经济大萧条和各国以邻为壑的对外经济政策所造成的英国经济的虚弱，以及当权者无视国际形势的日益恶化而一味削减国防开支，造成了英国军备的相对不足，这成为绥靖政策形成的经济背景。

对于制定《凡尔赛条约》的英、法政治家们而言，他们一方面将严苛的条约强加给德、奥等战败国；另一方面又对此怀有一定的"罪恶感"，他们希望在保住既得利益的前提下，通过以后的不断调整和让步满足德国修订该条约的愿望，以平复德国的不满，这成为他们制定绥靖政策的所谓"人道"因素。与此同时，他们还希望通过英德协调，形成英、德、法、意四大国主宰欧洲的局面并恢复欧洲的均势，以保持欧洲的和平。

英国在欧洲、地中海、远东及其庞大帝国所面临的全球战略困

---

① Charles Seymour ed., *The Intimate Papers of Colonel House*, Vol.4, （Boston &New York: Houghton Mifflin Company,1928） , p.389.

境等，更是不可忽视的重要国际因素。这里所说的英国的全球战略困境，主要指两个方面：其一是英国受到其自治领和殖民地的有力牵制，前者拒绝为任何欧洲的问题而冒战争的风险，后者则以其方兴未艾的民族独立运动而分散了英国的精力并使之难以招架；其二是英国在东西方同时面对德、日、意三个敌人，形成了英国的战略选择难题并在一定程度上分散了英国的军事力量。

因此，面对法西斯的侵略扩张，英国却只想"保持我们所要的东西并平平安安地过日子"①，从而对侵略者实行绥靖政策。

在法国，世界性萧条对国家经济所产生的恶性影响，政坛斗争的异常激烈而使国家的政治无稳定可言，右翼对左翼的强烈的意识形态敌意而导致亲纳粹势力的发展，消极防御战略以及对英国的一味依赖所造成的战略瘫痪，导致法国也选择了绥靖政策。法国的战略瘫痪表现在：在《洛迦诺公约》签订后不久就开始修筑的马其诺防线，这不仅强烈地体现了法国在自己的边界内坐等战争到来的消极防御战略，而且使德国可以大举东进，无须顾虑两线作战之险；与此同时英国却并不可靠。

在美国，对一战后和平安排的强烈不满导致了普遍的孤立主义情绪；战后国内的和平主义与反战运动，经济大危机等，使政府不得不将注意力集中于国内经济恢复和社会救济；加之担心过于介入欧洲的政治而将美国再次拖入战火等等，共同导致了30年代中立法被提出并得以实施。值得注意的是，英法所实行的绥靖政策是与

---

① Paul Kennedy, *The Realities behind Diplomacy*, (London, Allen and Unwin, 1981), p.256.

法西斯国家不断挑起侵略事端和局部战火同步发展，直至达于顶峰的。在此期间，美国的孤立主义与1935年通过的中立法案，则基本与绥靖政策并行不悖。

历史已经证明，绥靖政策并不是维护和平之举，而是纵容法西斯国家扩大侵略并促使二战提前爆发的错误政策。早在1948年，英国著名史学家约翰·惠勒—贝内特就指出，慕尼黑协定是"西方民主国家的奇耻大辱"，"德国的征服国策，英国的绥靖国策，就像两股并行的溪水在奔流"，它们将在一个交叉点，即"慕尼黑"结合起来，并成了导致二战爆发的最重要的因素之一。①

不过学者们也认为，英国在东方对日本的绥靖政策并没有达到在西方对德国的绥靖政策那样的程度，即没有最终出卖中国的领土利益，因此不存在"远东慕尼黑"。之所以如此，就是因为英国所要牺牲的对象不同。中国不是捷克斯洛伐克，中国政府和人民显然不接受投降主义道路，而蒋介石本人从不想做一个日本卵翼下的"儿皇帝"。正是中国人民坚持全面抗战，才使中国得以避免沦为另一个捷克斯洛伐克。②

---

① 他还认为，英法推行绥靖政策是为了维护和平，绥靖主义者是"以和平的名义、绥靖的名义宽恕德国的不义和侵略"。参见约翰·惠勒—贝内特：《慕尼黑——悲剧的序幕》，林书武等译，北京出版社1978年版，第5、212、22页。

② 参见徐蓝：《英国与中日战争，1931—1941》，北京师范学院出版社1991年版，首都师范大学出版社2010年再版，结束语。

五、走向全球大战

二战是一个从亚洲发展到全球的过程，这个过程经历了整整十年。在这一过程中，可以清楚地看到，法西斯国家的侵略政策和西方民主国家的绥靖政策是如何彼此相向而行，最终使世界大战不可避免。

1931 年 9 月 18 日，日本军国主义分子借世界经济危机之机，精心策划制造了震惊中外的"九一八事变"，在中国东北燃起了侵略战火。面对中国在国际联盟的申诉，英法等国作为国联的领导者，却无意为一个遥远的被侵略国伸张正义，反而荒谬地把侵略者和被侵略者等同对待，要求中日双方停止一切冲突，撤退军队；美国仅仅是坚持没有实际行动支持的"不承认主义"[1]；英法美等国通过国联发表的"李顿报告书"，虽然没有承认"满洲国"，但对日本的侵略行动袒护与谴责参半，并不能吓倒日本人；日本则以退出国联表明了坚持侵略的决心，并将东北作为基地，继续向华北和沿海地区扩张。

1933 年希特勒成为德国总理。德国法西斯的崛起使英国在东西方面临日本和德国两个敌人。但英国政府把保住经济利益放在第一位，不肯为重整军备花费更多的金钱，便企图以对日实行绥靖外交来弥补远东防御的空虚状态，以便保住英国在远东的利益。1934

---

[1] 1931 年 1 月 7 日，美国国务卿史汀生（Henry L. Stimson）发表声明，表示不承认中日两国达成的任何违反《九国公约》和《非战公约》的形势或协定。该声明亦称"史汀生主义"。

年 10 月 16 日，时任英国财政大臣的尼维尔·张伯伦和外交大臣的约翰·西蒙提出了一份《关于英日关系前途》的联合备忘录，第一次明确提出要在远东实行"政治绥靖"（Political Appeasement）日本的政策，其办法是：英国与日本签订一个英日互不侵犯条约，其中英国对"满洲国"给以事实上的承认，即"准承认"，同时承认日本在华北的"特殊地位"，换取日本不再向长城以南侵略和渗透，使英国"从与日本的有保证的友谊中获得巨大利益"。[①]

远东危机余波未尽之时，意大利又在北非生出事端。1935 年，意大利悍然侵入埃塞俄比亚，在世界上点燃了又一场侵略战火。但是，法国对意大利的侵略行径采取明确支持的态度。[②] 英国则实行"与意大利协商和忠于国联"的所谓"双重政策"。[③] 虽然英法等国在国际社会的压力下，不得不通过国联对意大利实行了制裁，但由于并未把石油等重要的战略物资包括在禁运之列，这种制裁并不能制止侵略。美国则对交战双方都实施武器禁运的中立法案。

[①] *Documents on British Foreign Policy,1919—1939*，（以下简写为 *DBFP*），ser.2, vol.13,（London: HMSO），1960, p.61.

[②] 在墨索里尼正式发动侵略埃塞俄比亚的战争之前，1935 年 1 月 7 日法、意签订《罗马协定》，主要内容是：意大利逐步放弃在法属突尼斯的特权地位，维护突尼斯现状；法国把法属突尼斯和法属索马里的部分地区划给意大利；法国将吉布提——亚的斯亚贝巴铁路公司的 2500 股份让与意大利；除了这条铁路区域的经济利益和保护法国国民的权利外，法国在埃塞俄比亚不寻求其他利益的满足。这后两点是以墨索里尼给沄国外长赖伐尔的信件的形式说明的。该协定已经向墨索里尼表明，他可以放心地对埃塞俄比亚动手。D.C Watt, *Document: The Secret Laval—Mussolini Agree of 1935on Ethiopia,* in E.M.Robertson ed.,*The Origins of the Second World War,* (London: Macmillan and Co LTD,1971)，pp.225—242.

[③] 对英国的"双重政策"研究，参见齐世荣：《意埃战争与英国的"双重政策"》，载齐世荣主编：《绥靖政策研究》，首都师范大学出版社 1998 年版，第 81—109 页。

与此同时，英法还秘密拟定了打算以一半以上的埃塞俄比亚领土来满足意大利要求的"霍尔—赖伐尔协定"。[①] 由于舆论的提前曝光，这一方案未能实行。但是，它明显牺牲被侵略国的利益来绥靖侵略者的意图是无法否认的。正如一位英国官员所说，该协定的条件使"侵略者得到的东西比他已经得到的还要多一些，虽然比他希望得到的要少一些"。[②] 英法美的态度进一步鼓励了意大利法西斯，并最终牺牲了埃塞俄比亚的独立和主权。然而，与此同时，对国联制裁极为不满的意大利法西斯也因此而成了英法的敌人。

在意大利侵略埃塞俄比亚的整个过程中，希特勒始终注视着事态的发展。英法纵容意大利的行为，以及几年来它们对纳粹德国重整军备所采取的宽容态度，特别是 1935 年 6 月英国自己违反《凡尔赛和约》而同意德国发展海军的《英德海军协定》（英国同意德国海军舰艇总吨位不超过英联邦国家海军总吨位的 35%），都大大增强了希特勒进一步冒险的决心。1936 年 3 月，希特勒不顾将军们的反对，出兵占领了《凡尔赛和约》所规定的莱茵兰非军事区，随后便开始修筑齐格菲防线，从而关上了协约国进入德国的大门。对于这一毁约行为，希特勒也很心虚，他后来曾经说过，"在进军莱茵兰以后的 48 小时，是我一生中神经最紧张的时刻。如果当时

---

① Henderson B. Braddick, *The Hoare—Laval Plan: A study in International Politics,* in Hans W. Gatzke ed., *European Diplomacy Between Two Wars,1919—1939,* Chicago, Quadrangle Books,1972（Henry A. Turner, Jr. ed., M*odern Scholarship on European History*），pp.152—171.

② Keith Middlemas and John Bernes, *Baldwin: A Biography,* London: Weidenfeld and Nicolson,1969, p.885.

的法国人也开进莱茵兰，我们就只好夹着尾巴撤退"。[1]但是法国却迟迟不见行动，对于这一关系到自己生死安全的大事，倒要先得到英国的援助；在英国，那种认为过去有点儿对不起德国人的心理在作祟，流行的看法是"德国人终究不过是进入他们自己的后院而已"[2]！因此，英国让法国冷静，不值得为此大惊小怪。尽管英法两国的军力肯定超过德国，但他们还是毫无阻拦地放过了希特勒的这次挑衅行动，只是口头上提出了软弱无力的抗议而已。有学者认为希特勒的这次得手使他"不发一枪就赢得了第二次世界大战的第一仗"，[3]这话并不过分。

1936年7月17日，就在国联终止制裁意大利两天之后，西班牙的右翼分子就在德国和意大利的支持下，以驻摩洛哥殖民军头目佛朗哥将军为首，发动了反对共和国人民阵线政府的武装叛乱。政府军和广大民众奋起抵抗，使叛军妄图速胜的打算落了空。但是德、意两国不顾国际法规，向叛军提供了从飞机大炮到人员的大量援助，使叛军得以将内战进行下去，并使这场内战演变成了一场具有国际性的反法西斯民族革命战争。但是本应支持共和政府的法国却与英国共同制定了所谓"不干涉"政策，拒绝向共和国政府军提供军火援助，以后它们又组成"不干涉委员会"，可笑的是连一直在积极干涉这场战争的德国和意大利也是该委员会的成员。美国虽

---

[1] 保·施密特：《我是希特勒的译员》，刘同舜译，上海人民出版社1982年版，第29页。

[2] 威廉·夏伊勒：《第三帝国的兴亡——纳粹德国史》上册，董乐山等译，世界知识出版社1979年版，第413页。

[3] [英]约翰·惠勒—贝内特：《慕尼黑——悲剧的序幕》，林书武译，北京出版社1978年版，第279页。

不在其中，却与英法遥相呼应，专门通过一项对西班牙内战双方实行武器禁运的决议案以及所谓的"永久中立法"。在这种情况下，西班牙共和国虽然有苏联和世界进步人士组成的国际纵队的援助，但叛军更加张狂，终于扼杀了共和国。

在西班牙内战进行过程中，1936年10月，德国和意大利建立了柏林—罗马轴心，11月德国和日本签订了《反共产国际协定》，次年11月，意大利加入该协定，就这样，三个法西斯国家开始联手在世界上进一步兴风作浪。

几乎在西班牙内战爆发的同时，英国开始与日本谈判有关英日互不侵犯条约的问题。从1936年7月至1937年7月，这一谈判一直在断断续续地进行，只是由于日本发动了卢沟桥事变，该谈判才被迫中止。然而英国的政策只是更加坚定了日本吞并全中国并夺取英国在华全部权益的决心。

1937年7月7日，日本法西斯挑起卢沟桥事变，发动了全面侵华战争，中国人民奋起抵抗，从而开辟了第二次世界大战的亚洲主战场。战端初启时，日本统治集团普遍认为只需"对支一言"，便可凯旋班师。但是他们打错了如意算盘。早在事变爆发前，中国就出现了"工农兵学商，一齐来救亡"的抗日高潮，并初步形成了国共合作的抗日民族统一战线。战争爆发时，日本面对的是四亿中国人民的共同抵抗。在抗战最初的战略防御阶段，中国军民的英勇抵抗迫使日军一再增兵，把24个师团100万人投入中国战场，致使日本国内只剩下一个师团。

但是，面对日本对中国的公然入侵，英法美等国均无所作为。

无论是在当年的国联大会期间，还是在专为解决日本侵华而召开的布鲁塞尔九国公约签字国会议期间，它们既不制裁日本，也不积极援助中国。英国首相尼维尔·张伯伦于布鲁塞尔会议召开之前就在下院宣布："我认为，到这个会议上去谈论经济制裁、经济压力和武力，是完全错误的。我们是在这里缔造和平，而不是在这里扩大冲突。"[①] 他们的做法，使国际社会丧失了援华抑日的良机，鼓励了日本的侵略战争不断升级，使中国军民的抗战斗争极其艰苦。

德国在 1937 年虽然没有什么"惊人之举"，但到年末，希特勒的"要大炮不要黄油"的政策已见成效，战争准备已基本完成。11月 5 日，希特勒召集军政要员开了一次极为重要的秘密会议，宣布现在德国的政策是吞并奥地利，征服捷克斯洛伐克，消灭波兰，夺取俄国境内领土，以解决生存空间问题，然后将使德国成为世界命运的最高主宰。他声称即使冒世界大战的危险也在所不惜。[②]

1938 年 3 月纳粹德国的军队开进奥地利，并宣布把它并入德国。希特勒兵不血刃夺他人之国，但英法除了一纸抗议之外，听任德国对奥地利的兼并，全然无意为保持奥地利的独立采取任何行动。因为在此之前，英国首相尼维尔·张伯伦已经制订了绥靖德国

---

①   Neville Chamberlain, *The Struggle for Peace,* (London: Hutchinson & Co.,1939) , p.42.

②   这些内容反映在"霍斯巴赫备忘录"中。这次秘密会议的记录是希特勒的军事副官弗雷德里希·霍斯巴赫上校，他在会后将记录加以整理，形成了"霍斯巴赫备忘录"。第二次世界大战后盟军查获此件，并经纽伦堡国际军事法庭加以确认，作为纳粹德国发动侵略战争的重要罪证。该备忘的部分内容，见李巨廉、王斯德主编：《第二次世界大战起源历史文件资料集（1937.7—1939.8)》，华东师范大学出版社 1985 年版，第 50—59 页。

的总计划，并通过枢密大臣哈里法克斯将这一计划转告了希特勒，即英国人认为，《凡尔赛条约》酿成的一些错误，必须加以纠正；英国也认识到随着时间的推移可能注定要发生的欧洲秩序变更问题，其中包括但泽、奥地利和捷克斯洛伐克，英国所关注的是任何变更都应该通过和平演进的方法；英国的最终目的是以英德两国的谅解为基础，实现欧洲问题的"全面解决"。① 顺利得手的希特勒则迅速把下一个目标指向了捷克斯洛伐克。

就在纳粹德国在欧洲继续扩张的同时，日本也在中国继续扩大侵略，中国东部大片国土沦陷。然而，1938 年 5 月，在日本的压力下，英国与日本签订了英日海关协定，将中国沦陷区的海关收入存入日本的正金银行，这些收入占当时中国全部海关收入的 75%。英国的这种做法，"使中国一面拿血肉去膏敌人的弹火，一面更悲剧地以自己的海关收入供敌人置办弹火之需"。②

1938 年 9 月，德国公然对捷克斯洛伐克的苏台德地区提出领土要求，可是张伯伦却认为牺牲捷克斯洛伐克以实现英德谅解的时机已经成熟。于是他几次往返于英德之间，最终在 9 月 30 日同法国总理达拉第和意大利的墨索里尼与希特勒达成了将捷克斯洛伐克的苏台德地区及一些其他领土割让给德国的《慕尼黑协定》。这是英、法对德国法西斯明目张胆的侵略行径实行绥靖政策的顶峰，而

---

① 参见李巨廉、王斯德主编：《第二次世界大战起源历史文件资料集（1937.7—1939.8）》，华东师范大学出版社 1985 年版，第 68—79 页。

② 中国近代经济史资料丛刊编辑委员会：《一九三八年英日关于中国海关的非法协定》，中华书局 1983 年版，第 128、98—99、208 页。

美国总统罗斯福却对该协定的签订感到十分欣慰并向张伯伦表示祝贺，称赞他是"一个大好人"。[1] 然而绥靖并没有换来真正的和平。仅仅6个月以后，即1939年3月15日，德军就开进了布拉格。希特勒再次兵不血刃地夺去了他人之国，他将其在慕尼黑的保证践踏殆尽，无情地肢解了捷克斯洛伐克的其余部分，捷克斯洛伐克灭亡了。

在战略上，处于中欧的捷克斯洛伐克以其分别与法、苏的同盟关系和作为小协约国（指捷克斯洛伐克、罗马尼亚和南斯拉夫结成的同盟）的成员地位而在欧洲起着安全拱顶石的作用，然而对于捷克斯洛伐克的亡国，无论是英国还是法国却都没有动一动来挽救它，虽然它们在慕尼黑会议时都曾庄严地担保过剩余的捷克斯洛伐克的安全，虽然它们对希特勒的背信弃义感到震惊。面对国内对德国暴行和政府绥靖的一片谴责之声，张伯伦不得不发表了一篇被称为"外交革命"的演说。[2] 但是该演说除了姿态强硬之外并没有什么实际重要的内容，而希特勒却准备对他的下一个目标——波兰动手了。

捷克斯洛伐克灭亡后，希特勒立即以强硬的态度要求波兰割让但泽并解决波兰走廊问题。1939年4月3日，希特勒批准了侵略

---

[1] Frederick W. Marks III, *Wind Over Sand The Diplomacy of Franklin Roosevelt*，(Athens: The University of Georgia Press) ,1988, p.146. 罗斯福在通知他这件事的纸上写上了 "A good man"（"一个大好人"）的字样。

[2] 张伯伦在演说中表示："但如果以为我国由于感到战争是一件愚蠢而残酷的事因而已丧失血性，以至于在受到挑战的时候也不会尽其全力予以抵抗，那就是大错特错了。" Neville Chamberlain, *The Struggle for Peace,* pp.419—420.

波兰的"白色方案"，要求军方准备好在 9 月 1 日以后的任何时间里发动军事行动。5 月 22 日，德国和意大利签订"钢铁同盟"，决心要夺得它们要求的"生存空间"而与全世界为敌。

　　几乎与此同时，日本也向英国施压，于 1939 年 6 月 14 日正式封锁了天津英租界（也包括法租界），制造了天津租界危机。英国面对来自欧洲、地中海和远东的三个敌人，继续实行绥靖政策。同年 7 月 24 日，英日双方签订了《有田—克莱琪协定》，即为解决天津租界问题而制定的英日"关系准则"，其中声明："英王陛下政府充分认识正在进行大规模敌对行动的中国的实际形势，并注意到，只要这种事态继续存在，在华日军为了保障其自身的安全和维护其控制地区的公共秩序，就有其特殊的需要；他们必须压制或取消任何将妨碍他们或有利于他们敌人的行动或起因。陛下政府无意鼓励任何有损于日本军队达到上述目的的行动或措施；它并愿趁此机会重申它在这方面的政策，向在华英国当局和侨民说清，他们必须避免这类的行动和措施。"① 这个协定不但承认了日本侵略中国的合法性，而且承诺不援助中国抗击日本的侵略。它把英国政府自"九一八事变"后就实际执行的纵容鼓励日本侵华的政策第一次用文字的形式表达出来，进一步出卖了中国的主权。英国这些重大的

---

① 1939 年 7 月 24 日，为解决日本封锁天津的英法租界而引发的危机，英国按照日本提出的要求和原则，由日本外相有田八郎和英国驻日大使罗伯特·克莱琪签订了《有田—克莱琪协定》，*DBFP*, ser.3, vol.9, p.313. 另外，1939 年 7 月 26 日的"重庆各报联合版"，也发表了这一协定的内容，但译文文字有些区别，见复旦大学历史系中国近代史教研组：《中国近代对外关系史资料选辑 1840—1949》下卷第二分册，上海人民出版社 1977 年版，第 143 页。

对日绥靖行动，是其在远东实行绥靖政策的顶点。但是，在英国不断纵容下羽翼已日渐丰满的日本帝国主义，不但要独占全中国，而且要进一步南下，对英法美等国的远东利益开刀。

到1939年德国吞并捷克斯洛伐克，欧洲的形势已经十分清楚，英法只有和苏联联手，才可能对德国形成东西夹击之势，也才有可能迫使希特勒住手。苏联对英法并不信任，特别是《慕尼黑协定》签订后，苏联认为这是英法在拯救欧洲和平的幌子下，把希特勒的这股侵略祸水东引，不过它仍未放弃与英法组成反法西斯同盟的打算。1939年4月至8月，英法苏三国进行了关于缔结同盟条约的谈判。但是双方无论如何也谈不拢，英法尤其是英国，要求苏联对它所有的欧洲邻国提供安全保证，英法只对自己做过保证的波兰和罗马尼亚的安全负责，这令苏联感到很不公平。苏联提出的英法苏缔结互相承担明确义务的政治军事同盟条约的要求，又让英国怀疑苏联的目的是让英法允许甚至帮助它在东欧扩张。

双方谈了近三个月仍无结果，于是苏联建议绕开政治问题，先谈军事问题，但谈判很快又触暗礁。苏联要求苏军有权通过波兰和罗马尼亚的领土去打击德国，但波、罗坚决反对，担心"请神容易送神难"。英法也同样怀疑苏联的意图，故不去积极斡旋。军事谈判从8月12日谈到21日，最后无结果而休会。

英法苏三国谈判的失败给了希特勒机会。希特勒时时抱有消灭苏联的打算，由于英法不断绥靖，他便认为英法不足为惧，决定先东灭波兰，再西打法国，然后再挥师东进与苏联开战。为了在进攻波兰和法国时让苏联不介入，希特勒决心先与斯大林达成协议。德国一直注视着英法苏谈判，一见谈判中断立即插了进来，答应了苏联的全部要求。这时离希特勒规定入侵波兰的日期只有 10 天了。斯大林基于维护苏联安全和在东欧扩大势力范围的目的，最终按照希特勒的时间表，于 8 月 23 日与德国缔结了《苏德互不侵犯条约》，其中规定双方互不侵犯，若缔约一方为第三国的进攻对象，另一方不给第三国任何支持。条约还有一个《秘密附属议定书》，划定了德苏在芬兰、爱沙尼亚、拉脱维亚、立陶宛、波兰、罗马尼亚等的势力范围。苏联借机宰割弱小国家的行为是极不光彩的。希特勒得到苏联的一纸保证后，按预定计划于 9 月 1 日入侵波兰。二战的战火从此蔓延到欧洲，波兰奋起反抗和英法迅速相继对德国宣战，形成了第二次世界大战的欧洲战场。

欧洲战争的爆发使英国在军备不足的情况下进入战争，它把战略重点放在欧洲，把打败德国放在第一位，更加担心与日本反目，招致东西两线作战之苦，遂继续对日绥靖。1940 年，英国与日本达成关闭滇缅公路三个月的协定，切断了外部世界对中国提供军需品和其他必需品的重要国际通道。这是英国对日本采取的一系列绥靖行动中的最后一次重大行动。但它得到的回报却是日本提出建立"大东亚共荣圈"的口号，并进驻印度支那北部，迈出了南进的第一步。此后，虽然英国没有再采取具体的对日绥靖行动，但直到 1941 年 7 月日本进驻印度支那南部，英国才决心与美国一道制裁日本，但为时已晚。它不但不能使日本停止南进步伐，相反却促使日本最后下定对英美开战的决心。太平洋战争的爆发使英国的对日绥靖政策以彻底失败而结束。①

在欧洲战场上，波兰、北欧、西欧相继落入纳粹德国之手，但德国攻击英国受到挫折。对俄国来一次"十字军东征"，也是希特勒的既定方针。早在《我的奋斗》中，他就声称"必须把俄国从欧洲国家的名单上划掉"。他从未真正隐瞒过对布尔什维克的敌意，仅仅由于战略原因才与斯大林签订了条约。

1940年12月18日，希特勒发出指令，准备以速战速决的方式击败苏联。到1941年4月30日，希特勒把最后进攻苏联的时间定在6月22日。然而此时的苏联，一方面仍然相信《苏德互不侵犯条约》，另一方面也加紧构筑"东方战线"，还与日本签订了《苏日中立条约》，通过承认"满洲国"，换取日本在一旦苏德开战时的保持中立；加紧东部的经济建设和将一部分国防工业东移，以及进行军事部署的工作等，也在按部就班地展开。但这一切都是防御性的，特别是对于有关德国即将进攻苏联的情报，斯大林并不完全相信。30年代的"肃反"扩大化殃及大批红军指挥人员，严重削弱了苏军的指挥能力和战斗力。当纳粹德国空前大规模的入侵滚滚而来的时候，苏联没有做好充分准备。

1941年6月22日，德军以"闪击战"进攻苏联，在发动战争1个半小时之后德国才向苏联宣战。欧洲战场扩大到苏联。苏军最初损失惨重，不过最终将德军阻击在莫斯科的大门之外。"闪击战"终于破产，希特勒必须进行持久的两线作战。

---

① 有关20世纪30年代英国对日本侵华采取绥靖政策的详细探讨，参见徐蓝：《英国与中日战争（1931—1941）》，北京师范学院出版社1991年版。

在亚太地区，美日关系逐步成为主轴。1921—1922年的华盛顿会议签订的《九国公约》，迫使日本勉强接受了美国的对华"门户开放"政策，但日本独占中国的野心并未改变，"九一八事变"可以视为是日本用武力向美国的"门户开放"提出的挑战。美国因身陷经济大危机中，只能用语言强硬地表示不承认日本对中国东北的独占，但也仅此而已。1937年7月，日本又通过发动卢沟桥事变，更为坚决地否认"门户开放"，而罗斯福总统在孤立主义甚嚣尘上、军事准备尚未完全启动的情况下，除了把日本比作"瘟疫"而要求加以"隔离"之外，也只有望洋兴叹。

但是，美国并不会允许日本长此下去。1940年6月，法国败降，这鼓起了日本的更大侵略欲望，企图建立包括整个东亚、东南亚和西南太平洋的"大东亚共荣圈"。这促使美国终于采取有限的对日禁运，并展开援助中国的行动。不过，德国在欧洲大陆和大西洋上的肆虐，使美国同时面临来自大西洋和太平洋的挑战。由于断定欧洲的生死存亡更直接影响美国的战略利益，1940年秋冬之际，美国政府确立了"先欧后亚"的战略原则，要求在美国一旦进入战争时，应该首先在大西洋对德国采取攻势，在太平洋对日本采取守势。1941年3月，"先欧后亚"在英美参谋长会谈中被确立为英美联合战略。[①] 在此背景下，与日本谈判力争推迟美日战争的爆发，为军方赢得时间以做好开战准备，便成为1941年美国的对日政策之一。日本几乎出于同样的备战考虑，也选择了谈判之策。然而，谈判终因

---

① 关于1941年美国在尚未进入战争时便与英国进行的三军参谋长级别会谈，详见徐蓝：《评1941年英美参谋会谈》，《历史研究》1992年第6期。

在中国问题上双方各自坚持其政策原则，无法取得实质性进展。

苏德战争的爆发促使日本最终决心不惜与英美一战。美国则以冻结日本在美资产和禁运石油，对日本控制整个印度支那作出反应。英国与荷兰也立即响应。对日本的这种强制制裁来得太晚，不但未能制止日本的侵略步伐，反而使日本认为在它周围已经形成了一个"ABCD"包围圈（A、B、C、D分别为美国、英国、中国和荷兰的第一个英文字母），它必得用战争来冲破这个包围圈。

1941年9月6日，日本御前会议正式通过了《帝国国策实施要领》，决定"帝国为确保自存自卫，在不惜对美（英荷）一战的决心之下，大致以10月下旬为期，完成战争准备"。①10月，东条英机出任日本首相，战争步伐更为急促。

这时的美日谈判不过成了大战之前的和平烟雾。11月7日和20日，日本谈判代表分别向美国提出"甲案"和"乙案"，后者被称为"最后之言"，两个方案对两国有争议的问题完全没有妥协的迹象。与此同时，山本五十六策划的偷袭美国太平洋舰队基地珍珠港的军事准备也在紧锣密鼓地进行。11月26日，海军中将南云忠一率领的以6艘航空母舰为主力的特混舰队，载着400多架飞机，迎着忽飘忽停的飞雪，离开千岛群岛的单冠湾，踏上了万里征程。12天后，于夏威夷时间12月7日凌晨到达珍珠港以北230海里水域。12月4日，以新加坡为目标准备在马来亚登陆的大型运输船队，也从海南岛三亚港起航。

---

① 日本外务省编：《日本外交年表竝主要文书》下卷，東京：原書房1978年版，第544页。

就在这箭已离弦、刀已出鞘之时，在华盛顿的美日谈判还在装模作样地进行，而珍珠港则疏于防范。在日军于 12 月 7 日凌晨偷袭珍珠港成功之后，日本驻美大使野村吉三郎才向美国国务卿赫尔宣读了宣战诏书，赫尔义愤填膺，指责日本卑鄙无耻地不宣而战。

珍珠港一役，美国有 4 艘战列舰被炸沉，4 艘遭到重创，180 余架飞机被炸毁，60 余架被炸伤，伤亡人数达 3600 多人；而日本只有 29 架飞机被击毁，70 架被击伤，人员死亡不到 100 人。当天，日本飞机同时炸毁了英国在新加坡的海军基地，山下奉文率领的日本陆军也已在马来亚登陆。

美国以这样巨大的损失为代价，换来了孤立主义一夜之间销声匿迹。当天，罗斯福代表美国对日本宣战，英国也宣布与日本处于战争状态，接着中国、加拿大、澳大利亚等近 20 个国家相继对日本宣战。3 天后德国和意大利对美国宣战。至此，战争打成了一场真正的世界大战。

六、二战起源的渐进性与战争性质

二战起源的特点之一是它经历了一个从局部战争向全面大战爆发的长达 10 年的发展过程。在亚太，从 1931 年 9 月 18 日，日本在中国燃起第一场战火，到 1937 年 7 月，日本发动全面侵华战争，再到 1941 年底太平洋战争爆发；在欧洲，从 1939 年 9 月，欧战爆发到 1941 年 6 月，德国入侵苏联。最终各主要大国才完全卷入进去，打成了一场名副其实的世界大战。正因为二战有这样一个从区域性局部战争到全球战争的发展过程，如果战前各国人民能够联合起来，在每一场局部战争中尽可能地遏制侵略者的野心，打乱它们的侵略计划，并阻止法西斯国家的联合，就有可能制止大战的发生，即使爆发也会被限制在较小的规模之内。但是，当时的反法西斯国家并没有做到这一点。

然而，在回顾二战起源的这段历史时，有一个现象值得特别重视，那就是第一场在亚洲燃起的战火是经过整整 10 年才演变为亚太地区的全面战争的。一个最为重要的原因是中国军民的英勇抗战，打破了日本三个月征服中国的侵略计划，并迫使日本陷入"中国泥潭"而不能自拔，使其长期难以与德、意结成军事同盟，从而延缓了战争的扩大，并大大有助于其他国家的抗战。

美国总统罗斯福曾在 1941 年 5 月 27 日指出，不断加强的"中国的壮丽的防御战"，是阻止希特勒征服世界的计划接近完成的重要因素之一。[1] 曾经一向对中国抗战表示轻视的丘吉尔，也不得不在 1942 年 4 月 18 日写道："我必须指出，中国一崩溃，至少会使日军 15 个师团，也许会有 20 个师团腾出手来。其后，大举进犯印度，就确实可能了。"[2] 1945 年 1 月 6 日，罗斯福在致国会的国情咨文中再次表示，我们"忘不了中国人民在七年多的长时间里怎样顶住了日本人的野蛮进攻和在亚洲大陆广大地区牵制住大量的

---

①   The Department of State ed., *Peace and War*，（D. C., GPO,1943），p.666.

②   温斯顿·丘吉尔：《第二次世界大战回忆录》第四卷上部第一分册，商务印书馆 1975 年版，第 266 页。

敌军"。① 斯大林也肯定，"中国人民及其解放军的斗争，大大地便利了击溃日本侵略力量的事业"。② 这正是中国抗日战争对世界反法西斯战争的全局作出的最为重大而突出的贡献。

最后必须指出的是，尽管现代战争产生于帝国主义，但并非所有的帝国主义大国在任何时候都热衷于发动战争，尤其是破坏性极大的世界大战。二战是由一部分帝国主义国家，即德意日等法西斯国家发动的。正是它们首先点燃了侵略的战火，把恐怖统治、种族灭绝和民族奴役强加于亚洲、欧洲和世界人民头上，把人类强行拖进了又一场更大的全球性的空前浩劫。至于其他国家，无论是中国和各被压迫国家与民族，还是英法美等资产阶级民主国家，还是社会主义苏联，它们或是被侵略被奴役而奋起反抗，以争取自己民族的独立，或是想尽办法去避免战争，然而最终都为抵抗法西斯的侵略投入战争的旋涡。所以，就二战的发动者的动机来说，其性质是帝国主义的。

不仅如此，二战爆发后，美英苏中等不同社会制度的国家还为了反法西斯的共同事业，暂时抛弃意识形态的分歧，结成了大同盟，直到把法西斯国家打得无条件投降。对这些国家来说，法西斯主义是他们的共同敌人。墨索里尼曾明确宣布："法西斯主义坚决否定所谓科学社会主义的或马克思的社会主义基础的那种学说"，要"给予整个民主主义思想总体以严重的打击"，"对自由主义学说，无论在政治方面还是在经济方面，都采取坚决反对的态度"。

---

① 关在汉编译：《罗斯福选集》，商务印书馆 1982 年版，第 480 页。
② 《人民日报》1951 年 5 月 3 日。

他还声称：“如果说 19 世纪是社会主义、自由主义和民主主义的时代”，那么“可以认为，20 世纪是一个权力的世纪，一个右派的世纪，一个法西斯世纪”。[①] 希特勒在《我的奋斗》中对社会民主主义、议会制、共产主义和犹太民族进行了激烈的攻击，而 1936 年 11 月 25 日德国与日本签订的《反共产国际协定》，更说明了法西斯主义具有反共的本质。因此，无论是对资本主义的美、英来说，还是对社会主义的苏联和抵抗日本侵略的中国来说，这都是一场民族与国家的生死存亡之战，也是一场信仰之战。所以，二战就其目的和性质来说，也是一场反法西斯的正义战争。

无论如何，人类终于依靠理智、智慧和力量，把社会制度和意识形态的分歧暂时置于次要地位，以伟大的反法西斯同盟的全面合作与战略协同，战胜了邪恶的法西斯集团，赢得了战争，赢得了和平，也赢得了进步。

---

① 朱庭光主编：《法西斯新论》，重庆出版社 1991 年版，第 88 页。

第三章

不对称的同盟：太平洋战争中的中美关系

　　太平洋战争爆发之后，中美两国旋即结为同盟。当时，中美双方都为自己找到一个称心的盟友而庆幸。然而，这段历史最终留给后人的问题是：战时中美两国的结盟为什么不仅未能促成双方的深入了解和接近，反而最终酿成了两国的长期对立？

一、战时同盟的缘起

　　在回顾第二次世界大战期间中美结盟的历史时，一个基本的背景是：这是两个极为不同的国家在缺乏准备和彼此互不了解的情况下突然开始的一场大规模合作。

　　事实上，直到20世纪30年代中期，中美关系还并不密切，双方都处于对方对外关系的边缘。同时，横亘在两国之间的巨大历史文化差异就像一道鸿沟，始终是双方交往中难以逾越的障碍。这包括两国各自的历史文化传统，近代以来的民族经历，双方的政治制度和体制，以及民族的理想。此刻，尽管两国有着巨大的共同利益，但双方关系的基础仍旧十分薄弱。那时流传的所谓中美"传统友谊"和"特殊关系"只是一个迷梦。

19 世纪与 20 世纪之交，美国已建成现代工业社会，有着制度化的政治体系，其经济充满活力，总量已居世界第一。在世界资本主义体系中，美国已跻身领导成员，日益滋长起在国际事务中发挥更大作用的欲望。不过，第一次世界大战之后，美国内部仍纠结于究竟是要继续孤立主义传统，还是应以领导者的姿态活跃于国际舞台。1929—1933 年的大萧条使美国的雄心遭遇了一次挫折，此后一段时间它不得不将主要精力用于应对国内危机，从而放慢了在国际事务中发挥作用的脚步。

而中国在 19 世纪与 20 世纪之交正经历一场空前的民族灾难。传统的农耕社会与王朝体系的衰败，加之不断遭受外国帝国主义的侵略，昔日的东方大国在世界体系中已跌落到从属地位。1911 年的辛亥革命推翻了清王朝，开启了一个伟大革命的时代。不过，这场革命本身并不成功，未能如其领导者孙中山所希望的那样建立起一个资产阶级民主共和国。从清朝末年至中华民国初年，中国一直在传统与现代化之间徘徊，经历了长期的政治动荡、深刻的社会冲突，经济增长迟缓。不过，在第一次世界大战之后，中国国际地位总算从最低点开始缓慢回升。

从后来的发展来看，对中美关系影响最大的因素便是 20 世纪上半叶的中国革命。这场革命寻求的目标是民族独立、国家统一和制度更新。在某种意义上，中国国民党和中国共产党都是这场革命的产儿，但双方因政治理念和阶级基础不同而演成竞争对手，国民党站在靠右的一边，共产党站在靠左的一边。对于中国的革命，美国人难以理解。美国人希望的是按照美国政治制度的模式来改造中国。对于美国人的这一套，国共两党各取所需，其实都不接受。

尽管中美双边关系的基础十分薄弱，但一个重要的现象是它们之间经常存在着一个第三者，两国关系的亲疏远近往往取决于双方同这个第三者的关系。30年代，日本扮演了这个角色。在中美接近的过程中，它是双方考虑的头号因素。中国抗日战争开始以后，相当多的美国人对中国抱着同情的态度。但是，促使中美接近的真实因素并不是日本对中国的侵略和美国人的同情心，而是日本在远东的进一步扩张严重损害了美国的利益，打破了美国政治家们关注的远东势力均衡。可以设想，如果不是被这样一个共同的敌人推到一起，中美两国在互相接近的过程中还有很长的一段路要走。

二、抗日战争时期国、共、美三方相互政策的形成

中国抗日战争期间，国共两党的对美政策不仅与它们各自对日作战的战略需要联系在一起，而且与两党的相互关系以及它们各自对战后中国前途的设想联系在一起。太平洋战争爆发后，美国政府对中美关系也有自己的一套想法，其对华政策也包含着战时目标和

战后目标。国、共、美三方互不协调的政策导致了同盟内部错综复杂的矛盾。

1. 国民党政府的战时对美政策

抗日战争爆发后，以蒋介石为首的国民政府对美政策主要有两个目标：一是借助美国的力量解决中日问题；二是借助美国的援助解决国内的共产党问题。在太平洋战争爆发前就已明确的这两个目标，在中美结盟之后对两国关系产生了重大影响。

1937年七八月间，中日战争全面爆发。最初，国民政府在外交方面的设想是争取美国与英、法等国合作，对日本实行制裁。那时，国民政府多少还抱着经由美、英干涉和调解，尽快结束中日战争的期望。这一年9月和11月，国联大会和九国公约会议相继召开。但在这两个会议上，中国的外交努力均未能奏效。美英法等国除对日本发出几声道义谴责外，无意在远东采取任何行动。布鲁塞尔会议期间，上海失守，沪杭地区中国守军随即全线溃败。

1938年上半年，蒋介石和国民政府的官员们对中日战争和未来国际形势的变化作出三点重要估计：第一，中日战争将长期化。日本不可能征服中国，中国也不可能依靠自己的力量战胜日本。第二，国际局势正日趋紧张，早晚将发生重大变化。届时，欧美列强一定会介入远东。第三，在可能向中国提供支持和援助的国家中，美国是唯一有实力而且有可能在东亚和太平洋地区采取重大行动的国家。至于英、法、苏等国，它们的大部分力量已受到在欧洲崛起的纳粹德国的牵制，难以在亚洲有所作为。[1]

根据上述估计，国民政府制定了战时对美政策。这一政策的基本点，按蒋介石的话说，就是"运用英美之力，以解决中日问题"。同时，国民政府决意"苦撑待变"。[2] 1939 年 1 月，在国民党召开五届五中全会期间，蒋介石对参会的国民党中央委员们说："罗斯福在明年十月任满以前一定来压制日本"，"这是中日问题解决的焦点"。[3]

1940 年 9 月底，德、意、日三国签订同盟条约，形成与英、美、法对立的侵略集团。国民党官员们看到了一种更为诱人的前景，即太平洋战争爆发，美国直接参战。[4] 此刻，蒋介石敏锐地察觉到，中国战场的军事战略价值已经提升。他出人意料地与日本人举行秘密谈判，制造中国将改变外交方向的气氛，以此要挟英美扩大对华援助。10 月中旬，蒋介石告诉英、美驻华大使，太平洋战争一旦爆发，"英美专恃海空军以谋远东，对日胜利实感不足"，必须依靠中国供给"大量陆军之协助，始克有济"。如果英美不愿与中国认真合作，中国将重新考虑"自己的地位"，以"决定适应此

---

[1] 张其昀：《党史概要》第三册，台北中华文物供应社 1979 年版，第 972、973、980、1143、1144 页；台湾外交问题研究会编印：《中日外交史料丛编（四），芦沟桥事变前后的中日外交关系》，台北 1966 年版，第 10—13 页；中国社会科学院近代史研究所编：《胡适任驻美大使期间往来电报稿》，中华书局 1978 年版，第 1 页。

[2] 张其昀：《党史概要》第三册，台北中华文物供应社 1979 年版，第 913 页。

[3] 张宪文：《中华民国史纲》，河南人民出版社 1985 年版，第 543 页。

[4] 中国社会科学院近代史研究所编：《胡适任驻美大使期间往来电报稿》，中华书局 1978 年版，第 73、74 页。

新局面之未来政策"。①

蒋介石的这一招果然奏效。罗斯福显然出于担心蒋介石与汪精卫之间正在进行一些活动，要财政部长摩根索立即向中国提供1亿美元巨款。② 1941年3月，美国国会通过租借法案之后，美国援华的范围迅速扩大了。5月，罗斯福宣称："保卫中国即是保卫美国的关键。"③ 这意味着美国开始承担支持和保卫蒋介石政府的义务。

蒋介石政府对美政策的另一个重要目标，是借助美国的援助，解决所谓的"共产党问题"。抗战爆发后，蒋介石别无选择，暂时接受中国共产党建立抗日民族统一战线的主张。此后一年，中共力量迅速壮大。国民党右派惊呼：中共"已造成党国莫大隐忧"。④ 1939年初，国民党召开五届五中全会，制订"溶共、防共、限共、反共"方针，通过《防止异党活动办法》等一整套具体的政策措施。自此，国共关系开始恶化。当年年底，国民党顽固派掀起抗战期间的第一次反共高潮。

1940年7月，英国关闭滇缅公路后，国民党内的妥协气氛空前高涨，亲日、亲德分子十分活跃。为了克服严重的投降危机，遏制国民党顽固派的反共气焰，中国共产党领导的八路军在华北对日军发动了长达四个月之久的攻势作战，即"百团大战"；与此同时，

---

① 中国社会科学院近代史研究所编：《胡适任驻美大使期间往来电报稿》，中华书局1978年版，第76—78页；吴相湘：《第二次中日战争史》，台北综合月刊社1973年版，第537页。

② 参见 John Morgentahn, *Morgenthan Diaries* (*China*)，(D.C.：DaCapo Press, Inc.,1965)，vol. I, pp.243—250.

③ 《中美关系资料汇编》第一辑，世界知识出版社1957年版，第99页。

④ 张宪文：《中华民国史纲》，河南人民出版社1985年版，第543页。

在华南的新四军击退了国民党顽固派军队的大规模进攻。这两个军事行动暴露了共产党武装的实力，不仅引起日军的大规模报复作战，也促使国民党再次采取反共行动。这一年10月中旬，蒋介石告诉美国驻华大使詹森：国民政府"至今已不患日寇敌军之侵略"，"所虑者惟中共猖獗"。他声称，如能获得美国的大批经济、军事援助，"则中共无所施其技矣"。① 1941年初，国民党发动第二次反共高潮，在安徽南部围歼了中共新四军军部。

皖南事件发生后，美国十分担心中国会重新陷入内战。罗斯福于2月派遣劳克林·柯里以总统特使的身份访华，并带给蒋介石一封信。在这封信里，罗斯福表示希望国共双方能够"消泯歧见，更密切地合作，以利于对日作战的共同目标"。② 这是美国介入国共矛盾的开端。对此，蒋介石的答复是：国民党的抗战负有"双重使命"，"一方面须驱日军于国境之外，一方面复需阻止共产主义在国境之内蔓延"。③

尽管在太平洋战争爆发之前，蒋介石政府已走上全面依靠美国的道路，形成孔祥熙所谓"我于外交、军事、经济各端，莫不集目标于华盛顿"的局面。④ 但是，蒋介石并不打算让美国人按照他们的需要来决定自己的命运，而是打算运用美国的力量实现自己的内

---

① 中国社会科学院近代史研究所编：《胡适任驻美大使期间往来电报稿》，第79、80页。

② 董显光：《蒋总统传》，台北中华文华出版事业社1962年版，第455页。

③ 秦孝仪主编：《中华民国重要史料初编——对日战争时期》，第三编（3），台北中国国民党中央委员会党史委员会编印1981年版，第558页。

④ 中国社会科学院近代史研究所编：《胡适任驻美大使期间往来电报稿》，中华书局1978年版，第79、80页。

政和外交目标。

在太平洋战争爆发前的最后几个月里，蒋介石已不再把日本看作是最危险的敌手。他声称：在这次战争中，"只希望能照九国公约获得光荣之和平，并不想根本消灭日寇；犹冀其最后之有觉悟"。他认为，在国民政府军力未充实之前，"敌寇如全被消灭，则于东亚全局言，并不有如何之利益耳！"① 根据蒋介石的设想，中国的外交战略是："第一，以利用美、英、俄援我抗战之声势，而使敌对我求和……以解决中日战争事……第二，和平之后，再利用中日合作之声势，而使英、美、俄皆能对我切实合作……达成我抗战最后之目的。"② 珍珠港事件后，蒋介石如释重负。他极为得意地说：英、美"视中国为无足轻重，徒利用我以消耗日本之实力。今日本果闪击英美，我国对之，更无足为歉也。我国抗战……危险已过大半。往者美国限制日本，不许其南进北进，独不反对其西进。而今则日本全力侵华之危机不复存在了。"③

2. 中共战时对美政策

自建党之初，中共就把美国视为侵略中国的帝国主义列强之一。在以蒋介石为首的南京政府建立之后，美国又被中共视为国民党反动势力中亲英美派的后台。然而，当日本不断扩大对中国的侵略之后，中共开始从一个新的视角来观察美国，认为美国有可能成

---

① 张其昀：《党史概要》第三册，台北中华文物供应社 1979 年版，第 1153 页。
② 张其昀：《党史概要》第三册，台北中华文物供应社 1979 年版，第 1152 页。
③ 张其昀：《党史概要》第三册，台北中华文物供应社 1979 年版，第 1194 页。

为世界上的一支反侵略力量。

1935 年秋，中央红军结束长征，抵达陕北。此刻，日本正加紧在华北扩张，中国国内抗日情绪高涨。面对这一形势，这一年底，中共中央提出建立抗日民族统一战线的政策，其基本原则是联合一切可以联合的力量反对日本侵略中国。

在统一战线原则指导下，中共调整了对内和对外政策。在对内政策方面，中国共产党放弃了推翻国民党政府的立场，主张通过民主改革实现社会进步。在对外政策方面，中国共产党放弃了国内革命战争时期"打倒一切帝国主义"的口号，重新制定对待帝国主义国家的策略，提出"中国的抗日民族统一战线和世界的和平阵线相结合的任务"。毛泽东解释道："这就是说，中国不但应当和……苏联相联合，而且应当按照可能，和那些在现时愿意保持和平而反对新的侵略战争的帝国主义国家建立共同反对日本帝国主义的关系。"①

统一战线政策的另一个基本原则是坚持共产党在统一战线中的独立自主地位。在内政方面，这主要是在与国民党合作时保持自己的独立地位和自主权。在外交方面，这种独立自主首先表现在对待外援的态度上。毛泽东指出："我们的根本方针和国民党相反，是在坚持独立战争和自力更生的原则下尽可能地利用外援，而不是如同国民党那样放弃独立战争和自力更生去依赖外援。"② 同时，他还

① 《毛泽东选集》第一卷，人民出版社 1991 年版，第 253 页。
② 《毛泽东选集》第二卷，人民出版社 1991 年版，第 765 页。

强调，中共将根据各国的"战时表现"来制订具体的外交政策。①

中国共产党的对美政策就是从上述统一战线政策指导下制订的一般外交原则的基础上逐步发展起来的。

抗日战争爆发前夕，毛泽东对中美关系的发展持乐观态度。他认为，中美两国在反对日本侵略和扩张的问题上具有共同利益。1936年底，在和斯诺的一次谈话中，毛泽东把美国称作"反战国家"，并说"形势注定美国政府要对中国和日本的未来起非常积极的作用。我们希望并且相信，他们将同中国人民结成统一战线以反对日本帝国主义"。② 此后，毛泽东还估计，美英等国为着自己的利益，将反对国民党的对日妥协倾向，并"暂时地赞助中国的统一与和平"。③ 因此，卢沟桥事变发生后，中国共产党毫不犹豫地提出："立刻实现抗日的积极外交……同英、美、法、苏等国订立各种有利于抗日救国的协定"，赞成国民政府在抗日方面与包括美国在内的反侵略国家合作。④

抗日战争全面展开之后，中国共产党的对美政策是：首先，要求美国赞助中国抗战，制止国民党的妥协投降活动，反对美日妥协；其次，要求美国赞助中国的内部团结，促进中国的民主改革，反对美国支持蒋介石的反共分裂活动。这一政策的重点在于借助美国对国民党政府的影响，维护国内团结，保障中国自身的抵抗

---

① 《毛泽东一九三六年同斯诺的谈话》，人民出版社1979年版，第127页。

② 《毛泽东一九三六年同斯诺的谈话》，人民出版社1979年版，第130页。

③ 《毛泽东选集》第一卷，人民出版社1991年版，第254页。

④ 中央档案馆编：《中共中央文件选集（1936—1938）》第11册，中共中央党校出版社1991年版，第297页。

能力。

最初，中国共产党的对美政策主要是通过有关国际问题的各种宣传活动表现出来的。由于中共与美国政府之间没有任何联系，美国援华抗日的政策一时尚不明确，因此中共很难掌握罗斯福政府的真实意图。从 1940 年 7 月以后，美国援助中国，制裁日本的立场渐趋明朗，中国共产党的对美政策也日益明确。毛泽东指出，在处理国际问题的时候，不仅应注意苏联与资本主义国家的区别，而且应当注意英美与德意的区别。[①] 在英美赞助中国抗日时，不应去反对利用英美的外交。[②]

1940 年冬，国民党积极准备发动第二次反共高潮并四处散布和谈空气。11 月 16 日，毛泽东电示周恩来，为了制止投降分裂，目前不但共产党、中国人民、苏联这三大势力应当团结，而且应该与英美作外交联络。[③] 中共驻重庆代表团随即按着毛泽东的指示，多次与美国驻华使馆联络，希望美国协助制止国民党的反共活动。尽管这些努力未能奏效，但这是中国共产党第一次主动采取措施，争取美国，以期牵制国民党的反共妥协活动。

1941 年 2 月 14 日，在重庆访问的罗斯福总统特使劳克林·柯里与周恩来会面。这是一位重要的美国官方人士与中共领导人的第一次会晤。柯里表示，美国的政策是赞助中国统一，不愿内战扩

---

① 参见《毛泽东选集》第二卷，人民出版社 1991 年版，第 765 页。

② 参见南方局党史资料征集小组编：《南方局党史资料，大事记》，重庆出版社 1986 年版，第 102 页。

③ 参见南方局党史资料征集小组编：《南方局党史资料，大事记》，重庆出版社 1986 年版，第 120 页。

大，主张国民党政府实行改革。① 通过这次谈话以及随后几次与美国人士的接触，周恩来得出的结论是：美国的政策是力图控制中国以牵制日本，为此美国不会赞成中国内战扩大。由于美国人对中共的抗战态度及各项民主政策表现出极大的兴趣，周恩来认为中共在外交方面将有广阔的活动余地。

太平洋战争爆发后，中共中央立即发表《中国共产党为太平洋战争的宣言》和《关于太平洋反日统一战线的指示》。② 这两个文件标志着中国共产党的对美政策出现了十分积极的变化，美国在中共国际统一战线政策中的地位已明显上升。中共承认，"英、美及太平洋各国的抗日战争是正义的解放战争"，主张"中国与英美……缔结军事同盟，实行配合作战"，强调"中国人民与中国共产党对英、美的统一战线具有特别重大的意义"。中共中央要求："中国共产党应该在各种场合与英、美人士作诚恳坦白的通力合作，以增加英、美抗战力量，并改进中国的抗战状况。"这种合作的目的主要有两个：一是"消灭日寇"，取得"中国民族解放的必要前提"；二是促使"中国内部团结一致，改革政治军事，积极牵制打击敌人，积极准备战略反攻"。

此后，中国共产党人开始以积极的态度争取美国舆论的同情。中共领导人也多次向驻华美军官员表示，愿意在战争期间与美军合

---

① 参见中共中央文献研究室编：《周恩来年谱，1898—1949（修订本）》，中央文献出版社 1998 年版，第 503 页。

② 参见中央档案馆编：《中共中央文件选集（1941—1942）》第 13 册，中共中央党校出版社 1991 年版，第 248—252 页。

作抗日。但是，太平洋战争初期，中共的这些努力并没有引起美国政府的积极反响。

3. 美国战时对华政策

美国的对华政策是随着日本的扩张不断升级而从消极转为积极的。1931年日本占领中国东北后，美国虽提出"不承认主义"，但实际采取袖手旁观的政策。1937年中日战争爆发之时，美国国内孤立主义盛行，罗斯福总统虽对中国有所同情，但难以在亚洲采取行动。直至1940年底，美国政府只采取了一些有限的援华措施以遏制日本的扩张，对中国政府提出的结成某种形式的联盟以抵御日本侵略的建议充耳不闻。

1941年，日本向东南亚扩张的态势已十分明显，美国对华政策终于发生了重大变化。这一年3月，美国国会通过租借法案。5月，罗斯福宣称："保卫中国即是保卫美国的关键。"直到这时，美国才开始考虑较为积极的援华计划，但为时已晚。太平洋战争爆发以后，美国向中国提供援助的能力受到极大削弱。"先欧后亚"的战略和中国实际处在美国所有运输线中最漫长且最细小的一支末端，使得美国的援华承诺难以兑现。

在美国参战后的头两年里，罗斯福政府的对华政策渐趋明确。它包括两个目标：第一，有效地共同对日作战；第二，在战时和战后把中国建成一个"大国"。[①] 为了实现这两个目标，美国采取了

---

① Cordell Hull, *Memoirs of Cordell Hull*,（New York：Mecmillan Company，1948），vol. II, p.1257.

支持蒋介石的方针，希望通过向国民党政府提供援助、给中国以"四大强国"之一的国际地位来支持其继续执政，以保证战后中国有一个亲美的政权。

当时，美国对中国复杂的现实和国、共两党的情况尚缺乏足够了解。蒋介石是中国合法政府的领袖，是美国公众熟知的中国人，这是罗斯福政府选择支持蒋的重要原因。同时，美国人又对他有所不满，试图鼓励他实行改革，使中国向自由政治过渡，以避免内战。对于中国共产党，那时虽已有一些美国记者和其他人士有所报道和接触，但总的来看美国对中共的了解更为有限。从美国两党制的观念看，中共作为反对党存在并非不可；但中共毕竟是亲苏的，这就使得美国必须阻止中共在同国民党的竞争中取得优势，并防止战后苏联在远东进行扩张。

在中国的现实面前，罗斯福政府设想的对华政策难以实行。这首先是因为蒋介石自有打算。他只接受美国人的金钱、武器，却不愿全力以赴地对日作战，并拒绝一切关于改革的建议。结果，美国的实际目标变成了"维持中国继续作战"，中国的"大国地位"仅是徒有其表。为防止国共冲突，美国不得不更深地卷入国共矛盾。虽然当时中共希望与美国发展合作关系，但美国政策的重点始终是扶持蒋介石政权。按照周恩来的概括，美国的战时政策是"扶蒋用共"，而到了战争末期和战后则转为"援蒋压共"。[1]

比较战时国共美三方的基本政策可以看出，三方虽在抵抗日本

---

[1]　中共中央文献研究室、中共南京市委员会编：《周恩来一九四六年谈判文选》，中央文献出版社 1996 年版，第 5 页。

的侵略和扩张方面具有共同利益，但三方还各有不同的考虑和目标。三方政策的深层次方面充满矛盾且难以协调，这就注定了中美结盟之后的合作道路将充满坎坷。

三、同盟内部的合作、矛盾与斗争

良好的战时合作总需要具备一定的条件，但诸般条件几乎都是中美两国间所欠缺的。中美同盟面临的问题主要涉及两个方面，对日作战和中国内争。在对日作战方面的两国间的合作基本是分开进行的，一方面是美国与国民政府的合作，另一方面是美军与中共的合作。其间虽各有矛盾，但只是限制了合作的顺利开展与合作的范围。而美国对国共矛盾的斡旋则使三方关系紧密纠缠在一起，最终形成了一个难以解开的死结。

1. 国民政府与美国的军事合作

首先，双方对结盟缺乏准备。与美国结盟是国民政府追求了几年的目标。当这一目标突然实现时，人们发现，除了索要租借物资和贷款的清单之外，国民政府并没有认真考虑合作所需应付的各类问题；似乎结盟本身就是最终目的。在美国方面，其积极的援华计划直到太平洋战争爆发前夕才提出，为时已晚。

其次，在战略方针上，双方无法取得一致意见。美国须应对欧洲和亚洲两个战场，坚持先欧后亚，而国民政府始终希望美国能优先打击日本。

第三，更为重要的是两国的性质、实力、体制和内部政治状况完全不同。在这四个因素之中，以往的文章多强调第一点，即两国的性质不同，两国间存在着政治上的不平等状态。这一点的确对战时中美关系有所影响。不过，笔者认为，就双方合作的实际情况而言，后三个因素，即由两国实力悬殊、体制难以衔接特别是中国内部的不统一状况所造成的影响更为直接。

最后，两国的合作不仅面临着"硬的"难题，还存在着"软的"困难，即中国人和美国人在合作时难以沟通，互不理解，互不信任，甚至连对方的一些基本情况都弄不太清楚。在这个"软的"困难中，我们看到了两国历史文化差异带来的影响。虽然要说明它在某个问题上所起的具体作用是很困难的。但它就像在一部本来就运转不灵的机器中又加注了摩擦剂。

具体说来，国民政府与美国的矛盾突出表现在史迪威的军事指挥权与租借物资分配权的问题上。中美结盟后，蒋介石主动向罗斯福提出，请求派一位美国将军担任中国战区最高统帅的参谋长。问题出在双方用人的标准很不一样，对这一职位的设想也很不一样。

在致罗斯福的电报中，蒋介石就参谋长的人选开列了三项条件：（一）为"罗总统……亲信之高级将领"；（二）"阶级需在中将以上"；（三）"不必熟悉东方旧情。"① 对于最后一条，国民党堂而皇之的解释是，派遣以往在中国住过的人回到中国，这如同去提醒中国人过去蒙受的耻辱，况且这种人对中国，颐指气使惯了，难以

① 秦孝仪主编：《中华民国重要史料初编——对日战争时期》第三编（3），台北中国国民党中央委员会党史委员会编印1981年版，第99页。

改变。[1] 按照这个标准，史迪威算不上是个合适的人选。

可是，按美国的标准，史迪威几乎是唯一适当的人选。美国政府的决策人物选中史迪威也有三条原因：（一）"对中国有透彻地了解"，他是"一位非常有助于我们解决今后问题的人物"，（二）"深谋远虑"，他是一位能够胜任独当一面的工作的将领，（三）"一位卓越的会打仗的人"，唯有他才"能提高中国军队的素质"。[2]

不同的用人标准与双方的不同需要和不同体制是联系在一起的。从国民政府的角度看，蒋介石需要一名美国将军担任参谋长，一是为了开辟一条通向白宫的特殊渠道并使中美合作有一个政治象征；二是由一个美国人出面，较易处理中英之间的麻烦；三是这将有利于国民党获取租借物资。与此同时，蒋并不打算给任何一位派遣来华的美军将领以率兵打仗或参与其他事务的实权，[3] 而中国军队的参谋长正好是个权力有限的半虚职，类似旧时出谋划策的谋士，诸般事宜皆需统帅做主。

从美国政府的角度来看，美国派往中国的高级将领必须是一个能领兵打仗的人而不应当是一个谈判代表或物资供应官，同时与中国合作也需要由一个高级将领统揽一切在华事务，如分派两人管理

---

① 参见费正清：《中国之行》，新华出版社 1988 年版，第 58 页。

② 巴巴拉·W. 塔思曼：《史迪威与美国在华经验》上册，商务印书馆 1985 年版，第343、465 页；福雷斯特·波格：《马歇尔传（1945—1959）》，施旅译，世界知识出版社 1991 年版，第 44 页。

③ 杜聿明曾告诉英国人，美国将军（指史迪威）只当是让他指挥军队，其实并非如此。我们中国认为，让美国人继续参战的唯一办法是给他们一些名义上的指挥权。照这样办，他们就不会造成多大危害了。见巴巴拉·W. 塔思曼：《史迪威与美国在华经验》，商务印书馆 1985 年版，第 382 页。

反而会降低效率，产生不必要的矛盾。与中国军队的情况不同，在美军中，参谋长一职握有很大的实权，总统并不过问一般军务。史迪威所受的教育和训练又使他习惯于按明确的目标，分明的权、责来发挥主动性。这就招致了无穷的麻烦。

不同用人标准引起的主要问题是，美国人认为一个适当人选所需具备的重要条件恰恰是蒋介石所不需要的，而蒋认为最重要的那些条件恰恰又是美国人认为毫无用处的。不同安排所引起的主要问题是，按照美方指令，史迪威有好多顶军帽：他既是蒋介石的美国参谋长，又是美国援华租借物资的总监督，以后又是中缅印战区的美军司令，东南亚战区司令蒙巴顿的副手，等等。不同场合史迪威戴不同的帽子，经常替换。这使得蒋介石完全无法控制他。最使蒋介石感到恼火的有两点：第一，从名义上说，史是蒋的参谋长，必须服从蒋的命令；但在所有重要的军事会议上，他又是美国政府的代表，当他和蒋发生争执时可以不听从蒋的意见。第二，蒋介石原想通过史迪威建立一条索要租借物资的便利渠道，直接通往华盛顿，但没想到有了史迪威反生掣肘。史迪威坚持说，他作为美国总统的代表有权按自己的意见分配援华物资，而他作为蒋介石的参谋长，其职权内"唯并不包括获取器材在内"。①

中美结盟不久，这些矛盾就暴露出来，并不断发展，以后由于牵涉到中共军队而变得更加敏感和尖锐。世界战争本是一种非常特殊的情况，在一个联合战区内，由一位盟国将军担任中国军队的参

---

① 秦孝仪主编：《中华民国重要史料初编——对日战争时期》第三编 (3)，台北中国国民党中央委员会党史委员会编印 1981 年版，第 5 页。

谋长以便协调各方原无不可，但结果是中美政府之间的争执从此开始，而真正的协调一致却从未出现过。最终，蒋介石虽迫使美国召回史迪威，但国民政府与美国之间的信任关系已受到极大损害。

2. 中共与美国的军事合作

美国与中共的军事合作是在其与国民政府的军事合作问题丛生且国民党军队于 1944 年春夏出现大溃败之际才开始的。美军与中共军事合作的开展，促使中共领导人提出更为积极的对美政策。但事实上，美军与中共合作的时间不长且范围有限，其进展与停带在很大程度上受到美国斡旋国共关系情况的影响。

1943 年，国民党政权已变得十分虚弱，国共矛盾也更趋尖锐。这种情况引起美国政府的深切关注与忧虑。这一年 9 月，罗斯福表示，他担心在打败日本后国共可能重新发生全面冲突，而美苏各站在一边进行干预。为了避免发生这种情况，罗斯福想促进国共达成协定，还想促使中苏订立协定。① 11 月，罗斯福在开罗会议上两次同蒋介石讨论中共问题。他要求蒋介石"在战争期间就与延安的共产党人组成一个团结政府"。② 1944 年初，罗斯福又接受戴维斯的建议，要蒋介石允许美军观察组访问中共地区。③ 1944 年 7 月至 8 月，"迪克西使团"抵达延安，美国官方与中共最高领导层建立起

① Sumner Wells, *Seven Decisions that Shaped Historym*, （New York,1951）, pp.151—152.
② Elliott Roosevelt, *As He Saw It,* （New York, Duel. Sloan and Pearce, 1946）, pp.152—164.
③ 参见 *Foreign Relation of United States*,1944, vol. VI, *The Far East: China*,（Washington DC: GPO,1967）, p.329。

直接联系。与此同时，陈纳德的空军第十四航空队也主动与新四军五师联络，要求中共部队提供军事合作。

美国政府主动与中共建立联系以及美军在对日作战中有求于中共部队的情况使中共领导人十分兴奋。单是这些事态本身就破坏了国民党对中共的长期封锁，扩大了中共在国内外的影响，改善了中共的外交处境。中共中央认为，美军观察组的到来是中共外交工作正式开始的标志。为了表示对美军观察组的重视，毛泽东亲自修改了《解放日报》的社论，在原稿标题"欢迎美军观察组"之后加上了"战友们"三个字。在这篇社论中，毛泽东指出：美军观察组的到来"是中国抗战以来最令人兴奋的一件大事"。[①]

形势的迅速变化促使中共领导人开始全面考虑与美国的关系，制定更加积极的对美政策。8月8日，中共中央发出《关于外交工作的指示》，从中可以看出中共对美政策又有新的发展：第一，确认发展与美国的关系是中共当前外交工作的中心。在美、英、苏三个主要盟国之中，美国是与中国抗战事业最密切的国家。第二，明确提出争取与美国建立友好合作关系的任务，中心内容是抗日与民主合作。为此，中共应该首先争取实现与美国的军事合作，随后有可能实现文化合作、政治合作与经济合作。第三，提出在抗日战争胜利后继续国际统一战线的可能性，开始把在平等互利的基础上与美国发展合作关系作为一项长期政策加以考虑。

在美军观察组抵达延安后，为了争取实现与美国的军事合作，

---

① 《欢迎美军观察组的战友们》，《解放日报》1944 年 8 月 15 日。

中共中央提出"放手与美军合作"的方针，并作出相当具体的安排。包括：供给美军敌方情报、提供中共控制区的地图、组织营救美国飞行员、批准美军在中共部队辖区设立电台、建立通讯网等。在获悉美军可能在中国东南沿海登陆之后，中共中央多次致电新四军，强调向南发展的战略方针，并指示为配合美军登陆作战应加紧在沿海地区部署部队，广泛发展游击战争及准备大城市武装起义。

在向美军提供合作的同时，中国共产党也公开要求美国按抗日战绩和抗战能力分配盟国援华物资。[1] 毛泽东也在同美军观察组成员的谈话中指出，应把武器给予包括共产党在内的所有中国抗日军队，只把武器给国民党实际上是干涉中国内政。[2]

在 1945 年春季之前，中共与美军的合作基本是顺利的和良好的，主要内容是中共向美军观察组提供各种情报，美方并未提供中共所希望得到的武器装备。双方合作进展不大有两个方面的原因：一是那时美国已放弃在中国东南沿海地区登陆的作战计划，不再需要那里的中共部队配合作战；二是蒋介石始终反对向中共部队提供任何武器装备。1945 年春季以后，由于美国的政策明显转向扶蒋压共，中共逐渐减少了向美军提供的情报，并最终决定停止双方的军事合作。

3. 美国对国共矛盾的斡旋

1944 年秋季，美国开始介入国共谈判，这对战争后期的中美

---

[1]　参见《延安有资格人士评论：盟国援助物资分配问题》,《解放日报》1944 年 9 月 15 日；周恩来：《如何解决（双十节讲演）》,《解放日报》1944 年 10 月 12 日。

[2]　参见 John S. Service, *Lost Chance in China*,（New York：Random House ,1975）, p.301。

关系产生了极为深刻的影响。决定这次谈判成败的关键问题是能否在中国建立一个民主联合政府。

中共关于建立民主联合政府的设想由来已久。早在 1937 年 5 月，毛泽东就提出了有关民主政府的一些基本构想，但当时未用"联合政府"的称谓。① 1944 年 9 月 5 日，中共代表在国民参政会上公开提出建立联合政府的主张，是把它作为中国人民政治斗争的一个现实目标。② 中共认为，在战胜日本之后，中国要实现和平、统一，就必须实行民主改革，结束国民党一党专政，建立一个有共产党和其他民主党派参加且能在其中发挥重要作用的具有资产阶级性质的民主联合政府。在关于联合政府的谈判中，中国共产党提出的基本要求是：国民党应当承认共产党和其他党派的合法地位，允许它们在平等的基础上参加国民政府，设立一个共产党充分参加的联合统帅部以统辖中国的一切抗日武装部队，并公平合理地分配来自盟国的军援物资。③

蒋介石始终反对建立联合政府。他认为："组织联合政府，无异推翻政府"，这是共产党和平夺权的"最后一步"。④ 国民党政府接受美国调解的主要目的是借助美国的压力，以和平方法解除共产党的武装。在谈判中，国民党的反建议是：中共必须首先交

① 参见《毛泽东选集》第一卷，人民出版社 1991 年版，第 256—257 页。
② 参见南方局党史资料征集小组编：《南方局党史资料，大事记》，重庆出版社 1986 年版，第 240—241 页。
③ 参见《中美关系资料汇编》第一辑，世界知识出版社 1957 年版，第 142 页。
④ 南方局党史资料征集小组编：《南方局党史资料，大事记》，重庆出版社 1986 年版，第 272 页；蒋介石：《苏俄在中国》，台北中央文物供应社 1956 年版，第 436 页。

出武装，"竭诚拥护国民政府"；此后，国民党可以承认共产党的合法地位，并愿从中共的高级军官中遴员参加军事委员会。[①] 这一反建议实际是国民党的一贯主张，中共当然不会接受。周恩来告诉赫尔利，在国民党的所谓新方案里面，"不可能找到基本的共同基础"。[②]

国民党拒绝接受联合政府的建议是毫不奇怪的，因为它几乎完全没有以和平的方式维持统治的经验与能力。在这个党几十年的历史上，它从未获得过社会各阶层的广泛支持。它对中国的统一，在很大程度上也是它自身的统一，主要是依靠武力实现的。本来，抗日战争为国共双方提供了同样的机会来扩大自己的社会基础，但由于国民党的保守和腐败，使它无法在这方面与共产党竞争。抗战后期，国民党的统治更加虚弱。在这种情况下，蒋介石显然感到，如果允许共产党与国民党和平竞争，国民党很可能丢掉政权；而他利用现有的军事优势以及美国的支持，在战后与共产党的较量中还有获胜的可能。

在关于联合政府的谈判中，以赫尔利为代表的美国政府的立场是建立一个以国民党为主，但容纳共产党在内的联合政府，国民党作出政治让步，而共产党交出军队。但是，他并不真正了解国共不同主张所包含的实质性差异。1944 年 11 月 10 日，赫尔利在延安与毛泽东共同签署了五点协议草案，表示赞同共产党的主张。[③] 但

①　参见《中美关系资料汇编》第一辑，世界知识出版社 1957 年版，第 143 页。
②　南方局党史资料征集小组编：《南方局党史资料，大事记》，重庆出版社 1986 年版，第 256—257 页。
③　参见《中美关系资料汇编》第一辑，世界知识出版社 1957 年版，第 142 页。

当蒋介石拒绝接受这个草案之后，他又改变了态度，企图压服共产党接受国民党的反建议。赫尔利相信，他的使命就是防止国民政府崩溃，支持蒋介石并帮助他统一中国军队。[①] 由于赫尔利倒向蒋介石一边，国共谈判立即陷入僵局。

在谈判陷入僵局之后，中共面临两种选择：一是提出折中方案，继续谈判；二是坚持原来主张，在蒋介石与美国愿意作出让步之前不急于恢复谈判。毛泽东等中共领导人在分析形势之后采取了第二种方案。他们认为，美国目前的政策是利用中共的力量挽救在日军打击下摇摇欲坠的蒋介石政权，意在扶蒋而不是真正打算与共产党合作。目前，退居西南一隅的重庆政府十分虚弱，已不能代表中国抗战的全局。此时，如果中共与国民党妥协，加入未经彻底改组的国民政府，仅仅对蒋介石个人有利而无补抗战大局。当时，中共领导人预计抗日战争仍将持续一至二年。在此期间，国民党的力量将进一步削弱，中共的力量将进一步加强，大后方的民主阵线也将形成。只有到那时，美国才会真正重视共产党的力量，认真考虑同中共合作的问题，蒋介石才会被迫同意组织联合政府。

根据这个分析，中国共产党决定采取不向美蒋妥协，但不与美国搞僵的策略，等待时机成熟再建立联合政府。12 月 12 日，毛泽东、周恩来电示留在重庆的王若飞："我们毫无与美方决裂之意"，但"牺牲联合政府，牺牲民主原则，去几个人到重庆做

---

① 参见《中美关系资料汇编》第一辑，世界知识出版社 1957 年版，第 139 页。

官，这种廉价出卖人民利益的勾当，我们决不能干。"[①] 1945年初，在赫尔利的再三请求下，国共虽恢复谈判，但双方都无意作出让步。

1945年2月，美英苏三国在雅尔塔会议上协调了对日作战与对华政策问题。为尽快击败日本并减少美军的伤亡，美国请求苏联参加对日反攻作战。斯大林答应了这一请求，但开出两个交换条件：一是外蒙古独立；二是恢复沙俄政府以往在中国东北的权益。而落实这两个条件则由中苏谈判并签订一个友好同盟条约来解决。考虑到对中国来说，这将是难以下咽的苦果，美苏制定了一项共同的对华政策，其基本点是战后支持以蒋介石为主实现中国统一。简而言之，美苏在雅尔塔以牺牲中国的权益实现了各自利益的交换；然后再以共同支持蒋介石作为让国民政府吞下苦果的交换。

最初，中国方面，特别是中共并不了解有关情况，但此后国际国内的一些动向却反映出美国对华政策的调整。面对时局的不利变化，中共也很快调整了自己的对美政策。

这一年4月初，赫尔利在华盛顿举行的记者招待会上宣称：美国政府全力支持蒋介石政府，而不支持任何军阀或武装的政党。稍后，美国又发生"美亚事件案"，主张与中共保持友好关系的美军观察组成员谢伟思及其他五人以通共间谍罪被捕。这两个事件，对中共领导人来说，不啻是美国对华政策调转方向的明显信号，引起

[①] 南方局党史资料征集小组编：《南方局党史资料，大事记》，重庆出版社1986年版，第258—259页。

了中共对美国政策的批评。① 其次，种种迹象表明国民党正在加紧部署反共军事行动，而这与美国对华政策的转向是联系在一起的。中共领导人看到，以"赫尔利为代表的美国对华政策，越来越明显地造成了中国内战的危机"；美国"全力扶蒋"后，国民党虽表面"故作缓和"，但"准备内战益急"。② 最后，美、英、苏三大国之间的矛盾此刻已初露端倪，特别是英国对希腊人民革命运动的武装干涉更为中共领导人敲响了警钟。

这一年4月至6月，在时局转换的关键时刻，中国共产党举行第七次全国代表大会。在这次大会上，毛泽东提出：战后中国面临两种前途：一种可能是爆发内战；另一种可能是废止国民党一党专政，实行民主改革。在预测战后形势时，他指出：日本倒台，这是一个变化，这个变化于我有利；但是还有另一个变化，那就是中国将成为美国的半殖民地。他多次警告说：由于美国的政策转变为"联蒋抗日拒苏反共，企图全面独霸东方"，战后中国不仅存在着内战的危险，甚至还存在着美国武装干涉的危险。全党必须准备应付这种最困难的局面。要用各种方法防止内战，揭露内战，内战愈推迟愈好；同时，要用各种方法避免美国军事干涉的出现，万一发生了，要有理有利有节。③

中共针对形势的变化，主要采取了三项措施：首先，在报纸

---

① 参见《我们的坚定而明确的态度——评赫尔利将军谈话》，《新华日报》1945年4月5日；《从六人被捕案看美国对华政策的两条路线》，《解放日报》1945年6月25日。

② 中共中央文献研究室编：《周恩来年谱（1898—1949）》，人民出版社、中央文献出版社1989年版，第623页。

③ 参见中共七大主席团和各代表团主任会议记录，1945年6月2日。

杂志上发表文章抨击美国的政策，强调专门援蒋必会助长内战危险，只有扶助中国民主力量，才能战胜日寇，制止内战，取得战后和平。① 毛泽东也亲自撰写了《赫尔利与蒋介石的双簧已经破产》、《评赫尔利的政策的危险》等几篇文章。其次，中共暂时停止了一直是单方面向美军提供的合作。采取这一对策的动机就是要抓紧美军对日作战如无中共部队配合则不能缩短战争减少牺牲这一点，逼迫美国政府重新考虑对华政策。② 与此同时，中共最重要的措施是扩大武装，扩大根据地，加强大后方的工作，壮大自己的力量，以便进退有据。中共中央在 6 月 17 日发出的一封电报中说得很清楚："须知美国现行政策，是确定了的，不到山穷水尽，不会改变"；"蒋的内战方针是确定了的，除非我有力量胜过他，才能制止之，此外，敌人打败他，国际干涉他，都不归我管"③。

　　抗战行将结束之时，中共与美国发生尖锐的矛盾，其直接原因是赫尔利在斡旋国共关系时采取了支持国民党、压制共产党的立场。然而，这并非赫尔利的个人选择，而是美国对华政策的重点从战时转向战后必然引起的变化。

　　1945 年 8 月 15 日，当第二次世界大战宣告结束时，一切尚

① 参见中共中央文献研究室编：《周恩来年谱（1898—1949）》，人民出版社、中央文献出版社 1989 年版，第 624 页。

② 参见中央档案馆编：《中共中央文件选集（1945）》第 15 卷，中共中央党校出版社 1991 年版，第 179—180 页。

③ 中央统战部、中央档案馆编：《中共中央抗日民族统一战线文件选编》（下），档案出版社 1986 年版，第 807 页。

未定格，但中美同盟中存在的种种矛盾已预示了两国关系的阴暗前景。

第四章

美国对华政策与调处国共矛盾失败
（1944—1946）

　　1944 年至 1946 年是 20 世纪历史转折的年代，这期间反法西斯战争取得了决定性的胜利，之后不久是以美、苏、英、中为主体的战时同盟迅速解体。与此同时，那些在战争中新崛起的各种力量不断调整彼此的关系，它们之间各种形式的斗争此起彼伏，方兴未艾，并最终导致了战后长达四十年的冷战。

　　同世界其他地区一样，东亚的国际格局也发生了深刻的变化。一方面是历经四百年的殖民体系分崩离析，欧洲列强在这一地区的统治一蹶不振，日本帝国主义最终战败投降。另一方面，随着欧洲殖民主义国家的衰落和日本军事帝国主义的崩溃，有三支重要的力量迅速走到东亚国际舞台的中心。其一是在战争中军事力量遍及亚太的美国，它拥有着独一无二的军事和经济实力；其二是在地理上横跨欧亚的苏联，它在战争中迅速成长为世界军事大国；其三是蓬勃兴起的东亚民族解放运动，它在殖民体系瓦解和日本"大东亚共荣圈"崩溃的背景下，催生了一批新兴的民族国家。它们之中很少有像中国那样，其政局演变同时突出和集中地反映了亚太国际关系进程中的所有矛盾。

世界政治的大变动与亚太国际格局的重组，尤其是中国在这个阶段上独特的进程和在这个地区的重要影响，是美国对华政策调整的主要国际背景，也蕴含了美国政府在追求美国的战略利益过程中，需要应对的主要问题。美国政府从 1944 年到 1946 年两次积极介入中国内部的国共斗争，主观上是基于美国对华战略目标的选择，以及对包括它自己在内的各种力量的估计和评价；客观上则取决于当时的历史条件。赫尔利和马歇尔等两任美国总统特使相继深度介入国共矛盾，直接调处国共斗争，特别深刻地反映了这一时期美国对华政策的调整及其特点，其结果对战后亚太国际格局产生了深远的影响。

一、二战后期的美国对华政策调整

自美国与西班牙争夺菲律宾战争开始，美国踏上了向西太平洋扩张的征途。此时列强在中国正掀起新一轮割地狂潮，美国政府因此提出并长期奉行了"门户开放"政策，主张保全中国的领土和行政实体的完整，同时保护与发展美国在华的贸易和影响力。日本发动的侵华战争引发了东亚巨变，直到 1941 年 12 月 7 日，日军偷袭珍珠港，太平洋战争爆发，整个亚太局势开始朝着新的方向发展。美国罗斯福政府重新审视与大幅度调整了亚太政策，其主要目标包括：彻底打败日本，以及在战后东亚取得优越的战略地位。

美国领导人曾经认为，在战后亚太地区，中国将有可能取代日本，成为唯一的稳定力量。[①] 正是基于这种考虑，罗斯福政府在1943 年春反法西斯战争发生转折之际，制定了一项新的对华政策，概括地说就是"使中国成为伟大强国（China be a great power）"。罗斯福在解释美国实行这项政策时说："一个稳定的中国，对苏俄在远东的野心，将形成一道屏障；也可以当作一种最有价值的向心力，以限制亚洲革命暴乱的影响。"[②] 当时任美国国务卿的赫尔在回忆录中解释说，美国一直是靠美英日之间达成协议来维持西太平洋的均势，但战争改变了那里的格局。二战结束后，"日本作为东方大国，将在很长时间里消失，因此唯一主要的大国将是中国。美国、英国和俄国也都是太平洋地区的大国，但每一方的重大利益都在别的地方。结果为了使远东稳定，不得不使中国参与任何达成的协议"。[③] 显然，所谓"使中国成为伟大强国"，就是要使中国成为美国亚太战略的一个支柱，它从构思开始就是为了谋求战后亚太的主导地位。

---

① 参见 Cordell Hull, *The Memoirs of Cordell Hull*,（New York: Macmillan Co.,1948）, pp.1586—1587。

② 安东尼·艾登：《艾登回忆录》，瞿同祖、赵曾玖译，商务印书馆 1976 年版，第687 页。

③ Cordell Hull, *The Memoirs of Cordell Hull*,（New York：Macmillan Company, 1948）, vol. II, pp.1586—1587.

从提出"使中国成为伟大强国"开始，罗斯福政府便积极着手在国际上提升国民政府的地位，包括迫使英国和苏联给予承认。11月22日至26日，罗斯福、丘吉尔和蒋介石在开罗召开三国首脑会议。正是通过这次会议，美国与国民政府确定了战时与战后在东亚展开战略合作。不过随后形势的发展导致罗斯福政府推行新的对华政策时，面临重重困难。他一方面需要不断为了各种复杂的战略利益，同英国和苏联讨价还价；另一方面必须作出特殊的努力，以巩固蒋介石和国民政府在中国的政治地位。这两方面的困扰同打败日本这个首要的战略任务交织在一起，推动罗斯福政府越来越深地介入中国政治，1944年秋季开始的美国调处国共矛盾，就是罗斯福政府在历史发展的重要时刻，为维护中美战略关系所作的选择。国共矛盾是当时中国政治的核心问题，美国对华政策的调整以直接介入国共斗争为归宿，这反映了美国对华政策的内在矛盾和趋势。

1. 亚太战场形势的变化

在太平洋战场上，从1943年11月开始，美军开始转入战略反攻，与日军展开一场蔚为壮观的岛屿争夺战。美军凭借优势的海空军力量，取得了一系列令人炫目的战果。随着美军在浩瀚的太平洋上节节推进，确定如何打败对日的军事战略，成为美军领导人的议事日程中的首要问题。1944年3月间，美国三军参谋长举行联席会议，专门讨论太平洋战争的战略规划，包括准备12月在中国沿海实施登陆作战。然而，该计划很快便被证明无法付诸实施。

从4月开始，日军在中国战场发动了代号为"一号作战"的大规模攻势作战。这次战役的目的是在海路交通日益困难的情况下，开辟陆路运输通道，并"扫荡"华东和华南地区的美国空军基地。战役的结果之一是华东美军机场几乎被一扫而空，衡阳、柳州和桂林等地的大型空军基地也相继被迫放弃。与此形成对照的是，美军在太平洋战场的攻势越加凌厉。继攻占吉尔伯特群岛之后，美军从中太平洋和南太平洋发动全面反攻，成功地运用越岛战术，展开大跃进式作战，从根本上改变了太平洋战争的面貌。美军的猛烈攻击使日本苦心经营的太平洋防线的中心和南翼土崩瓦解。6 月 16 日，美军按预定计划在塞班岛登陆，经 25 天激战，全部占领该岛，B—29 重型轰炸机已经可以凭借那里的基地，直接空袭日本本土。

与美军在太平洋战场的推进遥相呼应，史迪威指挥的中国远征军在缅甸也开始向日军发动反攻。在中国远征军和美军的联合打击下，日军被迫放弃北缅防线，向南收缩兵力。盟军在缅甸的作战行动是当时亚洲大陆对日作战的焦点，其目的是开辟对华运输通道，以支持美国空军从中国发动对日本的空中攻击，以及在中国战场对日军发动反攻，配合美军在中国沿海地区登陆。但是，由于国民党军队在豫湘桂战役中失败和华东、华南地区的美军机场被摧毁或放弃，发动缅甸战役看上去像是舍本逐末，美军的努力势必前功尽弃，这严重干扰了盟军的战略部署。

1944 年 9 月，美英军事领导人举行第二次魁北克会议，讨论美军在太平洋战场的进攻方向，以及为尽快迫使日本投降选择最佳的方案。会议提出两条可供选择的进攻路线。其一是 1945 年 3 月进攻台湾；其二是 1945 年 2 月攻占吕宋。会议还决定，如果苏联能早日参加对日战争，美军应避免在亚洲大陆实施代价高昂的登陆作战。这时，中国正面战场的危机已达到顶点，史迪威于 9 月 15 日报告马歇尔，他被迫决定放弃桂林的美国空军基地。几乎与此同时，由哈尔西率领的美国特混舰队在进攻莱特湾时，取得出人意料的成功。美军领导人遂于 10 月初作出最后决定，放弃在台湾或中国沿海登陆的方案，选择夺取琉球列岛和冲绳，在那里建立攻击日本本土的前进基地。当时正在华盛顿执行任务的麦瑞尔将军回到中国后告诉史迪威：美军扬言需要中国沿海的基地，主要是为了掩护其他计划，中国战场主要是牵制日军，美军将不会在中国实施大规模登陆作战。①

美国对日作战计划的变化增加了与苏联合作的重要性。第二次魁北克会议结束后，罗斯福和丘吉尔将会议决定通知斯大林。美国驻苏联军事代表团亦向斯大林提交美军打算利用西伯利亚海军基地的计划。10 月 14 日，访苏的美军事代表团团长迪恩向斯大林提出，美军部希望了解苏军对日作战的具体打算。第二天，斯大林告诉他，苏军将在打败德国三个月后在中国的东北对日军发动全面进攻，并准备进攻北京和张家口，以切断日军退向华北的通道。苏军安东诺夫元帅向美方具体解释了苏军作战计划和美苏在东亚协调军事行动等问题。②

苏联对日作战的承诺对美国的军事战略的影响是至关重要的。

---

① Herbert Feis, *The China's Tangle: American Effort in China from Peal Harbor to the Marshall Mission*, （Princeton: Princeton University Press,1953），p.196.

② W. 艾夫里尔·哈里曼、伊利·艾贝尔：《特使：与丘吉尔、斯大林周旋记》，南京大学历史系和英美对外关系研究室译，三联书店 1978 年版，第 406—407 页。

早在开罗会议期间，美英中三国首脑及其军事幕僚等曾详细讨论了三国军队配合夺取缅甸的计划。彼时的罗斯福不顾英国的反对和拖延，始终坚定地支持美国军方的意见，决定在南部缅甸向日军发动两栖进攻，以配合中国远征军发动的北缅战役。第一次开罗会议结束两天以后，美英苏三国首脑在德黑兰会晤。斯大林当时承诺苏联在打败德国后，就会参加对日战争。丘吉尔和英军领导人一把抓住这根稻草，在之后的美英高层军事会议中，坚决反对在缅甸南部实施两栖作战。他们的理由是那样会影响在欧洲开辟第二战场，以及美英不值得为打通滇缅公路消耗可贵的战争资源。美军方则坚持认为，盟军不在缅甸发动进攻，日军会乘机进攻印度；如果中国军队得不到两栖作战的配合，则意味着缅甸战役以失败告终。双方在争论不休的情况下，决定由罗斯福和丘吉尔评判取舍。罗斯福支持缅甸作战方案时，既考虑到目前作战的军事意义，也是为了长远的政治利益而为国民政府打气。现在，由于苏联保证参加对日作战，他终于改变初衷。12 月 5 日，罗斯福决定接受英国的建议，放弃在南部缅甸实施两栖作战的计划。

不过还是要指出，苏联参战的保证和美军在太平洋的战果虽然都是影响美国对华政策的重要因素，但却不足以抹杀中国战场的重要性，它们不过是导致美军放弃更充分利用中国战场向日军发动反攻的诸多原因中的一部分。

2. 中苏关系危机

与中国正面战场危机几乎同时发生的另一个重要事件是，1944

年春的中苏关系由于新疆局势演变而再度恶化，这严重冲击了美国的对华政策。

苏德战争爆发后，中苏关系一直处于不稳定的状态，其原因是相当复杂的。中苏当时的基本矛盾一是两国之间存在着历史遗留下来的纠纷尚未解决；二是中国内部的国共斗争的影响。日本发动侵华战争后，中苏为了共同的安全利益，一度建立了良好的反日战略和合作关系。不过双方的基本矛盾在当时的历史条件下，不可能获得根本解决。另一方面，中苏关系是东亚国际政治的重要组成部分，同这一地区的基本政治格局密切相关。自从华盛顿体系建立以后，中国作为这个体系的一部分，以及当时中国的社会制度，都决定了国民政府不可能采取亲苏政策。总之，国际政治格局、政治制度和意识形态等因素与历史遗留下来的国家间矛盾纠缠在一起，使两国关系不时地因为这样或那样的矛盾发生动荡。

直到二战爆发，中苏之间仍有许多历史遗留问题悬而未决，包括东北主权与中东路的归属、外蒙古的地位、苏联对中国新疆地区的政策以及与新疆盛世才政权的关系，等等。由于日军控制着华北和东北，中苏在东北和外蒙古的接触被日军侵略势力隔断，矛盾的焦点变转到新疆地区。

1933 年，新疆发生反对金树仁统治的"四一二"政变，盛世才利用这次政变在新疆取得统治地位。他为了维持在新疆割据称雄的局面，扯起"亲苏反帝"的旗帜，企图背靠苏联，借助外力抵抗国民政府的压力，结果是为苏联向新疆渗透打开方便之门。苏联通过向盛世才政权提供帮助，取得在新疆通商、采矿、派遣顾问乃至驻军等优越权益。

苏联在新疆的影响迅速扩大，引起国民政府的严重不安。皖南事变发生以后，胡宗南部队在巩固河防战线的同时，全力加强陕北陇东封锁线，造成一条长 3000 里、宽 500 里的防线，成为东援北围西堵的战略基地，并严密监视新疆盛世才政权的动向。

1941 年 6 月，苏德战争爆发，西线的巨大压力使苏联一时无暇东顾，蒋介石认为解决新疆问题的时机已到。1942 年 8 月，蒋介石视察西北地区，部署西北防务和推动对盛世才政权的工作。当时，由于看到苏联正陷于重重困难之中，加之国民政府软硬兼施，新疆盛世才政权决定投靠国民政府。双方商定，胡宗南部队进驻武威、张掖、酒泉和敦煌一线，帮助盛世才防堵中共军队和苏军可能对新疆发动的联合进攻。此后盛世才公开反苏反共。国民政府随即派遣干部和军队进入新疆，并迫使苏联撤回驻新疆的军队。从 1943 年 5 月起，苏联陆续撤出驻新疆的军队和顾问，并撤退专家、技术人员以及援助新疆的工业设备，中断苏新贸易。

中苏关系动荡直接导致中国西北边疆地区的不安宁。1943 年秋，新疆阿山地区哈萨克酋长率部进攻驻扎青河和乌河的中国新疆守军。1944 年春，中国政府军队向哥萨克军队发动反击。3 月间，中国守军在追击哥萨克军队时，遭到来自外蒙古的苏军飞机轰炸和扫射。3 月 30 日，苏联与日本签署渔业协定。国民政府认为这是苏联与日本达成互不参与针对对方的战争的重要信号，并认为苏联的行动是使部分关东军得以入关参加"一号作战"的重要原因。由此，中苏关系严重恶化，双方政府相互攻讦不断。

新疆事变发生后，蒋介石于 3 月 17 日向罗斯福告急说：来自外蒙古的苏联飞机多次轰炸和扫射在新疆承化和奇台地区追击叛军的中国军队。4 月 1 日，蒋介石再次提醒罗斯福注意，中苏纠纷靠国民政府"自制"是无法解决的，美国必须明确表态。4 月 30 日，驻美大使魏道明奉命告诉赫尔，苏日签署渔业协定和苏联在新疆的行动证明，苏联的东亚政策与它在欧洲的扩张有"同等意味"。5 月 11 日，魏道明晋见罗斯福时表示，希望美国满足中方的"合理要求与可能援助，甚至其能主张一切"。①

中苏关系急剧恶化冲击了美国的对日战略。争取得到苏联的合作，是美国制定对日军事战略和解决战后东亚重大问题的关键之一。罗斯福当时认为，在战争时期需要发展同苏联的战略合作，而苏联在战后除了重建满目疮痍的家园，不可能会有余力驰心旁骛。所以，从 1943 年夏季开始，罗斯福政府已经在了解苏联在东亚的战略意图，并寻求妥善处理之道。美国当时在东亚有求于苏联的两个问题，一是促使苏联参加对日作战，二是获得苏联保证支持美国的对华政策。

推动苏联尽早参加对日战争对美国的军事意义不言而喻，它既可以减少美军的牺牲，又可以早日结束战争，而其政治背景几乎凝聚了美日俄在远东近半个世纪的纠纷。美国当然不希望在付出巨大代价之后，在这一地区却出现新的均势局面。因此，促使苏联参战

---

① 秦孝仪主编：《中华民国重要史料初编》第三编（1），台北中国国民党中央委员会党史编辑委员会 1981 年版，第 171—172 页；The U.S. Department, ed.: *Foreign Relation of the United States*（*FRUS* afterhere）,*1944,*vol.6, China,（D.C.: GPO,1967）, p.772.

成为影响美国战时对苏政策的"最重要因素"，罗斯福政府当然不能允许因中苏关系恶化干扰美国的军事战略。

争取苏联支持美国对华政策是美国在东亚必须解决的另一个重要问题。苏联的地理位置和它在战争中显示的实力，使它对东亚形势的影响显而易见。中国内部的不统一则是国民政府处理对苏关系的根本弱点。因此，美国对华政策包含在东亚取得优势地位，但仅靠支持羸弱的国民政府无法达到目的，它需要争取苏联赞成其政策，承认蒋介石和国民政府在中国政治中的领导地位。罗斯福在德黑兰与斯大林会谈时告诉后者："毕竟中国是一个有四亿人民的国家，把他们当作朋友，总比当作一个潜在的麻烦来源要好一些。"斯大林表示同意东北、台湾、澎湖列岛应归还中国，不过"必须使中国人打仗"。当罗斯福谈到应允许中共参加政府时，斯大林表示赞成。① 显然，斯大林支持美国对华政策是有条件的，即国民政府要积极抗战和实行某种政治改革。

斯大林的上述表态是导致美国介入国共矛盾的重要原因，也是罗斯福政府认为调处有可能成功的条件。新疆事件则使美罗斯福政府意识到，改善中苏关系相当棘手。特别是蒋介石把苏联在新疆的行动同国共关系联系在一起，这更加剧了华盛顿的紧迫感，他们认为国共矛盾已成为改善中苏关系和推动苏联早日参加对日作战的障碍，中国内部问题亟待尽早解决。

---

① 《德黑兰雅尔塔波茨坦会议记录摘编》编译组编：《德黑兰雅尔塔波茨坦会议记录摘编》，上海人民出版社1974年版，第5—6、41页；Roosevelt. Elliot, *As He Saw It,* (New York: Duel. Sloan and Pearce，1946)，p.180.

美国首先采取的措施是防止中苏纠纷扩大化。4月18日，罗斯福打电报告诉蒋介石，值此战争进行之际，中苏发生纠纷会影响盟国间的团结。他建议蒋介石采取现实的态度，"冻结目前的事件"，一直到战争结束为止。[①] 赫尔还特别提醒蒋介石注意，"直接的反苏宣传有可能损害盟国间的友好关系"，而且"只要目前国共紧张局势存在，苏联将继续表现出不愿扩大给予国民政府真正的政治和军事援助"。[②] 美国息事宁人的态度对抑制事态进一步扩大产生了一定的影响。

3."压蒋联共"

如前所述，美国对华政策面临的实质性问题是中国缺少事实上的统一，国民政府尚不能有效控制全中国，包括未被日本占领的地区；中共有自己独立的政权和军队，控制着大片地区，而且同苏联保持着密切的联系。这使国共斗争不仅会引发大规模内战，而且有引发大国冲突的潜在风险。为解决这个难题，罗斯福政府在国际上拉升中国地位的同时，也不得不介入国共之争。当时主要是敦促蒋介石和国民政府支持美国的外交政策，稳妥处理中苏关系，以及在国内实行政治改革，避免发生国共内战，总之就是要形成统一和稳定的政治局面。

1943年11月，罗斯福在开罗会议期间向蒋介石提出："应该在战争还在继续进行的时候，与延安的共产党人握起手来。"他提醒

---

① *FRUS*,1944, Vol.6, China, p.772.

② *FRUS*,1944, Vol.6, China, p.104.

蒋介石说："美国不会陷入那里（中国）的任何战争陷阱里。"① 与此同时，驻华美军为了对日作战的需要，也在积极寻求与中共军队建立联系。

随后不久发生的中国这年战场失败与中苏在新疆的冲突等，推动美国直接介入国共斗争。其实，罗斯福在开罗会议上向蒋介石提出组织国共联合政府的建议，在逻辑上已经包含了两个前提。第一，国民政府应实行政治改革，对中共作必要的让步；第二，实际上承认中共在中国政治中是一支不容忽视的力量。它们对我们理解美国要求蒋介石和国民政府实行政治改革、用政治方式解决国共问题等，是至关重要的。

二、赫尔利调处及其失败（1944 年 9 月—1945 年 2 月）

美国直接介入国共谈判始于 1944 年 6 月下旬，美国副总统华莱士访华。他此行的具体目的主要是敦促国民政府妥善处理中苏关系和国共关系。

从 6 月 21 日至 24 日，华莱士与蒋介石举行了六次会谈。在会谈中，华莱士向蒋介石建议，国民政府应进行民主改革，允许中共参加政府。② 但国民党对他插手国共关系很不满意。蒋介石认为，美国这样做会使中国抗战局势"动摇"，而且会使中共"更加嚣张"，以致"无法消弭赤化之祸害"。驻美大使魏道明在华莱士启程之前

① Roosevelt, Elliot, *As He Saw It*, pp.249—250.
② 《中美关系资料汇编》第一辑，世界知识出版社 1957 年版，第 572—582 页。

就提醒过后者，不要与中共人士会见，以免"发生任何误解与恶意宣传"。① 最终，华莱士在美国所关心的实质性问题上一无所获。

继华莱士之后，美国驻华大使高思多次向蒋介石说明，美国目前最关心的是"加强中国的统一战线"，希望蒋介石能采取"有政治家风度的步骤"，改善与中共的关系。他建议或许可以先成立一个有各党派代表参加的"负责任的"军事委员会。高思的方案得到美国领导人的支持，并通过高思转告蒋介石，组织联合军事委员会"既合时宜又切实际"。只要蒋介石同意，高思就可以直接向中共提出。② 但蒋介石只是端出国民参政会予以敷衍了事。

与此同时，驻华美军开始着手与中共展开军事合作。1943 年间，美国驻华使馆官员谢伟思和戴维斯等人多次向美国政府建议，派遣美国官方代表团访问延安并设立官方机构。1944 年 1 月 25 日，戴维斯再次上书美国政府，力陈尽快与中共中央建立联系之利害："我们需要在还能受到欢迎之际，立即派遣一军事的和政治的观察团到中国共产党地区去搜集敌情，帮助并准备从该区发动某种有限度的作战，获取关于中共实力的精确估计，在设若俄国人攻击日本的时候，报告俄方在华北和满洲的作战情况，和估量华北和满洲发展成为一个分立的中国人的国家或甚至成为俄国卫星国的可能性。"③

---

① 秦孝仪主编:《中华民国重要史料初编》第三编（1），台北中国国民党中央委员会党史委员会编印 1981 年版，第 182 页。

② *FRUS*,1944, Vol.6, China, pp.567，569；《中美关系资料汇编》第一辑，世界知识出版社 1957 年版，第 586 页。

③ 《中美关系资料汇编》第一辑，世界知识出版社 1957 年版，第 587 页。

戴维斯的报告引起美国领导人的重视。1944 年 2 月 9 日，罗斯福通过盟军驻中缅印战区指挥官史迪威转告蒋介石，要求允许美军立刻向西北派遣代表团。蒋介石被迫作出让步。1944 年 7 月 22日和 8 月 7 日，由 18 人组成的美军观察团分两批抵达延安。至此美国与中共终于建立了准官方关系。在整个 1944 年夏季，除延安的美军观察团外，在华北抗日根据地、华中新四军五师控制地区和华南的东江纵队，均有美军人员在积极活动。为了能有效地与美合作，中共中央要求各有关部队改进参谋、情报和联络工作，"放手与美军合作，处处表示诚恳欢迎，是我党的既定方针"。①

1944 年夏季国内和国际政治、军事形势的一系列变化，使中国共产党人备受鼓舞。毛泽东指出，美国可能在长江下游的登陆，我们和他们合作，如果美国在中国大陆上与日本作战，那就不能不依靠中国大陆上的力量，那就不能不与我们合作，与我们合作就对我们有利。……鸦片战争以后，104 年以来，没有一次这样好的环境，全世界民主国家都在帮助我们。过去只有苏联帮助我们，现在英美不反对我们，还帮助我们，起了大变化，马克思书本里也找不出这样的变化，只能找出这种变化的原理，而找不出这种变化的具体描写。② 正是对国际形势充满乐观和信心的估计，促使中共中央决心大幅度调整以往处理与国民党关系的方针和策略，变自卫性策

---

① 《毛泽东、刘少奇关于我党与美军合作的方针给张云逸、饶漱石等的指示》，1944年 9 月 10 日。

② 《毛泽东在延安党校作的报告》，1944 年 10 月 25 日，见中共中央文献研究室编：《毛泽东年谱（1893—1949）》中卷，人民出版社、中央文献出版社 1993 年版，第552—553 页。

略为进攻性策略，变谋求解决局部的具体问题为要求改组国民党政府。

9月4日，中共中央决定公开提出废除国民党一党统治，成立联合政府。9月15日，林伯渠在第三届三次国民参政会上发表讲话，要求国民党结束一党统治，由国民政府召开国事会议，"组织各抗日党派联合政府，一新天下耳目"。① 随后中共各报刊全面展开宣传，公开指名道姓地批评蒋介石和国民政府，并强调组织联合政府是克服中国当前危机的唯一出路。中共中央在公开提出组织联合政府的主张时，已经在全面估价美国的政策，并逐步形成了更为积极的对美政策。当国共谈判在7月间陷入僵局时，毛泽东等人认为："国共关系之转变，要待蒋更加困难和美给予更大压力。"② 中共领导人显然认为，美国这时的介入是一个有利因素。

正当中共军队与驻华美军的合作迅速发展时，美国总统特使赫尔利于9月到达重庆。赫尔利使华的直接原因是蒋介石与驻华美军最高领导人史迪威之间的矛盾激化。然而，赫尔利在处理完史迪威与蒋介石的矛盾后，很快便表露出他将积极介入国共斗争的意向。他在10月下旬多次会见中共驻重庆的谈判代表，在会见中一方面强调要维护蒋介石的领导地位，同时亦承认中共军队力量很强大，是"决定中国命运的一种因素"，中共"应取得合法地位"并参加

---

① 《解放日报》1944年9月22日。

② 毛泽东：《关于时局近况的通知》，1944年7月15日，见中央档案馆编：《中共中央文件选集》第14册，中共中央党校出版社1992年版，第283页。

军事领导机关①。赫尔利这时的谈话符合美国领导人罗斯福政府解决国共问题的基本方针，即通过以蒋介石为中心的民主联合的方式，实现中国的政治统一。

赫尔利到重庆不久，中共中央便决定利用此次机会，提出美国应向中共军队提供军事援助的问题。中共中央指示林伯渠等人，应争取会见赫尔利、纳尔逊和史迪威，直接向他们提出将美国援华物资的一半供给中共军队，并可邀请他们访问延安。中共中央当时认为，赫尔利使华的主要任务是讨论组织中美联军如何对日作战，所以没有准备在政治问题方面与他发生联系。

赫尔利与中共代表的谈话引起中共中央的注意，毛泽东根据赫尔利的谈话断定，经过努力和采取适当的策略，有可能迫使美国方面作出有利于中国共产党的让步。他认为："蒋最怕指名批评他，美国亦怕我们不要蒋，故在许蒋存在条件下，可以做出一些有利于我们的交易来。"②11月6日，中共中央专门召开会议，讨论了与赫尔利谈判的问题。

11月7日，赫尔利突然访问延安，中共领导人与美国官方高级代表第一次谈判解决中国内部问题从此开始。中共中央在谈判中的基本方针是，利用美国急需中国军队配合作战与急于巩固蒋介石的领袖地位，通过谈判促使美方进一步向蒋介石施压，迫使他同意

---

① 《赫尔利的表示》，1944年10月17日；《董、林关于第二次和赫尔利谈话向毛泽东汇报电》，1944年7月18日，参阅中共中央文献研究室编：《毛泽东年谱（1893—1949)》中卷，人民出版社、中央文献出版社1993年版，第551—552页。

② 中央中央文献研究室编：《毛泽东年谱（1893—1949)》中卷，人民出版社、中央文献出版社1993年版，第552页。

改组国民政府。

在谈判过程中，毛泽东谴责了国民政府的错误政策，但是没有对蒋介石进行任何尖锐的批评。他甚至表示，愿意在适当的时候会见蒋介石。经过两天的谈判，11月10日，毛泽东、周恩来等中共领导人与赫尔利签订了一项以组织联合政府和联合军事委员会为中心内容的"五点协议"。① 在签署"五点协议"时，中共中央还向赫尔利说明，组成联合政府后，仍然承认蒋介石是领袖。这种态度使赫尔利相信，"五点协议"是可以接受的。因为尽管"五点协议"规定将国民党一党政府改组为联合政府，但这并不违背美国的政治原则，蒋介石还可以保住他的领袖地位，美国则可以通过组织联合统帅部来统一指挥中国军队。赫尔利在给罗斯福的报告中说："五点协议"中"几乎所有的原则都是我们的"。② 他甚至认为，如果国共谈判失败，责任将在国民党方面。③ 正是在这次谈判中，赫尔利提出了毛泽东与蒋介石举行"伟大的会见"，这成为后来重庆谈判的先声。④

11月10日，赫尔利携"五点协议"返回重庆。中共中央派周恩来与赫尔利同行，毛泽东还托赫尔利带信给罗斯福，表示愿意在"五点协议"的基础上与美国合作，以及与国民党合作。⑤

---

① 《中美关系资料汇编》第一辑，世界知识出版社1957年版，第142页。

② *FRUS*,1944,1946, China, p.693.

③ *FRUS*,1944,1946, China, p.699.

④ 《赫尔利少将与毛主席、朱总司令、周副主席谈话记录》，1944年11月8日。

⑤ 《毛泽东致罗斯福的信》，1944年11月10日，见中央档案馆编：《中共中央文件选集》第14册，中共中央党校出版社1992年版，第397页。

当赫尔利把"五点协议"交给宋子文后，蒋介石和国民党要人们立刻一致表示反对。蒋介石告诉赫尔利，他不愿造成类似南斯拉夫和波兰那种局面，"五点协议"在美国和英国可以作为解决同类争端的办法而被接受，在中国则意味着国民党的彻底失败。赫尔列对国民党方面的态度不以为然，认为他们纠结的只是联合政府的名称，只要把"联合"改为"两党"和"多党"即可。赫尔利批评王世杰和张治中等对谈判缺乏诚意，而他要与中共方面"站在一起"进行斗争。①

11 月 15 日和 17 日，国民党两次提出反建议，赫尔利均表示不满意，并予以拒绝。他还打电报告诉罗斯福，蒋介石"无法证明他的观点是对的"。致使罗斯福复电指示赫尔利，继续向蒋介石施加压力，以便尽快与中共达成协议。

但不管美国如何施加压力，蒋介石都无动于衷。11 月 19 日和 21 日，赫尔利分别会见了蒋介石和国民党谈判代表。他提出，作为解决军事问题的办法，可由美军指挥国共军队，并向中共军队提供装备。他同时同意将"联合政府"改为邀请中共参加国民政府和军事委员会。赫尔利从此开始倒退。

11 月 21 日，赫尔利向周恩来转交国民党的"三点反建议"，其内容是国民党的老调重弹，唯一不同之处是中共交出军队后，可由国民政府"遴选"中共军队的高级军官参加一个新建立的军事委员会。② 至于美军的最高指挥权问题，则由赫尔利直接向周恩来提

---

① 《周恩来与赫尔利谈话要点》，1944 年 11 月 13 日。
② 《中美关系资料汇编》第一辑，世界知识出版社 1957 年版，第 143 页。

出。赫尔利在转交"三点反建议"时，声称这样是"承认共产党的合法地位以及参加决策机构"，而中共可向国民政府"插进一个脚趾"，至于联合政府"这件事已经过去了"。

国民党的"三点反建议"遭到中共的拒绝。22 日下午，周恩来、董必武会见蒋介石，以便确切了解其立场。蒋介石在会谈中一面表示希望国共合作，并邀请毛泽东赴重庆谈判；一面声称政府的尊严，国家的威信，不能损害，而且他做的就是民主。[①] 这表明，他根本无意进行政治改革和组织联合政府。

由于国民党拒绝接受"五点协议"，而中共中央此时也不急于与国民党达成协议，周恩来遂奉命返回延安，进一步研究之后再做决定。由于气候的缘故，飞机无法起飞，周恩来直至 12 月 7 日才启程。在这耽搁期间，赫尔利一再劝说周恩来认真考虑"三点反建议"，不要中断谈判。他向周恩来一再阐述他那"插进一个脚趾"的理论，声称按照他的办法，中共"大有作为"。因为：第一，可以逐步改造国民党政府，"一口咬不下，不妨做三口四口咬"；第二，中共可以取得合法地位，并参加行政院；第三，可以合法地得到美国援助。他还透露，最近将有大批美国飞机北飞运兵南下，去的一趟是空的。只要中共作出让步，马上可以得到大量美国军火。周恩来坦率地告诉赫尔利，看来中共与他对联合政府的理解不同，国民党提案的关键是否定联合政府。

周恩来离开重庆后，赫尔利立即与蒋介石等会谈，制订一个新

---

① 参见中共中央文献研究室编：《周恩来年谱（1898—1949）》，中央文献出版社、人民出版社 1989 年版，第 589 页。

的谈判方案。这个新方案的主要内容包括："（一）成立包括共产党和其他非国民党人士参加的战时内阁，（二）建立一个由政府代表、共产党代表和美军军官组成的三人委员会，制订出中共军队编入国民政府军队的详细计划，（三）由一名美军军官统帅共产党的部队，（四）承认共产党为合法政党。"他似乎仍然认为存在希望，所以提醒蒋介石有必要在政治上妥协，以便统一中国军队和"在战争中产生一个强大、自由、统一和民主的中国"。① 赫尔利向罗斯福报告说，蒋介石"已经走了很长一段路，并将继续前进"。

赫尔利之所以如此满意，是因为新方案反映了他的愿望，即让中共代表参加国民政府的决策机构，以及能够统一中国军队的指挥权于美军之下。赫尔利曾一本正经地报告美国政府，不经批准，他无权同意美军参与指挥中共军队。因此这一点当时没有写进供谈判的正式文件中。但事实表明，这一建议是由赫尔利首先提出的，而且完全符合美国政府的意图。1945 年 1 月 4 日，美国新任国务卿斯退丁纽斯向罗斯福提出，如果国共不能达成协议，最好由美军军官指挥所有中国军队。这样美军在中国沿海中共控制地区登陆时，"可以避免政治方面的困难"；如果苏联参战，有一位"享有全权"的美军司令，比起分裂的中国军队来，对美国"更为有益"；而且在战争结束时，一位美军司令可以作为对中国的一种"稳定的影响"。美国政府为雅尔塔会议准备的文件亦提出相同内容的建议。②

赫尔利在与蒋介石磋商的同时，也在试图说服中共领导人回到

---

① 《党史通讯》1984 年第 7 期。

② *FRUS*,1945, Vol.7, China, p.154; *FRUS*,1945,"*The Conference at Malta and Yalta*", p.352.

谈判桌旁。12月8日，亦即周恩来到达延安的第二天，美军观察组组长包瑞德便奉赫尔利之命，与中共领导人举行会谈。他在会谈中表示，如果中共不接受国民党的建议，会在美国造成对它不利的影响。毛泽东表示无法理解赫尔利的论点，中共希望与美国合作，但美国不要指望以此同中共做交易。同日，周恩来致函赫尔利，由于在国民党的建议中"不可能找到基本的共同点"，他已无必要再去重庆，以及中共准备公布"五点协议"。①

毛泽东对包瑞德的谈话和周恩来给赫尔利的信在美方引起强烈的反应，赫尔利和其他一些在华美国官员相信，中共中央已经决心彻底与国民党决裂。赫尔利认为，中共中央公布"五点协议"违背了双方在签署协议时达成的谅解，他在复信中表示，公布"五点协议"意味着中共中央认为谈判"已告终结"。其他一些人则担心，中共中央立场骤变，肯定是受苏联影响的结果。中共中央拟议组建的"解放区联合委员会""可以解释成为中国人民的联合委员会，其中暗含的威胁是明显的"。②

美方的强烈反应显然引起了中共中央的重视。中共中央采取强硬立场和准备公布"五点协议"，都是为了进一步向蒋介石施加压力，同时影响美国的对华政策。周恩来在给赫尔利的信中表示过，不希望国共谈判影响美军与中共的军事合作。③为了避免造成与美

---

① 《中美关系资料汇编》第一辑，世界知识出版社1957年版，第143—144页。
② 《中美关系资料汇编》第一辑，世界知识出版社1957年版，第14页；《驻华使馆二秘（谢伟思）的报告附件》，1945年4月1日，《党史通讯》1983年第20—21期。
③ 《中美关系资料汇编》第一辑，世界知识出版社1957年版，第143—144页。

方的对立，毛泽东于 12 月 12 日指使王若飞转告美方，中共中央毫无与美国方面决裂之意，"五点协议"可以暂时不发表，美方不应要求中共放弃原则，"其他一切都好商量"。[①]12 月 16 日，周恩来致函赫尔利，表示中共从没有关闭谈判大门。[②] 中共中央在同一天召开会议，决定暂缓成立解放区联合委员会。

经赫尔利从中斡旋，1945 年 1 月，国共谈判恢复。这时美英苏三国首脑会议即将举行，美苏协调远东政策已经到了关键时刻。这一切都使罗斯福政府急于廓清中国政局。当然，远东国际形势的发展和美国政策的发展等，也给中共造成了新的困难，同时对国民党也同样形成了新的压力，特别是美国急于统一中国军队的指挥权，使它仍然有可能要求蒋介石和国民政府在政治上作出让步。因此，中共中央采取了有针对性的策略，公开提出召开党派会议，同时回避讨论军事问题。周恩来拒绝了赫尔利提出的由美国军官统一指挥国共军队的建议。毛泽东则认为，赫尔利的建议是将中国军队特别是中共军队"变为殖民地军队的恶毒政策"。[③]

中共中央在谈判中断后，之所以仍然对赫尔利作出某些让步，重要的原因是中共与驻华美军的军事合作尚未受到影响。实际上在谈判中断后，驻华美军各单位的代表仍在重庆与延安之间穿梭往返，积极寻求与中共军队进一步合作。中共领导人头脑中仍对双方

---

① 《关于同国民党谈判的原则立场的指示》，1944 年 12 月 12 日，见中央档案馆编：《中共中央文件选集》第 14 册，中共中央党校出版社 1992 年版，第 412 页。

② *FRUS*,1944, Vol.6, China, pp.739—740.

③ 中共中央文献研究室编：《周恩来年谱（1998—1949）》，中央文献出版社、人民出版社 1989 年版，第 598 页。

军事合作的前景抱有希望，他们曾经直接向驻华美军领导人提出，希望得到财政帮助。他们显然不希望因与赫尔利的关系恶化，影响与美军业已建立起来的军事合作及其向前发展的势头。

但是，当赫尔利无法理解他调处受挫的原因时，竟将中共中央不肯妥协归咎于驻华美军仍在与中共明来暗往，致使中共领导人以为可以不重视他的地位与意见。结果他终于采取措施，切断了驻华美军各单位与中共的联系，并撤掉一些被他认为是不忠诚的美军军官。赫尔利的行为的消极影响是至关重大的，他在这种背景下提出由美军统一指挥国共军队，必然引起中共领导人的怀疑和谴责。由于这时驻华美军与中共的合作已经停顿，中共中央否定赫尔利的军事计划具有十分重要的含义，他们已经开始警惕美国插手解决中国军队问题的真实意图。

另一方面，蒋介石的强硬态度也使中共领导人相信，能逼迫蒋介石作实质性让步的条件尚未成熟。中共中央认为，苏联参加对日战争的可能性在增长，但毕竟还没有采取实际行动；美国的扶蒋政策有变化的可能，但目前还没有发生根本性的变化。毛泽东指示周恩来，中断与国民党的谈判，否则会助长蒋介石"独裁之志气，灭民主之威风"；对美国方面亦持相同的态度，"要攻掉美政府之扶蒋主张"。①2月15日，周恩来在重庆举行中外记者招待会，谴责了

---

① 《毛泽东关于召开党派会议国事会议和国民大会等问题致周恩来电》，1945年2月12日；《中央关于发展国统区的民主运动给王若飞的指示》，见中央统战部、中央档案馆编：《中共中央抗日民族统一战线文件选编》下册，档案出版社1986年版，第789、793页。

国民党方面的谈判立场，并宣布他将返回延安。

3月1日，蒋介石发表公开讲话，宣布将召开国民党包办的国民大会。次日，中共中央对此发表评论予以抨击，并再次声明它将一如既往，坚持废止国民党一党统治，组织民主联合政府。①3月9日，周恩来通知已经回国述职的赫尔利，由于国民党已经表明对民主改革毫无诚意，中共认为已无必要答复国民党2月3日的提案。②至此国共两党在抗战时期的最后一次谈判宣告破裂，赫尔利4个月的调处以失败告终。

国共谈判破裂后，4月2日，赫尔利在新闻记者俱乐部发表讲话，公开指责中共是中国统一和民主的障碍，声称中共的力量被高估了，而美国决不向中共提供援助。③赫尔利的这篇讲话是重要的信号，罗斯福政府的政策从调处国共优先，转向了借助国际压力解决国共问题的轨道，即史称"扶蒋压共"政策。美国对华政策转上这个轨道，并不仅仅是因为赫尔利神通特别广大，尽管他个人的确起了相当重要的作用。美国对华政策的调整是被一股强大的内在动力推动的结果，它发生在雅尔塔协议签订前后，不论国共争端如何解决，美国必须确保使纸上的规划变成现实的格局。赫尔利是在这股内在力量的推动之下，企图利用美苏之间的妥协，向中共施加压力。赫尔利当时能够在美国政府内部的争论中击败国务院的反对派，罗斯福的支持固然是一个重要的因素。其实不论是赫尔利的建

---

① 《解放日报》1945年3月3日。

② 《中美关系资料汇编》第一辑，世界知识出版社1957年版，第151页。

③ *FRUS*,1945，Vol.7, China, pp.317—318.

议，还是罗斯福对他的支持，统统反映了美国对华政策内在的逻辑和难以遏制的发展趋势。

三、马歇尔调处及其失败（1945年12月—1946年11月）

太平洋战争结束后，美国对华政策的一个显著特点是举棋不定，欲去频回。这一特点仍然归结于美国东亚外交的基本矛盾，即野心勃勃、目标宏大，却实力不足。美国在二战中取得了辉煌的胜利，但它在东亚面临的基本矛盾并没有消除，而且随着获得优势地位的雄心日益膨胀，这种矛盾还在进一步扩大。可以说杜鲁门政府既继承了罗斯福对华政策的宏伟目标，也继承了它的一切难以克服的矛盾。

战后初期，美国对华政策中包含着两个基本原则，其一是继续努力维持国民党政府在全中国的统治地位。在经历对日战争的考验之后，美国对国民政府的前途远不如罗斯福当政时期那样充满信心。杜鲁门在他的回忆录中说："我们美国往往认为中国是一个国家，但是事实上，在1945年，中国只是一个地理上的名词。当抗日战争胜利时，中国的情况就是这样。蒋介石的权力只及于西南一隅，华南和华东仍被日本占领着。长江以北则连任何一种中央政府的影子也没有。"[1] 但是，美国政府无论如何也不愿辜负罗斯福政府已经付出的"巨大努力"，放弃蒋介石和国民政府对他们来说是不

---

[1]　哈里·杜鲁门：《杜鲁门回忆录》第二册，李石译，三联书店1974年版，第71—72页。

可想象的选择。

另一方面，杜鲁门政府又在竭力避免直接卷入中国内战。在整个抗日战争中，罗斯福政府在处理中国问题时，一贯坚持的原则之一就是反对和不以武力介入中国的内部冲突。对日战争结束时，杜鲁门政府公开宣布的政策一直遵循了这个原则。

上述两个原则既反映了美国政府在战后解决中国问题的基本方针，也给美国的对华政策造成了无法解决的难题，即如何在不承担超载义务的条件下，继续有效地实现它的目标。很难说罗斯福政府最初没有意识到，它奉行的原则在中国的现实中显得多么自相矛盾，它看上去只是简单地把目标和使用的手段糅合在一起。战后不久举行的国共重庆谈判似乎给美国带来了希望，但很快被华北的、东北的内战炮火所击碎，美国对华政策再次面临严重的冲击。

抗战胜利后，国共立刻展开一场争夺受降权的斗争，这甚至在一些地区导致了局部的内战。这场斗争至少到 1945 年结束之前，一直是中国政治舞台上的主要内容。相比之下，国共领袖在重庆进行的谈判反倒像一支不协调的插曲。这种局面同样反映在美国对华政策的变动中。一方面，尚担任驻华大使的赫尔利秉承战时政策，力促国共领袖在重庆举行谈判；另一方面，杜鲁门政府在中国将主要注意力集中于帮助国民政府垄断受降权之上，相比之下，赫尔利的调处实际已经降到不那么重要的地位。

从 8 月底至 10 月，美军帮助国民党政府运送 80 万军队，抢占了上海、南京、北平和天津等重要城市。战场上国共力量均衡态势的变化，必然会影响国共谈判的结果。蒋介石将接收重点置于华南之时，尚可同毛泽东坐在一起谈一谈。当国民党军队在美国的援助下，通过大规模运兵打破军事上的暂时均衡之后，他们便放手向中共控制地区进攻。

中国政局的另一个重大发展是苏军允许中共军队进入东北苏军占领区发展。实际上，中共中央在战争后期已经在准备战后经略东北的计划，他们认为夺取东北、形成背靠苏联的局面，有重要的战略意义。苏军进入东北后，苏联采取了两项重要的措施：一是拖延国民党政府接收东北的时间，阻止国民党军队迅速进入东北；一是在东北造成对国民党政府的牵制力量，避免出现国民政府独家经营东北的局面。从9月中旬开始，苏联在东北采取有限度地支持中共的政策。在此背景下，1945年9月19日，中共中央发布"全国战略方针是向北发展，向南防御"的战略指示，提出中共当前主要任务就是"完全控制热、察两省，发展东北我之力量，并争取控制东北"。① 苏联政策与中共战略互动的结果，是双方在东北形成了一种独特战略合作关系，其基础就是共同防止美国进入东北和防止国民政府独占东北。

中国政局的迅速变化使美国对华政策矛盾很快显露出来。驻华美军司令魏德迈在一份报告中说，他实际上无法执行华盛顿的指令，因为一些规定使他的使命"至少被限定在无法实行的程度"。大批有组织的中共军队包围或占领着中国的关键地区，它们决心控制战略要点，阻止国民党军队接收。美国准备协助国民党军队受降

---

① 《中央关于确定向北推进向南防御的战略方针致中共赴渝谈判代表团电》，1945年9月17日，见中央档案馆编：《中共中央文件选集》第15册，第278—280页。

或遣返日军，必然要阻止中共军队的行动。如果美军将其行动限于不支持和不介入中国内战，必将取消目前正在给予国民党军队的支持。实际上，为解决政策中的自相矛盾，魏德迈用"最富伸缩性的方式来解释"美军方的命令，以便尽可能牵制中共。[①] 这无疑是在中国内战中支持国民政府。

魏德迈的报告并没有立即在美国政府中引起不安。从9月底开始，随着国民党军队向北推进，国共在华北和东北地区不断发生武装冲突，内战规模趋向扩大。在这种炽热的气氛中，在华北担负护路任务的美军与中共军队摩擦也在日益增多。形势的复杂性还在于，中共军队在华北和东北均得到苏联的援助，实力不断加强。中国的政治军事形势变化，使美国开始从根本上改变最初决定为国民政府运兵的性质，并开始重新审订驻华美军的行动与美国对华政策的基本原则之间的关系。

11月27日，就在杜鲁门政府内部检讨对华政策时，赫尔利突然在全美新闻俱乐部发表讲话，猛烈抨击美国对华政策，随后他向杜鲁门递交了辞职书。赫尔利在他的讲话和辞职书中，把他在中国失败的原因归咎于美国政府在"政策上面的混乱"，以及"国务院中很多的部门"正努力地"支持共产主义，尤其是中国的共产主义"，杜鲁门政府除了要制定明确的政策，还有必要"全盘改组"制定政策的机构。12月5日，赫尔利在参议院外交委员会作证时，再次指责杜鲁门政府，说他调处失败是国务院内部的亲共分子和帝国主

[①]　Herbert Feis, *The China Tangle*, pp.402—404.

义分子相互勾结造成的。

赫尔利的言行和美国内外舆论清楚地表明，他已经失去影响中国政治形势的资本。杜鲁门接到赫尔利的辞呈后，毫不犹豫地予以批准，赫尔利就此成了美国调处失败的替罪羊。

为了迅速平息赫尔利辞职引起的混乱，美国政府立刻采取行动。12 月 7 日，贝尔纳斯在参议院外交委员会发表讲话，反驳赫尔利对杜鲁门政府的指责。他声明说，美国政府在支持国民政府方面，与赫尔利没有实质性分歧。但是，美国不能将它的支持扩大到卷入中国的内部冲突。美国继续支持中国实现统一、民主和稳定，并且"始终相信蒋委员长领导下的政府，是发展民主中国最满意的基础"。不过这个政府必须"扩大范围容纳各党派的代表"。至于被赫尔利攻击的那些国务院的外交官们，贝尔纳斯认为，他们报告中国的情况和对政策提出意见，是完全必要的，美国政府将继续留用他们。[①] 杜鲁门政府既不打算为赫尔利承担责任，也不会因赫尔利辞职的冲击，就改变已经选择的路线。

杜鲁门在批准赫尔利辞职的同时，宣布任命马歇尔为总统特使，以异乎寻常的速度，一举完成批准赫尔利辞职和任命马歇尔的程序。当时影响美国政府调整对华政策的基本因素主要来自三个方面：美国国内的批评，国共两党的关系，以及美苏关系。美国政府调整对华政策的目的，包括要平息美国国内的党派攻讦和舆论的批评；调处国共纠纷，使国共关系按照美国的愿望发展；以及限制苏

---

① 《解放日报》1945 年 12 月 10 日。

联扩大在东亚的影响，而又不至于破坏美苏关系的大格局。在解决这些问题方面，马歇尔的优越条件是独一无二的。

首先，在美国公众眼里，马歇尔具有公正无私和深厚的民主修养的品德，因而备受爱戴，颇孚众望。起用这样一位超脱于政党纠纷之上、在人格方面在美国公民看来几乎是无可挑剔的人物取代赫尔利，足以消除美国国内党派纠纷引起的麻烦。

其次，马歇尔在第二次世界大战中是蜚声世界的著名人物，享有"胜利的组织者"的盛名。战争期间，他在调度欧洲和太平洋两大战场的美军，协调各军兵种以及美英等盟国军队共同作战时，显示出卓越的组织和谈判才能。正是由于马歇尔具有"集天下斡旋功夫于一身"的才干，杜鲁门相信，他或许会像魔术师那样创造奇迹。

再次，马歇尔在美国是一位无可争议的战略家，曾经是罗斯福和杜鲁门两任总统的最重要的军事顾问，陪同他们出席了战争期间每一次重要的国际会议。可以说他对美国的全球战略了如指掌，如果有谁既能在战略上透彻地了解美国对华政策涉及的广泛领域，又能从战术上斤斤计较得失，恐怕非马歇尔莫属。

马歇尔接受杜鲁门的任命后，立刻走马上任，而中国形势正在发生新变化。11 月 30 日，哈里曼报告杜鲁门政府，苏联已经同意国民政府的要求，延缓从东北撤军。第二天，国务院又接到驻华使馆的报告，根据王世杰 27 日的备忘录，认为国民政府正急于与苏联达成协议。美国驻海参崴的领事馆也报告说，苏联正有计划地加强在亚洲的地位，在东北则是使国民政府承认苏联最优的利益。这使杜鲁门政府担心，国民政府与苏联的交易中，会包含对美国不利的内容。

12月初，魏德迈再次向艾森豪威尔报告了华北的形势。他指出，驻华美军实际上正为国民政府防守着秦皇岛、天津、北平和青岛，并控制塘沽到秦皇岛的铁路线。大约有一万日军在协助美军护路。除非协助国民政府增调军队，美军无法执行解除日军武装的任务。在这种情况下，美国要么甘冒卷入中国内战的风险，继续为国民党政府运兵；要么立即动用美军的资源遣返日军，而不管国共之间的争执。如果美国的政策是支持中国的统一和稳定，就执行第一个方案；反之，如果美国只准备遣返日军了事，就采取第二个案。总之，杜鲁门政府无论如何要发表一项声明，确定美军驻华北的目的，并宣布美国不向任何人发动攻击，但在执行任务过程中，有权采取行动，保护美国人的生命和财产安全。显然，驻华美军的处境已极端不妙，由于华北内战升级，魏德迈实际上要求美国政府为美军可以采取军事行动开绿灯。

东北形势的急剧变化和华北美军的处境，加快了美国调整对华政策的步伐。11月28日，贝尔纳斯向马歇尔宣读了一份由文森特起草的"在华行动提纲"，其内容反映了一天前有关各部门联席会议上确定的原则。（1）美国支持国民政府重建对东北的行政控制权，并为此目的帮助国民政府向东北运兵。（2）美国海军陆战队在华任务是帮助国民党军队解除日军武器，并将他们遣送回国。（3）美国不能在军事上卷入中国的内部斗争。（4）国共停战是完成一、二两项任务的必要条件，如果得到中国方面的邀请，美国可以斡旋国共军队停战。（5）美国将以各种方式支持国民政府通过政治谈判，实现中国的统一。这包括改组国民党的"一党政府"，并取消中共"自治性"军队。（6）美国要求苏联和英国支持它的政策。"提纲"最后说明：美国准备以各种合理的方式向中国提供政治，经济和军事援助，前提是国民政府沿着美国指出的路线实现和平和统一。①

马歇尔认为"提纲"不够明确，容易引起误解。他要求重新起草一份文件，要点包括：第一，既要使美国公众明了美国政策"暗示的含义"，又要使蒋介石能在明确的数据的基础上，计算他能得到多少军事援助，而且还要使他注意到，海军陆战队将驻在某些指定的港口，目的是保护他们自己的安全。第二，美军驻在中国某些港口，使蒋介石可以从那里自由地调动他的大部分军队，扩大对华北铁路的控制。第三，马歇尔自己设想，中共可能会为它自己的利益而拖延谈判，以便引起更大的混乱，减少国民政府控制东北的可能性，这肯定会对苏联控制东北有利。第四，国务院应发表坦率的声明，使美国公众、苏联、中国和英国等，都能清楚地理解美国打算做什么。

马歇尔当天即与他的助手一起，重新拟订了题为"美国对华政策"的草案。这个草案除了重申文森特的"提纲"中的部分原则外，加入了一些新内容。它们包括：美苏均承认国民政府是"中国唯一合法政府"；美苏均承认中国有权控制包括东北在内的被解放地区；根据复员和遣返日军的需要，美国将继续协助国民政府运送军队。马歇尔强调这些原则的目的，是试图平衡原"提纲"中表现出更多

---

① *FRUS*,1945，Vol.7, China, pp.745—747.

地向国民政府施加压力的倾向，并表明美国准备利用外交手段和既有军事地位，向苏联特别是向中共施加压力。①

12月8日，文森特在他拟订的对华政策文件中，修改了马歇尔11月28日的草案。该文件更多地强调了要"用和平谈判的方式"迅速解决国共争端，并明确提出："为了便利安排停战，在拟订中的国民会议达成临时协议之前，美国将不运送国民政府的军队到诸如华北等地区，因为运送军队会损及军事停战和政治谈判的目标。"②军方立刻就文件提出异议。陆军部认为，如果国务院确定的目标包括统一中国，解决东北问题就不能等待国共谈判的结果，因为东北需要有更多的国民党军队，而美军为国民党政府运兵的能力会随着时间推移而消失，拖延肯定对中共有利。③

12月9日，马歇尔与贝尔纳斯、艾奇逊、文森特和陆军部参谋赫尔等人，在国务院讨论了马歇尔主持起草的文件和文森特的修改方案。贝尔纳斯首先表示支持文森特的修正意见。他声称：中国的强大和统一对美国的利益非常重要，如果不能使国共组成联合政府，苏联最终会控制东北，并对华北保持占统治地位的影响。如果中国自己不能控制东北，就没有使苏联不那样做的办法了。马歇尔应该持有足够的武器"诱导"国共"走到一起"，这个武器就是美援和运兵。目前应该向东北调运更多的国民党军队，包括给予后勤支援，但帮助国民党向华北增调军队，则必须等待马歇尔与国共谈

---

① *FRUS*, 1945, Vol.7, China, pp.749—751.

② *FRUS*, 1945, Vol.7, China, pp.755—757.

③ *FRUS*, 1945, Vol.7, China, pp.758—759.

判的结果。马歇尔的军事顾问重申对国务院的方针中存在的矛盾感到担心。他们主张在停战和达成政治协议之前，就向华北增运国民党军队。

马歇尔曾经支持军事顾问们的意见，但在贝尔纳斯发言之后，他即提到两种可能性：一是中共接受美国的建议，而蒋介石却反对；一是中共反对作出合理妥协，而国民政府方面予以合作。如具调处中出现其中任何一种情况，美国应该怎么办？贝尔纳斯按照文森特的建议答复说：如果出现第一种情况，就告诉蒋介石，美国停止给予国民政府的一切援助，与中共协商遣返华北日军。如果出现第二种情况，美国应全力支持国民政府向华北运兵。①

美国国务院官员和军方领导人的争执相持不下，他们最后接受了麦克阿瑟、魏德迈和斯普鲁恩斯等在亚太的指挥官的建议。他们在给杜鲁门政府的报告中说：美国应再运送 6 个军的国民党部队和它们所需的装备到华北和东北。执行这一任务的时机，可由马歇尔在完成其使命的过程中确定。根据讨论的结果，贝尔纳斯起草了一份备忘录，指示陆军部通知魏德迈：驻华美军可以协助国民政府向东北运兵，包括运送必要的装备和补给；在国共达成协议之前，停止向华北运送国民党军队；应妥善准备向华北运兵，但不通知国民政府；是否实施向华北运兵的计划，应由马歇尔根据两种情况作出决定。条件一是不妨碍国共谈判；二是谈判失败，为保证美国的长远利益，运兵已属必要。②

---

① *FRUS*,1945，Vol.7, China, pp.759—760.

② 《中美关系资料汇编》第一辑，世界知识出版社 1957 年版，第 628 页。

12月9日的会议实际上采纳的是一种折中方案。这个方案既否定了贝尔纳斯提出的选择，即在蒋介石不肯合作时，与中共合作遣返日军；也否定了美军方坚持在国共达成协议之前，就为国民政府向华北运兵的建议。马歇尔则握有决定权。可以说，会议最终的决定有双重含义：一是利用美国是否给予援助，迫使国共双方作出妥协；二是利用美国援助，进一步加强国民政府的谈判地位。这个方案中自相矛盾的逻辑，贯穿于后来马歇尔调处活动的始终。

美国军政领导人争来论去，其实是在什么条件下为国民政府运兵的问题上兜圈子。这种本末倒置的逻辑，已经把美国对华政策置于一种荒唐的前提之下。在12月11日审议美国对华政策的会议上，贝尔纳斯重申，美军有权向东北运送国民党军队和它们所需要的装备，也有权协助遣返日军和向华北运送国民党军队。但关于后一点，目前应对蒋介石保密，目的是向国共双方施加压力，以便达成停战和组织联合政府的协议。杜鲁门批准了贝尔纳斯的汇报，并表示他会支持马歇尔的一切行动。

然而马歇尔对贝尔纳斯的决定并不满意。他说根据他的理解，他将利用国共双方对美国是否帮助国民政府向华北运兵这一点吃不准的情况，尽量迫使它们作合理的妥协。问题是当蒋介石不肯作"合理的让步"时，美国倘若不再支持国民政府，"随之而来的便是中国的分裂，以及俄国人可能重新控制满洲的悲剧性后果"，这不仅意味着美国的失败，而且"失去我们参加太平洋战争的主要目标"。马歇尔询问，在这种情况下，美国是否打算继续帮助国民政府向华北运兵。

杜鲁门和贝尔纳斯都认为，美国还是"不得不支持蒋介石，扩大援助国民政府向华北运兵，以便完成遣返日军"。贝尔纳斯补充说明，美国的政策是不再向中国派兵，他已经就此发表过公开声明。杜鲁门立刻表示同意。11 日的讨论实际上已经反映出美国决策层对马歇尔调处可能会失败的潜在担忧，所以他们也为美国的行动划定了底线，即不能直接卷入中国内战。

12 月 14 日，马歇尔同杜鲁门、艾奇逊在白宫最后一次研究美国对华政策，杜鲁门把有关的文件——"总统给马歇尔的信"、"美国对华政策声明"、"国务卿、陆军部的备忘录"以及供发表的"新闻电讯稿"等，统统交给马歇尔，并征询他的意见。这些文件概括了美国对华政策的目标和马歇尔可以利用的手段。美国的目标是促使中国出现稳定和统一的局面，方法是利用美国的影响，并争取苏联的支持，以促成国共停战，进而通过政治谈判，将国民政府改组为有各党派参加的联合政府。马歇尔在完成其使命的过程中，有权充分利用美国的实力地位，迫使国共双方作合理的妥协，有权决定美国在调处失败后采取的行动路线。

马歇尔对这些文件表示满意，但他指出：指令中有一条没有见诸文字，即如果不能确保蒋介石作出必要的让步，美国政府仍有必要通过他支持国民党政府。杜鲁门当即肯定了这个结论的正确性。

同一天，联合参谋部指示魏德迈：驻华美军的任务是协助国民政府解除中国战区的日军武装，以及控制包括东北在内的被解放地区。美国应援助国民政府向东北运兵，并提供相应的装备和补给。

美军不承担进一步向华北增调国民党军队的任务，除非得到参谋长联席会议的专门指令。华北港口除为向东北运兵所必需者外，不得再用于调动军队。驻华美军应尽可能避免与中共军队发生任何冲突，美国对国民政府的支持不得扩大到用美军的介入影响中国内部冲突的进程。[①]

12月15日，杜鲁门在莫斯科三国外长会议召开前发表一项声明，声称美国主张国共立即停止敌对性的军事冲突，召开有中国各主要党派参加的协商会议，尽快解决目前的纠纷，促成中国统一。为此国民政府的基础必须扩大，而政府改组后，中共应将其"自治性军队"统编于政府军队中。声明还强调，国民政府是中国唯一合法政府，不仅是美国，苏联也有义务保证中国的统一，包括将东北归还中国，而美军继续留在华北"不会扩展至以美国军事干涉影响中国任何内争的过程"。[②] 在随后召开的莫斯科三国外长会议上，苏联表示愿意与美国协调彼此在中国的行动。

12月21日，马歇尔飞抵上海，历时一年的调处从此开始。他当天即与蒋介石会谈，试图说服后者按美国的政策办事。不过，他们的分歧立即暴露出来。首先是马歇尔主张立即停止内战，而蒋介石却要求美国为国民政府继续向华北运兵。其次是双方在华北和东北两个地区中哪一个是战略重点。蒋介石将华北作为军事斗争的重点，东北问题则指望通过与苏联的外交折冲来解决。马歇尔却希望国民政府以接收东北为重点，以华北停战作为尽早控制东北的条

---

① *FRUS*,1945，Vol.7, China, pp.699.

② 《中美关系资料汇编》第一辑，世界知识出版社1957年版，第628页。

件。美国是着眼于取得对苏联的优势，尽快把苏联从东北排挤出去；蒋介石则着眼于国共斗争，企图缓和中苏关系，首先在华北取得军事优势。

当然他们也找到了基本的共同点。第一是取消中共"自治性军队"。蒋介石声称，读了杜鲁门的声明之后，他"加强了"取消中共军队的决心。马歇尔立刻表示："一个统一的国家不能有两支独立的军队。"第二是限制苏联。马歇尔被任命为特使不久，驻美大使魏道明就告诉他，解决国共争端的关键是苏联的态度。在12月26日的一次会谈中，马歇尔表示：苏联在东北的做法与它在世界其他地方与美国打交道时一样，所以确定中共是否与苏联有联系这点非常重要。①

12月23日，马歇尔首次会见了周恩来。马歇尔在会谈中解释了美国介入国共斗争的必要性和合理性，要求中共接受他做调处人。马歇尔进一步说明，美国政府认为，"中国必须寻找达成协议的基础，以便结束中国存在两支军队（的局面）。那意味着存在两个政府——两个国家"。②周恩来向马歇尔说明：中共中央赞成杜鲁门对华政策声明中的主要之点，即在民主的基础上统一中国。首先要做的是立即无条件停战，其次政府必须民主化。中共同意通过政治协商会议组成联合政府，并接受蒋介石拥有领袖地位。周恩来实际上表明了中共可以有条件地接受马歇尔调处。

在马歇尔的积极推动下，1945年12月27日，国共谈判正式

① 参见孟广涵主编：《政治协商会议纪实》下卷，重庆出版社1989年版，第814—819页。

② 孟广涵主编：《政治协商会议纪实》下卷，重庆出版社1989年版，第820—824页。

恢复。周恩来立即向国民党方面转交了无条件停战的三点建议。[①]
国民党方面对中共代表团的建议则拖延不予答复。马歇尔为此于
30 日会见国民党代表，要求他们放弃"相当不妥协的立场"。[②] 面
对马歇尔的指责，国民党方面提出一项反建议，组成由国共两党代
表和美方代表组成三人小组，讨论解决与停战有关的问题，并说明
蒋介石已经决定，于 1946 年 1 月 10 日召开政治协商会议。31 日，
国民党向中共代表团提交书面答复。[③]

　　双方的基本分歧是国民党强调有条件地停止军事进攻，无条件
恢复交通。中共则坚持首先无条件停战，然后再协商解决其他问
题。马歇尔正是从解决这一基本分歧着手，他的思路是首先实现
停战；其次是推动政治协商谈判取得成功，为整军奠定基础；最后
完成统编中国军队，实现中国的统一。在第一点上他与中共是一
致的。

　　1 月 3 日，马歇尔分别向蒋介石和周恩来提出一份停止军事冲
突和恢复交通的备忘录。他综合国共双方的意见，提出 4 点建议：
（1）立即停止一切战斗行动；（2）停止一切军事调动，国民党军队
为接收而开入东北及其在东北境内的调动属于例外；（3）停止一切
破坏交通的行动；（4）一切军队维持其现时的地位。[④] 这份备忘录
概括了马歇尔促使国共让步的全部内容，并被他们接受作为谈判的

---

① 《新华日报》1946 年 1 月 1 日。

② *FRUS*.1946, Vol.9, p.1.

③ 《新华日报》1946 年 1 月 1 日。

④ 秦孝仪主编：《中华民国重要史料初编》第七编（3），台北中国国民党中央委员会
　党史委员会编印 1981 年版，第 63 页。

基础。张群、周恩来和马歇尔组成三人军事小组，于 7 日正式开会，讨论发布停战令的细节。1 月 10 日，国共代表签署了停战协议，蒋介石和毛泽东分别向国共双方的军队发布了停战令。抗战胜利后持续了两个多月的大规模武装冲突暂时结束。马歇尔对此相当兴奋，他把停战协议称为"中国取得有效统一的非常重要的奠基石"。①

关于政治民主化，1 月 21 日，马歇尔向蒋介石提交一份草案。这份草案首先提出："规定在立宪政府成立之前成立一临时政府，以统治权赋予委员长作为全中国的主席"。其次提出一项"临时政府组织法"，规定国务委员会由 14 人组成，在行使职权时，应以在表决时获得多数票赞成或反对为准则。同时，法案还规定，在立宪政府成立之前，非经国务委员会同意，政府不得发布影响各县各行政区纯地方性事务的法令。在行政官员未确定的地区，由国务委员会成立专门的小组，国共各派代表二人组成，选派该地区的临时行政官员。该方案一方面保证使蒋介石获得领袖地位，另一方面也极大地限制了蒋介石的权力。难怪蒋介石读了马歇尔的方案后，认为他提出了"共党所不敢提者"，并"足以召亡国之祸也"。②

不管蒋介石如何愤慨，马歇尔都要执行美国政府的既定方针。他向蒋介石提出："有两个因素使他（蒋介石）绝对有必要与共产党尽早就建立统一的政府和军队问题达成一项协议。第一，在目前

① 孟广涵主编：《政治协商会议纪实》下卷，重庆出版社 1989 年版，第 965 页。
② 秦孝仪主编：《中华民国重要史料初编》第七编（3），台北中国国民党中央委员会党史委员会编印 1981 年版，第 71 页。

形势下，中国很容易受到俄国小规模渗透的危害，从而加强共产党政权，而国民政府在中国西北及满洲对俄国的相对地位逐步削弱。第二，美国陆海军力量显然不能继续在中国长期驻留。"①马歇尔在这里既是陈明利害，也是施加压力。国民党被迫接受政协决议，马歇尔的重大影响不容忽视。他此时在中国政治民主化方面采取的行动，远比赫尔利最初调处时更为坚决。

停战谈判和政治协商谈判完成之后，马歇尔立刻开始着手解决军队整编这个最敏感、最棘手的问题。马歇尔指导整军谈判的方针包括三个重要的设想。第一，大幅度削减国共军队的数量。第二，整军的原则是军党分立，军民分治，以政治军。第三，按照美国的军事制度，使中国军队"美国化"。②这些都是基于史迪威在华经验的考量。

2月14日，整军谈判正式开始。谈判主要围绕马歇尔提供的整军方案展开，国共双方争论的主要问题是整编后双方保留军队的比例、整编军队的时间与程序以及整军方案使用什么名称。经过复杂的讨论协商，整军谈判取得了一系列的成果。关于国共军队的比例规定，整编全部完成后，全国军队编成60个师，其中国民党军队50个师，中共军队10个师。关于整军方案的名称，各方最终一致同意定名"中国军队整编和统编中共军队为国军的基本方案"。关于整编的程序和时间表，国共并未达成明确的规定。

---

① *FRUS*, 1946, Vol.9, pp.142—143.

② 中共代表团梅园纪念馆编：《国共谈判文献资料选辑》，江苏人民出版社1980年版，第78页。

2月25日，三人小组签署了"关于军队整编及统编中共部队为国军之基本方案"。这个方案被马歇尔视为得意之作。在整军协议签字仪式上，马歇尔称这个整军的方案是"中国的希望"，他还激烈地谴责国民党内的顽固分子"自利自私，即摧毁中国大多数人民所渴望之和平及繁荣生存权利而不顾也"。[①]

马歇尔到中国后，经过两个月的努力，使国共谈判取得重大突破。停战、政协和整军三大协议的签订，一度为中国展现了和平、民主和统一的前景。马歇尔之所以能一举取得如此巨大的成就，客观环境固然是重要因素。他本人在调处中尚能保持客观、冷静和公允的态度，也是同样重要的原因。如果这些主客观因素能够继续存在，1946年的中国历史将有可能向与后来不同的方向发展。然而，这一线希望很快因东北燃起内战之火而破灭。

从1月7日至14日的营口争夺战开始，国共在东北的冲突愈演愈烈，并逐步向关内蔓延，并终于演变成一场全国内战。美苏国共在东北地区的妥协，是马歇尔使华的主要背景；围绕东北问题展开的复杂纠纷，是促使美国调整对华政策的重要原因之一。但是，马歇尔来华后，能够处理一个又一个棘手的难题，唯独在东北问题上无能为力。调处东北内战的失败是马歇尔整个调处失败的开端，也是他调处失败的关键所在。

国民政府在战后解决东北问题时，拒不承认中共在东北的地位，拒不讨论限制国民党军队在东北行动的问题。国民政府的基本

---

① 《新华日报》1946年2月26日。

策略是利用在国际上的合法地位和相关国际协议，使国民政府独占东北的要求合法化，进而使其在东北的军事行动合法化。在停战谈判和整军谈判期间，国民政府无视东北已经形成的局面，宣称东北问题的本质是国际问题，没有内政问题；国民党政府接收东北的行动有中苏条约为根据，因此不能受到限制。鉴于东北有国共和苏联三方同时存在的实际状况，国民政府罔顾中共在东北的存在，必然会导致它凭借武力争夺东北。

　　停战协议签订后不久，中共中央提出了和平解决东北问题的具体方针，即在国民政府承认中共在东北一定合法地位的条件下，与国民党合作，和平建设东北。① 周恩来曾经多次向马歇尔说明，中共中央承认国民政府有权从苏军手中接收东北行政权，但东北问题不仅仅是外交问题，必须区分内政与外交。中共军队已经占领东北许多城镇、厂矿、交通线和乡村，并建立了地方民主政权。为防止发生武装冲突，国民党向东北运兵必须与中共方面协商，运兵数量必须有所限制。

　　经过谈判，中共方面认为，三人军事小组实际上达成若干点默契，包括国民党军队在东北驻军不得过多；在秦皇岛登陆的国民党军队只能进入东北；国民党经过华北解放区的其他交通线向东北运兵，事先必须经过协商；进入东北的国民党军队应按时向军调部报告调动情况。在整军协议中规定，国民党军队将在东北驻扎5个军。中共方面据此理解，调入东北的国民党军队最多不应超过5个

① 《中央关于停战后我党对满洲的政策问题给东北局的指示》，1946年1月11日，见中央档案馆编：《中共中央文件选集》第16册，第20—21页。

军。这种理解是有根据的，不应被视为误解。

马歇尔解决东北问题基本上遵循着两个原则：保证国民政府在东北居于统治地位，以及尽量避免引起国共武装冲突。虽然马歇尔坚决执行美国的既定方针，支持国民政府恢复对东北的统治，但并不等于他为达此目的不惜诉诸武力。马歇尔顾虑者有三：第一是如果爆发国共内战，苏军可能会以东北秩序混乱为理由，再次延迟撤出东北；第二是国民政府没有能力在东北用武力打败中共；第三是担心东北内战会蔓延到华北，东北战端一启，势必牵动全局，驻华美军将再遇尴尬局面。

马歇尔在东北问题上执行的是一种相当矛盾的政策，如果他能像解决其他问题一样，持慎重和务实的态度，履行三人军事小组已经达成的默契，东北内战是有可能避免的。问题是他并没有这样做。

马歇尔调处东北内战经历三个阶段。第一阶段从 1 月 24 日到 3 月 27 日，调处的中心是争取向东北派遣停战执行小组。2 月 9 日，马歇尔电报杜鲁门指出："过去一个月在中国业已完成的许多事情能否巩固，在很大程度上将依赖于处理满洲动荡的局势。"美国在东北问题上必须采取更多的行动，其中包括：（1）实现中国统一，有统一的中国军队，建立联合政府和恢复交通；（2）美军尽快撤出中国，避免类似苏联对英国在希腊驻军那类指责；（3）中国宣布准备向日本派遣军队。"由于中国具有国内统一的明确事实，由于美国战斗部队撤退而使龃龉消失，以及由于中国军队参加驻日盟国占领军而提高了它的地位，中国到那时就可以将满洲问题提交远东委员会"。①

马歇尔在限制苏联的考虑的支配下，一面极力为国民政府向东北运兵创造条件；另一面则鼓励国民政府在中苏合作经营东北企业的谈判中，采取强硬的立场。然而，美国为国民政府向东北大规模运兵，必然会助长国民党武力解决东北问题的气焰，引起中共的坚决反击也是必然的。况且鼓励国民政府对苏采取强硬态度，必然会招致苏联的报复。在这种情况下，马歇尔将向东北派遣执行小组作为临时性的缓冲办法，既可以缓解东北的紧张局势，又可以使美军代表进入东北合法化。

从1月中旬开始，国民党第七十一军、新六军和新一军被陆续运抵东北南部，这一地区的武装冲突亦随之逐步升级。由于东北形势日益紧张，中共中央认为，能否解决东北问题，已成为时局的关键，必须尽快同国民政府谈判。② 这一方面是为了配合"让开大路、占领两厢"的战略部署，保证将东北工作的重心顺利地转移到建立巩固的根据地方面；另一方面也是由于苏军极力反对中共军队在东北作战，以免美军借机直接进入东北。③

1月22日，国民党方面正式拒绝向营口派遣执行小组，理由是担心引起与苏联的纠纷。其后，周恩来曾经于2月14日、15日、18日、19日的三人小组会议上和这期间与张治中的双人会谈中，

---

① *FRUS*,1946, Vol.9, pp.428—429.
② 《中央关于目前东北的工作方针的问题给东北局的指示》，1946年1月26日，见中央档案馆编：《中共中央文件选集》第16册，第57—60页。
③ 《彭真关于有人警告东北绝不能打》，1946年1月26日。

反复提出解决东北问题的建议，国民党方面则一再拖延，不置可否。2月20日，马歇尔再次提出派遣执行小组进入东北，亦遭到国民党的反对。问题是正专心于整军谈判的马歇尔，没再为制止东北冲突而采取其他措施。

2月28日至3月5日，三人军事小组出巡华北，视察解决停战令生效后的遗留问题。直到3月6日，三人小组返回重庆，马歇尔才认为已有必要尽快解决东北问题。这一方面是由于华北局势基本稳定；另一方面是因为马歇尔已经决定，于3月11日回国述职，他希望在行前能控制住东北形势。但这显然为时已晚。

从3月11日开始，苏军从沈阳沿长春路逐步向北撤退，国共争夺苏军撤出地区的斗争随之展开。国民党军队在美军帮助下，经过一个多月的调兵遣将，在南满已经集中5个军的兵力。与此同时，在美国鼓动下，以国民党六届二中全会为转折点，国民政府对苏联政策转向强硬。3月5日，国民政府公布照会，拒绝苏联对东北的经济要求。王世杰在国民党中执会上发言时，亦作同样的声明。3月9日，蒋介石在与马歇尔会谈时，对向东北派遣执行小组一案提出五点附加条件，内容极为苛刻，就是要确保国民政府完全控制东北。[①] 他的用意是执行小组要么不进入东北；要么进入东北后成为掩护国民党军队发动进攻的工具。

由于国民政府拒不谈判东北问题，而进入东北的国民党军队到处进攻中共军队，抢占地盘，致使中共中央认为，有必要逐步加强

---

① 《中美关系资料汇编》第一辑，世界知识出版社1957年版，第203页。

在东北的军事行动。3 月 10 日，周恩来向马歇尔递交了中共对东北问题的声明，指出中共方面曾经表示同意国民党军队进入东北，现由于国民政府拒绝中共的条件，中共今后将遵循两个原则：第一是东北的内政和外交分别解决，中共不介入中苏外交，不干涉中苏谈判；第二是军事和政治问题同时解决。[1]

马歇尔经过与蒋介石和周恩来商谈之后，于 3 月 11 日提出一项派遣执行小组赴东北的"命令草案"。这个草案有两个特点：一是只谈军事和外交接收，不谈国共在东北的冲突；二是几乎接受了蒋介石提出的全部附加条件。[2] 3 月 11 日的"命令草案"是马歇尔态度变化的重要标志。由于马歇尔在东北形势发展的关键时刻向国民政府全面让步，他的调处便无公正可言。美国对华政策中包含的冷战内容和基于对苏联战略而形成的偏见，使马歇尔贬低东北的内政问题的重要性，不承认中共在东北已取得有利地位的现实。关内局势的初步稳定，又使他产生了有资本可以对中共强硬一些的幻想，这就是他调处东北内战的致命错误。这个错误使他与蒋介石即便不是不谋而合，至少也是殊途同归。

马歇尔在回国述职期间，尽管非常关注东北形势，并督促美方代表首席吉伦将军积极调处，尽快向东北派出执行小组，但东北内战局面实际上已经无可挽回。国民党政府在美国支持下，很快把东北变成中国第一个大规模内战的战场。3 月 27 日，国共达成向东

---

[1] *FRUS*,1946, Vol.9, pp.529—535.

[2] 中国社会科学院近代史研究所译：《马歇华使华——美国特使马歇尔出使中国报告书》，中华书局 1981 年版，第 72 页。

北派遣执行小组的协议。事实很快证明，这项协议只是一纸空文，根本无法贯彻执行。

马歇尔在东北的第二阶段调处开始于 4 月上旬，调处的中心是长春问题。就在国共达成向东北派遣执行小组的协议的第二天，国民政府东北行营主任熊式辉通知军调部，不准执行小组进入东北。经美方吉伦将军一再交涉，蒋介石才于 30 日发给熊式辉两条指示：不得拒绝执行小组进入东北，以及不得让执行小组妨碍国民党政府接收。[①] 意即执行小组可以进入东北，但行动必须限制在国民政府允许的范围内。4 月 3 日，执行小组的中共代表到达沈阳，结果被国民党军队扣押在机场。执行小组中的国民党代表则以他们的领导尚未到达为借口，拒绝采取任何行动。

面对国民政府的阻挠，美方代表仅仅决定，在没有制定具体原则之前，暂停进入东北。马歇尔了解情况后，立刻打电报给吉伦，指示他召开三人会议，用有力的手段达成有效的协议。4 月 7 日，吉伦奉命向蒋介石提交一份措辞强硬的备忘录，指责国民政府借故拖延时间，阻碍执行小组前往冲突地点调查。在美方的督促下，执行小组于第二天就调查问题达成协议。14 日，军调部派三位委员到沈阳视察，行期三天，来去匆匆，可以说是一次名副其实的"调查旅行"。向东北派遣执行小组的协议，就这样被国民政府以不了了之的方式破坏了。

国民政府阻挠执行小组进入东北是有预谋的。4 月 1 日，蒋介

① 秦孝仪主编：《中华民国重要史料初编》第七编（3），台北中国国民党中央委员会党史委员会编印 1981 年版，第 97 页。

石在国民参政会四届二次会议上发表讲话，声称东北问题"本质上是一个外交问题"，在主权接收完毕之前，"没有什么内政问题可言"。国民政府对东北"只有接收主权，推行国家的行政权力，军事冲突的调处，只在不影响政府接收主权、行使国家行政权力的前提之下进行"，任何人不得借外交困难，要挟政府以自立。[①] 蒋介石的讲话不啻是一份宣战书，点燃了东北的内战。与此同时，东北保安司令杜聿明命令所部国民党军队，迅速抢占各战略要点，并立即攻占四平。

国民政府的行动与美国的态度是有关系的。一方面，美方坚持向东北派遣执行小组，不过是为在避免冲突的条件下，保证国民政府接收顺利进行。军调部的美方代表尽管在执行小组进入东北问题上与蒋介石有分歧，但在保证国民政府控制东北这一点上，则是坚定不移的。另一方面，美方还在继续为国民政府向东北运兵。3月28日和31日，军调部的中共代表和周恩来分别向美方提出抗议，反对美国继续协助国民政府向东北运送军队。吉伦则答复称，停战令规定可以向东北调动国民党军队。至于中共代表指责进入东北的国民党军队已经超过5个军，吉伦声称那是以整军方案为标准提出的非难，而整军方案的规定只适用于12个月以后，目前东北国民党军队的数量不应受此限制。[②] 吉伦在给马歇尔的报告中，仅仅将周恩来的抗议视为一种威胁，是虚张声势而已。马歇尔则默认了吉伦的做法，这对他的调处来说，几乎是在自掘坟墓。

---

① 重庆《中央日报》1946年4月4日。
② 《中美关系资料汇编》第一辑，世界知识出版社1957年版，第205—206页。

4月初，进入东北的国民党军队不仅积极向北接收，也在南满四处攻城掠地，致使东北的战略布局发生了深刻变化。中共方面也根据与东北苏军关系的新发展，重新修订了战略计划。3月下旬，中共中央多次向东北局发出指示，提出"全力控制长、哈两市及中东路全线，不惜任何牺牲，反对蒋军进入长、哈及中东路"。[①]4月8日，国民党军队向四平发动进攻，遭到中共军队的顽强抵抗。由于四平久攻不下，苏军15日撤出长春后，国民党军队根本无法到达。18日开始，中共东北部队相继占领长春、哈尔滨和齐齐哈尔。

就在中共军队占领长春的当天，马歇尔返回中国。他认为中国局势已经全面恶化，需要为制止东北内战找到新办法。他的指导思想仍然是避免冲突的同时，确保国民党军队的优势地位。马歇尔并不赞成国民政府借争夺长春扩大内战。他认为，国共冲突加剧将导致苏联会以护路为理由，继续在长春以北的铁路线上驻军。而且国民党军队全力向北推进，兵力分散和战线太长等弱点更加明显，有被各个击破的危险。特别是一旦东北内战蔓延到关内，他前三个月的努力必将付诸东流。

另一方面，基于协助国民政府控制东北的战略考虑，马歇尔又不得不支持国民政府控制长春。长春是联系南北满的战略枢纽，失去长春，国民党军队就会失去对北满的控制，东北将形成国共分庭

---

① 《中央关于控制长春，哈尔滨及中东路保卫北满给东北的指示》，1946年3月24日；《中央关于停战前坚决保卫战略要地给林彪、彭真的指示》，1946年3月25日，《中央关于东北目前工作方针给东北局及林彪的指示》，1946年3月27日，中央档案馆编：《中共中央文件选集》第16册，第100—101、102—103、104—105页。

抗礼的局面。这正是马歇尔一开始就竭力避免的结局。

马歇尔到重庆不久，即向国民党方面指出形势的严重性。蒋介石反而指责美国援助国民政府并不如苏联给中共的援助更有力，美国不扩大向东北运送国民党军队，会给国民政府的接收带来灾难性后果。结果是马歇尔在 4 月 23 日作出决定，美国海军为国民政府向东北运足 9 个军，并向蒋介石提交了具体的运输计划。马歇尔的行动受到中共方面的谴责，周恩来向马歇尔指出，美国违反整军协议，继续为国民政府向东北运兵，是导致东北内战的重要因素。马歇尔为美国援蒋运兵进行辩护，不过他除了重复吉伦的观点外，也提不出更多的理由。[1]

4 月 23 日，马歇尔起草了一份东北停战令草案。他在草案中提出四点建议，试图为东北立即停战找到出路。问题是随着国民政府向东北调入的军队越来越多，停战的可能性就越来越渺茫，蒋介石的态度也越来越强硬。24 日，蒋介石向马歇尔提出东北停战的条件，声称停战的前提是中共军队将长春让给国民党，以及允许国民党军队在那里调动，并且长春路沿线 30 里以内由国民党军队接收，长春路沿线 30 里以外中共控制区才是国共商谈解决的"政治问题"。[2] 这其实就是一个要求中共单方面妥协的方案。

29 日，马歇尔将蒋介石的四项条件转告周恩来。他声称：中共军队让出长春，是妥协的唯一基础，否则他就退出调处。周恩来当时就予以拒绝，并提出了政治解决的反建议。马歇尔对周恩来的答

---

[1] 《中美关系资料汇编》第一辑，世界知识出版社 1957 年版，第 207—208 页。
[2] *FRUS*,1946, Vol.9, pp.795—796.

复是，他看不出与蒋介石讨论中共的建议有什么用处，国民政府的停战努力已被中共军队占领长春所破坏，所以他决定退出调处。[①]

马歇尔退出调处时，正值国民党军队全力围攻四平，而他承若继续为国民党军队向东北调进两个军。他的目的是借"战场上的事态发展"打开国共谈判的僵局，换句话说，他是希望利用国民党军队取得军事优势，迫使中共改变立场。然而事与愿违，不仅四平争夺战旷日持久，而且东北的战火开始向关内蔓延。中共中央为了配合保卫四平和长春，开始在南满采取军事行动，并于5月初在锦承路沿线发动交通战。山东的中共军队亦在津浦路沿线地区出击，威逼徐州国民党守军。

马歇尔对东北内战引起的连锁反应焦虑万分，5月4日和8日，马歇尔分别会见国民党代表徐永昌和俞大维，提醒他们如果不尽快解决东北问题，华北肯定会被波及。他于是提出一项折中办法，即中共军队撤出长春，由军调部在长春设立前进指挥所，国民党军队于6个月左右的时间内进入该城。[②]

5月10日，马歇尔根据蒋介石的要求，起草了一份备忘录，全面分析了国民党军队在东北的战略地位。他警告蒋介石，国民党"在东北的军事地位是软弱的，中共在东北则拥有战略上的优势"。国民党如不采取灵活态度，就会丢掉东北的大部分地区，华北亦将随之崩溃。他向蒋介石提出，先稳定华北，阻止东北内战向华北蔓延；在东北则先控制南满，巩固国民党军队已经占领的阵地，然后

---

① 《中美关系资料汇编》第一辑，世界知识出版社1957年版，第209—210页。

② *FRUS*,1946, Vol.9, pp.813，820.

通过政治方式解决北满的前途。① 为了推行他的计划，马歇尔一面报告杜鲁门，美军准备停止向东北运送国民党军队；一面向蒋介石提出四点建议，其核心是以在长春设立军调部长春指挥所和延缓国民党军队占领长春，换取中共军队撤出长春和长春以北的关键城市。②

尽管马歇尔已经绞尽脑汁，蒋介石却不买账。他在 5 月 12 日向马歇尔提出了新的附加条件，即中共军队不能控制哈尔滨。他还要求马歇尔再等一等，不要主动去找中共代表会谈。马歇尔随后暂时搁置他的"折中"方案，并一再拒绝中共代表提出的建议。

5 月 23 日，中共军队撤出长春，国民党军队随后占领该城。以长春争夺战的结束为标志，马歇尔调处东北内战的第三阶段开始。马歇尔此时的战略概念一如既往，支持国民党政府控制长春和长春以南的地区，通过谈判解决长春以北的问题。作为妥协，可以允许中共在东北北部的边远地区有一席之地。马歇尔对长春的既定目标已经通过国民党军队的军事进攻实现了，但他并没有因此就在估计军事形势方面忘乎所以。他非常清楚，中共军队主力并未受到严重损失，国民党军队如果再向北发展，弱点会越来越多，而且苏联有可能会因为感受到威胁而态度更趋强硬。因此，他以国民党军队占领长春为契机，力主国共立即停战。为此他必然要更多地向国民党施加压力。

蒋介石也知道占领长春后，国民政府会面临马歇尔的压力。他

---

① *FRUS*,1946, Vol.9, pp.824—828.
② *FRUS*,1946, Vol.9, p.833.

决定亲自到东北前线视察，以便直接掌握前线的局势。他在临行前告诉马歇尔，他特别支持美方代表在执行小组中有最后决定权。然而，蒋介石到东北后，显然受到战地指挥官的影响，决心乘占领长春之势，进一步扩大战果。24 日，宋美龄代表蒋介石从沈阳两次致函马歇尔，就东北停战提出更加苛刻的条件，即作为停战的先决条件，中共不得阻碍国民政府接收主权，不得阻碍恢复全国的铁路交通，而中共军队在东北只能驻扎于新黑龙江省或旧吉林省境内。①25 日，蒋介石又指示宋子文向马歇尔说明：只要东北的中共军队溃败，关内问题就会更容易解决，马歇尔目前最好不要插手调处。②

直到这时，马歇尔才醒悟他过于轻信了蒋介石。蒋介石不仅否定了两天前对执行小组进入长春所作的承诺，而且在占领长春后继续向北发动进攻，这使马歇尔"稳定关内"、"先南后北"的方针化为泡影。另一方面，中共在热河发动交通战和在山东的军事行动，使马歇尔感到华北的稳定已经动摇。5 月 26 日，马歇尔在向杜鲁门汇报东北形势时说，他准备采取行动，迫使蒋介石在东北停战。26 日和 31 日，马歇尔两次致函蒋介石，指责后者的行动是自食其言，并要求国民党军队停止进攻和追击，如蒋介石不接受劝告，他就宣布退出调解。③面对马歇尔的压力，蒋介石仍然采取拖延的方

---

① 秦孝仪主编：《中华民国重要史料初编》第七编 (3)，台北中国国民党中央委员会党史委员会编印 1981 年版，第 127—128、130 页。

② 秦孝仪主编：《中华民国重要史料初编》第七编 (3)，台北中国国民党中央委员会党史委员会编印 1981 年版，第 128—130 页。

③ 《中美关系资料汇编》第一辑，世界知识出版社 1957 年版，第 212 页。

针。他一面继续在东北逗留，避免与马歇尔直接接触，一面指示宋子文转告马歇尔，执行小组可以进驻长春，但暂时不得开始工作。

马歇尔在以压蒋停战为主时，以东北停战为条件同中共讨价还价。他先后向周恩来提出承认美方代表最后决定权、保证恢复交通和退出哈尔滨与齐齐哈尔等要求，结果均被周恩来拒绝。中共军队加强了在热河和南满的反击，特别是在南满发动了鞍（山）海（城）战役，连克鞍山、营口和大石桥等战略重镇，歼灭国民党军队两个团，并促使驻守海城的 184 师直属队及一个团起义，这使整个东北国民党军队受到震动。

中共军队的反击增加了马歇尔的危机感，加剧了马歇尔与蒋介石的矛盾。6 月 5 日，马歇尔决定不再安排美国运输力量运送国民党军队和给养，直到东北停战谈判结束为止。此时进入东北的国民党军队在南、北、西三个方向均受挫折，在东北的进攻实际上已经到了极限。蒋介石被迫于 6 月 6 日发布东北停战令，持续了将近半年的东北内战暂时平息。

东北内战造成的后果是严重的，国共关系已经极度恶化，中国形势已经到了转折的关头。马歇尔一直坚持为国民政府谋求在东北的军事优势，鼓励国民政府奉行对苏强硬政策，放手让国民党军队夺取长春等等，均是促使蒋介石不惜在东北发动内战的重要原因。

6 月 6 日停战令发布后，周恩来当天即告诉马歇尔，苏军撤退后，东北已无外交问题，国共争端只能通过谈判解决问题。[①]6

---

① 参见中共中央文献研究室编：《周恩来年谱（1898—1949）》，中央文献出版社、人民出版社 1989 年版，第 670—671 页。

月7日，周恩来返回延安，向中共中央汇报有关东北问题的谈判情况。中共中央经研究决定，目前仍须"竭力争和平，哪怕短时期也好"。① 两天后周恩来返回南京，随即将中共中央的决定通知马歇尔，并表示只要马歇尔仍有谋求和平的愿望，中共方面仍可与他合作。

国民政府同意东北休战完全是被迫的。当时国民党军队在东北战场客观上已经造成三面受敌的局面，加之马歇尔决定美军停止为国民政府运兵，国民党军队在东北已经没有多少发展余地。但蒋介石并不承认这种军事平衡，仍然凭借表面上的军事优势，逼迫中共在降与战之间作抉择。蒋介石公开宣布：国民党军队停止进攻"绝不影响其根据中苏条约有恢复东北主权之权利"。② 他还致函马歇尔，提出要限制军调部长春前进指挥所的行动。国民党谈判代表徐永昌分别于10日和11日两次转告马歇尔，蒋介石认为马歇尔在谈判中应该享有最后决定权，而长春前进指挥所最好在15天以后开始工作。这使停战后的东北形势缓和变得没有任何保障。

持续三个月的东北内战已使美国对华政策本身的矛盾彻底暴露。马歇尔已再无可能像1月期间那样，进行多少算是公正地调处了。东北内战刚刚停止，华北形势却已成危卵之势。由于东北暂时平静，国共双方的注意力都转向关内，结果是热河、山西、山东和中原的局势迅速紧张起来。6月13日，马歇尔在给蒋介石的备忘

----

① 中共中央文献研究室编：《周恩来年谱（1898—1949）》，中央文献出版社、人民出版社1989年版，第671页。

② 中国社会科学院近代史研究所译：《马歇尔使华》，中华书局1981年版，第145页。

录中指出：为了使中共在热河、察哈尔和山东等问题上妥协，国民政府应该在东北作出让步。甚至如果同时取得热、察两地有困难，国民政府还可降低对察哈尔的要求。他最后提醒蒋介石，谈判的目的是使国民政府不遭到困难，应避免提出使谈判拖延和根本不可能被接受的条件。①

马歇尔是企图限制国民政庶漫天要价，但蒋介石的胃口已经大大膨胀起来。17 日，蒋介石要求马歇尔向中共代表转达五项条件，其内容是中共军队从在华北和东北控制的几乎所有战略要地撤出，让给国民党军队接防。② 这无异于公开否定 1 月停战谈判的全部成果，马歇尔亦感到过分。

18 日，马歇尔在向杜鲁门详细汇报谈判情况时指出，形势非常危急，国民党军队正准备发动全面内战。如果出现这种情况，苏联可能会公开介入中国的内部事务。马歇尔在与蒋介石的一些谈话中，反映出他担心的另一个后果。他指出国民政府认为只有武力才能解决问题，中共可以很快被击溃，这过于低估了中共的实力，必定会是旷日持久的内战，必然导致国民党统治地区的经济崩溃。③

经马歇尔交涉，蒋介石于 6 月 21 日宣布，东北休战延长到 30 日。不过他同时又提出两项新的附加条件：一是胶济铁路沿线的中共军队，必须于 8 月 1 日以前撤退到铁路两侧 30 公里以外的地区；二是 6 月 30 日以前，必须修订三人军事小组和军调部的一致表决

① *FRUS*,1946, Vol.9, pp.1042—1044.
② 《中美关系资料汇编》第一辑，世界知识出版社 1957 年版，第 215 页。
③ 《中美关系资料汇编》第一辑，世界知识出版社 1957 年版，第 216 页。

程序，给予美军代表最后决定权。① 显然，第一条是向中共讨价还价；第二条是给马歇尔一些甜头，对马歇尔表示信任。这时，中共方面表示同意，将在华北中共军队的重新配置问题等，列入谈判议程。然而国民政府却得寸进尺，要求中共军队必须于协议签订后做到：（1）10 天内撤出 6 月 7 日以后在山东、山西占领的所有城镇；（2）10 天内撤出济南—青岛线、津浦线和临枣线；（3）一个月内撤出承德、古北口和苏北。②

国民政府的条件和向中共中原部队发动全面进攻的行动，已经表明对于蒋介石来说，谈判不过是在敷衍马歇尔而已。然而，马歇尔却仍抱着休战期谈判开始时的幻想，企图用维持东北既成事实，换取中共妥协。这注定是毫无意义的努力。马歇尔在国共之间几轮的穿梭游说后，终于承认失败。6 月 29 日，蒋介石表示对谈判失败感到遗憾。马歇尔则声称，在目前的条件下，他也无法继续调解。中国和平的最后一线机会就这样消失了。

6 月休战谈判即由国民党方面漫天要价而破裂，中国全面内战之势已不可阻挡。马歇尔清楚，蒋介石决心奉行武力消灭中共的政策，是中国政治局势恶化的根本原因。他在 29 日给杜鲁门的电报中明确无误地指出了这一点。然而，在冷战意识的支配下，马歇尔尽管认识到这一点，却不愿采取具体措施迫使蒋介石改变态度。马歇尔在给美国政府的报告中，一再为自己所谓的秉持公正辩护。但

---

① 中国社会科学院近代史研究所译：《马歇尔使华——美国特使马歇尔出使中国报告书》，中华书局 1981 年版，第 171—172 页。

② *FRUS*, 1946, Vol.9, pp.1193—1194.

从这些报告中不难看出，马歇尔对国民政府的每一次指责之后，便伴随着一次妥协。

6月30日，也就是东北休战期结束的当天，蒋介石告诉马歇尔，他准备于10月中旬召开国民大会。对此，马歇尔不仅没有表示任何反对意见，反而声称他"颇为感动"。在马歇尔的鼓励下，蒋介石于7月2日向周恩来作单方面声明，宣布国民党准备尽早召开国民大会。蒋介石的此次谈话可被视为1946年国共谈判的转折点。第二天，国民党国防最高委员会第197次会议通过决议，决定1946年11月12日召开国民大会。

6月谈判失败和中国爆发全面内战，是对战后美国对华政策的巨大冲击。尽管在中国政局中越陷越深，但马歇尔对中国内战将对美国东亚战略带来的影响还是相当清醒的。正因为如此，他并不甘心承认调处失败已成定局这个事实，仍然企图为摆脱困境寻找一条出路。他认为既然国民政府的态度已使停战不可能先于其他问题获得解决，可以尝试从解决政治问题上找一条出路。他同新上任的美国大使司徒雷登经过讨论，决定将调处的中心从军事停战转向尽快组成国府委员会。这样做在马歇尔看来有两个好处，一是使中国统一至少具备一个形式，美国政府可以有个交代；二是以通过立法行动对政府的行政权力有所限制，实际上就是对蒋介石的权力有所限制。随后马歇尔和司徒雷登分别向蒋介石和周恩来建议，立即组织国共美三方代表参加的特别小组，讨论组织政府问题。

马歇尔的新方案正中蒋介石的下怀。由国共美三方组织特别委员会来讨论改组政府，这一行动本身就否定了政协决议，无异于承认国民政府单方宣布召开国民大会是合法的。而且组织这样的特别委员会，对国民党军队的军事进攻不可能有任何约束，只会给国民政府带来政治上的好处。因此蒋介石十分痛快地告诉司徒雷登，他同意组成一个五人小组，由司徒雷登担任主席。不久后，蒋介石为五人小组规定了工作目标：（1）实行1月10日的停战令；（2）执行2月9日恢复交通的命令；（3）实行2月25日的整军方案。他还提出了中共必须接受五项条件：a.苏北中共部队撤至陇海路以北；b.中共部队撤离胶济路；c.中共军队撤出承德和热河省的承德以南地区；d.东北中共军队退至规定的两个半省内；e.中共军队撤出6月7日以后在山西和山东占领的地区。[①] 如果接受蒋介石的先决条件，五人小组根本不可能按马歇尔的设想工作，这不能不说是对马歇尔的嘲弄。尽管如此，马歇尔仍然向中共代表转达了蒋介石的五项条件。

由于美国长期奉行援蒋与调处并行的双重政策，以及马歇尔本人一再自食其言，在中共领导人的心目中，马歇尔的地位已经降到最低点。7月7日，中共中央发表宣言，在马歇尔来华后第一次公开抨击美国奉行援蒋政策是武装干涉中国内政，目的是取代日本，变中国为"美帝国主义的殖民地"。[②] 次日，周恩来将宣言转交马歇尔，并向他说明，美国有必要作出明确选择，明智的政策是不向内战中的一方提供援助，如果他还要继续调解的话。

7月7日宣言发表后，中共军队与驻华美军的军事摩擦开始

---

① 《中美关系资料汇编》第一辑，世界知识出版社1957年版，第226—227页。
② 《解放日报》1946年7月7日。

明显增加。13 日，驻北宁路留守营车站的美军小分队因侵入解放区并向民兵开枪射击，被中共冀东地方部队解除武装。28、29日，驻塘沽芦台的美军迭次进攻中共军队防地，导致安平镇事件爆发，这是中共军队与美军第一次发生较大规模的武装冲突。8月 12 日，中共中央在一项指示中指出：今后一段时间主要靠军事斗争的胜利，在谈判中对马歇尔可持保留态度，对美国的错误政策要彻底清算和批评。① 中共中央对美政策再次从争取合作转向对抗。

由于蒋介石提出无理要求和中共代表的坚决拒绝，马歇尔组织五人特别委员会的方案刚一出笼就夭折了。马歇尔心里清楚，谈判的根本障碍是国民政府穷兵黩武和蒋介石漫天要价。他在一系列会谈中也一再向蒋介石指出，美国不会向挑起内战的国民政府提供援助，蒋介石有必要作出妥协并立即停止军事进攻。8 月 8 日，马歇尔告诉蒋介石，不要以为美国调处是为了使中共就范。国民政府目前的政策只能导致中共控制全中国，而且为苏联的干涉提供特殊的机会。中共两个月来一直主张停止冲突，而国民党却明显地表现出缺乏诚意。②

8 月 10 日，马歇尔和司徒雷登公开发表联合声明，宣布调处失败。③ 同时，在马歇尔的建议下，杜鲁门当日通过驻美大使顾维

---

① 参见中共中央文献研究室编：《周恩来年谱（1898—1949）》，中央文献出版社、人民出版社 1989 年版，第 685 页。

② 《中美关系资料汇编》第一辑，世界知识出版社 1957 年版，第 227—228 页。

③ 南京《中央日报》1946 年 8 月 11 日。

钧转交给蒋介石一封信。在此信中，杜鲁门表示：除非在和平解决中国内部问题方面确保在短期内真正取得进展，否则就不能指望美国舆论对中国保持慷慨大方的态度，他就有必要向美国人民重新解释政府的立场。[①]18 日，杜鲁门下令停止向国民党政府提供援华法案中与内战可能有关的部分货品，不再批发给予国民政府的属于作战物资的出口许可证。美国国务卿贝尔纳斯也会见了正在巴黎开会的王世杰，对国民政府在谈判中的态度"深感忧虑"。显然，蒋介石的立场激化了国民政府与杜鲁门政府的矛盾。

美国的反应在国民政府中引起一阵骚动。王世杰一向认为，国民政府不能让马歇尔调处彻底失败，否则在外交上就会完全失去回旋余地。他 8 月 14 日向蒋介石报告说，美国舆论虽然反共，但这种趋势充分发展还有待于美苏关系进一步恶化。如果国民政府目前不对马歇尔让步，美国仍有可能采取不利的措施，美国舆论将会随之发生变化。他进一步分析指出：美国对华政策是和平与民主并立，但更重视的是停战。[②]陈布雷亦向蒋介石建议，美国重视停战甚于民主是准确的评价，当前最好缓和国共关系。

然而，蒋介石对这些建议并不以为然。他不相信美国在冷战方兴未艾之时，会置国民政府于不顾，只要能取得对中共的军事胜利，美国的疑虑就会消失。这也是当时支配国民党领导集团的主要看法。蒋介石在给杜鲁门的复信中，除了敷衍几句准备配合马歇尔

---

① 《中美关系资料汇编》第一辑，世界知识出版社 1957 年版，第 670—671 页。
② 秦孝仪主编：《中华民国重要史料初编》第七编（3），台北中国国民党中央委员会党史委员会编印 1981 年版，第 210—211 页。

之外，就是把内战责任统统推给了中共。①

蒋介石此时已是有恃无恐，对美国暂时禁运部分军用物资并不觉得是个威胁。正如美国务院公布的《白皮书》所指出的那样：美国政府颁布这项禁令，正值国民党政府已经"贮有充足的器材、逐渐加紧它的军事攻势的时候"，因此它"显然没有效果"。②况且美国在太平洋地区仍有大量剩余物资等待出售。就在杜鲁门宣布禁运12天之后，即8月30日，美国政府就同国民政府签署了转售太平洋诸岛剩余物资的协定。它的理由是这些剩余物资不是军事装备。滑稽的是杜鲁门第二天还写信告诉蒋介石，只有消除内战威胁，美国才易于进一步实施援华计划。③

8月29日，国民党军队攻占承德，并于9月底向张家口发动进攻。国共关系终于全面破裂。国民党军队向张家口发动进攻之后，马歇尔显然感到他退出调处的时刻已经到来。经过两天穿梭式的毫无实际意义的游说之后，马歇尔于10月1日通知蒋介石，除非达成协议并停止战争，否则他将请杜鲁门召他回国，美国终止调处活动。他同时将此信息传递给中共代表。

马歇尔的行动在国共两党中引起不同的反应。蒋介石很有些舍不得已经变成他的心腹顾问的调解人。自从马歇尔提出组织五人特别小组的建议后，蒋介石一直企图通过他说服中共在政治上妥协，交出参加国民大会的名单。10月5日，蒋介石通知马歇尔，同意

---

① 《中美关系资料汇编》第一辑，世界知识出版社1957年版，第230页。
② 《中美关系资料汇编》第一辑，世界知识出版社1957年版，第232页。
③ 参见《中美关系资料汇编》第一辑，世界知识出版社1957年版，第230页。

对张家口的进攻停止5天。在此之前，他把所谓"最大限度的让步"交给马歇尔。它们包括：（1）国府委员中，中共8名，民盟4名，无党派人士1名，共13名，中共立即交出中共方面的名单和出席国大代表的名单；（2）规定中共军队的驻地，并限期进入驻地。[①]马歇尔认为，蒋介石的要求这是根本不可能办到的事。

与蒋介石形成鲜明对照的是，中共中央对于马歇尔声明他将退出调处不置可否。当马歇尔提出暂停进攻张家口的条件时，中共代表断然予以拒绝，并在反建议中极大提高了停战的条件。10月8日，王炳南向司徒雷登转达了周恩来的三点答复：第一，休战应无时间限制，国民党军队撤回原阵地；第二，三人小组和五人小组的议题不应受蒋介石建议的限制；第三，中共不准备立刻答复蒋介石10月2日的备忘录，周恩来已无返回南京之必要。[②]至此马歇尔仍不死心，他于9日秘密飞往上海，与周恩来进行了一次长时间的会谈，但从周恩来的谈话中得到的印象却是：他的"调停努力结束了"。他终于认识到，中共"已不打算再接受美国按以往方针进行的调解"，他们已经把他"看成不受欢迎的人"。于是马歇尔打电报给杜鲁门，请求将他召回。

1947年1月7日，美国政府宣布召回马歇尔。第二天，马歇尔乘专机离开南京。这位在第二次世界大战中功勋卓著、蜚声世界的美国将军，为了实现美国的梦想，在中国整整奋斗了1年零10

---

① 秦孝仪主编：《中华民国重要史料初编》第七编（3），台北中国国民党中央委员会党史委员会编印1981年版，第221页。

② 中国社会科学院近代史研究所译：《马歇尔使华》，中华书局1981年版，第310页.

天，最后仍然无功而返。

从历史的进程看，赫尔利和马歇尔调处国共矛盾，是20世纪40年代美国对华政策的转折，也是中美关系发展的转折点。不论是赫尔利还是马歇尔，调处国共矛盾的结果都是铩羽而归。这不仅是因为他们面对着同样复杂而困难的问题，而且因为他们在贯彻从本质上看是一致的、而且有着很强连贯性的对华政策。尽管1944—1946年跨着二战后期和战后初期两个阶段，以及美国政府内部存在有时甚至是相当激烈的争论，在中国国共斗争也进入转折的时期，美国的对华政策却保持着明显的连续性和继承性，这是理解美国调处国共矛盾失败的重要线索。艾奇逊在1949年发表的对华政策《白皮书》中说："我们当时的政策是基于两个目的。一个目的是在政府能趋于稳定并沿着民主的途径进步的条件下，使中国得到和平；另一个目的是协助国民政府尽可能在中国广大的地区上建立其权威。"问题就在于，美国要协助"尽可能在中国广大的地区上建立其权威"的国民政府，根本无意"沿着民主的途径进步"和"使中国得到和平"。美国政府却把国民政府当作"唯一的选择"，把美国在中国的利益同它拴在一起。其结果是1944年至1946年的美国对华政策陷入恶性循环。在这种恶性循环中，赫尔利和马歇尔不可能有多大作为，结果必然是殊途同归。总之，赫尔利和马歇尔调处失败的影响是巨大的，在此后几十年的中美关系历史中，都可以感受到这种影响的存在。

第五章

美国结束对日战争的战略与使用原子弹决策

　　罗斯福时期美国远东战略的基本点是：迅速击败和削弱日本，为美国在战后远东政治事务中发挥更大的作用铺平道路。基于上述考虑，罗斯福采取了与苏联合作的政策，依靠美苏地面部队的进攻，迫使日本无条件投降。《雅尔塔协定》便是美国远东战略的一个体现。罗斯福去世后，随着太平洋战局的发展与美苏关系的变化，美国开始调整并修改其远东战略，这主要涉及对日战略与对苏战略两个方面，而对日战略与对苏战略则是从三个方面加以考虑的。第一，以何种方式迫使日本投降，采取军事手段还是其他手段？第二，如果采用军事手段，将以何种方式进攻日本？第三，有关对苏战略问题，主要围绕着两个问题，在对日作战中，要不要苏联参战？如苏联参战，如何处理苏联在远东的地位？这时，美国战略的调整与修改是与原子弹分不开的；原子弹与日本投降、苏联参战相互交叉作用、影响，暴露了美国远东战略的新设想。因此，对日使用原子弹不仅仅是个军事问题了。

一、美国结束亚太战争的战略分歧

《雅尔塔协定》突出了罗斯福时期的远东战略。由于美军在太平洋战场的伤亡日益增加，苏联出兵远东便能在一定程度上符合美国的利益。罗斯福也曾期望使用原子弹，以减少美军伤亡。[①] 但其时原子弹成功与否还是个未知数，因此，苏联出兵便显得至关重要了。当时美国远东战略是基于这样一种设想：进攻日本本土是结束太平洋战争的唯一途径，在此前提下，利用中国和苏联的基地，通过美苏军事合作，最终迫使日本无条件投降。从 1945 年春开始，由于美军在太平洋战场上采取越岛战术，向日本本土的推进相当顺利，这便使美国军方认为，不需要苏联参战仍能取得胜利。1945年初，美国驻莫斯科军事使团团长迪恩（John R. Deane）研究了美国的远东军事战略，认为以西伯利亚作为轰炸日本的基地不值得，因此也不必开辟向苏联供应物资的太平洋新航线。[②] 根据上述考虑，美军参谋长联席会议（JCS）重新审视远东军事战略。4 月 24 日，参谋长联席会议通过了迪恩的研究报告，取消了美苏在雅尔塔达成

---

① 参见 James Macgregor Burns, *Roosevelt: The Soldier of Freedom,1940-1945*, New York: Harcourt Brace Jovanovich,1970, p.456。

② 参见 Gar Alperovitz, *Atomic Diplomacy: Hiroshima and Potsdam*, New York: Simon and Schuster,1965, pp.30-31。

的军事协议。联合参谋部也向参谋长联席会议建议，"使进攻日本可行的俄国早期参加对日作战已不再需要"。[①] 同时，驻苏使馆代办凯南（George Kennan）打电报给国务院，把苏联参战同美国整个远东战略及利益联系起来，他指出："如果我们希望俄国在远东的帮助导致我们对俄国的过分依赖，那将是一场悲剧。"[②] 显然，美国在 1945 年春开始重新考虑远东战略：对日战争如何结束？苏联在远东的地位如何？这些问题引起决策者的重视和争论。

5 月 1 日，代理国务卿格鲁（Joseph Grew）、海军部长福雷斯特尔（James Forrestal）和陆军部长史汀生（Henry Stimson）举行国务院、陆军部和海军部协调委员会会议（SWNCC，以下简称三院部协调会），讨论凯南提出的问题。会上，福雷斯特尔问：美国远东政策的基本目标究竟是什么，想要把日本打败到什么程度？对苏联力量的增长，要不要有个能与之抗衡的力量，这个力量是中国还是日本？[③]

海军和空军的多数官员反对直接进攻日本本土，主张以封锁和常规轰炸结束对日战争。以格鲁为代表的一批国务院官员，包括驻苏大使哈里曼（Averell Harriman）、前驻日参赞杜曼（Eugene Dooman）、远东地区委员会主席布莱克斯利（George Blakeslee）和远东司司长巴兰坦（Joseph Ballantine）等，均主张修改无条件投

---

① Charles Brower IV,"Sophisticated Strategist: General George A. Lincoln and the Defeat of Japan,1944-45," *Diplomatic History*, Volume 15, Issue 3（July 1991）, pp.326-327.

② Alperovitz, *Atomic Diplomacy*, p.94.

③ 参见 Walter Millis, ed., *The Forrestal Diaries*, New York: Viking Press,1951,p.57。

降原则，以政治手段解决日本投降问题，重申《雅尔塔协定》中有关苏联参战的条件。哈里曼在 5 月 11 日的海军部会议上说，现在是总结苏联参战必要性的时候了；一旦苏联红军参战，其影响将迅速蔓延。① 第二天，格鲁以备忘录的形式，回答了哈里曼同福雷斯特尔讨论时提出的问题，并将备忘录发至陆军部和海军部。在备忘录中，格鲁提出了两个新问题：第一，是不是因为苏联尽早参战如此重要，关系到美国的利益如此之大，以至于美国政府不考虑在苏联参战之前，试图得到苏联赞同美国在远东的某些政治目的？第二，雅尔塔关于苏联在远东的政治要求的决定是应重新考虑，还是应全部或部分实现？格鲁认为，苏联参战将使其影响扩展到中国和日本。因此，国务院希望推迟履行《雅尔塔协定》，考虑到此举会打破罗斯福同斯大林达成的协议，格鲁想知道军方的意见。②

对格鲁提出的问题，史汀生认为确实很重要，但"这些问题相当复杂……它同 S—1 计划的成功紧密相关"。5 月 14 日，史汀生同陆军部长助理麦克罗伊讨论格鲁备忘录时说："我们现在同俄国人打交道的最好办法，就是缄口不言，让行动说话；有一个我们能稳操胜券的有利地位，我称之为一副同花大顺。"三院部协调会在 15 日举行会议。史汀生认为，现在回答国务院的问题为时过早，起码尚未处在回答这些问题的地位。因为"在外交上投入了这么大的赌注，你手里没有王牌是不可思议的，起决定性的控制作用的将

---

① 参见 Joseph Grew, *Turbulent Era: A Diplomatic Record of Forty Years,1904-1945*, Volume 2, Boston: Houghton Mifflin,1952, p.1420。

② 参见 Grew, *Turbulent Era*, pp.1422-1423。

是 S—1 计划"。① 麦克罗伊的看法则倾向于格鲁。他在 5 月 25 日对杜鲁门说，应通知日本，如拒绝投降，就要对它使用威力无比的武器。但他同时强调，最好以政治手段解决问题，允许日本保留天皇，并有权选择其政府形式。杜鲁门对此很感兴趣，说要发动这样的政治攻势。②

陆军部与国务院的政策分歧很明显。史汀生认为，美国远东战略应等待原子弹成功后再详细考虑，他把着重点放在原子弹上；而格鲁则主张修改对日政策，把着重点放在保留天皇上。5 月 28 日，格鲁向杜鲁门谈及他对美国远东政策的看法时强调，作为战争的目的，必须摧毁日本的军事机器，但要以尽可能小的牺牲，因此，现在必须仔细考虑无条件投降原则，应允许日本人决定其政治体制，允许保留天皇。因此格鲁提议，是否可以考虑由总统发表一个包括上述内容的声明。杜鲁门表示，他对此也有同感，并让格鲁继续通过三院部协调会进行商讨。③ 5 月 29 日，三院部协调会在五角大楼举行会议；格鲁提交了一份由国务院草拟的总统声明，提交会议讨论。史汀生认为，他自己也同意修改日本无条件投降的条款，从而使得日本实际上是无条件投降的，但并未使用这一措辞；但史汀生对格鲁说，这个时机的选择是不合适的，现在还不能这么做。史汀生会后在日记中写道：这是一次"棘手"的会议，因为他不能过

---

① 参见 Stimson Diary Entry, May 15,1945. Henry Lewis Stimson Papers, Manuscripts and Archives, Yale University Library, New Haven, Connecticut。

② 参见 John McCloy, *The Challenge of American foreign Policy*, Cambridge: Harvard University Press,1953, pp.40-41。

③ 参见 Grew, *Turbulent Era*, Volume 2, pp.1424-1428。

多地谈论"将控制整个局势的真正因素，即 S—1 计划"。[①]

到 1945 年夏，美国决策者对远东战略的讨论依然在进行之中，但有一点可以肯定，即要求苏联参战的愿望在逐步消失；杜鲁门为此准备在 6 月 18 日召开一次会议，讨论并决定对日战略。6 月 17 日，史汀生召见麦克罗伊，和他商谈陆军部在明天的会议上必须表述的观点。麦克罗伊重申了不久前面陈总统的观点。随后，两人去拜会了即将出任国务卿的贝尔纳斯。听了麦克罗伊设想后，贝尔纳斯说，在明天的会上，所有的选择方案都要提出来。

6 月 18 日会议主要讨论了参谋长联席会议有关进攻日本的作战计划。[②] 这个代号为"奥林匹克行动"（Operation of Olympic）的对日作战计划设想：加强海上和空中的封锁，加强对日本的空中密集轰炸，预定在 1945 年 11 月 1 日以 766700 人的总兵力进攻九州，1946 年春进攻本州，1946 年秋结束战争。会上还讨论了是否有可能通过常规武器，进行封锁和轰炸打败日本，杜鲁门仔细询问了陆军参谋长马歇尔（George Marshall）、福雷斯特尔和史汀生的看法。马歇尔指出，仅仅靠轰炸并不能使日本投降，轰炸也没有使德国投降，因此进攻是必不可少的。同时马歇尔还强调，苏联的参战对结束对日战争也是必不可少的。

总统参谋长李海海军上将（William Leahy）提到了无条件投降问题。李海表示，对"如果我们没有取得日本的无条件投降，那我们就没有赢得战争"这样的看法，他自己并不赞同；他强调

[①]　参见 Stimson Diary Entry, May 29, 1945。

[②]　参见 Foreign Relations of the United States, Potsdam, Volume 1, pp.903-910。

说，即便是美国没有迫使日本无条件投降，他也不担心日本在可预见的将来或会造成什么威胁。他所担心的是，由于美国坚持无条件投降，这不仅会使日本走投无路，还会增加美国的伤亡。杜鲁门对此表示，他会考虑让国会在这方面采取措施，但考虑到舆论的作用，他自己不会在目前采取什么行动。有关苏联参战的问题，海军作战部长金氏（Ernest King）强调说，不论苏联参战的愿望如何，苏联都是不可靠的，美国不应乞求苏联参战；尽管击败日本的代价可能是巨大的，但美国毫无疑问可以单独完成。如果这样的话，将会极大地加强杜鲁门总统在即将举行的波茨坦会议上的地位。

史汀生在会上并未谈及任何有关原子弹的话题。他表示自己同意参谋长联席会议的计划，因为目前尚没有其他的选择；史汀生只是暗示说，他个人更多的是在政治考虑方面，而非军事考虑方面，对总统负责的；虽然参谋长联席会议的方案目前是最好的，但他仍希望通过其他方法，来取得一些富有成果的成就。

当会议快要结束时，杜鲁门看到麦克罗伊说，"你还没有表达自己的看法呢，没有说出自己意见的任何人都不能离开这个房间"；在获得史汀生的同意后，麦克罗伊表示，相对于进攻方案而言，确实还存在一个"应该全面探讨的选择"，即美国应向日本天皇发出"强烈的信号"，这个信号应表明，如果日本彻底投降，美国则承认日本作为一个国家将继续存在，并在君主立宪制下保留天皇。麦克罗伊还提议，一旦这一动议遭到拒绝，美国将告知日本，美国已拥有原子弹。杜鲁门对此只是表示，他自己也一直在思考这些问题，让麦克罗伊继续关注这个选择，并同贝尔纳斯一起商议。①

6月18日会议是决定美国远东战略的一次重要会议。有关如何结束对日战争的各种方式在会上均已提出，参谋长联席会议的计划虽获通过，但决策者是有分歧的：其一，在以何种方式击败日本的问题上，杜鲁门在6月17日备忘录中也指出，他最难决定的事情，就是在进攻日本本土与进行轰炸和封锁之间作出选择。其次，关于苏联参战的问题。杜鲁门在6月初对史汀生说，是否邀请苏联参战，要等原子弹试验之后再决定。②他虽同意进攻方案，但又强调最后行动要以后决定。其三，关于政治解决的途径，会上并未做深入探讨，杜鲁门只是表示自己也在考虑麦克罗伊提出的问题。美国决策者的意图已十分明显：本土进攻、政治解决和苏联参战，这三者的决定放在原子弹试验之后加以考虑。

二、使用原子弹决策

6月18日以后，美国决策者多次探讨了击败日本的战略；由于原子弹的试验成功，美国决策者否定了以保留天皇为核心的政治手段和以本土进攻为核心的军事手段，原子弹成为决策的关键。

6月18日会议以后的两个星期，三院部协调会根据杜鲁门的

① 参见 "McCloy on the A-Bomb," Appendix, James Reston, *Deadline: A Memoir*, New York: Random House,1991, pp.497-499。

② 参见 United States Department of State, *Foreign Relations of the United States : Diplomatic Papers : The Conference of Berlin* (*The Potsdam Conference*) ,1945, Volume I, U.S. Government Printing Office,1945, pp.12-15。以下简称 *FRUS*，标注年代、卷数和页码。

指示，一起研讨并确定对日战略。陆军部并未把重点放在原子弹上，而是侧重于政治手段，避免进攻日本本土，并认为使用原子弹可能引发日本政府内温和派的行动。在 6 月 26 日的三院部协调会上，史汀生强调说，如果不是每个旨在缩短战争的方案都尝试过的话，国内是有意见的。史汀生在会上宣读了他拟呈送杜鲁门的信函，并在讨论后得到了福雷斯特尔和格鲁的同意。随即他们决定在三院部协调会下设立一个分委员会，由陆军部的麦克罗伊、海军部的柯里（Jonathan Correa）以及国务院的杜曼和巴兰坦组成，负责起草警告日本的声明的具体内容。6 月 30 日，麦克罗伊向史汀生汇报了起草声明的进展情况。声明中建议，战后日本可在现王朝统治下，实行君主立宪制。由于原子弹尚未试验，声明仍未提及。①

陆军部的构想很清楚，试图以政治手段解决日本的投降问题。史汀生同麦克罗伊在使用原子弹问题上有分歧，后者倾向避免使用，但在保留天皇的问题上，陆军部的意见趋于一致。同时，史汀生认为，参谋长联席会议的计划能否使日本投降值得怀疑，"因而有必要仔细考虑敌人可能产生的思想状况，并准确地估计可能结束它抵抗意志的行动方针"。7 月 2 日，史汀生在前两周讨论的基础上，写了一份备忘录呈送杜鲁门，全面探讨了政治解决日本问题的方法。这份题为《有关日本所提出的计划》的绝密备忘录在递交总

---

① 参见 Stimson Diary Entry, June 26-30,1945。有关三院部协调会在 1945 年 6 月 18 日会议的讨论，参见 Len Giovannitti and Fred Freed, *The Decision to Drop the Bomb*, New York Coward-McCann, Inc.,1965, pp.140-149。

统前，三院部协调会进行了讨论。①

　　备忘录首先认为进攻日本本土的酷烈程度将远远超过对德战争，那么，"对武力占领日本有没有一个选择？这一选择对美国来讲，既能使日本无条件投降，又能彻底摧毁它再次发动侵略战争、威胁太平洋和平的能力"。为此，史汀生建议，在进攻日本本土前，应发出警告，并留有足够的时间观察日本反应；这样对美国将非常有利，利用这些有利的因素，便能以很小的代价，迅速实现美国的目标。应由中、美、苏、英等四国发出警告，要求日本投降并由盟军加以占领，使日本彻底地非军国主义化。史汀生建议，警告应包括以下内容：将对日本列岛使用势不可挡的各种力量，一旦运用这些力量，日本将不可避免地彻底毁灭；盟国决心永远摧毁欺骗和引导这个国家进行世界征服的一切机构与势力；盟国决心把日本主权限于其主要岛屿之内，并使之无力发动另一场战争；没有把日本作为一个种族加以灭绝，或作为一个国家加以摧毁的任何企图；只要不威胁战后和平，允许日本发展经济，并获得海外原料；在实现上述目标以及成立代表多数日本人民的爱好和平的政府之后，盟国将撤出日本本岛；在现有的王朝下，将不排除建立君主立宪制。史汀生强调，考虑到日本人的殊死抵抗，警告应在实施进攻之前发出。史汀生的这一备忘录表明，军方的观点已有较大的变化，他们虽不反对使用原子弹，但明显强调政治解决。

---

① 参见备忘录的全文，参见《美国对外关系文件：柏林（波茨坦）会议》第1卷，第888—894页；Henry Stimson and McGeorge Bundy, *On Active Serve in Peace and War*, New York: Harper & Brothers,1948, pp.620-624.

　　另一方面，贝尔纳斯出任国务卿后，国务院开始放弃格鲁的主张；正如麦克罗伊所说，贝尔纳斯显然希望以使用原子弹迫使日本无条件投降，而不是以修改无条件投降原则，来避免原子弹的使用。[①] 助理国务卿艾奇逊（Dean Acheson）在为贝尔纳斯准备的文件中说，裕仁天皇同希特勒、墨索里尼一样，都是可恶敌人的象征，他"不合时宜……完全受封建集团的操纵和利用"，其含义不言自明。贝尔纳斯前往波茨坦之前，将史汀生的备忘录带给前国务卿赫尔（Cordell Hull）过目，赫尔表示，声明对日本过于姑息迁就，如最后通牒无效，那将会在国内引起可怕的政治后果。[②] 因此，杜鲁门虽同意史汀生备忘录的基本内容，《波茨坦公告》也包括了其要点，但在前往波茨坦的军舰上，杜鲁门和贝尔纳斯删除了有关保留天皇的段落。在得知原子弹试验成功的第二天，贝尔纳斯单独会见史汀生时说，明确和提前对日本发出警告的任何动议都要暂缓。[③] 此间，《华盛顿邮报》的民意测验表明，33%的被调查者赞同处死裕仁天皇，37%的主张审判或终身监禁或流放天皇，同意保留的仅有7%。同期的盖洛普民意测验结果也大致如此。[④] 这也说明美国此时拒绝修改无条件投降原则，除出于远东战略的长远考虑外，国内政治和舆论同时也起了较大的作用。

---

① 参见 "McCloy on the A-Bomb," p.499。

② 参见 *FRUS: Diplomatic Papers : The Conference of Berlin*（*The Potsdam Conference*），1945, Volume II, U.S. Government Printing Office,1945, pp.1267-1268。

③ 参见 Stimson Diary Entry, July 17,1945。

④ 参见 Waldo Heinrichs, Jr., *American Ambassador: Joseph C. Grew and the Development of the United States Diplomatic Tradition*, Oxford University Press,1986, p.377。

波茨坦会议期间，美国截获了日本外务省发给驻苏使馆的电文，得知保留天皇是日本投降的先决条件，日本正试图通过苏联从中斡旋。斯大林先后向杜鲁门和丘吉尔通报说，日本正通过苏联要求投降，条件是必须修改无条件投降原则。丘吉尔事后告诉杜鲁门，"此文说日本不接受无条件投降，但可能在其他条件上准备妥协"。① 杜鲁门显然认为，如果此时接受保留天皇的条件，那么日本人可能向苏联投降，或至少通过苏联来投降，那将大大削弱美国在远东的地位。《波茨坦公告》正式宣布日本投降的条件，只字未提天皇地位问题。7 月 24 日，史汀生在同杜鲁门会谈时，吁请他考虑是否可以通过外交渠道，向日本人作出口头上的保证。杜鲁门只是表示，说他会记住这点，也会对此加以考虑的。② 这样，美国不再考虑以保留天皇作为解决日本投降问题的手段了。

另一方面，波茨坦会议期间，四个相互关联的现实因素影响着美国的决策：其一，对太平洋战场上美军伤亡的关注，在白宫顾问为杜鲁门参加会议准备的备忘录中，第一条便是请求苏联参战；其二，除战争手段外，美国无法阻挡苏联对东北的扩张；其三，日本人决心抵抗到底；其四，不能确信原子弹在实战中能否产生预期的效果。参谋长联席会议主席、总统参谋长李海海军上将就坚持以爆炸专家的身份打赌说，原子弹永远不会爆炸。③ 因此，苏联的参战

---

① *FRUS: Diplomatic Papers : The Conference of Berlin*（*The Potsdam Conference*），1945，Volume II, p.883.

② Stimson Diary Entry, July 24,1945.

③ ［美］威廉·李海：《我在现场》，马登阁等译，华夏出版社 1988 年版，第 463 页。

仍然不失为一种基本的保证。贝尔纳斯也认为原子弹虽有作用，但从迅速结束战争的角度出发考虑，仍需要苏联参战。[①]

　　基于对日作战的前景，参谋长联席会议修改了 4 月 24 日的决议，准备开辟通往苏联太平洋港口的海上运输线。波茨坦会议期间，英美两国参谋长多次讨论对日作战计划，在杜鲁门和丘吉尔批准的报告中仍鼓励苏联参战，并提供必要的援助。但美国决策的重点并不在苏联参战。7 月 16 日，美国在新墨西哥的阿拉莫戈多成功爆炸了一颗原子弹。杜鲁门称之为"诺亚及其巨大方舟之后幼发拉底河谷时代预见到的毁灭之光"。原子弹使美国决策者"完全建立起了信心"，强烈感到不再需要苏联参战。杜鲁门明确表示，美国不会"乞求"苏联参战，"因为现在已发现了一种力量与性质都是全新的武器，以致我们不需要俄国人了，也不需要其他任何国家"。他在 7 月 18 日的日记中写道："我相信在俄国人参战前，日本人就将彻底失败；我相信，当曼哈顿出现在它们本土上时肯定会如此。"[②] 有关苏联参战的谈判以及达成的相关协议，仅仅成为外交合作的一种形式了。

　　7 月 21 日，有关试验的详细报告送达在波茨坦的美国代表团；22 日，杜鲁门召开主要顾问会议，对使用原子弹作最后决定。除航空司令阿诺德外，参谋长联席会议的其他成员都同意使用原子弹。阿诺德指出，自从 B—29 轰炸机投掷燃烧弹以来，一个个日

①　James Byrnes, *All in One Lifetime*, *New York:* Harper & Brothers,1958, p.297.

②　Robert Ferrell, ed., *Off the Record: The Private Papers of Harry S. Truman*, New York: Harper and Row,1980, pp.53-54.

本城市陷入了满目荒凉的可怕境地，因此，即使是常规轰炸也可迫使日本投降。杜鲁门总结说，常规轰炸的办法即使有效，也要比使用一两颗原子弹造成更多日本人死亡。丘吉尔在波茨坦同杜鲁门、马歇尔和李海海军上将会谈时认为，进攻日本本土可能会导致100万美国士兵和50万英国士兵的阵亡，或者还会更多；但由于原子弹的成功，"这个可怕的图景就消失了"，结束全部的战争仅仅需要"一两次烈震"（violent shock）。丘吉尔还强烈主张，原子弹的成功也不要苏联参战了，"我们不需要请求他们参战"。①

1945年5月成立的目标委员会最后选定了第一次攻击目标的顺序城市；杜鲁门和参谋长联席会议经过仔细考虑，决定广岛为第一目标。7月24日，主管研制原子弹的曼哈顿工程区的格罗夫斯（Leslie Groves）给在波茨坦的马歇尔发去一份备忘录。备忘录总结了格罗夫斯7月23日拟定的对日投掷原子弹的行动，附有日本及其附近亚洲地区的地图一张、四个轰炸目标(广岛、长崎、小仓、新泻）的说明书各一页。参谋长联席会议和杜鲁门总统经过讨论，同日授权陆军部命令陆军战略空军队司令斯帕茨（Carl Spaatz），1945年8月3日以后，在气候许可目击轰炸的条件下，立即在广岛、小仓、新泻和长崎其中之一投掷原子弹。② 28日，日本政府宣布对《波茨坦公告》"默杀"（日语写作"默杀"，含意为"不理会"、"不重视"）。担负轰炸任务的第20航空队第509混合大队开始行动，

① Stimson Diary Entry, July 22,1945; Winston S. Churchill, *Memoirs of the Second World War*, Boston: Houghton Mifflin Company,1987, pp.980-981.

② 参见哈里·杜鲁门：《杜鲁门回忆录》第一卷，三联书店1972年版，第358页。

8月6日和9日，两颗原子弹投向广岛和长崎。

三、原子弹、大国关系与冷战起源

对日使用原子弹，是美国决策者从本土进攻、政治解决以及依靠苏联击败日本等各种方案中的最后选择。这一选择不仅是出于军事上的考虑，更主要的还包括政治上的考虑，这既有国内因素，也暴露了美国战后外交与军事战略的主要方面。

出于军事战略的需要，美国决策者当然要考虑对日本本土实施直接进攻的方案。史汀生认为，在进攻中，仅美军伤亡就可能超过100万人。麦克阿瑟预言，对日作战将是历史上流血最多的战斗。当时美国在太平洋突破日本外围防御圈时，伤亡人数就达到了17万之多。因此，美国决策者不能忽视在击败日本过程中所要付出的代价；杜鲁门在原子弹试验成功之前曾写道："我已经得到我到这里来（波茨坦）所要得到的东西，即斯大林决定无条件参战。我们可以在一年左右结束战争，孩子们再也不会阵亡了。"[1] 这也反映出美国决策者当时的基本考虑。

显然，美国决策者是把原子弹作为可以减少美军伤亡的决胜武器。杜鲁门说："原子弹是一种战争武器，从来没有人怀疑过可以使用它……在决定使用原子弹时，我要依照战争法规所确定的方式，把它当作战斗武器来应用。"[2] 有关使用原子弹的具体决策过

---

[1]　Ferrell, ed., *Off the Record*, pp.53-54.

[2]　哈里·杜鲁门：《杜鲁门回忆录》第一卷，三联书店1972年版，第35页。

程，经过临时委员会和科学专门小组的讨论，决定在实战中使用。这一决定体现了历史的延续，因为美国研制原子弹的主要动因是要在纳粹德国之前造出原子弹。因此，使用原子弹首先是把它当作一种武器，这种武器在1945年的历史条件下，便成为取得胜利的一种方式。马歇尔战后曾指出："我们必须结束战争，必须保全美国人的生命，原子弹结束了战争，因此使用原子弹是理所当然的。"[1] 史汀生指出，如果使用原子弹能加速胜利，那就应使用它；他在波茨坦接到原子弹成功试爆的报告后告诉马歇尔说：他看不出一下子死10万人，与500次空袭每次杀死1000人之间究竟有何区别，因为"你在进行战斗，就得去结束搏斗"。[2] 美国1945年底的一次民意测验表明，76.2%的被调查者认为，使用原子弹结束战争是正确的。[3]

使用原子弹，就美国远东军事战略而言是尽可能迅速结束战争，减少美军的伤亡；虽然美国决策者不能确认，原子弹是否能产生足够的影响使日本立即投降，但原子弹作为一种新式武器在战争中加以使用，是美国发展原子武器的基本战略考虑，即尽量通过科学技术而非人力结束战争。对日使用原子弹，更重要的是体现了美国新的远东战略设想，其主要设想是：以单独占领日本为契机，把日本变成美国太平洋防线上的前哨基地。史汀生曾强调指出："我

---

[1] John P. Sutherland,"The Story Gen. Marshall Told Me," *U.S. News and World Report*, November 2,1959.

[2] Stimson and Bundy, *On Active Service in Peace and War,* pp.628-629.

[3] 参见 Robert Batchelder, *The Irreversible Decision,1939-1950*, Boston: Houghton Mifflin Company,1961, p.111。

们要在俄国人到达日本本土之前，尽快地使日本投降……在俄国人可能对占领和统治日本提出任何实质性的要求之前，把日本本土掌握在我们手中，这具有重大意义。"[①] 目标委员会在选择原子弹轰炸目标时，美国决策者清楚地表明了其远东战略的这一考虑。

1945 年 3 月，根据格罗夫斯的命令，由参加工程计划的科学家和军械专家组成一个目标委员会（Target Committee），成员共 13 人，其目的是选择适合原子弹轰炸的目标。4 月 27 日，目标委员会召开第一次会议。格罗夫斯在致开幕词时指出委员会任务的重要性，严守秘密的必要性和应有目标的数目；他强调了马歇尔将军的意图，即日本西海岸的港口不能忽视，应作为可能的轰炸目标，因为他们对日本与亚洲大陆的联系非常重要。在这次会议上，还确定了选择目标必须加以考虑的必然因素，如 B—29 可能的最大航程；目视轰炸的必要性；对目标上空一般气候条件的要求；以及每次攻击都有三个可以轰炸的目标的必要性。[②]

5 月 10 日和 11 日，目标委员会在洛斯阿拉莫斯奥本海姆的办公室内召开了两次会议。会议的报告指出，任何一个严格军事意义的小目标，应定在一个相当大的地区，这一地区易受到爆炸的破坏，"以避免由于错误放置炸弹导致丧失武器而产生的过分危险"。委员会的成员一致同意，在目标的选择上，心理上的因素具有极为重要的意义。报告指出，这个因素的两个方面包括：对日本产生巨

---

① Alperovitz, *Atomic Diplomacy*, p.190.

② 参见 [美] 莱斯利·格罗夫斯：《现在可以说了》，钟毅等译，原子能出版社 1978 年版，第 225 页。

大的心理影响，另外，当原子弹公开化时，就武器得到世界公认而言，使首次使用显得极为惊人。① 格罗夫斯在其回忆录中也谈到了选择目标的标准，即"轰炸的目标应该是那样一些地方，在那里，轰炸将使日本人民对继续作战产生反感。此外，这些地方应该是具有军事性质的，包括有重要的指挥部或一些军队的集中点，以及军事装备的供应和生产中心。……这些目标应该是以前没有遭受过空袭破坏的"。②

按照目标委员会的原则和格罗夫斯将军的标准，目标委员会在 5 月 28 日的会议上选定广岛、新泻和京都作为轰炸目标。目标委员会认为京都具有特殊的意义，"由于那里的人民有更高的文化素养，因此能更好地理解原子弹的意义"，因此将京都列为轰炸目标的第一选择。③ 格罗夫斯将军也支持目标委员会的目标选定，不仅是因为京都面积很大，拥有 100 万人口，最容易展示原子弹的威力，同时还由于京都是日本最重要的军事目标之一，其中大部分工厂在战时生产着大量的军事物品。目标委员会也一直坚持其所选定的轰炸目标。但史汀生对目标委员会的报告持反对意见。6 月 9 日，格罗夫斯把目标委员会的报告送给史汀生，史汀生立刻反对把京都列入目标名单。他对格罗夫斯讲他绝不会批准，"这是我最后行使权力的一次，谁也不要来告诉我该如何做，在这个问题上我是中心

---

① 参见 Martin Sherwin, *A World Destroyed: The Atomic Bomb and the Grand Alliance,* New York: Random House Inc.,1975, p.229。

② ［美］莱斯利·格罗夫斯：《现在可以说了》，钟毅等译，原子能出版社 1978 年版，第 224 页。

③ Sherwin, *A World Destroyed*, p.230.

人物"。①

史汀生反对的理由是，京都是日本的故都，是个历史名城，对日本人民来说具有重大的宗教意义。但从另一方面讲，不轰炸京都则体现了美国战后整个远东战略的调整。史汀生分明意识到了日本在战后起着维护美国在远东利益的作用。史汀生担心，"由于这种蛮横的行动而引起的苦难，使得日本人在战后长时期内在远东地区不可能听从美国而是听从俄国人"。"因此这可能成为妨碍我们的政策所需的东西的种种手段，即万一在满洲发生由俄国挑起的侵略，对美国来说需要一个协调一致的日本"。② 尽管史汀生或许过分夸大了京都在这一历史进程中的作用。因此，使用原子弹是保证日本向美国投降，防止苏联战后插足日本，实现美国远东战略的重要前提。

7月23日，当杜鲁门指示史汀生询问马歇尔，在对日作战中是否还需要苏联时，马歇尔说，由于有了原子弹就不需要了，但不管需要不需要，苏军也会开进满洲的。③ 同时杜鲁门也看到，从战局着眼，问题不在于苏联是否参战，而在于如何限制苏联参战后的行动。为此，美国采取了一系列步骤来实现上述战略目标。首先，美国决策者认为，要赶在苏联对日宣战前造出原子弹并对日使用。苏联原定的出兵日期是1945年8月中旬，因此美国当局命令，无

---

① 关于京都的辩论，参见［美］莱斯利·格罗夫斯：《现在可以说了》，钟毅等译，原子能出版社1978年版，第228—230页；Giovannitti and Freed, *The Decision to Drop the Bomb*, pp.40-41; Stimson Diary Entry, June 1,1945.

② Sherwin, *A World Destroyed*, pp.239-241.

③ 参见 Stimson and Bundy, *On Active Service in War and Peace*, p.637。

论如何要在 8 月 10 日前造出原子弹。奥本海默说，"在德国投降的日子里，我们受到了不可思议的压力，一定要在波茨坦会晤前试验出原子弹的填药"。参加曼工区工作的莫里森（Philip Morrison）也说，"8 月 10 日对我们一直是个神秘的期限，我们必须不惜一切代价，在此之前将炸弹制成"。[1] 杜鲁门两次推迟波茨坦会议的召开，也充分说明了这一考虑。[2] 其次，不正式邀请苏联参战。7 月 29 日，苏联外长莫洛托夫要求杜鲁门正式邀请苏联参战，美国决策者就此进行了详细讨论。李海认为对此不予答复，不承担与此相关的义务，因为美国完全有能力单独击败日本。[3] 两天后，杜鲁门致函斯大林，其中措辞含糊地说，联合国宪章责成所有主要大国共同致力于维护世界和平，因此苏联参战非常适当。贝尔纳斯研究苏联的请求后说，美国虽迫切希望日本投降，但并不愿苏联参战。贝尔纳斯后来说，使用原子弹的一个原因，是要在苏联参战之前结束对日战争。[4] 杜鲁门还强硬地说，"在满洲问题上，与俄国人不存在任何协议"。[5]《波茨坦公告》发表时并未请苏联参加，苏联要求将公布公告的日期推迟两三天，亦遭美方拒绝。

第三，利用中苏谈判拖延苏联参战。当时中苏之间正在履行雅

---

[1] Robert Gilpin, *American Scientists and Nuclear Weapons Policy*, Princeton: Princeton University Press,1962, pp.52-53.

[2] *FRUS: Diplomatic Papers : The Conference of Berlin*（*The Potsdam Conference*），*1945*, Volume I, p.13.

[3] [美] 威廉·李海：《我在现场》，马登阄等译，华夏出版社 1988 年版，第 453 页。

[4] Byrnes, *All in One Lifetime*, pp.296-297.

[5] John Blum, ed., *The Price of Vision: The Diary of Henry A. Wallace,1942-1946*, Boston: Houghton Mifflin Company,1973, p.747.

尔塔协议的谈判，中国国民政府认为苏联要价太高，请美国从中说项。这样杜鲁门就处于"引人注目的地位"，他是让中苏迅速达成协议以便苏联参战，还是希望谈判拖下去，以推迟苏联参战？由于中苏分歧很大，当时宋子文已返回重庆；杜鲁门电告蒋介石："如果您同斯大林元帅对雅尔塔协议的正确理解有分歧，我希望您能安排宋回到莫斯科，继续努力以达成完全的谅解。"贝尔纳斯更是直言不讳："我有些担心，如果他们不这样，斯大林也许会立即参战……如果斯大林和蒋还在谈判，这可能会推迟苏联参战，而日本也会投降。"①

使用原子弹不仅是为了"限制苏联势力在远东的扩张"，同时还试图通过展示原子弹的威力，迫使苏联在战后国际问题上作出让步；在美国决策者的心目中，原子弹成为对付苏联的"锤子"和"放在门后的枪"。1945 年 6 月 6 日，杜鲁门告诉史汀生，一旦原子弹试验成功，可用在巴尔干、波兰和满洲问题上，以取得令人满意的解决办法；如果苏联同意解决上述问题，来换取允许他们参加国际管制原子能，那就有可能达成解决问题的方案。史汀生表示同意，他认为，对日本成功使用第一颗原子弹后，适当地交换将是"对波兰、罗马尼亚、南斯拉夫和满洲问题的解决"。② 贝尔纳斯也对杜鲁门说："原子弹将使我们在结束战争之时，处于更好地按我们的意志行事的地位；我们对原子弹的掌握及使用，将使俄国人在欧洲更容易对付。"③ 当时英国驻苏记者沃斯（Alexander Werth）曾评论

---

① James Byrnes, *Speaking Frankly*, New York: Harper & Brothers,1947, p.211.

② Stimson Diary Entry, June 6,1945.

③ Byrnes, *All in One Lifetime*, pp.297-298.

道，"广岛的意义并非对俄国人不起作用，人们可以清楚地认识到，这是世界强权政治中的新事实，原子弹对俄国构成了一种威胁……尽管两颗原子弹使许多日本人丧生或致残，但其真正目的，却是威胁恫吓俄国。"①

太平洋战争时期美国的远东战略，依据不同的战略考虑发生过两次重要的转折；这两次转折出发点不同，目的不同，后果也不同。罗斯福时期，美国不惜牺牲中华民族的利益，从依靠中国击败日本，转而谋求与苏联的合作，使日本无条件投降，这次转折主要是为了战后美苏在远东和世界范围内的合作，美国决策者对此没有太多的分歧和争论。到杜鲁门任内，美国完成了远东战略的第二次转折，从依靠美苏合作进攻日本本土，到投掷原子弹，迫使日本向美国单独投降，从而暴露了美国远东战略的新设想和目的：遏制苏联势力的扩展，并以单独占领日本确立了美国战后远东战略的基点。为达到这一目的，美国决策者经过一系列内部讨论，采取了与罗斯福不同的政策：一度考虑修改无条件投降原则，到最后放弃修改，排除苏联参战直至使用原子弹，这些都体现了美国战略转变的基本意图。导致这一转变的主要是美苏关系的变化和美国谋求在战后世界中的霸主地位，在这一转变过程中，原子弹起了很重要的作用，因此，使用原子弹有着深远的政治意义，而非仅仅是出于军事上的考虑。

---

① Alexander Werth, *Russia at War, 1941-1945*, New York: E. P. Dutton and Co., 1964, p.1044.

第六章

从大国合作到集团对抗：战后斯大林对外政策的转变

第二次世界大战结束标志着 20 世纪历史进入一个新的时代，之后到 1947 年，是历史上的一个转折时期。从世界范围来看，国际政治力量重新组合，各主要国家的发展战略重新定位，从而确定了未来世界政治的格局，确定了各主要国家的发展道路。这是一个国际形势和世界格局发生根本变化的时期，研究当时斯大林的对外政策及其战略目标，有助于认识和理解战后世界冷战格局形成的原因。

战后苏联对外政策的战略目标有三个层次，即和平共处—世界革命—国家安全利益。首先是和平共处。斯大林在战后反复说过，不同政体国家之间的和平共处，"不仅是可能的，而且是合理的，完全可以实现的"。"苏联政府认为，尽管经济制度和思想体系不同，但这些制度的共处，以及美苏分歧的和平解决，不仅是可能的，而且对普遍和平的利益也是绝对必要的"。① 斯大林对于战争后期建立的雅尔塔体系是满意的，无论就其形式还是内容来说，这一体系的构筑都符合俄罗斯传统的以空间换取时间的国家安全战略。从芬兰经波罗的海三国到东欧，从近东经蒙古、中国东北和朝鲜半岛北部到日本北方四岛，苏联通过战争和雅尔塔体系获得的政治权益，实现了俄国长期以来追求的建立广阔的环俄罗斯安全缓冲带这一战略目标，而这一目标的实现是与西方盟国建立合作和协调关系的结果。因此，斯大林首先需要保持与西方资本主义世界实现和平共处，唯有如此，才能以最小的代价保证苏联的既得利益。

然而，对于世界革命这一苏联发展的长期战略目标来讲，和平共处只是一种手段，或者说是暂时的、短期的目标。斯大林自信，社会主义的苏联最终是要消灭资本主义世界的，这是苏联和人类无产阶级的历史使命，而完成这一历史使命的方式只能是暴力革命。斯大林在战前就说过，资本主义经济危机的出现说明"资本主义的稳定就要终结"，"群众革命运动的高潮将更加猛烈地增长起来"。"资产阶级在对外政策方面将从新的帝国主义战争中寻找出路"，"无产阶级在反对资本主义剥削、制止战争危险时，将从革命中寻找出路"。②

战后，斯大林进一步提出了资本主义总危机的理论，他认为："资本主义的世界经济体系包藏着总危机和军事冲突的因素，因此，

① 《斯大林文选（1934—1952）》，人民出版社1962年版，第484、509页。
② 《斯大林全集》第12卷，人民出版社1955年版，第215—223页。

现代世界资本主义的发展并不是平稳地和平衡地前进，而是要通过危机和战祸。"第二次世界大战后出现的人民革命形势是"世界资本主义体系的总危机，是既包括经济、也包括政治的全面危机"。[①]危机导致战争，战争引起革命，革命推翻资本主义世界，这就是斯大林总危机理论的核心。在这种思想的指导下，苏联对外政策的制定便应纳入于世界革命的目标体系，至于外部世界是处于战争还是和平状态并不重要。所以，在斯大林看来，和平共处要服从于世界革命，它只是世界革命总目标当中的局部和暂时目标。

不过，对于国家安全利益这一苏联对外政策的根本目标来讲，世界革命又成为一种手段，或者是对外战略中一种局部的和临时的目标。把苏联的国家安全利益置于其对外政策战略中的最高地位，这是斯大林的一贯方针。这一方针的理论基础就是斯大林的"一国社会主义论"。斯大林在战前就认为，在苏联处于资本主义国家包围之中的时候，维护苏联的国家安全利益不仅是苏联对外政策的根本目标，也是世界各国无产阶级及其政党的奋斗目标。正是从这一点出发，斯大林才在1939年心安理得地与希特勒签订了《苏德互不侵犯条约》，强词夺理地发动了对波兰和芬兰的战争；在1941年与日本签订了中立条约，并建立起"东方阵线"；1943年通过一纸命令解散了"共产国际"。既然斯大林认为苏联的利益就是社会主义的利益，就代表了人类最根本的利益，所以世界革命的利益便应当服从苏联的国家安全利益，一个国家的人民是否应该起来革命，

[①]　《斯大林文选（1934—1952）》，人民出版社1962年版，第441—442、616页。

什么时候起来革命，对于民族解放运动是否给以支持和援助，完全要看这种革命行动是否有利于维护苏联的国家安全，这是斯大林心目中毫不含糊的逻辑。

总之，在斯大林对外政策目标的三维结构中，苏联国家安全利益始终处于最高地位。在处理战后国际关系的实际过程中，斯大林有时把维护和平共处作为调整对外政策的标尺，有时把鼓动世界革命作为发起外交攻势的目标，但这些都是暂时的、易变的，其根本目的还是保障苏联的国家安全利益，一切都要服从苏联对外政策的这一终极目标。从这一基点出发，笔者认为这一时期斯大林的对外政策有一个发展变化的过程，即从大国合作出发，逐步趋向有限扩张，最后导致集团对抗。当然，这并不是说斯大林的对外政策可以截然分为这样三个阶段，但总体说来，随着国内经济实力的恢复和发展，以及国际形势的变化，这一时期苏联对外政策的方针是逐步从温和走向强硬，斯大林在世界范围内交替使用或在不同的国家和地区同时使用和平共处和世界革命外交手段，其根本目标是维护和扩大苏联的势力范围，保证苏联的国家安全利益。总之，搞清苏联对外政策目标的三个层次及其相互关系，是理解斯大林战后对外政策的关键，而它们之间的互动和内在矛盾及其影响，则反映在战后苏联对外关系的一系列历史过程中。

一、与西方合作：苏联在欧洲的"联合政府"政策

从战争结束到 1947 年初，斯大林对外战略的总体构想是在一

个相当长的时间内与西方特别是美国合作，并通过建立和维持势力
范围来保证苏联的安全，通过与西方的经济和贸易往来保证苏联的
发展。为了实现这一构想，斯大林通过对各国共产党的指挥，在苏
联的周边国家及其力量所及的地区，推行"联合政府"政策。他认
为各国通向社会主义应有自己的方式和道路，这是不争的事实。问
题在于，"联合政府"政策究竟是基于长期的战略构想，还是一种
暂时的策略？回答这个问题有赖于对该政策提出及实施的过程进行
全面的梳理。

1."联合政府"政策提出的原因

早在 1942 年初，联共（布）中央政治局便作出了《关于东欧、
亚洲和世界其他地区各国战后国家体制安排方案委员会》的决议，
要求以外交人民委员莫洛托夫为首的这个委员会从政治、外交、经
济、民族、领土等各方面研究各国状况，并写出有关战后世界安排
的综合报告。[①] 1943 年 9 月又决定，在外交部属下分别成立以副
外交人民委员李维诺夫为主席的和约与战后安排问题委员会、以国
防委员会委员伏罗希洛夫为主席的停战问题委员会。[②]

1944 年 1 月 10 日，副外交人民委员迈斯基向莫洛托夫提交了

---

① АПРФ（俄罗斯联邦总统档案馆），ф.3，оп.63，д.237，л.4—8，Вестник，1995，
№4，c.116—118，参见沈志华总主编：《苏联历史档案选编》第 16 卷，社会科学文
献出版社 2002 年版，第 668—671 页。

② АПРФ，ф.3，оп.63，д.237，л.49，Вестник，1995，№4，c.118—119，参见沈
志华总主编：《苏联历史档案选编》第 16 卷，社会科学文献出版社 2002 年版，第
672—673 页。

关于《未来和平的最佳基本原则》的报告，报告指出，战后苏联外交的目标是"安全得以保障而和平得以维持"。为此，就必须保持同西方伙伴，首先是同美国和英国的友好的关系。报告特别提到，"如果战后初期在欧洲爆发无产阶级革命"，那么苏联与美英的关系"必然会紧张起来"。[1] 作为一个以对西方持强硬立场著称的"莫洛托夫派"的年轻外交官，苏联驻美大使葛罗米柯的看法更具代表性。在 7 月 14 日《关于苏美关系问题》的报告中，葛罗米柯在列举了未来苏美关系可能出现的一系列问题后，很严肃地总结说："尽管可能存在一些困难"，但苏美"两国在战后继续保持合作的必要性也清楚地摆在眼前。在很大程度上，将来的关系是由其本质决定的，而它早已成形，或在战争期间正在成形"。[2] 11 月 15 日，李维诺夫委员会又提交了一份有关《苏英合作的前景及可能性的基础》的备忘录。同迈斯基的想法一样，李维诺夫认为，英美的对抗是战后世界的基本特点并将因此为苏美合作提供好的机会。同时，对于必然出现的苏英在欧洲的利益冲突，可能会"迫使英国和我们达成一种协议，而双方只有根据相对接近的原则严格地划分出欧洲安全

---

[1] АПРФ, ф.3, оп.63, д.237, л.52—93, Вестник, 1995, №4, с.124—143, 参见沈志华总主编：《苏联历史档案选编》第 16 卷，第 684—713 页。该报告还认为，在战后不久的将来，亚洲的危险来自"美国和中国结成一个矛头指向苏联的联盟"（第 712—713 页），这个见解对日后的苏联对华政策不无影响。

[2] AVPRF, f.6, op.6, d.603, p.45, l.34, 转引自 Vladimir O. Pechatnov, "The Big Three after World War II : New Documents on Soviet Thinking about Post War Relations with the United States and Great Britain", *CWIHP Working Paper*, №13, July 1995, p.8.

范围的界线，才能在这一基础上达成协议"。①

在这里看到的不是意识形态，不是世界革命，只有民族利益和国家安全，为此苏联必须与西方合作。正如俄国学者佩恰特诺夫所言：这三位苏联外交官"都希望一种真正的战时联盟的延续——的确，他们认为这是战后苏联维护其利益的先决条件"。他们都认为，美国、英国和苏联可以将世界划分成一些不同的势力范围，而苏联的势力范围"主要是从传统的地缘政治上来考虑的"，并不是那个"很难被西方盟国所接受的苏维埃化模式"。②

这些建议和报告，或者迎合了斯大林的意愿，或者为斯大林所接受。在斯大林格勒战役取得决定性胜利而苏联军队准备大举反攻向欧洲推进之际，1943 年 5 月，斯大林迫不及待地提出立即解散共产国际，目的就是要排除苏联与西方合作的这个"障碍"，"为各国人民将来在平等的基础上进行联合扫清道路"。③ 那年秋天，斯大林甚至作出了改换苏联国歌的决定。人们早已经熟悉的《国际

---

① АВПРФ（俄罗斯联邦对外政策档案馆），ф.06，оп.6，п.14，д.143，л.31—89，转引自 *Наринский М.М.* Европа：проблемы границ и сфер влияния，1939—1947//Новая и новейшая история，2005，№1，с.90。另参见 И.В.Сталин и М.Торез，1944—1947гг. Новые материалы// Новая и новейшая история，1996，№1，с.19。

② Pechatnov，"The Big Three after World War II"，pp.16—18.

③ *Димиитров* Г. Дневник（9 март 1933–6 февруари 1949），София：Университстетско издарелство "Св. Климент Охридски"，1997，с.372，374—375、377—378；*Адибеков Г.М.* Коминформ и послевоенная Европа 1947—1956гг.，Москва：Россия молодая，1994，с.6、21。笔者对这一问题的论述见：《1943 年共产国际的解散》，《国际观察》2008 年第 1 期。另参见 *Лебедева Н. Наринскй* М. Роспуск Коминтерна в 1943 году// Международный жизнь 1994，№5，с.80—88。

歌》现在不再是国歌，只能作为党歌了。斯大林亲自挑选和修改的歌词，突出了"伟大的罗斯"。① 在表现出一种与西方合作的强烈愿望的同时，战后的斯大林更加偏离了一个世界革命领袖的形象。

葛罗米柯后来回忆说，1944 年 9 月斯大林在制定联合国宪章的橡树园会议期间，给他下达过明确的指示：苏联赞同把联合国总部设在美国而不是欧洲，目的就是促使美国积极参与国际事务。当时给葛罗米柯的强烈感觉是："斯大林确确实实期望在战后与西方，特别是美国进行长期的合作"。此外，从与斯大林的多次会谈中，英国外务大臣艾登和美国驻苏大使哈里曼也得出了同样的印象。②

1945 年 1 月 28 日，斯大林在与南斯拉夫和保加利亚代表团会谈时强调指出，"资本主义世界被划分成了敌对的两块——民主国家和法西斯国家"，而对于苏联来说，最危险的国家是德国。"资本主义危机主要是由于腐朽和两个敌对阵营的相互削弱，这有助于欧洲社会主义的胜利。但是，我们必须放弃只能通过苏联制度才可以实现社会主义胜利的观念。它也可以体现在其他的政治制度里，例如民主制和议会共和制，甚至君主立宪制。"③ 负责主管意识形态的

---

① 罗伊·麦德维杰夫、若列斯·麦德维杰夫：《斯大林——鲜为人知的剖面》，王桂香等译，新华出版社 2004 年，第 274 页。

② Корниенко Г.М. Холодной война : свидетельство ее участника, Москва : Международные отношения, 1995, c.18；艾·哈里曼、伊·艾贝尔：《特使：与邱吉尔、斯大林周旋记（1941—1946）》，南京大学历史系英美对外关系研究室译，三联书店 1978 年版，第 275—276、279—280 页。

③ CDA（保加利亚国家档案中心），Find 147 B，op.2，ae.1025，l.1—6，该文件复印自美国伍德罗·威尔逊国际学者中心冷战国际史项目（The Cold War International History Project，Woodrow Wilson International Center for Scholars）收藏的英译本保加利亚档案，下同。

苏共中央书记日丹诺夫则在一次会议上谈到了战后"和平过渡到社会主义社会的可能性"。[1] 为了与西方资本主义国家合作，莫斯科必须减缓在国外宣传和推行苏联的社会主义制度。[2]

上述情况说明，斯大林在战争后期集中考虑的问题是如何继续维持和巩固与西方的同盟关系，其目的不仅是要尽快消灭法西斯，也不仅是考虑到战后苏联国力衰落的现实，而是要在一个相当长的时间内避免再次使苏联陷入战争的泥沼，保障国家的安全和经济发展。[3] 正是在这样的一种思想的指导下，斯大林在战争后期向各国共产党提出了所谓"联合政府"的政策，即在那些将要打败和已经打败法西斯的国家应该建立起民主制度，共产党必须与其他各党派实现联合，共同组建政府。当然，在不同的国家和地区，实行这一政策的内容是有所区别的。"联合政府"政策的主要实施地区是在欧洲，亚洲地区的中国也包括在实施范围内。不过，那里情况比较特殊，后文将专设一章论述。

---

① РГАСПИ（俄罗斯国家社会政治史档案馆），ф.77，оп.3с，д.174，л.3，转引自 Марьина В. В.（отв. ред.）Тоталитаризм：Исторический опыт Восточной Европы，"Демократическое интермеццо" с коммунистическим финалом，1944—1948，Москва：Наука，2002，с.94。

② 当然，莫斯科并非否定自己制度的优越性，在 1944 年 1 月 17 日苏联情报局的会议上，联共（布）中央书记谢尔巴耶夫认为，目前宣传部门最主要的任务是"以各种可以接受的方式宣传苏联的制度"，但强调这种宣传要避免"公开"和"直接"的形式，而应该"朴实"地进行。РГАСПИ，ф.88，оп.1，д.998，л.1—2，转引自 Марьина（отв. ред.）Тоталитаризм，с.94。

③ 斯大林在 1944 年 11 月 6 日的公开讲话中说："苏英美联盟的基础不是一些偶然的和暂时的动机，而是非常重大的和长远的利益"，其目的之一就是"新的战争不可能发生，如果不是永久不发生，至少也要在一个长时期内不发生"。《斯大林文选》，人民出版社 1962 年版，第 398—399 页。

2."联合政府"政策在西欧国家的实施

战争期间西方国家的共产党组织有了很大发展，欧洲8个小国（瑞典、挪威、丹麦、荷兰、瑞士、奥地利、芬兰、比利时），共产党员总数由战前的10万多人增至战后初期的70万人。甚至连历来很小的英国党，其党员人数也从1939年的1.8万人扩展到1944年的5万人。法国和意大利共产党的势力最大。到1946年法共已发展到近100万人，意共则达到200万人。① 不仅如此，很多共产党还掌握着武装力量。在法国解放前已成立的71个省解放委员会中，共产党领导的就占半数以上。1944年2月1日，根据法共的倡议，抵抗运动各种武装力量统一为"法国内地军"，人数达50万人，其中法共掌握的义勇军游击队就有25万人。到6月，法共还建立并领导了人数众多的爱国民兵。② 1943年底，意共开始组织武装斗争，到1944年6月，北部各游击队合组为"自由义勇军"，在民族解放委员会下设立统一的总指挥部，人数据称有40万，其中意共直接领导的"加里波第游击队"也有25万之众。民族解放委员会还在各解放区建立人民政权，初步实行了各项民主改革措施。③ 在大战期间，希腊共产党发展到72500人，并已成为希腊民族解放阵线和

---

① 费南德·克劳丁：《共产主义运动——从共产国际到共产党情报局》第二卷，方光明等译，福建人民出版社1983年版，第3、146页。

② Ronald Tiersky, *French Communism, 1920—1972*, New York & London：Columbia University Press, 1974, p.118, 转引自编委会：《战后世界历史长编(1945)》第一分册，上海人民出版社1975年版，第305页。

③ 《战后世界历史长编(1945)》第一分册，上海人民出版社1975年版，第324—325页。

希腊人民军的主要组织者和领导者。[1] 然而，既然是在西方的势力范围内，为了表示合作的诚意，苏联坚持主张在这些国家的共产党应该放下武器，以合法身份进入政府。

1944 年 10 月 23 日，苏联与英、美政府同时正式承认了以戴高乐为首的法兰西共和国临时政府。在法国的议会选举中，共产党获得了 26% 的选票，社会党与其附属党派获得了 25% 的选票。[2] 11 月 19 日，长期侨居国外的共产党总书记多列士回国前，斯大林接见了他。谈到党的任务时，斯大林指出，必须与社会党建立起左翼联盟，以便开展政治斗争。至于手中的武器，斯大林说："应当考虑到目前法国已有了为盟国所承认的政府。在这种条件下，共产党人很难拥有平行的武装力量。"斯大林强调，必须把武装力量改组为一种政治组织，"而把武器收藏起来"。这个政治组织的纲领，"首先应当包括恢复国家经济和巩固民主"。[3] 回到巴黎后，多列士提出了"团结、战斗、劳动"的口号，并以法共中央的名义"一再重申：'只能有一个政府，一支军队，一支共和国军队和警察'"。在多列士的领导下，法共随即下令内地军服从政府命令，分散编入

---

[1]　克劳丁：《共产主义运动》第二卷，第 3 页。关于战时希腊共产党及其武装力量的情况，详见 David H. Close (ed.), *The Greek Civil War, 1943—1950, Studies of Polarization*, London and New York：Rutledge, 1993, pp.97—155；R. Craig Nation, "A Balkan Union? Southeastern Europe in Soviet Security Policy, 1944—8", Gori and Pons (eds.), *The Soviet Union and Europe in the Cold War*, pp.125—143.

[2]　塞顿·华特生：《从列宁到马林可夫》，邵国律译，台北黎明文化事业股份有限公司 1974 年版，第 402 页。

[3]　АПРФ, ф.45, оп.1, д.390, л.85—93, Источник, 1995, №4, с.152—158, 参见沈志华总主编：《苏联历史档案选编》第 16 卷，社会科学文献出版社 2002 年版，第 727—737 页。

法国陆军。同时，许多领导解放委员会的法共党员，则把权力交给了戴高乐委派的地方官员。①

1943 年底到 1944 年初，莫斯科对意大利的政策一直摇摆不定，但 3 月 3—4 日斯大林和莫洛托夫接见即将回国的意共总书记陶里亚蒂时，确定了同法国一样的合作方针。② 为争取国内反法西斯民主主义改革更加深入，意共领导人曾要求维克多—艾曼努尔三世国王立即退位，还要求彼·巴多利奥元帅的政府必须辞职。斯大林在谈话时建议彻底修改意共的政治方针：（1）不要求国王立即退位；（2）共产党人可以进入巴多利奥政府；（3）主要致力于在反德斗争中实现和巩固统一。③ 陶里亚蒂离开莫斯科后，3 月 14 日，苏联政府便宣布与巴多利奥政府建立了外交关系。于是，陶里亚蒂一回到意大利就提出：墨索里尼垮台后，意大利的唯一出路就是要建立"以巴多利奥为首的、有共产党人参加的……民主政府"。陶里亚蒂还一再向盟国咨询委员会的美国代表墨菲表示，"共产党的目标"是"要消灭法西斯主义，要建立一个真正的民主共和国"。④

---

① 《战后世界历史长编(1945)》第一分册，上海人民出版社 1975 年版，第 313—315 页。

② Silvio Pons, "Stalin, Togliatti, and the Origins of the Cold War in Europe", Paper for the Conference "Stalin and the Cold War, 1945—1953", Yale University, 23—26 September 1999, pp.1—3.

③ РЦХИДНИ（俄罗斯现代史文献保管和研究中心），ф.495，оп.74，д.259，л.8，转引自 *Наринский И.В. Стаɪин и М. Торез*，с.19—20；*Димиитров Дневник*，с.410—411，参见《季米特洛夫日记选编》，马细谱等译，广西师范大学出版社 2002 年版，第 280—282 页。

④ 《意大利共产党简史》，人民出版社 1953 年版，第 90 页；马契拉·弗拉拉、毛里齐奥·弗拉拉：《陶里亚蒂传》，世界知识出版社 1957 年版，第 258 页，转引自《战后世界历史长编（1945）》，第 326—328 页。

正因为如此，在 10 月 9 日苏英领导人会谈中，当丘吉尔表示担心盟国军队撤离意大利后意共会发动内战时，斯大林一方面表示不反对英国在意大利的政策，一方面轻松地保证说，"埃尔科利是聪明人，他不会去冒险的"。①

1944 年 5 月苏英达成协议，为了报答英国对苏联在罗马尼亚政策的认可，作为交换，莫斯科决定不插手希腊事务。应艾登的要求，7 月 26 日莫洛托夫派代表到希腊解放区，劝说民族解放阵线参加流亡在开罗的帕潘德里欧政府。9 月初，民族解放政治委员会自行宣布解散，交出了在解放区已经掌握的政权。② 9 月 22 日英国政府通知莫斯科，准备近期向希腊派遣军队，以帮助希腊政府。第二天维辛斯基回信说，苏联将继续遵守五月协议，不反对英国向希腊派兵，自己也不打算派遣武装部队到那里。③ 9 月 26 日，就在希腊政府即将迁回雅典时，希腊人民解放军和民主联盟领导人与希腊流亡政府代表在英国的策划下签订了卡塞塔协定，按照协定，"所有在希腊活动的游击队一律服从希腊民族团结政府的命令"，而"希

---

①　*Стрижов Ю.И.* Англия должна иметь право решающего голоса в Греции// *Источник*，2003，№2，c.51—52。埃尔科利是陶里亚蒂流亡时的曾用名。

②　参见艾·哈里曼、伊·艾贝尔：《特使：与邱吉尔、斯大林周旋记（1941—1946）》，南京大学历史系英美对外关系研究所译，第 368 页；《战后世界历史长编》编委会：《战后世界历史长编（1946）》第二分册，上海人民出版社 1976 年版，第 234、245—248 页。对于莫洛托夫派遣的波波夫小组的任务，也有研究者提出了不同看法，见 *Смирнова Н.Д.* "Греческий вопрос" на парижской мирной конференции// *Институт Всеобщей Истории РАН* Сталин и холодная война，Москва：ИВИ РАН，1998，c.8—9。

③　АПРФ，ф.3，оп.64，д.99а，л.40，沈志华收集和整理：《苏联历史：俄国档案原文复印件汇编》第 6 卷，华东师范大学国际冷战史研究中心存，2004 年，第 251 页。

腊政府把这些部队交由盟军最高司令所任命的斯科比将军指挥"。①所以，斯大林和莫洛托夫在 10 月与丘吉尔炮制的那个划分东南欧和巴尔干半岛势力范围的著名"百分比协议"，对于希腊而言，不过是确认了既成事实而已。②

在北欧几个国家，情况也大体相同。比利时共产党的力量虽然远远不能与法共和意共相比，但到战争结束时，通过抵抗运动，也控制着 10 万名武装人员，而当时国内的警察只有 1 万人左右。由于共产党在抵抗运动中的影响，经过改组的皮埃洛临时政府在比利时历史上第一次吸收了两名共产党员入阁。当 1944 年 10 月政府宣布将抵抗运动武装力量有条件地纳入正规军时，尽管比共在具体做法上有不同意见，甚至以退出内阁相威胁，但在盟军驻比部队的压力下，最终还是交出了全部武装。因此，在 1945 年 2 月组成的以社会党人范阿克尔为首的"全国团结"政府中，共产党继续保留了两名阁员的位置。在战后的选举和政府组成中，荷兰、丹麦、挪威共产党也都占有一席之地。不过，其原因主要不是这些国家的共产党拥有相对强大的实力，而是执政者需要向莫斯科做出友好的

① 阿·托因比、维·托因比编：《国际事务概览（1939—1946）：欧洲的重组》下册，劳景素译，上海译文出版社 1981 年版，第 622 页；《战后世界历史长编》编委会：《战后世界历史长编（1946）》第二册，上海人民出版社 1976 年版，第 247—248 页。

② 有关"百分比协议"的俄国档案已经全部解密，这包括 1944 年 10 月 9 日斯大林与丘吉尔的会谈记录和 1953 年 6 月 3 日马立克与丘吉尔的会谈记录（Источник，2003，№2，с.45—56），1944 年 10 月 10 日莫洛托夫与艾登的会谈记录和 10 月 17 日斯大林与丘吉尔的会谈记录（Ржешевский О.А. Сталин и Черчилль，с.429—438、476—480）。以上档案的中译文参见《冷战国际史研究》第 3 辑（2006 年秋季号），第 261—278 页；参见沈志华总主编：《苏联历史档案选编》第 16 卷，社会科学文献出版社 2002 年版，第 721—726 页。

姿态。①

3. "联合政府"政策在苏联势力范围的实施

在苏联的周边国家，情况有些不同。根据"百分比协议"和多次会议的谈判，西方承认了苏联在其所占领的东欧和巴尔干地区的势力范围。不过，雅尔塔会议通过的《被解放的欧洲国家宣言》规定，必须用民主的方法来解决这些国家的政治和经济问题。② 为了保证与西方的合作，斯大林履行了自己的诺言，即在这一地区推行选举制和"联合政府"政策，尽管具体做法在各国大相径庭。

保加利亚是战后欧洲共产党控制政府的第一个国家。1944 年 9 月 5 日苏联突然向保加利亚宣战以及三天后的顺利进军，导致保政府迅速瘫痪，以季米特洛夫和科拉罗夫遥控的工人党为首的爱国阵线借此机会成功地发动了不流血政变，并成立了以格奥尔吉为总理的祖国阵线政府。③ 通过对军队及政府各部门的清洗，工人党迅速控制了权力。接近 1944 年底时，工人党在爱国阵线

---

① 《国际事务概览（1939—1946）：欧洲的重组》下册，第 881—882、884—886、891、920、933、951—952 页。

② 《德黑兰、雅尔塔、波茨坦会议记录摘编》编译组编：《德黑兰、雅尔塔、波茨坦会议记录摘编》，上海人民出版社 1974 年版，第 216 页。

③ 详见 Vesselin Dimitrov, "Revolution Released：Stalin, the Bulgarian Communist Party and the Establishment of the Cominform", Gori and Pons（eds.），*The Soviet Union and Europe in the Cold War*, pp.273—275；Гибианский Л.Я. Исследования политики СССР в Восточной Европе в конце второй мировой войны и в первые послевоенные годы// Вопросы истории, 2004, №6, c.152—153；Валева Е.Л. Политические процессы в Болгарии, 1944—1948 годов// Славяноведение, 1999, №4, c.24。

委员中的比例已达54%，在84个城市中有63个市长，在1165个村庄中有879个村长，是由工人党员担任的。① 然而，工人党的做法引起了莫斯科的不满。12月13日，季米特洛夫请求斯大林接见即将返回索非亚的科拉罗夫，并商谈保加利亚问题。斯大林以工作繁忙为由拒绝了，但却对保加利亚出现的紧张局势提出了严厉批评："共产党人的调子太高"，科拉罗夫现在回国只能加剧局势恶化——"他们完全会发疯的"。季米特洛夫随即给工人党中央发去密电，指示他们对同盟者"要表现出最大的机动性和灵活性，不要唱进攻性的高调，不要摆出共产党人在政府和祖国阵线中起领导作用的架势"。电报强调，"必须避免政府危机，更不能去促成这种危机"，"在当前局势下只有对国家事务实施集体领导才是可行的，这就要求我们实行某些自我约束"。② 不久，斯大林直截了当地告诉保加利亚人："当我们认为建立苏维埃政权是通向社会主义的唯一途径时，这也许是错误的。也许其他方式——成立民主共和国或在一定情况下建立立宪君主政体——也能实现社会主义。""你们已经建立起爱国阵线政府，这是一件好事。它应该得到加强，可能的话还要扩大一些。不要拒绝任何在反法西斯主义斗争中能够利用的人。"③

　　到1945年夏天，为抗议保加利亚工人党企图垄断权力的做法，

---

① Dimitrov, "Revolution Released", Gori and Pons (eds.), *The Soviet Union and Europe in the Cold War*, pp.275—276.

② CDA, CMF 434, k.77—78；*Димиитрэв Дневник*, с.452.

③ Dimitrov, "Revolution Released", Gori and Pons (eds.), *The Soviet Union and Europe in the Cold War*, pp.276—277.

反对派提出推迟选举，并得到美英等国的支持。季米特洛夫对此愤怒不已，莫斯科则表示必须作出让步。此前，斯大林已经否定了季米特洛夫准备把农民领袖佩特科夫赶出政府的主张。面对可能出现的国际政治危机，斯大林又建议工人党同意推迟选举，并允许反对派合法化，以便能够掌握和利用他们："反对派的存在关系到你们的切身利益，如果你们能够做好工作，那么你们就能够控制住佩特科夫的反对派并在许多场合利用他们。"① 正是由于这次让步，波茨坦会议才在保加利亚和巴尔干问题上作出了令莫洛托夫感到满意的决议："实际上承认了这个地区是我们（苏联）的势力范围。"② 推迟选举以后，10月30日斯大林接见了保加利亚工人党领导人。斯大林再次告诫说："你们应该提出这样的观点，没有反对派任何一种政府都不可能是民主的。"至于国家的发展方向，斯大林指出："不要忘记，在你们国家，社会主义制度的发展可能会有所不同——通过议会。这条道路很漫长，但实现的目标是一样的。"③ 后来，季米特洛夫的游说使斯大林相信，保加利亚的反对派已经执行了反苏路线，从而导致莫斯科决心在那里开始采取强硬立场——对反对派不予理睬，也不再进行任何谈判，而用巧妙的行动加以摧毁；拒绝佩特科夫进入政府，而挑选其他

---

① CDA，f.1B，op.7，ae.398，l.1；Димитров，Дневник，c.487、494—495；Валева Политические процессы в Болгарии，c.27—30；Dimitrov，"Revolution Released"，Gori and Pons（eds.），*The Soviet Union and Europe in the Cold War*，pp.280—281.

② *Димиитров Дневник*，c.492，中译文参见《季米特洛夫日记选编》，第350页。

③ CDA，Fond 146B，op.4，ae.639，l.20—28.

党作为反对派取代之。① 即便如此，斯大林仍然没有从总体上改变其基本方针。1946 年 9 月 2 日斯大林再次当面向季米特洛夫指出：因为"所处时代的形势完全不同"，保加利亚将"经由一条特殊的道路——不用无产阶级专政过渡到社会主义"，而"不要模仿俄国共产党人"。②

由于战前受到西方绥靖政策的伤害，捷克斯洛伐克人普遍对苏联抱有好感，强烈的"慕尼黑情结"使得流亡西方的政府首脑贝奈斯几乎是自动地倒入了斯大林的怀抱。③ 以至 1943 年深秋贝奈斯向莫斯科提议："我们两国的外交政策是协调一致的。我们应该知道你们对德国的政策，以便我们针对美国和英国在这个问题上的态度实行共同的路线。因为此时布拉格应该实行同莫斯科相同的政策。军事上也进行密切合作，使我们的计划适合你们在军事科学上的成果，统一武器装备，建立空中直接联系。"④ 在 1943 年访问莫斯科期间，

① CDA, New Declassified Record, №5032, Т.II, p.10；АПРФ, ф.45, оп.1, д.252, л.28—39, *Волокитина Т.В.* Восточная Европа в документах российских архивов, 1944—1953гг., Том.I, 1944—1948гг., Москва：Сибирский хронограф, 1997, с.355—361, 中译文参见沈志华总主编：《苏联历史档案选编》第 24 卷，第 86—93 页；Dimitrov, Revolution Released, Gori and Pons（eds.）, *The Soviet Union and Europe in the Cold War*, pp.282—283；Димитров Дневник, с.518, 中译文参见《季米特洛夫日记选编》，第 370—371 页。

② *Димиитров Дневник*, с.534—535, 中译文参见《季米特洛夫日记选编》，第 385—387 页。

③ 有关这方面的研究详见 *Серапионова Е.П.* Эдуард Бенеш：планы послевоенного развития Чехословакии и реальность//*Марьина*（отв. ред.）Тоталитаризм, с.115—116。

④ *Поп И.И., Россовская М.И.* Тяжелая тень восточного соседа：некоторые аспекты отношений между чехословакией и советским союзом//*Гибианский Л.Я.*（отв. ред.）У истоков "социалистического содружества"：СССР и восточноевропейские страны в 1944—1949 гг., Москва：НАУКА, 1995, с.92。

贝奈斯与苏联领导人详细讨论了边界问题、移民问题、对外政策问题，以及战后双方的经济和军事合作问题。12月12日，《捷苏友好互助与战后合作条约》在没有任何障碍的情况下顺利签订。贝奈斯对此十分满意。接着，贝奈斯还会晤了捷共国外局的代表，进一步讨论与红军进行军事合作，以及战后的国家制度问题。后来担任总书记的哥特瓦尔德向贝奈斯转达了共产党关于领导国内民族解放斗争和战后政策基本原则的建议。共产党人认为战后组建民族阵线是适宜的，希望解放后的共和国对内以"真正"的民主为基础，对外同苏联建立稳固的友谊。共产党人还声明，将努力通过"民主方式，在广大人民的积极参与下"逐步实现向社会主义过渡。[1] 在苏联推行的"联合政府"政策中，捷克斯洛伐克的确扮演了特殊的角色。由于贝奈斯明显而真诚的友好立场，莫斯科非常满意，并以此作为典范。1944年1月11日迈斯基给莫洛托夫的报告中论证说：由于亲苏情绪和苏捷条约的存在，"组建一个强大的捷克斯洛伐克对苏联是有益的"，"应该把它视为我们在中欧和东南欧扩大影响的前哨"。[2]

　　波兰对于苏联来说"生死攸关"，正如斯大林与丘吉尔争论时所说，是否能够控制波兰，对英国只是国家荣誉问题，对苏联则是国家安全问题。[3] 唯其如此，斯大林才亲自张罗成立了波兰民族

<hr>

① *Серапионова Эдуард* Бенеш//Марьина (*отв. ред.*) Тоталитаризм. с.116—117.

② АПРФ，ф.3，оп.63，д.237，л.52—93，Вестник，1995，№4，с.130、138，中译文参见《苏联历史档案选编》第16卷，社会科学文献出版社2002年版，第693、706页。

③ *Ржешевский* Сталин и Черчилль，с.499—505；《德黑兰、雅尔塔、波茨坦会议记录摘编》编译组编：《德黑兰、雅尔塔、波茨坦会议记录摘编》，第139—140页。

解放委员会，并以此作为未来国家政权的基础。[①] 但是，这丝毫不表明莫斯科要在波兰建立苏联式的社会主义制度。早在 1943 年 4 月 2 日给波兰共产党国内领导人芬德尔的密电中，身为共产国际总书记的季米特洛夫就指示：在波兰现阶段，"确立工人和农民政权"的提法"在政治上是不正确的"，斗争的基本口号应该是"确立人民民主政权"。[②] 在翌年 4 月 28 日与美籍波兰人奥尔列曼斯基谈话时，斯大林也说，"苏联政府丝毫无意干涉波兰的内部事务"，"波兰将存在什么样的制度，不论是政治制度、社会制度还是宗教制度，这是波兰人自己的事"。苏联人只是希望未来的波兰政府"能理解并且珍惜与它东边邻国的良好关系"。[③] 尽管在雅尔塔会议期间，围绕波兰政府的组成问题斯大林与丘吉尔进行了激烈争论，但最后还是达成协议，苏联同意吸收流亡伦敦的米科拉伊奇克参加政府。会议公报称，应在广泛的基础上对卢布林临时政府实行改组，

---

① АВПРФ，ф.06，оп.6，п.42，д.551，л.3—6，*Волокитина Т.В.* Восточная Европа в документах российских архивов，1944—1953гг.，Том.I，с.52—55，中译文参见沈志华总主编：《苏联历史档案选编》第 23 卷，第 31—33 页。另见 *Гибианский* Исследования политики СССР// Вопросы истории，2004，№6，с.152；*Яжборовская И.С.* Вовлечение Польши в сталинскую блоковую политику：проблемы и методы давления на польское руководство，40—е годы//ИВИ РАН Сталин и холодная война，с.90。该委员会设在波兰卢布林，亦称卢布林委员会或卢布林政府。

② *Димиитров* Дневник，с.364.

③ АВПРФ，ф.6，оп.6，п.42，д.548，л.9—15，*Волокитина Т.В.* Восточная Европа в документах российских архивов，1944—1953гг.，Том.I，с.36—42，中译文参见沈忈华总主编：《苏联历史档案选编》第 23 卷，社会科学文献出版社 2002 年版，第 14—20 页。

以容纳波兰国内外的民主领袖。①

此后，波兰共产党和社会党始终掌握着政权，但是作为反对派，米科拉伊奇克及其农民党的影响也很大，并在英国的支持下，与执政党展开了针锋相对的斗争。为此，共产党和社会党都感到一种政治危机，共产党甚至主张把米科拉伊奇克从政府中排除出去。面对波兰紧张的政治形势，1946 年 5 月 23 日，斯大林与波兰总统贝鲁特（共产党）、总理奥苏布卡—莫拉夫斯基（社会党）举行了会谈。在详细听取汇报后，斯大林回答了波兰人提出的问题。关于要不要实行无产阶级专政的问题，斯大林虽然认为波兰的安全机关还很薄弱，但明确指出："波兰没有无产阶级专政，那里不需要无产阶级专政。"目前在波兰以及南斯拉夫和捷克斯洛伐克建立的民主制度，"可以使你们不用建立无产阶级专政和苏维埃制度而接近社会主义"，因此"这一制度是值得保留的"。至于如何对待米科拉伊奇克，斯大林指出，农民党代表的是"反政府的反动派阵线"，而"波兰的民主阵营没有反对派也不行，这个阵营需要合法的、听话的反对派，也就是以合法的手段批评政府但不从事推翻政府活动的那种反对派，这样的反对派对波兰的民主阵营是有利的"。应该"不惜一切代价"同反对派"达成协议"。"在未来的议会中，应该提出给米科拉伊奇克的党 25% 的席位，给科瓦利斯基的党 15% 的席位"。如果米科拉伊奇克拒绝合作，"当然有必要采取镇压措施，

---

① *Ржешевский* Сталин и Черчилль, c.499—505；《德黑兰、雅尔塔、波茨坦会议记录摘编》编译组编：《德黑兰、雅尔塔、波茨坦会议记录摘编》，第 166—185、218—219 页。

但是无论如何不能从肉体上消灭他的党的成员，因为这个党是合法的"，而"应该从政治上孤立"他们。斯大林最后指出，"不能不认真对待这些事情。让米科拉伊奇克进入政府是签订过协议的。如果把他除名，反动派就有了反对波兰民主的新理由。"[①]

在政治力量对比上，匈牙利共产党是最弱的。到1944年底，加上从莫斯科回国的200名党员，匈共党员总数不过2500人。[②]因此，当苏联红军推进到匈牙利境内时，11月13日莫洛托夫向来到莫斯科的匈牙利（非共产党）代表团指出，"苏联政府准备支持成立匈牙利中央机构的想法，其首脑由在座的匈牙利代表团成员和将军提名"。代表团成员对苏联极其友好和尊重的态度，令莫洛托夫感到满意，但为了让弱小的匈共在未来政府中占有一席之地，他还是一再强调，匈牙利政府"应当建立在民主的基础上，并吸收所有政党、所有政治派别的代表参加"，又小心谨慎地提出："在莫斯科有一些匈牙利人，也许他们参加组建的机构是有益的"。[③] 可见，在匈牙利不是共产党如何掌权的问题，而是像在西方那样如何让共产党的代表进入政府的问题。

---

① АПРФ, ф.45, оп.1, д.355, л.33—62, *Волокитина Т.В.* Восточная Европа в документах российских архивов, 1944—1953гг., Том.I, с.443—463, 中译文参见沈志华总主编：《苏联历史档案选编》第23卷，社会科学文献出版社2002年版，第114—136页。米科拉伊奇克与科瓦利斯基原同属一个农民党，后该党分裂。

② Charles Gati, *Hungary and the Soviet Bloc*, Durham：Duke University Press, 1986, p.82.

③ АВПРФ, ф.06, оп.6, п.34, д.416, л.9—13, *Волокитина Т.В.* Восточная Европа в документах российских архивов, 1944—1953гг., Том.I, с.94—98, 中译文参见沈志华总主编：《苏联历史档案选编》第26卷，社会科学文献出版社2002年版，第10—14页。

在苏联的建议和监督下，12月21日，匈牙利临时国会在德布勒森市召开，成立了由小农党、社会民主党、全国农民党和匈牙利共产党组成的临时联合政府。① 第二天，副外交人民委员杰卡诺佐夫向斯大林报告说："匈牙利政府的组成和政府宣言完全符合我们制定的计划。"② 1945年7月，在苏联的干预和压力下，实现了内阁改组，共产党和社会民主党在新内阁13名成员中占有6个席位，莫斯科对此结果感到满意。③

以拉科西为首的匈牙利共产党对此并不满足，他们进而采取了更为激进的政策，以至引起莫斯科的强烈不满。是年秋天，苏联驻匈牙利公使普希金批评说，匈共脱离了苏联制定的"建立经选举产生的民主力量联盟"的"共同路线"，并指出，"共产党不仅要同社会民主党，而且必须同民族农民党结成联盟，还必须同国内最有

---

① АВПРФ，ф.07，оп.5，п.43，д.93，л.7—8，*Волокитина Т.В.* Восточная Европа в документах российских архивов，1944—1953гг.，Том.I，с.111—112，中译文参见参见沈志华总主编：《苏联历史档案选编》第26卷，第18—20页。另参见马细谱主编：《战后东欧——改革与危机》，中国劳动出版社1991年版，第138页。

② АВПРФ，ф.07，оп.5，п.43，д.93，л.14，*Волокитина Т.В.* Восточная Европа в документах российских архивов，1944—1953гг.，Том.I，с.113，中译文参见沈志华总主编：《苏联历史档案选编》第26卷，社会科学文献出版社2002年版，第21—22页。

③ АВПРФ，ф06，оп.7，п.28，д.372，л.6—8；АВПРФ，ф.077，оп.25，п.115，д.37，л.44—45，*Волокитина Т.В.* Восточная Европа в документах российских архивов，1944—1953гг.，Том.I，с.234—236，242—243，中译文参见沈志华总主编：《苏联历史档案选编》第26卷，社会科学文献出版社2002年版，第23—25、26—27页。

影响的政党小农党结成联盟"。① 盟国驻匈牙利管制委员会主席伏罗希洛夫也向斯大林报告说，共产党的"'左'倾情绪十分强烈"，"拉科西缺乏领导群众性大党的经验和国家工作的经验"，对小农党采取了"过火行为"。② 但为时已晚，匈共由于其自负和过激行为，在随后举行的大选中遭到失败。在议会中的席位，共产党占17.4%，而小农党占到57%。③ 苏联不得不再次干预新政府的组成。莫斯科要求，"确保为苏联政府所能接受的小农党和社会民主党人中的一些人被任命为新的匈牙利政府成员"，同时努力争取由共产党担任内务部长的职务。总之，"新政府的行动纲领必须无条件地保证对苏联的友好关系"。④ 结果，在苏联的压力下，各党联席会议达成协议，在以小农党蒂尔迪为首的18名内阁成员中，社会民

---

① АВПРФ, ф077, оп.27, п.11, д.121, л.25, 转引自 *Мурашко Г.П.*, *Носкова А.Ф.* Советский фактор в послевоенной Восточной Европе, 1945—1949// *Институт Российской Истории РАН* Советская внешняя политика в годы "холодной войны" (1945—1985)：новое прочтение, Москва：Международные отношения, 1995, c.79—80。

② АВПРФ, ф.06, оп.7, п.28, д.371, л.60—64, *Волокитина Т.В.* Восточная Европа в документах российских архивов, 1944—1953гг., Том.I, c.271—274, 中译文参见沈志华总主编：《苏联历史档案选编》第26卷，社会科学文献出版社2002年版，第34—38页。

③ *Волокитина Т.В.*, *Мурашко Г.П.*, *Носкова А.Ф.* Народная демократия：Миф или реальность? Общественно—политические процессы в Восточной Европе в 1944—1948гг., Москва：Наука, 1993, c.186—189；哈里曼、艾贝尔：《特使》，第461—462页。

④ АВПРФ, ф.06, оп.7, п.29, д.377, л.4, 14—15, 18—19, *Волокитина Т.В.* Восточная Европа в документах российских архивов, 1944—1953гг., Том.I, c.290—291、293—294、299—301, 中译文参见沈志华总主编：《苏联历史档案选编》第26卷，社会科学文献出版社2002年版，第41—42、43—44、45—47页。

主党和共产党各有 4 名（包括内务部长）。[①]

从上述过程可以看出，为了保证苏联与西方的合作基础，为了确立在俄罗斯周边建立起稳定的安全带，斯大林在战后初期全面推行的是一项"联合政府"政策。不过，在西方的势力范围内，这一政策表现为劝告共产党放下武器，加入以资产阶级政党为核心的联合政府；在自己的势力范围内，则是允许资产阶级和小资产阶级政党进入由共产党掌控的联合政府——在当时称新民主或人民主制度。莫斯科唯一的要求就是：无论什么政府，都应确保其实行对苏友好政策。

4."联合政府"政策的破产

在西欧，对斯大林"联合政府"政策的挑战，并不是如人们想象的那样首先出现在法国，而是在比利时。在 1946 年 3 月范阿克尔再次受命组成的内阁中，比共的成员由原来的 2 名增加到 4 名。8 月政府改组后，情况依旧。是年秋天，作为议会的第一大党，代表右翼的天主教党改变了以往试图单独执政的方针，宣称准备与其他政党联合执政。恰在此时，共产党无意中犯的一个错误，为天主教党提供了机会。1947 年 3 月，因抗议政府停发煤矿补贴和提高煤价的政策，内阁中的 4 名共产党人同时提出辞职，并导致首相辞

---

① АВПРФ, ф.06, оп.7, п.29, д.377, л.22—24, *Волокитина Т.В. Восточная Европа в документах российских архивов*, 1944—1953гг., Том.I, с.303—305, 中译文参见沈志华总主编：《苏联历史档案选编》第 26 卷，社会科学文献出版社 2002 年版，第 48—50 页。

职。在重新组成的天主教党和社会党的联合政府中，排除了共产党。这两个执政党在众议院共拥有 162 个议席，而反对党只有 40 席。① 斯大林的"联合政府"政策首先在比利时破产。

不过，真正引起莫斯科震动和恐慌的挑战确实出现在法国。不同的是，比利时共产党在形式上是主动退出政府的，而法国共产党却是被右派蓄意赶出政府的。在 1946 年 11 月的大选中，法共获得占总数 28.2% 的选票，在议会总共 619 个席位中夺得 182 席，再次成为第一大党。法共自恃在议会中席位居首的优势，要求由党的总书记多列士担任总理并组织政府，但遭到中右派人民共和党的坚决反对，以至引起内阁危机。最后，只得请出德高望重的社会党"教皇"、74 岁高龄的雷昂·布吕姆组阁。1947 年 1 月 22 日，以社会党人保罗·拉马迪埃为总理的第四共和国首届内阁组成。社会党占有 9 个部长职位，共产党和人民共和党各占 5 个。多列士出任副总理，弗朗索瓦·皮佑（共产党）任国防部长。② 但是，表面上阵容强大的三党联合政府，实际上内部矛盾重重。

冲突主要反映在战后殖民地政策和工资政策两个方面。在印度支那问题上，戴高乐支持的人民共和党，以及由总理拉马迪埃和海外事务部部长马里尤斯代表的社会党右翼，决心对胡志明所领导的越南民主共和国进行军事镇压，以此来恢复法国对那里的殖民统

---

① 《国际事务概览（1939—1946）：欧洲的重组》下册，第 894—895、899—900 页。

② 吴国庆：《战后法国政治史（1945—2002）》，社会科学文献出版社 2004 年版，第 33—39 页；张锡昌、周剑卿：《战后法国外交史（1944—1992）》，世界知识出版社 1993 年版，第 30 页。

治，遂于 1946 年 11 月 23 日炮轰海防市，并对越南发动了大规模进攻。而共产党和左翼社会党人则主张结束战争，通过与胡志明谈判解决问题。

1947 年 3 月 20 日，共产党发言人雅克·杜克洛发表讲演警告说，战争政策"将会耗尽法国的资源，导致法国依赖其他大国的军事和经济援助，从而丧失法国的民族独立性"。不过，法共并不想因此失去在政府中的地位。3 月 22 日，当政府就战争拨款问题要求议会进行信任投票时，法共议员投了弃权票，而法共部长们却投了赞成票。① 但是在紧接着出现的另一个殖民地问题上，法共则表现出强硬的立场。3 月 29 日，马达加斯加岛人民发动武装起义。法国政府进行了大规模军事镇压，并要求取消 4 名马达加斯加议员的豁免权。在 4 月 16 日的内阁会议上，法共部长严厉谴责法军在马达加斯加的大屠杀，同时谴责在印支的殖民战争，并中途退出会议以示抗议。② 三党联合政府的内部关系日趋紧张，在美国的支持下，右翼党派决心把共产党踢出政府。

早在 3 月间，奥里奥尔总统就认为"如果目前这种政府形式维持不下去，不如分裂"，并指责拉马迪埃"行动迟缓"。改组内阁的

---

① 详见 Mark Atwood Lawrence, "Transnational Coalition—Building and the Making of the Cold War in Indochina，1947—1949", *Diplomatic History*，Vol.26，№3，Summer 2002，pp.453—480；张锡昌、周剑卿：《战后法国外交史》，第 32 页；阿·格鲁塞：《法国对外政策（1944—1984）》，陆伯源等译，世界知识出版社 1989 年版，第 48—49 页。

② 吴国庆：《战后法国政治史（1945—2002）》，社会科学文献出版社 2004 年版，第 40—41 页；张锡昌、周剑卿：《战后法国外交史（1944—1992）》，世界知识出版社 1993 年版，第 32 页。

密谋和计划由此紧锣密鼓地开始了。4月下旬，拉马迪埃与布吕姆商议此事，一致认为"解除共产党人的职务对法国及共和国是生死攸关的"。刚从莫斯科参加四国外长会议归来的人民共和党领袖乔治·比多也向拉马迪埃施加压力，要求他采取行动。4月25日晚，拉马迪埃向其密友、国民教育部长马塞尔—埃德蒙·纳日朗透露："我已下定决心，要将共产党人赶出政府。"4月30日，拉马迪埃悄悄地征求了法共部长以外所有内阁成员的意见，并取得了一致赞同。与此同时，社会党领导机构——指导委员会在社会党议员的压力下经过激烈辩论，以10票对9票通过决议，敦促拉马迪埃改组内阁。拉马迪埃还召见了三军参谋长勒韦尔将军，命令他增调部队，加强对巴黎安全保卫的部署，以防不测，法国各军区司令也奉命让军队处于戒备状态。[①]

拉马迪埃很容易就找到了一个突破口，即在工资政策上的争论。到1947年初，法国经济每况愈下，煤炭产量持续下降，粮食供应不断减少，面粉和黄油储备已经用光，肉类来源几乎断绝。面对通货膨胀和工资冻结的严重局面，4月25日，雷诺汽车制造厂基层工会自发地组织了工人罢工。法共和法国总工会都先后表态，支持雷诺工人提高工资的要求。在5月1日晚奥里奥尔总统出面召开的紧急内阁会议上，多列士声明法共反对政府冻结工资的政策，其他法共部长也都表示支持正在扩大的罢工运动，狄戎还补充说，

---

① 吴国庆：《战后法国政治史（1945—2002）》，社会科学文献出版社2004年版，第43—44页；张锡昌、周剑卿：《战后法国外交史（1944—1992）》，世界知识出版社1993年版，第30—31页。

三个月来法共在所有问题上都同政府有分歧。结果，内阁会议不欢而散。此后，法共部长们既不出席内阁会议，也不辞职，试图以此逼迫政府改变政策或集体辞职。5月4日，拉马迪埃在国民议会要求就此问题对政府进行信任投票，所有法共议员及内阁成员都投票反对政府。第二天，拉马迪埃便在《政府公报》上发表公告，终止5名共产党内阁成员的职务，并于5月9日成立了没有法共参加的新政府。[①] 斯大林的"联合政府"政策在法国也遭到失败。

意大利的情况与法国类似，只是排挤共产党的手法有些不同。1947年1月，在对美国进行的非正式访问中，意大利总理加斯贝利了解到美国对意大利寻求经济援助的要求反应冷淡，主要原因是担心共产党在意大利政府中发挥作用。5月1日，美国新任国务卿马歇尔更直接暗示加斯贝利，只有将极左翼从他的政府中赶出去，才有可能谈到美国的援助问题。美国驻意大使邓恩也表示了同样的意见。于是，5月13日加斯贝利以政府内出现众多意见分歧为由提出辞职。当5月31日组成新政府时，共产党和社会党都已经被排除在外。[②]

在法国和意大利接连发生的事件表明，斯大林的"联合政府"政策在西欧已经破产，这使克里姆林宫感到极为不安和恼怒。6月

[①] 格鲁塞：《法国对外政策（1944—1984）》，第48页；吴国庆：《战后法国政治史（1944—1992）》，社会科学文献出版社2004年版，第41、44、46页；张锡昌、周剑卿：《战后法国外交史（1945—2002）》，世界知识出版社1993年版，第30页。

[②] 史志钦：《意共的转型与意大利政治变革》，中央编译出版社2006年版，第110—113页；Melvyn P. Leffler, "The United States and the Strategic Dimensions of the Marshall Plan", *Diplomatic History*, 1988, Vol.12, №3, p.281；华特兹：《从列宁到马林可夫》，第408—409页。

3日，莫洛托夫给驻巴黎的苏联大使馆发出指示，要求约见多列士并向他传达所附联共（布）中央书记日丹诺夫的信，多列士可以抄写信件的全部或部分内容，但原件要立即销毁。日丹诺夫在信中说："联共（布）中央对近日法国发生的将共产党人排挤出政府的政治事件非常担忧。苏联工人多次请求我们向他们解释法国发生了什么事情，他们对政治形势的急剧变化以及法国的力量对比已不利于共产党感到很担心，这一变化造成的政治后果也令他们不安。但是由于缺乏信息，我们很难给予他们明确的答复。……许多人认为，法国共产党人的行动是与联共（布）中央协商过的。你们自己清楚，这是不正确的，对于你们采取的这些步骤，联共（布）中央是完全没有预料到的。"最后，日丹诺夫强烈要求法共向莫斯科通报信息。①

显然，斯大林担心的不仅是"联合政府"政策在西欧已经无法继续，更令他不安的是那里的共产党擅自行动，有脱离莫斯科指挥棒的倾向。值得注意的是，日丹诺夫这封信的内容也通知了所有东欧国家共产党的领导人，因为受莫斯科主张通向社会主义的民族道路的影响，东欧党各行其是的现象亦有所抬头。

从1946年下半年开始，在苏联的势力范围内，"联合政府"政策的命运同样处于岌岌可危的状态。如果说在西欧这一政策的破产表现为共产党被排挤出政府，那么在东欧则表现为共产党（多数情况下与社会党联合）把其他政党排挤出政府。除了在南斯拉夫和阿尔巴尼

---

① АПРФ，ф.45，оп.1，д.392，л.33—34，*Наринский* И.В.Ста л ин и М.Торез// Новая и новейшая история，1996，№1，с.24—25。

亚——那里的权力已经完全被共产党垄断，其他东欧各国共产党都有其要对付的政敌。为了把农民党、自由民主党、社会民主党以及右翼社会党人驱逐出政府，甚至取消他们作为真正的反对派的资格，各国执政党都在不同程度上采取了"技术手段"和"非常措施"。

所谓技术手段，就是直接修改或伪造选举结果。捷共领导人对待作为体现国内政治民主生活的选举制度的态度很能说明问题，哥特瓦尔德在 1946 年 4 月直截了当地表示，"工人阶级、我们的党和劳动人民手中掌握着足够的手段、工具和方法，来纠正这种机械式的投票……以便获得对工人政党有利的结果"。已经公布的俄国档案证实，至少在罗马尼亚、匈牙利和波兰 1946—1947 年的选举中就发生过这种现象。[1] 以罗马尼亚为例。1945 年 3 月 6 日，在共产党的压力下，罗马尼亚国王批准成立了以农民阵线主席格罗查为首的人民民主阵线政府。在 12 月的莫斯科外长会议上，斯大林与西方达成妥协，吸收民族自由党和全国农民党的领导成员入阁，并准备在全民、直接和秘密投票的基础上进行自由的议会选举。然而，对于姗姗来迟的 1946 年 11 月的选举结果，当时所有的西方观察家和罗马尼亚反对党的政治活动家都一致认为是伪造的，美英两国也公开指责选举没有代表民意。[2] 现在档案材料披露的罗共领导人的

---

① РЦХИДНИ, ф.17, оп.128, д.901, л.33, 参见 *Мурашко*, *Носкэва* Советский фактор в послевоенной Восточной Европе, с.94—95。

② *Ерещенко М.Д.* История, которую остановили за кулисами дипломатии（Советское влияние как политический фактор послевоенного урегулирования в Румынин）//Гибианский（*отв. ред.*）У истоков "социалистического содружества", с.91；《国际事务概览（1939—1946）：欧洲的重组》下册，第 476—477 页。

言论，可以证明这些指责不是没有根据的。选举前，乔治乌—德治信心充足地对莫洛托夫说，为了确保取得选举的胜利，"已经采取了一切必要的措施"。波德纳拉希在苏联使馆的谈话更加明确："我们希望在投票时得到的实际选票可以达到55%—65%，但是我们需要得到的是90%的选票，而做到这一点，将要借助于选举法所提供的一些可能性和某种'技术手段'。"①

所谓非常措施，就是制造政治案件，利用掌握中的权力机关打击反对派。这是比较容易也更为普遍使用的手段。在匈牙利，由于共产党的力量较弱，这一点表现得尤为突出。② 在1945年11月的普选中，小农党取得巨大胜利，在议会中占有近60%的席位。在莫斯科的压力下，为了履行建立"联合政府"的承诺，小农党同意增加共产党在内阁中的席位，而共产党以退出政府相威胁，取得了内务部长的职位。到1946年4月，利用小农党的分裂，共产党不仅控制了最高经济委员会、国防部等关键部门，而且还让更为好斗的拉伊克·拉斯洛接替过于书生气的纳吉·伊姆雷担任了内务部长。到了10月，作为小农党的领袖，纳吉·费伦茨总理实际已被

---

① АВПРФ, ф.06, оп.8, п.44, д.733, л.19—20；АВПРФ, ф.0125, оп.34, п.131, д.16, л.104—111, *Волокитина Т.В.* Восточная Европа в документах российских архивов, 1944—1953гг., Том.I, с.535—536、541—546, 中译文参见沈志华总主编：《苏联历史档案选编》第23卷，社会科学文献出版社2002年版，第548、554页。

② 苏联驻匈使馆在1946年度的政治总结报告中就抱怨，共产党应对"警察局里的过火行为"负责。АВПРФ, ф.077, оп.27, п.121, д.11, л.24—29, *Волокитина Т.В.* Восточная Европа в документах российских архивов, 1944—1953гг., Том.I, с.609—613, 中译文参见沈志华总主编：《苏联历史档案选编》第26卷，第105—108页。

架空。两个月后，国防部和内务部在既未通知总理又不同他商量的情况下开始了大规模逮捕。在随后几个月对这起"反共和国阴谋"案件的审讯中，大批小农党核心或骨干人物受到牵连，纳吉·费伦茨的密友、小农党总书记科瓦奇·贝拉也遭到指控，并被苏联人神秘地逮捕。[①] 1947 年 1 月在与苏联大使普希金的谈话中，费伦茨承认小农党议会党团中确实混有反动分子，但是"共产党人千方百计地夸大阴谋，试图利用自己在侦查机关的优势败坏小农党领导人的名声并引起该党的分裂"，"共产党正在没有任何根据地中伤和迫害独立小农党的某些成员"。费伦茨还向苏联人提出，为了给"联合政府的工作创造一个健康的基础"，"希望共产党也做出让步，准许我们小农党的成员进入警察系统和地方政权机关"。[②] 费伦茨哪里知道，匈共的矛头最后就是指向他本人的。在 4 月 29 日对莫洛托夫的汇报中，拉科西指出，不仅纳吉·费伦茨总理是阴谋集团的领导人之一，很可能共和国总统蒂尔迪·佐尔坦也与该阴谋有牵连。拉科西还坦言："很遗憾，在阴谋分子那里没有发现武器仓库，否则我们就可以更加彻底地揭露他们了。我们需要某种紧张的局面。

---

① 《国际事务概览（1939—1946）：欧洲的重组》下册，第 509—512、518—520、523—525 页；АВПРФ，ф.077，оп.27，п.121，д.11，л.47—49，*Волокитина Т.В.* Восточная Европа в документах российских архивов，1944—1953гг.，Том.I，с.608—609，中译文参见沈志华总主编：《苏联历史档案选编》第 26 卷，社会科学文献出版社 2002 年版，第 103—104 页。

② АВПРФ，ф.077，оп.27，п.120，д.7，л.20—23，*Волокитина Т.В.* Восточная Европа в документах российских архивов，1944—1953гг.，Том.I，с.561—562，中译文参见沈志华总主编：《苏联历史档案选编》第 26 卷，社会科学文献出版社 2002 年版，第 90—91 页。

至少，我们希望把关于叛国阴谋的问题再次提到首要地位。"① 一个月后，拉科西便利用费伦茨出访瑞士之机，在突然召开的部长会议上提出对他的叛国指控，费伦茨被迫辞职，流亡国外。②

在波兰选举前的几个星期，掌握政府权力的工人党和社会党对米科拉伊奇克及其支持者也使用了非常措施："采取了2000多次行动"，逮捕了几千名农民党领袖和党员，并举行了几次审判，旨在证明农民党与波兰流亡分子、地下集团和美英使馆等都有勾结；取消那些支持米科拉伊奇克的选区内农民党候选人资格，禁止波兰农民党组织在22个县里开展活动。③ 结果，农民党在1947年1月的选举中"大大受到了削弱和损伤"。工人党向莫斯科报告说，鉴于米科拉伊奇克还有很大影响，"今后仍然必须对农民党施加压力，对它采取攻势"，除了继续实施意识形态方面的进攻外，更重要的是"从国家机关，首先是行政—政治机关中清除波兰农民党

---

① РЦХИДНИ, ф.17, оп.128, д.1019, л.7—21, *Волокитина Т.В.* Восточная Европа в документах российских архивов, 1944—1953гг., Том.I, с.613—623, 中译文参见沈志华总主编：《苏联历史档案选编》第26卷, 社会科学文献出版社2002年版, 第109—121页。

② РЦХИДНИ, ф.575, оп.1, д.14, л.129—135, *Волокитина Т.В.* Восточная Европа в документах российских архивов, 1944—1953гг., Том.I, с.641—647, 中译文参见沈志华总主编：《苏联历史档案选编》第26卷, 社会科学文献出版社2002年版, 第122—128页。

③ РЦХИДНИ, ф.17, оп.128, д.1080, л.1—5, *Волокитина Т.В.* Восточная Европа в документах российских архивов, 1944—1953гг., Том.I, с.551—555, 中译文参见沈志华总主编：《苏联历史档案选编》第19卷, 第575页; *Бордюгов Г., Матвеев Г., Косеский А., Пачковский А.* СССР—Польша Механизмы подчинения, 1944—1949гг., Москва：АИРО—ХХ, 1995, с.193—198；《国际事务概览（1939—1946）：欧洲的重组》下册, 第332—334页。

成员"。① 其目的正如社会党领导人贝尔曼所说，就是要"建立一个在对待政府态度上能够循规蹈矩的反对派"。②

在罗马尼亚、保加利亚、捷克斯洛伐克也先后发生了清洗和排挤反对党的类似情况。③ 总之，到 1947 年春天，东欧各国联合政府的社会政治基础大大缩小了，即使保留在政府内的非共产党部长，也只能是俯首贴耳。作为一项政策，"联合政府"已经名存实亡。如前所述，东欧各国共产党接受来自莫斯科的这种"宽容"政策，或多或少都带有被迫性，而党的生存及其利益所在，又必然要求他们在政府中占据绝对主导地位。因此，破坏"联合政府"的行为最初大多是东欧各国共产党主动采取的。与此同时，苏联也开始渐渐对东欧各国共产党的这种要求采取了支持的立场，因为在莫斯科看来，处于反对派地位的各党基本上是持反苏立场的，只有共产党牢牢掌握政府的方针和方向，才能保证对苏友好政策的实行。在莫斯科认定美国提出马歇尔计划的目的之一在于诱使东欧国家脱离苏联控制以后，特别是当波兰和捷克斯洛伐克领导人借口共产党无法替代政府作出决定，而试图违背

---

① РЦХИДНИ，ф.17，оп.128，д.284，л.19—25，*Волокитина Т.В.* Восточная Европа в документах российских архивов，1944—1953гг.，Том.I，с.587—591，中译文参见《苏联历史档案选编》第 23 卷，第 180—181 页。

② АВПРФ，ф.0122，оп.29，п.208，д.7，л.81—84，*Волокитина Т.В.* Восточная Европа в документах российских архивов，1944—1953гг.，Том.I，с.592—594，中译文参见沈志华总主编：《苏联历史档案选编》第 23 卷，第 185 页。

③ 详见《国际事务概览（1939—1946）：欧洲的重组》下册，第 494—501 页。*Ерещенко* История，которую остановили за кулисами дипломатии// *Гибианский（отв. ред.）* У истоков "социалистического содружества"，с.91；*Мурашко，Носкова* Советский фактор в послевоенной Восточной Европе，с.97；彼得·卡尔沃科雷西编著：《国际事务概览（1947—1948）》，徐先麟等译，上海译文出版社 1990 年版，第 3 页。

苏联的旨意接受马歇尔计划的时候，斯大林终于决心放弃"联合政府"政策了。① 此后，随着共产党情报局的建立，斯大林一方面不断加强对各国共产党的控制，一方面督促和逼迫社会党与共产党合并，从而为共产党一党执政打开了通道。1948年捷克斯洛伐克二月事变之后，所谓联合政府在东欧已经不复存在。

总体说来，"联合政府"政策是苏联战后对外战略的重要组成部分，其主要目的就是要保持与西方的友好、同盟关系。同时，作为一种制度，斯大林也确曾设想以这样一种多元化的政治模式逐步把各国引导到社会主义道路上来。斯大林本人曾向各国共产党领导人反复解释说，这一政策并非一时之计。但在实施的过程中，它的确陷入了难以调和的自我矛盾。首先，在意识形态和地缘政治双重因素的影响下，苏联与美国之间的关系本质上是充满矛盾的。其次，莫斯科既要东欧各国共产党吸纳内心对苏联持有敌意的资产阶级政党参与政府，又要各国政府保证与苏联政策的一致性，而且在选举过程中，每个国家的各政党都要为自身的生存和利益互相争斗。因此，"联合政府"政策必然是短命的，而且事实上成为冷战爆发的导火索之一。在这一过程中，斯大林在战后初期倡导的各国以不同政治形式走向社会主义的民族道路，也就顺理成章地转向了

① 关于对待马歇尔计划的立场上苏联与波、捷的分歧及其解决，参见 *Наринский М.М.* Советский союз，Чеховлования и план маршалла //*Севостьянов Г.Н.* (*отв. ред.*)，Февраль 1948，Москва и Прага，взгляд через полвека，Москва：Инттут славоведния и балканистики РАН，1998，c.67—83；Mikhail M. Narinsky，"The Soviet Union and the Marshall Plan"，*CWIHP Working Paper*，№9，1994.3；Anderson，Sheldon，"Poland and the Marshall Plan，1947—1949"，*Diplomatic History*，1990，V.15，№4，pp.473—494。

统一的"无产阶级专政"的苏联模式。

二、与西方冲突：从有限扩张到集团对抗

战后初期，斯大林的愿望是维持与西方盟国在战时结成的伙伴关系，通过与西方国家的合作巩固和发展苏联在雅尔塔和波茨坦体系中所获得的政治权益。斯大林坚持这一外交方针的基点在于以下几个方面：

第一，第二次世界大战的结果使苏联在政治和军事上成为一个世界大国，然而，由于战争的极大破坏和损失，苏联的经济恢复和发展却面临着极其艰巨的任务。这自然就需要苏联与美国等西方国家保持一定的合作关系，以求得国内经济建设有一个和平的外部环境。就苏联的经济实力而言，当时也无法与以美国为首的西方国家抗衡。

第二，斯大林认为战后一段时期没有爆发世界大战的可能性，是苏联确立外交合作方针的前提。按照斯大林的说法，新的战争有两层含义，即资本主义国家之间的战争和资本主义国家与苏联的战争。斯大林认为，爆发前一种战争的可能性要大于后一种战争，因为资本主义国家相互之间战争的目的是要取得对其他国家的优势，而与苏联的战争则涉及资本主义自身的存亡问题。但是，苏联不会进攻资本主义国家。[①] 所以，在这种国际形势下，苏联保持与西方的合作是有基础的。

---

① 参见《斯大林文选（1934—1952）》，人民出版社1962年版，第597—599页。

第三，雅尔塔体系的建立使苏联战后的国际地位和国家安全利益得到了保证，至少在斯大林看来，苏联在战后世界的势力范围是通过与西方盟国的国际协议的形式固定下来的。出于维护雅尔塔体系的考虑，苏联对外政策也有必要建立在与西方合作的基础之上。只有采取合作的方针才能维持雅尔塔体系的存在，而维持雅尔塔体系存在就能保证苏联的既得利益。在这方面，斯大林原则上是遵守与西方划定的势力范围界限的，其最典型的例子就是苏联对希腊革命和中国革命的消极态度。

在西方的史学研究中，谈到杜鲁门主义的产生时，往往把希腊问题与土耳其和伊朗事件相提并论。其实，从斯大林对外政策的出发点来看，这两者在实质上有很大区别。如果说苏联在土耳其和伊朗问题上表现出一种积极姿态，那么对于希腊问题则明显采取了保守和消极的方针。

从地理位置上讲，位于巴尔干半岛南端的希腊突出于地中海之上，当然具有重要的战略地位。不过对于苏联的安全利益而言，希腊的重要性却远逊于与苏联接壤或近邻的东欧各国。因此，尽管战争末期希腊共产党的势力已经十分强大，而希腊的内战曾震动了整个巴尔干半岛，但是1944年10月斯大林与丘吉尔达成划分两国在巴尔干的势力范围的百分比协定时，作为讨价还价的筹码，还是把希腊让给了英国。① 对于斯大林来说，正是希腊之"失"，才有东

---

① 详见 АПРФ, ф 45, оп.1, д.283, л.3—16, 转引自 *Наринский М.М. И.В.Ста л ин и М.Торез*, 1944—1947гг. Новые материа л ы// Новая и новейшая история, 1996, №1, с.19。

欧之"得"。这个交易充分说明，在斯大林对外政策的轻重缓急的序列中，苏联的国家安全利益是摆在第一位的。至于革命，如果无助于保证苏联的根本利益，是不会纳入苏联对外政策考虑之中的。结果，正值1945年2月12日要求希腊解放军予以遣散的瓦尔基扎协定签订时，斯大林在雅尔塔三大国首脑的聚会上表示，他"对英国在希腊的政策是完全信任的，无意进行干预"。[①] 尽管后来苏联与西方的关系已经处于紧张状态，但斯大林始终不愿明显地破坏经过协议确定的势力范围界限。

1947年12月，当希腊共产党领导的临时民主政府成立后，莫斯科对此仍持消极态度。斯大林在1948年2月与保加利亚和南斯拉夫共产党领导人谈话时，对希腊民主军能否在军事上取得成功表示怀疑，并赞成放弃武装斗争和停止对希腊民主军的援助。他还指示，希腊的邻国南斯拉夫、保加利亚和阿尔巴尼亚应当最后承认以马科斯将军为首的希腊临时政府，而让距希腊远些的国家先予以承认，以免处于被动局面。[②] 虽然从美国的角度看，希腊问题与土耳其和伊朗事件都是杜鲁门主义产生的重要背景，但在希腊问题上，美国表现出来的是对于共产主义活动的本能恐惧，而苏联的对策则反映出斯大林维护雅尔塔体系的主旨。

斯大林在战后初年执行与西方合作，反对或不支持革命和民族

---

① 《战后世界历史长编》编委会：《战后世界历史长编（1946）》第二分册，上海人民出版社1976年版，第265页。

② Гибианский Л.Я. Коминформ в действии.1947—1948гг., По архивным документам // Новая и новейшая история, 1996, №2, с.159—160.

解放运动的外交方针，这绝不是仅仅体现在希腊问题上。已经熟稔大国外交游戏的斯大林不愿让民族解放运动束缚苏联外交的手脚，妨碍与西方大国的合作关系。苏联政府无视许多弱小国家要求独立的强烈呼声，却对殖民地托管表现出浓厚的兴趣，认为这种传统的管理方式给殖民地国家提供了"争取社会进步的具体可能性"。①

在 1945 年的伦敦外长会议上，苏联就曾提议对意大利的殖民地实行托管。在同年的莫斯科外长会议上，苏联又与美国议定，在以三八线为界将朝鲜半岛划为两部分的基础上，对朝鲜进行托管。此后，苏联还表示欢迎以承认法国殖民利益为前提的《越法初步协定》。至于非洲各国，苏联则认为当时不具备独立的条件，只能逐步建立起自治政府。显然，所有这些策略都是基于苏联与西方大国合作的外交方针而提出的。甚至对于美国企图单独占领和管制日本的作法，斯大林虽然表面上表示反对，但实际上没有做任何努力来打破这一局面。有材料说，从 1946 年到 1949 年，苏共与日共没有任何公开的联系，所有党的工作都是通过野坂参三与苏联情报部门秘密进行的，这表明苏联承认美国对日本独占地位，以及在那里进行民主改革。② 出于敦促中国成立联合政府的同样动机，斯大林不仅对总部在汉城的以朴宪永为首的朝鲜共产党表现出漠不关心，甚至在 1945 年 9 月 20 日对占领北朝鲜的政策也下达了这样的命令：

---

① Carol R. Saivetz and Sylvia Woodby, *Soviet—Third World Relations*, Colorado：Westview Press，1985，p.24.

② Haruki Wada, "Stalin and the Japanese Communist Party, 1945—1953：In the Light of New Russian Archival Documents", Paper for the Conference "The Cold War in Asia", January 1996, Hong Kong.

不准在朝鲜北方领土上建立苏维埃政权和其他苏维埃权力机关；在所有抗日民主党派和组织的广泛联合的基础上，帮助北朝鲜建立一个资产阶级民主政权。①

纵观斯大林在战后初年的所有外交举措，对于苏联奉行的是与西方大国合作的对外政策方针应该是没有疑问的。然而，这种合作中已经隐含着分裂的因素。除了在国家利益上存在着对立和冲突以外，还有以下的原因：

首先，由于不同的意识形态、价值观念和社会制度，苏联与西方大国本来就是敌对的。战争期间结成的同盟关系是建立在共同反对法西斯侵略的特定历史条件下的，战争结束、共同的敌人消失后，这种同盟也就完成了历史使命，失去了存在的基础。

其次，虽然罗斯福与斯大林同样主张战后实行大国合作主宰世界的政策，但罗斯福看到了凡尔赛体系的弊病，他的本意是通过几个大国掌管联合国这样的国际性组织，在协调大国关系的基础上安排国际事务，以求世界的和平与稳定。至于美国的利益，罗斯福相信，凭借美国的经济实力和门户开放政策等，就可以得到保证。但其他西方大国首脑（尤其是丘吉尔）却没有罗斯福那样的政治实力和新的思维，罗斯福可以对斯大林容忍和忽略的事情，他的继任者和其他西方领导人却一定要针锋相对。所以在某种程度上可以说，罗斯福的去世已经预示了大国合作的前景暗淡。

再次，与罗斯福合作政策的内涵不同，斯大林主张的大国合

① *Тихвинский С.Л. (отв. ред.)* Отношения советского союза с народ ной Коррей 1945—1980, Документы и материа л ы, Москва：Наука，1981，c.113.

作，本质上是因循历史上由主要战胜国瓜分世界势力范围的传统做法，试图以雅尔塔体系取代凡尔赛体系而重建以美苏两国为主宰的世界新秩序。几十年来，苏联一直处于资本主义世界的包围之中，在国际事务上受到压抑和歧视的"孤岛"心态，以及大俄罗斯主义的复仇心理等，使战后的斯大林产生了一种优越感：作为主要战胜国之一，苏联从此可以参与主宰世界命运了。因此，尽管奉行大国合作的政策，但在雅尔塔和波茨坦协定尚未顾及的地方，苏联还是不时地表现出一种跃跃欲试的扩张行迹。

从理论上讲，如果苏联与西方恪守和平共处的原则，虽然双方不会再有战时那样的同盟关系，至少也可以维持一般的合作关系。但是，由于上述几个方面的原因，在如何安排战后世界新秩序方面，苏联与西方大国的立场观点大相径庭，所以双方都把对方视作竞争的对手，在行动中都竭力遏制和损伤对方，力图增强自己在国际事务中的地位和影响，按照各自的价值观念和思维模式改造世界。于是，分歧和冲突的升级也就在所难免了。

苏联与西方大国的争端首先出现在东欧问题上。从地理位置上看，东欧紧靠着苏联的欧洲领土，也即苏联的中心地区，并且在历史上经常成为外敌入侵俄国的通道和入口。所以，东欧便成为斯大林建立战后苏联安全带和势力范围的必争之地。斯大林对东欧政策的核心，就是要通过苏联红军越境在东欧作战的有利时机，支持和帮助东欧国家的共产党建立起苏联模式的政权组织，一举完成苏联对外政策中保证国家安全和实现世界革命两大战略目标。唯其如此，苏联才在东欧问题上对美国和西方国家寸步不让。

早在雅尔塔会议期间，斯大林就明确表示了在东欧的权力问题上不容挑战的决心。当美国提出解散波兰卢布林临时政府，在国务委员会的基础上另建临时政府，斯大林断然予以拒绝。当美国在 1945 年 9 月要求罗马尼亚和保加利亚政府改组或辞职时，苏联同样表示坚决反对。苏联在德国问题上的基本考虑，就是要使苏占区成为保证苏联西部安全的前沿，在巩固苏占区的基础上，增强苏联在全德国的地位，防止西占区成为依附于西方的独立国家。1946 年 3 月，斯大林在评论丘吉尔的"铁幕演说"时，甚至不屑于理会丘吉尔把东欧国家说成是苏联势力范围的观点，他只强调在东欧建立对苏联抱有善意态度的政府，"这是和平的愿望"，并非"扩张倾向"。① 尽管西方大国对斯大林在东欧问题上的强硬态度表示不满和猜疑，但在雅尔塔体系中，东欧毕竟属于苏联的势力范围，西方即使对此作出反应，也显得底气不足。真正在苏联与西方之间引起冲突并导致双方政策转变的问题，发生在那些雅尔塔体系尚未予以确定或调整的地区，这突出地体现在土耳其和伊朗。

在历史上，近东地区是沙皇俄国与欧洲列强进行角逐的场所。从 19 世纪以来，控制土耳其两海峡，以及南下波斯湾取得一个重要的不冻港等，就是沙俄对外政策的既定方针。二战后，土耳其和伊朗在斯大林的对外政策中同样占有相当重要的地位，因为苏联一旦在这两个国家取得政治和经济权益，不仅能够确保苏联南部的安全，而且还能为苏联提供南下地中海和向印度洋发展的基地。

---

① 参见《斯大林文选》，人民出版社 1962 年版，第 464—468 页。

然而，在雅尔塔体系中，这两个国家都没有列入苏联的势力范围。因此，斯大林在土耳其和伊朗的举动也就引起了西方大国的强烈反响。

在土耳其问题上，斯大林试图以实力为基础，通过恫吓和讹诈手段，实现苏联对土耳其的领土要求和政治权益。根据1936年《蒙特勒公约》的规定，黑海沿岸国家的军舰可以不受限制地通过海峡，而非黑海沿岸国家军舰通过海峡时，在吨位、等级和停留时间上都要受到一定的限制。显然，这种一般通航权不能满足苏联控制海峡的要求。早在1940年11月，苏联在与德国的会谈中就提出，要在海峡地区建立军事基地。[①] 到1945年2月的雅尔塔会议上，斯大林又表示，修改公约时"应该考虑到俄国人的利益"，不能让土耳其人扼住苏联的咽喉。[②] 斯大林这一要求的确切含义很快就由莫洛托夫明白地昭示出来了。3月19日，莫洛托夫向土耳其大使递交了一份声明，宣布废止1925年缔结的《苏土友好中立条约》，理由是该条约已不能适应现在的形势，须做重大修改。[③]

苏联在土耳其的举动迅速引起了美国的重视和反应。4月19日，刚刚继任美国总统的杜鲁门便接见了土耳其驻美国大使。接着在4

[①] Raymond J. Sontag and James S. Beddie, *Nazi—Soviet Relations，1939—1941：Documents from the Archives of the German Foreign Office*, Washington, DC.：University Press of the Pacific, 1976, p.259.

[②] 《德黑兰、雅尔塔、波茨坦会议记录摘编》编译组编：《德黑兰、雅尔塔、波茨坦会议记录摘编》，第203—204页。

[③] Bruce Robellet Kuniholm, *The Origins of the Cold War in the Near East：Great Power Conflict and Diplomacy in Iran，Turkey，and Greece*, Princeton：Princeton University Press, 1980, p.255.

月 23 日的白宫会议上，海军部长福莱斯特尔对总统说，波兰的事情不是孤立的，它是苏联在罗马尼亚、保加利亚、土耳其和希腊采取单方面行动的一部分。当时，美国在东欧问题上已经处于被动地位，福莱斯特尔把土耳其问题与东欧问题联系起来，其意图正如他本人告诫总统的那样："如果俄国人不改变他们的僵硬态度，美国对他们早摊牌比晚摊牌要好。"4 月 25 日，美国驻土耳其大使也告诉总统说，因为东欧已经丢给了苏联，美国在中东的利益将迫使美国支持土耳其。①

苏联没有估计到美国会对此作出强烈反应，仍然一味蛮横行事。同年 6 月 7 日，苏联向土耳其提出了三项关于缔结苏土新条约的极为无理的要求：将土耳其东部卡尔斯—阿尔达汗地区划归苏联；同意苏联在海峡拥有基地；苏土两国在多边协定达成以前先行修改《蒙特勒公约》。莫洛托夫在提出上述要求的同时，曾闪烁其词地暗示，如果土耳其与英国决裂或改变其外交政策，这些要求就是不必要的了。② 在波茨坦会议上，三大国都同意对《蒙特勒公约》进行修订，目的是保证海峡成为"对全世界开放的自由水道"。而斯大林强调的是，土耳其武力保障自由通航，苏联希望用武力保卫海峡。③ 苏联对土耳其要求的实质，无非是要把土耳其纳入苏联的

---

① Kuniholm, *The Origins of the Cold War in the Near East*, p.257.

② Kuniholm, *The Origins of the Cold War in the Near East*, p.258. 卡尔斯—阿尔达汗地区在历史上是奥斯曼土耳其帝国的领地，俄国曾于 1806 年、1828 年、1855 年和 1877 年四次入侵该地区，并最终将这一地区据为己有。1921 年的苏土条约规定将该地区归还土耳其。

③ 《德黑兰、雅尔塔、波茨坦会议记录摘编》编译组编：《德黑兰、雅尔塔、波茨坦会议记录摘编》，上海人民出版社 1974 年版，第 347—349、370 页。

势力范围，为了达到这一目的，苏联甚至以武力相威胁。斯大林把在伊朗的 200 辆坦克的三分之一部署在伊土边界，并在其邻国保加利亚进行大规模军事调动，以迫使土耳其就范。苏联的报刊和电台也同时掀起了针对土耳其的宣传活动。[①]

在战后一年多的时间里，一方面低估了美国对地中海切身利益的关注，一方面利用了英美在土耳其海峡问题上的意见分歧，斯大林努力设法使苏联武力在这一地区的存在合法化。1946 年 8 月，苏联政府向土耳其政府发出照会，要求修改《蒙特勒公约》，并由苏土共管黑海海峡。[②] 与苏联人的估计相反，这一行为导致土耳其危机迅速升级。

苏联对土耳其的要求已经超出了雅尔塔体系的范围，甚至威胁到西方国家的安全利益，因此遭到英美等国的强烈反对。美国国务院和军方经过仔细研究后，于 8 月 15 日向杜鲁门提交一项备忘录。该备忘录认为，苏联的主要目的就是要控制土耳其，一旦苏联的要求得逞，美国就难以阻止苏联控制整个中近东地区。由于美国在该地区有着资源和交通利益，不让苏联通过武力或以武力威胁实现其对海峡和土耳其的计划是符合美国利益的。备忘录还强调，唯一能够阻止俄国的方法就是要明确表示，如果需要的话，美国准备以武力来对付侵略。几天后，美国便照会苏联，表示不同意苏联的

① Kuniholm, *The Origins of the Cold War in the Near East*, p.356.
② АВПРФ, ф.069, оп.30, п.100, д.27, л.14—15, 转引自 *Кочкин Н.В.* СССР, Англия, США и "Турецкий кризис", 1945—1947гг.// Новая и новейшая история, 2002, №3, с.70。

要求。照会指出，海峡制度不仅与海峡沿岸国家，也与其他国家有关；土耳其应是继续成为防卫海峡的主要责任者。美国还警告苏联，对海峡的进攻必将成为联合国安理会讨论的问题。英国和土耳其也发出了态度同样强硬的照会。① 很快，莫斯科便知难而退了。此后苏联虽然还不断向土耳其提出类似的要求，但并未采取任何实质性的行动，实际上已在美国的强硬态度面前悄然退却。

伊朗所在的波斯湾地区，由于其重要的战略地位和丰富的石油资源，历史上一直是大国的主要争夺对象。战争期间，为了消除德国在伊朗的破坏活动，确保盟国援助苏联的物资经伊朗顺利地运往苏联，1941 年 8 月，苏联和英国分别出兵占领了伊朗北部和南部。1942 年 1 月，苏、英、伊三国签订的盟约规定，战争结束后 6 个月之内，苏军和英军从伊朗领土上撤出。同年底，美军进入伊朗，接管和承担了原英军负责的铁路和港口业务。1945 年 5 月，德国投降，伊朗向苏、美、英三国提出撤军的要求，但苏联却以各种借口拖延撤军，从而引发了"伊朗危机"。

伊朗与苏联有着 2500 公里的边界，伊朗北部地区在历史上属于沙俄的势力范围。苏军进入伊朗后不久，1941 年 10 月，伊朗成立了以前共产党人为骨干的人民党（其政治局委员和积极分子在 30 年代曾受训于苏联党校）。战争结束后，伊朗成为苏联实现其对外政策中"安全"与"革命"双重目标在近东的主要对象。具体来说，就是由联共（布）中央指导伊朗人民党和阿塞拜疆民主党实施

---

① *Foreign Relations of the United States*（*FRUS*），1946，Vol.7，Washington D.C.：GPO，1969，pp.840—842、846—847、850—851.

革命；由苏联外交部对伊朗政府施加压力，试图获得伊朗北部的石油租让权。1944 年 8 月 8 日美英两国达成了双方在石油政策方面共同行动的专门协定，这刺激了苏联要在伊朗石油问题上取得与美英对等权力的欲望。

8 月 16 日，贝利亚向斯大林提交的一份有关石油开采权问题的报告指出，英美在争夺伊朗石油资源中存在着矛盾，但同时要警惕他们试图对"第三国"采取共同行动。贝利亚希望苏联参加英美的石油谈判，"以便在国际石油领域捍卫苏联的利益"，并建议"同伊朗进行强硬的谈判以获得伊朗北部的（石油）租让权"。① 随后，苏联副外长卡夫塔拉泽于 9—10 月率团与伊朗进行了有关石油租让权的谈判。10 月 11 日伊朗政府拒绝了苏联的要求，宣布将所有关于石油租让权的谈判推迟到战争结束以后。12 月 2 日，伊朗议会通过法令，禁止政府与外国进行石油租让权的谈判。这一决定同样适用于英美，因此也遭到英美的反对。但苏联却认定伊朗的决定是英美反苏政策的结果。1945 年 2 月，苏联情报人员报告说，伊朗议会是英国的驯服工具，对苏联扩大经济利益的建议"进行强烈抵制"，苏联在伊朗的经济利益受到"英国的威胁"。该报告建议，作为一种对抗手段，可利用即将举行的伊朗议会选举，使亲苏分子夺取伊朗北部地区的所有 54 个席位。② 这表明，苏联将采取进一步

① АВПРФ，ф.06，оп.6，п.37，д.461，л.16—18，转引自 Егорова Н.И. Иранский кризис，1945—1946гг.，По рассекреченным архивным документам// Новая и новейшая история，1994，№3，с.27—28。

② РЦХИДНИ，ф.17，оп.128，д.817，л.129、132об，转引自 Егорова Н.И. Иранский кризис，с.28—29。

强硬手段干涉伊朗内部事务。

1945 年 5 月，卡夫塔拉泽在给莫洛托夫的报告中，提出了反对从伊朗撤军的理由。他认为，"苏军撤出伊朗无疑将导致该国反动势力的加强和民主组织不可避免的崩溃……反动的亲英分子将竭尽全力并使用一切手段，以消除我们在伊朗的影响和我们在伊朗的工作成果。所以，可以认为，拖延我们军队撤出伊朗的时间并尽可能地保证我们撤军后的利益是正确的(主要方法是取得石油租让权，必要时建立由我们占支配地位的股份公司)。"[①] 于是，在同年 7—8 月的波茨坦会议上，斯大林针对英国分三阶段撤军的建议，提出撤军期限应从对日作战结束后算起。[②] 然而，对日战争结束之快出乎斯大林的意料。由于 1945 年 9 月 2 日日本正式投降，1946 年 3 月 2 日便成为约定的撤军日期了。

随着撤军日期的临近，苏联加强了对伊朗的干涉和控制。在苏联的指导和支持下，刚成立不久的阿塞拜疆民主党要求在伊朗境内实行民族自治。1945 年 12 月，民主党领导人比雪华里在大不里士组建了民族政府。与此同时，苏联还大力支持伊朗库尔德斯坦人的民族自治运动。伊朗政府认为阿塞拜疆的民族自治运动是破坏伊朗统一的叛乱，于是向大不里士紧急增派政府军，但为苏军所阻。苏联的理由是，伊朗政府增派军队将加剧北部地区的混乱并"可能导致流血"，这将迫使苏联政府向伊朗增派军队以维护秩序和保障苏

---

① АВПРФ, ф.06, оп.7, п.33, д.466, л.11, 转引自 *Егорова Н.И.* Иранский кризис, с.31。

② Kuniholm, *The Origins of the Cold War in the Near East*, p.272.

联边界的安全。① 尽管伊朗政府一再提出抗议，美英政府也多次表示反对，但苏联坚持不能如期从伊朗撤军。直到伊朗把这一问题诉诸联合国，苏联军队才于 1946 年 5 月 9 日全部撤出。此后，伊朗的自治运动遭到镇压，苏伊石油合营公司也没有建立起来，斯大林对伊政策的目标化为泡影。②

土耳其问题和伊朗危机对于战后苏联与西方的国家关系以及国际局势的变化产生了重大影响。对这两次近东事件的考察，可以得出如下结论：第一，斯大林在近东的行为本身虽然是基于扩大苏联在近东势力范围的动机，但他并不是要从根本上改变与西方合作的基本政策，所以面对美英的强硬态度，苏联采取了退却和调和的方针。苏联从伊朗的撤军，同它从中国东北和北朝鲜的撤军一样，表明斯大林的扩张企图是有限的，他仍然希望避免与西方，特别是美国产生直接的对立和冲突。③ 显然，苏联在近东超越雅尔塔协定的行为对西方造成的影响是斯大林始料未及的。

第二，苏联的外交举措加强了西方国家之间的协调与认同。战后美国地位的上升与英法势力的衰落，使西方国家内部的矛盾有扩大化的趋势（美英之间在土耳其和伊朗问题上就存在着较大的分歧），而苏联在这一时期的外交行为使西方国家共同感受到威胁，

---

① АВПРФ，ф.06，оп.7，п.33，д.467，л.15；д.466，л.12，转引自 *Егорова Н.И. Иранский кризис*，с.35。

② *Егорова Н.И. Иранский кризис*，с.40.

③ 关于苏联撤军的理由，斯大林在给比雪华里的信中说得很明白，尽管其中不少冠冕堂皇之词，但本质上是希望以此换得美国也从世界各地撤军，从而保持苏美均势与合作的基础。参见 АВПРФ，ф.06，оп.7，п.34，д.544，л.8—9，转引自 *Егорова Н.И. Иранский кризис*，с.40—42。

这在客观上促成了西方国家的联合。在一定意义上也可以说，正是战后苏联在其周边地区广泛追逐政治和经济权益的外交行为，加强了西方国家的集团意识，加快了西方国家反苏联盟的形成。

第三，苏联的外交举措加速了西方国家对苏政策的调整。这两次近东事件终于导致苏联与西方本来就不牢固的合作关系开始破裂，加深了双方的猜疑、敌视和对立。如果说丘吉尔的"铁幕演说"更多地带有意识形态的色彩，以致并没有在美国和其他西方国家引起强烈共鸣，那么凯南"遏制理论"和杜鲁门主义的提出则表明，苏联在近东的行为已经使西方大国感到自身的利益受到侵犯，并由此引起了他们对外政策特别是对苏政策的调整。可以说，正是土耳其和伊朗事件为苏联与西方大国之间形成集团对抗的局面敞开了大门。

在土耳其和伊朗遭受的挫折使斯大林感到，苏联在国际事务中不能总是单枪匹马地采取行动，他有必要在与美国及其西方盟国的抗衡中，把苏联和东欧国家的力量联合起来，把世界各国共产党的力量联合起来。就在苏联从伊朗撤军后不久，1946年5月底6月初，斯大林在同南斯拉夫和保加利亚领导人的谈话中，正式提出了建立共产党情报局的设想。在铁托访问莫斯科后所写的记事手稿中，也记载了有关成立共产党情报局的事项。1947年春天，斯大林在同波兰党领导人哥穆尔卡谈话时，又建议创办一份各国共产党的共同刊物，还提出，为此应召开一次有各国共产党参加的会议。[1] 在斯

---

① *Гибианский Л.Я.* Как возник Коминформ，По новейшим архивным материа л ам// Новая и новейшая история，1993，№4，c.134—138.

大林的头脑中，这时已经出现了在对外政策中以集团对抗为指导方针的理论雏形。

同时，美国及西方大国外交政策趋向强硬的态势也引起了苏联的注意。1946年9月，苏联驻美大使诺维科夫起草了分析美国外交政策的长篇报告。这充分说明了苏联对美国政策变化的关注，也在一定程度上奠定了斯大林调整对美政策的基础。诺维科夫报告开宗明义指出："美国的对外政策反映了美国垄断资本的帝国主义倾向，其特点就是在战后谋求世界霸权。"报告认为，美国鼓吹的"对苏联采取'强硬路线'的政策，是目前通往大国合作道路上的主要障碍。这一障碍的产生，主要是因为美国在战后不再奉行加强三大国（或四大国）合作的政策，而是竭力破坏这些国家的团结。其目的是要把别国的意志强加给苏联"。① 如果说凯南的八千字电文成为美国对苏遏制政策的理论依据，那么诺维科夫的报告对于苏联采取对美强硬反击政策，同样起了重要的论证和导向作用。

不过，真正促使苏联战后对外政策发生根本性转变的是1947年6月出台的马歇尔计划。尽管此前不久美国宣布了杜鲁门主义，但在斯大林看来，杜鲁门的演讲不过是在口头上公开宣布，美国将

---

① 诺维科夫的报告是按照莫洛托夫的旨意和指示写的。诺维科夫承认，"这篇报告只能有条件地被看作是我写的"，而莫洛托夫应是报告不署名的共同作者。见 *Новиков Н.В.* Воспоминания дипломата，Записки 1938—1947，Москва：Издательство политической литературы，1989，c.353。该报告的英文全文见 *Diplomatic History*，Vol.15，No.4，1991，pp.527—558。莫洛托夫在报告上画了许多着重号，并作了大量批注。《外交史》杂志称其为电文，但诺维科夫本人回忆录说这是一篇报告。

对苏联实行"遏制"政策。① 但马歇尔计划则是要采取实际行动，建立起一个欧洲反苏集团。其中最令斯大林不能容忍的是，美国试图通过马歇尔计划，把东欧国家纳入西方势力的影响之下，并以援助德国西占区的方式，重新武装起一个俄国的宿敌。

马歇尔演讲中那种模棱两可的措辞，使苏联领导人一时难以确认美国援助的目的。虽然诺维科夫和瓦尔加的分析都认为，美国的意图可能是"阻止欧洲国家废除军备，增强反苏势力，为巩固美国在欧洲和亚洲的地位而创造条件"，但包括莫洛托夫在内，没有人反对参加马歇尔计划。他们最初希望美国的援助会使深受战争创伤的苏联得到经济利益，并通过参与这个计划的制订，阻止美国实现其控制欧洲以及建立反苏集团的计划。此外，因为德国资源在任何欧洲复兴计划中都起着巨大作用，所以对美国计划的讨论，可以被当作是一次重提德国赔偿问题的良机。② 苏联不仅同意出席定于6月26日召开的讨论马歇尔计划的巴黎会议，而且还鼓励它的东欧盟国参加马歇尔计划。6月22日，莫洛托夫电告苏联在波兰、捷

---

① 苏联新闻界对杜鲁门宣言的反应是比较温和的。《新时代》批评这个演讲以及对"法西斯主义"的希腊和土耳其政权的援助，指责美国谋求世界霸权，但同时又指出，在美国，"具有长远目光和谨慎的人"是不会赞同这个新政策的。苏联驻纽约领事雅科夫·洛马金也向莫斯科汇报说，杜鲁门主义"在公众中激起了强烈的反对浪潮"，"70%—80%的美国人反对为了杜鲁门所说的理由而向希腊和土耳其提供援助"。因为这些人担心杜鲁门计划"会导致苏联与美国之间的战争"。见 Scott D. Parrish, "The Turn Toward Confrontation：The Soviet Reaction to the Marshall Plan, 1947", *Working Paper*, CWIHP, №9, March 1994。

② АПРФ, ф.3, оп.63, д.270, л.12, 转引自 *Наринский М. СССР и План Маршалла：по материалам архива президента РФ//Новая и новейшая история*, 1993, №2, c.12—13. 参见 Parrish, "The Turn Toward Confrontation"。

克斯洛伐克和南斯拉夫的大使馆，命令他们通知驻在国政府：苏联政府认为，他们"有必要在准备参与制定这样一个经济计划方面表现出主动，并宣布他们愿意参加会谈"。①

当莫洛托夫抵达巴黎时，苏联代表团的人数达100人以上。代表团的规模本身就说明苏联有意参与这场重要的谈判，如果仅仅是为了拖延进程或开幕式上宣布拒绝参加，根本不需要来这么多人。但问题是苏联与英法的意见根本无法协调。他们的主要分歧有两点：第一是马歇尔所设想的是一个单一的、联合的欧洲计划，而苏联认为计划必须建立在各国只是松散合作、援助则建立在各国分别提出要求的基础上。苏联担心一个联合计划会促使东欧经济与西欧的结合，并将继续使东欧各国处于原料供应国的从属地位。第二是在德国问题上，莫洛托夫希望得到保证，无论德国如何加入援助计划，也不能损害支付合理的赔偿，或者导致德国工业实力的增长。英法拒绝同意苏联提出的条件。当英法明确表示不能同意苏联的提议之后，莫洛托夫激烈地斥责西方国家，继而退出会议，扬长而去。②

实质上，西方国家试图强加给会谈的那些条件，正是苏联领导人在会谈前的分析中已经认为是不可接受的条件。7月2日，莫洛托夫在最后演说中指责说，按照英法建议实施马歇尔计划，将

---

① АВПРФ，ф.06，оп.9，п.18，д.214，л.19，转引自 *Наринский М. СССР и План Маршалла*，с.12。

② Parrish，"The Turn Toward Confrontation"，pp.24—25；*Наринский М. СССР и План Маршалла*，с.17—18.

会导致英国、法国以及追随他们的国家把自己与其他欧洲国家分离开来，其结果就会把欧洲分裂成两大集团，并在他们的关系中制造新的障碍。① 斯大林显然看到，一旦苏联接受了英法方案，就意味着允许西方势力渗入东欧经济，自从 1945 年以来通过一系列的双边协定确定下来的有利于苏联的与东欧的贸易方式，将会按照一项全欧洲计划改变方向。同时，这种与西欧的重新结合还会加强东欧国家中一直希望摆脱苏联控制的反抗势力，进而把东欧重新融于西方资本主义经济制度中。特别是德国的复兴，更是对苏联安全的直接威胁。所以，在斯大林看来，马歇尔计划的根本目的就是利用美国的经济力量，破坏苏联战后在东欧建立起来的安全带，把位于这一安全带上的缓冲国变成向苏联扩张和进攻的前线。说到底，马歇尔计划替代了以前西方大国的无组织行动，企图使欧洲国家在经济、政治上依附于美国资本，并建立一个反苏集团。这表明美国的对苏政策已经呈现出企图颠覆苏联国家安全的进攻态势。对于如此涉及国家安危的重大问题，苏联立即采取了强硬的集团对抗措施。

苏联对马歇尔计划的反应是全盘改变对外政策。为了确保东欧国家能够与苏联组成强大的对抗西方的利益集团，斯大林首先需要统一和规范东欧各党和各国的行动。当苏联决定对马歇尔计划进行抵制后，立即于 7 月 8 日和 9 日向东欧各党领导人发出急电，"建议"他们拒绝参加讨论马歇尔计划的会议，"不得向会议

---

① Geoffrey Roberts, "Moscow and the Marshall Plan : Politics, Ideology and the Onset of the Cold War, 1947", *Europe—Asia Studies*, Vol.46, No.8, 1994, p.1376.

派出代表团"。对热衷于参与马歇尔计划的捷克斯洛伐克和波兰，斯大林把这两个国家党的领导人召到莫斯科，严厉训斥并迫使他们屈从于苏联的主张。[1] 同年 7 月底，当南斯拉夫和保加利亚领导人宣布将研究和协商两国间的友好互助条约时，斯大林又严词斥责这一行动是"匆忙"的和"错误"的，并强调它"没有同苏联政府协商"。[2]

为了抵制马歇尔计划，加强苏联对东欧国家的影响和控制，苏联政府在 7 月 10 日至 8 月 26 日，分别与保加利亚等六个东欧国家签订了双边贸易协定，即所谓的"莫洛托夫计划"。莫洛托夫计划巩固了苏联与东欧国家的经济关系，把这些国家的经济纳入了苏联模式的轨道，从而形成了与西方资本主义世界相抗衡的苏联东欧经济圈，奠定了苏联—东欧集团的经济基础。

苏联对外战略改变在组织上的表现，就是成立了一个新的欧洲共产党协调中心，即共产党和工人党情报局。不过，与共产国际不同的是，共产党情报局完全局限在欧洲地理范围之内，它的诞生显然是对马歇尔计划构成的明显威胁的反应，而不是在新阶段发动世界革命的前奏。斯大林的目的还是要通过这种政治组织形式，加强对东欧各国以及欧洲各党的控制。所以，尽管苏联在邀请各党参加会议的通知上，只说是交流情况和创办一个刊物，但会议筹办人日丹诺夫在给斯大林的报告中却明确提出，苏联将在会议上提出"以

---

[1] 详见 *Наринский М.* СССР и План Маршалла；Parrish，"The Turn Toward Confrontation"。

[2] *Гибианский Л.Я.* Как возник Коминформ，с.142.

情报局形式建立与会各党的协调中心的想法"。① 会议形成的政策性结果有两条，即在东欧各国取消多党的民主联合政府，成立清一色的苏维埃政权；批判法国和意大利两国的共产党仍然固守的合法斗争策略，主张通过罢工等激烈行动，与资产阶级政府进行斗争。特别是苏联在会议上提出了"两个阵营"的理论，这表明在马歇尔计划之后，苏联的对外政策已经完全脱离了大国合作的轨道，走上了与西方进行集团对抗的新路。②

正是马歇尔计划的结果使苏联与西方国家之前的利益冲突呈现出以冷战为特征的战争态势。马歇尔计划的提出以及苏联对此的反应，大大加速了两大对立集团形成的进程，欧洲终于出现了两个相互隔绝和平行的经济市场和根本对立的政治集团，并为华约和北约两大军事集团的产生准备了条件。至于说到冷战的起源，应该把它理解为一个互动的双向过程，是双方在政治和经济上的根本利益以及为这一利益服务的对外战略相互矛盾和冲突的结果，是双方相互遏制和相互对抗的产物。对于战后斯大林的对外政策而言，苏联对马歇尔计划的反应则是苏联外交战略乃至总体发展战略的转折点。此后，随着美苏在欧洲对抗的加剧，苏联核武器试验的成功，中国及亚洲民族解放运动的胜利进展，斯大林的对外政策变得更具进攻性和挑战性，并奠定了其后 40 年苏

---

① 　*Гибианский Л.Я.* Как возник Коминформ，c.139.

② 　值得注意的是，在日丹诺夫报告的初稿中本来没有"两个阵营"的提法，这一概念是在请示了斯大林之后加进去的。这显然说明苏联领导人是在马歇尔计划提出后，下定了与过去的合作政策决裂的决心。参见 *Гибианский Л.Я.* Как возник Коминформ，Parrish，"The Turn Toward Confrontation"。

联冷战战略的基础。

三、苏联的亚洲政策与中国内战起源

二战后，中国爆发全面内战与中国革命运动的发展并不是孤立的。这个时期，苏联的战后对外政策及冷战战略和策略与中国的革命和内战之间存在着紧密的联系，中共的战略和策略受制于苏联的外交方针和美苏关系的现状。

1. 在中国推行"联合政府"政策

中国是一个与苏联接壤却无法纳入其势力范围的大国。在战争期间（特别是 1941 年以后），盟国对中国的支持和援助主要来自美国，也是罗斯福在开罗给蒋介石戴上了一顶"四强首脑"之一的桂冠，因此，战后中美关系的发展前景是可以想见的。但是，中国又是苏联最大的邻国，两国边境线长达数千公里，因而构成对苏联东部安全的潜在威胁。为了建立东方安全带，斯大林以参加对日战争为诱饵，说服美国并与其共同迫使中国签署了一个中苏友好同盟条约，从而达到了把外蒙古从中国分离出去以及在中国东北地区享有独占权益的战略目标。为实现这个战略构想，战后初期苏联对华方针的重要内容，同其他共产党活跃的欧洲国家一样，也是推行"联合政府"政策。

1945 年 6 月，第 11—12 期《布尔什维克》杂志发表的一篇评论员文章称：战后中国必须有一个"由战时所有民主党派、团体和组织所加强的国家民主阵线；只有这样……中国才能成为一支强大的、独立的和民主的力量"。① 这个公开发表的言论实际上反映了斯大林多次与美国人谈话时表达的立场，也就是他在战后欧洲提倡的"联合政府"政策。

在 4—5 月间两次与美国驻华大使赫尔利的谈话中，斯大林称蒋介石是"无私的"，是"爱国者"，但应在政治上对中共让步，以求得军令的统一。斯大林还表示，不能认为中国共产党人是真正的共产党人，苏联从来没有，今后也不会帮助中国共产党人。同美国一样，莫斯科也希望看到一个在蒋介石统治下的民主和统一的中国。② 显然，斯大林认为在中国出现的应该是以资产阶级政党及国民党为核心的联合政府。但中国共产党的主张与此不同。毛泽东在《论联合政府》中提出的中共的一般纲领是建立"新民主主义的国家制度"，即共产党领导的联合政府，推翻国民党的一党专制。对此，莫斯科是十分了解的。③ 然而，中共当时似乎并不清楚斯大

---

① 转引自 Chares Mclane, *Soviet Policy and the Chinese Communists*, *1931—1946*, New York : Columbia University Press, 1958, p.182。

② *FRUS*, *1945*, *Vol.7*, Washington D.C. : GPO, 1969, pp.338—340；彼得罗夫与赫尔利的谈话备忘录，1945 年 5 月 10 日，АВПРФ，ф.0100，оп.33，д.14，п.244，л.120—125, *Ледовский А.М.*, *Мировицкая Р.А.* (*сост.*) Русско—китайские отношения в XX веке, Документы и материалы, Том IV, Советско—китайские отношения, 1937—1945гг., Книга 2 : 1945г., Москва : Памятники исторической мысли, 2000, с.37—40。

③ 《毛泽东选集》（合订本），人民出版社 1967 年版，第 1004—1006 页；斯克沃尔佐夫致莫洛托夫的信，1945 年 2 月 3 日，АВПРФ，ф.0100，оп.35，д.11，п.237，л.34—38；斯克沃尔佐夫与王若飞的会谈备忘录，1945 年 6 月 29 日，АВПРФ，ф.0100，оп.33，д.14，п.244，л.99—103, Русско—китайские отношения, Т.IV，К.2，с.10—14、68—71。

林的主张。毛泽东在中共七大的最后报告中指出，"国际无产阶级长期不援助我们"，因为"没有国际援助"，就要"学会自力更生"。不过，从意识形态的角度，中共相信"国际无产阶级的援助一定要来的"。① 所以，尽管早在6月就听说了有关中苏条约的内容，但中共不相信莫斯科会"承认蒋介石是中国唯一的领袖"。②

对于延安来说，苏联在8月8日宣布出兵东北，是一个突如其来的消息，更使他们惊喜的是日本突然宣布无条件投降。8月9日，苏联兵分三路进入东北，中共中央立刻意识到这有可能导致日本投降，第二天便指示各中央局和中央分局："在此历史突变之时，应立即布置动员一切力量，向敌、伪进行广泛的进攻，迅速扩大解放区，壮大我军，并须准备于日本投降时，我们能迅速占领所有被我包围和力所能及的大小城市、交通要道，以正规部队占领大城及要道，以游击队民兵占小城。"同时要求华中局即日派部队夺取南京、上海、武汉、徐州、芜湖、信阳等大城市和要点，沿津浦、沪宁、沪杭线各中小城镇则由地方部队动员民兵占领，同时宣布江苏、安徽、浙江、湖北省主席和上海、南京市长人选名单。中央还指出：

---

① 中共中央文献研究室编：《毛泽东文集》第3卷，人民出版社1996年版，第391—393页。关于苏联的援助，毛泽东在1945年8月13日讲话中称：在抗战期间，"解放区的人民和军队"，"毫无外援"（《毛泽东选集》，第1070页）。但据季米特洛夫的日记，通过共产国际，苏联在1938年2月、1940年2月和1941年7月分三次向中共提供了180万美元的直接援助。见 *Димиитров Г. Дневник（9 март 1933–6 феврари 1949），София：Универсстетсйо издарелство "Св. Климент Охридски"，1997，с.137、190、238—239。*

② 《斯克沃尔佐夫与王若飞会谈备忘录》，1945年6月29日，АВПРФ，ф.0100，оп.33，д.14，п.244，л.99—103，Русско—китайские отношения，Т.IV，К.2，с.68—71。

"不怕爆发内战，而要以胜利的内战来制止内战和消灭内战。"11日，延安总部命令八路军华北、西北部队向热河、察哈尔、辽宁、吉林等地进发。12日，中共又调整了华中部署：在江南不再占领各大城市，只夺取广大乡村及县城，"准备内战战场"，若内战胜利，就原地继续扩展，若内战失利，则转入闽浙赣，创造新局面，但决不退回江北；江北力量则全力"占领津浦路及长江以北、津浦以东、淮河以北一切城市"，并"配合八路军占领陇海路"。① 显然，中共的战略是利用苏联出兵和日本投降造成的权力真空，控制广大的原日伪占领区，准备夺取中国的半壁河山。

此时，远在大后方的蒋介石面对突变的形势，看在眼里，急在心上。作为缓兵之计，就在中苏条约签字的当天，即8月14日，他电邀毛泽东赴重庆，共商"国际国内各种重要问题"。但周恩来一眼便看出，蒋介石"请毛往渝全系欺骗"。20日蒋再次来电催促，中共仍不为所动，继续抓紧进行部署。毛泽东一方面命令晋绥和晋察冀部队配合苏军"夺取张家口、平津、保定、石家庄、沧州、唐山、山海关、锦州、朝阳、承德、沽源、大同"，一方面针对华中局打算在上海发动武装起义的报告答复说：你们的"方针是完全正确的，望坚决彻底执行此方针，并派我军有力部队入城援助。其他城市如有起义条件，照此办理。"②

---

① 中央档案馆编：《中共中央文件选集》第15册，中共中央党校出版社1991年版，第215、213—214、234—235页；中共中央文献研究室编：《周恩来年谱（1898—1949）》，中央文献出版社、人民出版社1990年版，第613页。
② 中共中央文献研究室编：《毛泽东年谱（1893—1949年）》下卷，中央文献出版社1993年版，第8—9页。

就在中共积极部署，准备夺取华东、华北、西北、东北大部分地方政权的关键时刻，10月20日或21日，莫斯科给中共中央发来电报，指出：中国不能打内战，否则中华民族就有被毁灭的危险，毛泽东应赴重庆进行和谈。① 在斯大林看来，中共拒不和谈而坚持武装夺权的方针，必将导致远东局势的紧张。斯大林既不相信中共的军事实力，也不了解中共的最终目标，但他知道一点：无论中国内战结局如何，都会破坏业已签订且为莫斯科得意的中苏同盟条约及苏美共同构建的雅尔塔体系，从而给苏联在远东的安全和利益带来不堪设想的后果。因此，中共必须像西欧各国共产党一样，在蒋介石领导的"联合政府"的框架内寻求中国的和平与稳定。

对于来自莫斯科的"国际援助"，中共固然没有抱多大希望，但无论如何也没有想到斯大林会下一道"不许革命"的禁令，这不

---

① 关于莫斯科的这封电报，首先是毛泽东在1956年4月一次政治局扩大会议上提到的。据胡乔木回忆，在1960年7月的北戴河会议上周恩来说，电报已经不存在了，可能烧了，时间是22日或23日，内容同前。刘少奇在会上又补充了一句：他们说我们的路线是错误路线，要重新考虑我们的路线（刘中海、郑惠、程中原编：《回忆胡乔木》，当代中国出版社1994年版，第401页）。有关这个问题的俄国档案目前尚未解密，但季米特洛夫的日记证明，确有这样一封电报。根据日记，8月18日季米特洛夫与卸任不久的驻华大使潘友新共同起草了致毛泽东的电报，意思是"因为形势发生了根本性的变化，建议中国共产党人改变对蒋介石政府的路线"。第二天，莫洛托夫表示同意这个电文（*Димитров Дневник*, c.493）。至于收到电报的日期，《周恩来年谱（1898—1949）》（第615页）注明为"22日前后"。考虑到该电报应在19日以后发出，而中共的战略方针20日如故，21日开始改变（见后），故笔者断定中共收到电报的时间应该在20—21日之间。另外，按照师哲的回忆，斯大林先后发来两封电报（师哲回忆，李海文整理：《在历史巨人身边——师哲回忆录》，中央文献出版社1991年版，第308页），此事目前尚无法查证。

啻向毛泽东头上泼了一盆冷水，中共不得不改弦更张。21日，中共中央致电华中局，取消上海起义计划。22日，中共中央和中央军委联合发出指示："苏联为中、苏条约所限制及为维持远东和平，不可能援助我们。蒋介石利用其合法地位接受敌军投降，敌伪只能将大城市及交通要道交给蒋介石。在此种形势下，我军应改变方针，除个别地点仍可占领外，一般应以相当兵力威胁大城市及要道，使敌伪向大城要道集中，而以必要兵力着重于夺取小城及广大乡村，扩大并巩固解放区，发动群众斗争，并注意组训军队，准备应付新局面，作持久打算。"同时，总体战略也只能由选择"革命"方式转向选择和谈方式："我党在和平、民主、团结三大口号下准备和国民党谈判，争取有利于我党及人民的条件"。① 至于苏军管制下的东北，中共还是寄予很大希望，仍坚持"迅速争取东北"，只因不明苏联的立场，所以决定先派干部去那里发动群众，建立地方政权和地方武装，是否派军队占领，还要视情况而定。同日，毛泽东给蒋回电："兹为团结大计，特先派周恩来同志前来晋谒。"23日蒋介石第三封电报再邀，毛泽东次日答复，周恩来先去，他本人"准备随即赴渝"。②

战略方针出现如此急转弯，是需要给全党和全军一个交代的，

---

① 《毛泽东年谱》下卷，人民出版社、中央文献出版社1993年版，第9页；《中共中央文件选集》第15册，第243—244页。

② 金冲及主编：《刘少奇传》上卷，中央文献出版社1998年版，第519页；金冲及主编：《毛泽东传（1893—1949）》下卷，中央文献出版社1996年版，第758页；《毛泽东文集》第4卷，人民出版社1996年版，第1—2页；《毛泽东年谱》下卷，人民出版社、中央文献出版社1996年版，第12页。

原因当然主要是苏联表明了态度。① 23 日下午，中共中央政治局在
延安枣园召开扩大会议，毛泽东详细解释了这个问题。毛在分析了
战后进入和平阶段的两种情况（可以占领或无法占领大城市）后指
出，由于得不到苏联的帮助，"没有外援不能克敌"，"我们只能在
得不到大城市的情况下进入和平阶段"。至于苏联为什么不能帮助
中共，毛泽东从国际政治的角度解释说，美苏需要实现国际和平，
"苏如助我，美必助蒋，大战即爆发，和平不能取得"。毛还对比了
希腊和中国的情况：苏联没有援助希腊，是因希腊为英国所必争，
而中国则为美国所必争。如果中共占领南京、上海等大城市，美国
必然进行干涉。毛泽东已经看出，中国不在苏联的势力范围内，并
断定苏联进军中国的区域大概会限定在东北三省。所以，中共在关
内的一切军事行动都不会得到苏联的援助。于是，出路只有一条：
"在全国范围内大体要走法国的路，即资产阶级领导而有无产阶级
参加的政府。"而在中国，联合政府的形式"现在是独裁加若干民
主，并将占相当长的时期"。目前"我们还是钻进去给蒋介石洗脸，
而不要砍头"，将来再"实现新民主主义的中国"。看来，中共是不
得不走这条"弯路"了。②

　　第二天，毛泽东发出的一个指示当是对上述讲话的注释："时

---

① 斯大林在 1945 年 12 月与蒋经国会谈时提到，苏共"中央认为，中共代表应当去
　重庆谈判。中国共产党人没有料到会有这样一个建议，这在他们中间引起了很大
　混乱"。АПРФ，ф.45，оп.1，д.322，л.98—121，Ледовский А.М. Сталин и
　Чан Кайши，Секретная миссия сына Чан Кайши в Москву，декабрь 1945—
　январь 1946г.// Новая и новейшая история，1996，№4，с.111.
② 以上引言见毛泽东在政治局扩大会议的发言，1945 年 8 月 23 日；章百家：《对重庆
　谈判一些问题的探讨》，《近代史研究》1993 年第 5 期。

局变化，抗日阶段结束，和平建设阶段开始"；"我党口号是和平、民主、团结"；"大城市进行和平、民主、团结的工作，争取我党的地位，不取军事占领政策"；"力争占领小城市及乡村"；"一切作持久打算，依靠人民"。①

8月25日，中共又接到美军中国战区司令官魏德迈的邀请电，遂开会商定，毛泽东、周恩来、王若飞同去重庆谈判。在第二天政治局会议上，毛泽东讲述了中共参加重庆谈判的原则和方针。既然谈判，就需作出让步，中共的原则是"在不伤害双方根本利益的条件下"达到妥协。让步的限度："第一批地区是广东至河南的根据地，第二批是江南的根据地，第三批是江北的根据地。"但是，在陇海路以北直到外蒙的地区，"一定要我们占优势"，"东北我们也要占优势"。毛泽东说，如果不答应这些条件，就不签字，并"准备坐班房"。"随便缴枪"是绝对不行的，延安也不会"轻易搬家"。②

毛泽东虽然讲的是走法国式的道路——这是对斯大林路线的准确理解，恐怕也是说给斯大林听的，但实际准备实行的谈判方针及其所确定的目标与斯大林的设想有重大区别：第一，斯大林主张的是共产党进入由资产阶级政党掌权的政府，而毛泽东设想的"联合政府"却是要与国民党平分天下，至少来个武装割据。第二，斯大林要求共产党放弃武装斗争，走和平的道路，而毛泽东却坚持无论

---

① 中央档案馆编：《中共中央文件选集》第15册，中共中央党校出版社1991年版，第245—246页。

② 参见中共中央文献研究室编：《周恩来年谱（1898—1949）》，中央文献出版社、人民出版社1989年版，第615—616页；《毛泽东文集》第4卷，人民出版社1996年版，第1—3、15—16页。

如何不能放下枪杆子的原则。第三，斯大林设想的"联合政府"是长久之计，而毛泽东却把和平谈判作为一种权宜之计。总之，迫于形势，毛泽东不得不委曲求全，亲赴重庆与宿敌蒋介石谈判，而内心却十分明白，莫斯科的"联合政府"实属一厢情愿，最后解决问题还要靠武装斗争。

在重庆谈判过程中，莫斯科对国共和谈的结果以及中共的实际立场已经逐步有所了解，但除了坚持建立统一政府的原则外，并没有再发表具体意见。[①] 8 月 30 日，在重庆的苏联大使彼得罗夫报告说，周恩来在与他会谈时表示，"根据全部情况判断，蒋介石已经下定决心打算解决共产党的问题"，但"我们不可能指望蒋介石会做出过多的让步"，其主张的实际结果"将不可避免地导致中国共产党及其武装力量被消灭的结局"。周恩来强调，中共历来一直进行着反对国民党反动派的武装斗争，如何"从武装斗争急剧地转向和平建设"，干部和群众都没有准备好。因此，需要莫斯科提供情报和意见。彼得罗夫的回答是："周恩来同志在党政工作方面经验相当丰富"，"将能够正确地评价中国目前的局势并采取正确措施。"[②]

9 月 6 日，美国大使赫尔利告诉彼得罗夫，在谈判中，"毛泽

---

① 关于重庆谈判的详细过程和国共双方的主张，可参阅杨奎松：《失去的机会？——抗战前后国共谈判实录》第八章，广西师范大学出版社 1992 年版；章百家：《对重庆谈判一些问题的探讨》，《近代史研究》1993 年第 5 期。本章则重点考察苏联对重庆谈判的态度。

② 《彼得罗夫与周恩来会谈备忘录》，1945 年 8 月 10 日，АВПРФ，ф.0100，оп.33，п.14，д.244，л.205—208，Русско—китайские отношения，Т.IV，К.2，с.214—216。

东要求将包括首都北平在内的 5 个省转交给共产党人，以便使他们能够在那里建立自己的政府和供养自己的军队"。赫尔利声称，英国人支持在中国"分而治之"，而斯大林则告诉哈里曼，"允许在中国建立两个政府"是"愚蠢"的。以此为出发点，赫尔利一再建议苏联和美国共同发表一个支持国民政府的声明。彼得罗夫对此没有响应。① 同一天，毛泽东也拜访了苏联大使。毛泽东介绍说，谈判表明，蒋介石极力要"继续实行一党专政"，并用武力封锁共产党的地区和军队。所以，"联合政府"已经无从谈起，国民党只同意让共产党和其他党派代表加入国民党领导的政府。对于共产党来说，毛泽东指出，"如果国民党同意将除特区以外的 5 个省——山东、河北、山西、察哈尔和热河的行政管理权移交给我们的话，那么，我们将会同意放弃华南和华中的解放区"。最后，毛泽东表示，中共的让步是有限度的。为此，毛泽东和周恩来、王若飞一再追问，苏联对此持有什么立场，"如果美国将帮助国民党军队消灭共产党军队，苏联将会采取何种步骤"。彼得罗夫只是一味强调："苏联非常希望看到中国在政治上统一，两党的谈判应该继续下去，并通过相互的让步达成一致意见。"第二天，彼得罗夫又向东北特派员蒋经国表示了同样的看法。②

---

① 《彼得罗夫与赫尔利谈备忘录》，1945 年 9 月 6 日，АВПРФ，ф.0100，оп.33，п.12，д.244，л.218—219，Русско—китайские отношения，Т.Ⅳ，К.2，с.229—230。

② 《彼得罗夫与毛泽东会谈备忘录》，1945 年 9 月 6 日；《彼得罗夫与蒋经国会谈备忘录》，1945 年 9 月 7 日，АВПРФ，ф.0100，оп.33，п.244，д.13，л.220—240、226—229，Русско—китайские отношения，Т.Ⅳ，К.2，с.230—233、233—235。

10 月 10 日，就在谈判协定签字的当天，毛泽东再次拜会苏联大使。毛泽东说，将要发表的联合公报表明中共取得了胜利，是将来"进行宣传的某种依据"。但又强调，"蒋介石不会履行达成的协议"，"他会继续进行反共的军事准备"。因此，"中共的军队也正在三个主要方面加紧作应战的准备"。毛接着说，"消灭国民党的几个师"没有问题，中共唯一担心的是美国会公开干涉中国内政，并问苏联人，如果美国出兵怎么办。中共没有明说的愿望当然是希望得到苏联的支持和援助，几天前周恩来就提出了同样问题，当时彼得罗夫未置可否，现在面对毛泽东的提问，彼得罗夫的答复也只是："必须通过和平的途径妥善调解局面，尽量避免与美国人发生武装冲突。"①

目前尚未发现有关重庆谈判更多的俄国档案，不过，苏联使馆的态度应该说是反映了莫斯科的立场。显然，斯大林此时坚持的原则仍然是建立以国民党为主的统一的联合政府，为此，在中国必须避免内战。不过，彼得罗夫作为外交官的谨慎表态也说明，斯大林并不想强迫中共接受某种具体做法，他要为自己的实际行动留下充分的回旋余地。毕竟，提出"联合政府"政策只是一种手段，就目的而言，有一点莫斯科与延安的想法是一致的，那就是必须保证对中国东北的控制。②

---

① 《彼得洛夫与毛泽东会谈备忘录》，1945 年 10 月 10 日；彼得洛夫与周恩来会谈备忘录，1945 年 10 月 5 日，АВПРФ，ф.0100，оп.40，п.7，д.248，л.39—44、120—123，沈志华、李丹慧收集和整理：《中苏关系：俄国档案原文复印件汇编》第 4 卷，华东师范大学国际冷战史研究中心存，2004 年，第 851—856、840—843 页。

② 对于苏联来说，还有一个控制外蒙古的问题，不过中共暂时还没有考虑这个问题。

2. 斯大林在东北左右逢源

苏联红军出兵东北当然不仅仅是为了消灭日本关东军，其主要目的是为了使东北地区成为苏联的势力范围和东方安全屏障。作为签署中苏条约的对应条件，斯大林已经向美国人和蒋介石许诺，东北的行政权将交给国民政府，而苏军则在 3 个月内撤离中国，希望以此换取中国政府的对苏友好立场。但是，无论是从意识形态出发，还是着眼于地缘政治，斯大林对蒋介石及其支持者美国，既不放心，也不信任。[①] 所以，苏联不能把对东北的控制完全寄托在已经公开表明的既定政策上，而要把主动权牢牢掌握自己手中。为此，莫斯科至少利用了以下三种途径：

首先，通过大量的宣传鼓动工作在东北地区营造对苏友好的氛围。在军事推进过程中，苏军军事委员会和政治部不断向中国居民发放各种宣传品，开展各种宣传活动。仅远东第一方面军政治部就用中文印制了 86 种、总数超过 470 万份的传单。在东北作战的前4 天当中，苏联散发和张贴的中朝文标语、传单和宣传画就有 9000万份。此外，苏军还在当地出版报纸和定期刊物，吸收和培养大批通晓汉语、朝语、日语的宣传骨干。仅第一方面军总部在 8 月份就举办了大约 200 场报告会、座谈会，组织音乐会或戏剧、电影演出

[①] 早在 1944 年 1 月 10 日，副外交人民委员迈斯基向莫洛托夫提交的关于《未来和平的最佳基本原则》的报告中就指出，战后亚洲的危险来自"美国和中国结成一个矛头指向苏联的联盟"。АПРФ，ф.3，оп.63，д.237，л.52—93，中译文参见沈志华总主编：《苏联历史档案选编》第 16 卷，第 712—713 页。

160 场。①

其次，充分利用隶属远东方面军侦察处的原东北抗日联军的中国和朝鲜干部。40 年代初，抗日联军在东北的大规模军事活动失败后，周保中、李兆麟、金日成等一批干部率残部陆续退往苏联，组建国际旅，继续坚持战斗。1942 年 7 月，经共产国际批准，这支部队在苏军统制下组成第 88 独立步兵旅，并在远东哈巴洛夫斯克营地接受训练。对日作战准备阶段，该旅的任务是提供情报和向导。苏联出兵的第二天，旅长周保中部署该旅准备反攻，与八路军会师，解放东北。8 月 11 日却接到斯大林的电报："待命"。日本宣布投降后，周保中又致信苏联远东军总司令华西列夫斯基元帅，建议由第 88 旅接管长春，并为建立东北民主政府和人民军作准备。如果接受这个设想，周要求苏军将该旅骨干力量交给中共中央或八路军安排。这个建议也遭到拒绝，华西列夫斯基下达了另一个指示：为了扩大苏联的影响，安排这些干部分散随苏军行动，协助占领当局开展政治和行政工作。9 月 6—9 日，第 88 旅的中国干部受命分四批到东北各大城市苏军指挥部报到。10 月，该部队建制被取消。② 显然，斯大林一方面担心周保中的计划破坏他对蒋介石的承诺，一方面需要把这支由中朝战士组成的部队留给自己用。

---

① АМОРФ（俄罗斯联邦国防部档案馆），ф.32，оп.11312，д.196，л.140；ф.32，оп.11309，д.248，л.25，*Ачкасов В.И. гла. ред.* История второй мировой войны 1939—1945，Том.11，поражение миΛитариетской японии，Москва：ВИМО СССР，1980，c.322.

② 详见沈志华：《试论八十八旅与中苏朝三角关系——抗日战争期间国际反法西斯联盟一瞥》，《近代史研究》2015 年第 4 期。

　　最后，也是最重要的，就是借助中共的力量来控制国民党行政当局对东北的接管进程和实际结果。应该说，前两个措施不过都是为了使苏军能在东北站住脚，并扩大苏联在那里的影响，而斯大林明白，苏联的军事力量迟早是要退出东北的。那么，到底把东北的直接控制权交到国共两党谁的手上，才能保证莫斯科的实际控制和势力范围，斯大林是有深远考虑的。就苏联对中国以及东北采取的政策而言，国民政府的东北行营主任熊式辉可算是一语中的："苏联只要看见中国有联合政府，一切便好谈。"① 最初，斯大林在国共之间所采取的左右逢源的立场，与中共逐步确立的独占东北的战略确实有些不合拍，以至一度引起毛泽东的失望和不满。然而，国际局势的变化最终还是让他们走到了一起。

　　由于得知东北的行政权将交给国民党，直到 8 月 26 日，中共中央还在犹豫是否派大部队去抢占东北。② 不过如前所述，控制东北已是既定方针，需要考虑的只是方式。中共中央很快就想出了对策，8 月 29 日中共中央在给北方各分局的指示中说：尽管受中苏条约限制，苏联"必不肯和我们作正式接洽或给我们以帮助"，但条约中也明白规定"所有中国籍人员，不论军民均归中国管辖"，苏联不干涉中国内政。因此，"我党我军在东三省之各种活动，只要不直接影响苏联在外交条约上之义务，苏联将会采取放任的态度并寄予伟大之同情"。同时，"国民党在东三省与热、察又无基础"，

───────────

① 中共中央文献研究室、中共南京市委员会编：《周恩来一九四六年谈判文选》，中央文献出版社 1996 年版，第 6—7 页。

② 详见金冲及：《较量：东北解放战争的最初阶段》，《近代史研究》2006 年第 4 期。

且"派军队去尚有困难"，而"红军将于三个月内全部撤退，这样我党还有很好的机会争取东三省和热、察"。于是，中共中央要求"晋察冀和山东准备派到东三省的干部和部队，应迅速出发，部队可用东北军及义勇军等名义，只要红军不坚决反对，我们即可非正式的进入东三省。不要声张，不要在报上发表消息，进入东三省后开始亦不必坐火车进占大城市，可走小路，控制广大乡村和红军未曾驻扎之中小城市，建立我之地方政权及地方部队"。"热河、察哈尔两省不在中苏条约范围内，我必须完全控制，必须迅速派干部和部队到一切重要地区去工作，建立政权与地方武装"。对苏军只通报情况，既不要正式接洽，也不要请求帮助，总之不要使之为难。① 高岗在 9 月 3 日一封电报中也称："对东北我党必须力争，中央已有充分准备及具体对策。"②

中共军队突然大量出现在东北，一时搞得苏军不知所措。冀热辽军区曾克林部进攻山海关时，不仅与苏军联合发出最后通牒，还得到苏军炮火支援，到达沈阳时却受到苏联驻军百般阻拦，被围困在火车上整整一天；进驻沈阳的中共先头军队从苏军转交的日本军火库中获取了大量武器装备，而徒手赶来的后续部队却吃了闭门羹，什么也没有得到；还有些进入东北的部队，不仅得不到急需的通讯器材和印刷设备，甚至还被苏军缴械，并禁止他们在苏军占领

---

① 中央档案馆编：《中共中央文件选集》第 15 册，中共中央党校出版社 1991 年版，第 257—258 页。
② 中央档案馆、陕西省档案馆编：《中共中央西北局文件汇集（1945 年）》，未刊，第 83 页。

区活动。如此等等。① 造成这种局面的具体原因很复杂，有的显然是出于无产阶级国际主义而表现出对中国同志的支持，有的恐怕是由于对中共所属部队缺乏了解而产生的误会，有的大概是基层指挥员不了解外交方针而擅自采取的行动，还有的肯定是占领当局受制于国际舆论而有意采取的回避态度。总的讲，问题的症结在于，对于莫斯科有意采取的模糊政策，苏联军人和中共领导人最初都没有搞清楚，而他们之间又缺乏沟通和联系。

于是，9月14日华西列夫斯基派代表飞到延安，传达莫斯科的要求，并与中共领导人进行协商。苏联代表在会谈中明确表示：苏军撤离中国前，国共军队均不得进入东北，请朱德命令已进入沈阳、长春、大连等地的中共部队退出苏军占领地区；苏军不久即行撤退，苏联不干涉中国内政，中国内部的问题由中国自行解决。而私下会谈时应允，已经进入东北的中共军队，如果不用八路军名义，不公开与苏军接洽，苏军可以"睁一只眼，闭一只眼"，还提出希望中共派负责人前往东北，以便随时联系，协调行动。锦州、热河两省则可以完全交给中共接管。② 16日，苏蒙联军代表又转告

---

① 李运昌：《忆冀热辽部队挺进东北》，《中共党史资料》总第15辑（1985年），第64—67页；曾克林：《山海关—沈阳—延安：忆我与苏军的关系》，《中俄关系问题》1990年第28期，第1—7页；伍修权：《回忆与怀念》，中共中央党校出版社1991年版，第201—202页；РЦХИДНИ，ф.17，оп.128，д.46，л.12—18、19—21、22—23，《中苏关系：俄国档案原文复印件汇编》第4卷，第792、806、811—812页。

② 中共中央关于东北情况及与苏军代表谈判问题的通报，1945年9月14日，转引自牛军：《论中苏同盟的起源》，《中国社会科学》1996年第2期；李运昌：《忆冀热辽部队挺进东北》，《中共党史资料》总第15辑（1985年）；金冲及：《较量》，《近代史研究》2006年第4期。

中共中央，"坚决要求八路军主力火速北开"，接收其所占领之内蒙古及东北各地，"确保北面及内蒙地区，以便同外蒙苏联经常保持联系"，苏军可接济部分武器。万不得已时，中共部队可进入外蒙，"但不可向南移"，"不要再让敌人隔断双方联系"。在重庆的苏联大使也向毛泽东、周恩来提出：中共当前的战略重心，应当是集中兵力，"确保张家口、古北口、山海关之线，防蒋进攻"。①

只派遣一名校级军官向中共领导人传话，表明莫斯科处事谨慎，仍要留有退路。彭真到沈阳后报告，苏军对银行、工厂、仓库一律派兵监守，不准搬用，对火车、汽车、汽油、广播电台也"绝对全部控制"，还要求中共军队移至城外，均反映了这种情况。②尽管如此，苏联的意图却很明显：表面上国共军队都不得进入东北，但允许中共军队卡住进入东北的咽喉要道，一旦苏军撤退，中共便可抢先占领东北。这样，苏联既没有破坏中苏条约，又能保证内蒙、东北地区在自己掌控之中。机不可失，莫斯科的表态促使中共更加坚定了进军东北的决心。

经过 14 日下午和晚上的讨论，刘少奇主持的中共中央政治局会议决心把全国的战略重点放在东北，把原来准备南下的部队和干部转向挺进东北，并决定建立以彭真为书记的中共中央东北局，随前来延安的苏联军用飞机飞往沈阳，加强对东北工作的

---

① 中央给中共赴渝代表团的通报，1945 年 9 月 17 日，转引自杨奎松：《中间地带的革命》，第 407 页；杨奎松：《毛泽东与莫斯科的恩恩怨怨》，江西人民出版社 1999 年版，第 231 页。

② 《彭真传》编写组：《彭真年谱》，中央文献出版社 2012 年版，第 289 页；金冲及：《较量》，《近代史研究》2006 年第 4 期。

领导。① 17 日刘少奇向毛泽东报告："东北为我势所必争，热、察两省必须完全控制。红军在东北现已开始撤退，据说在 12 月初将撤完，内蒙红军即将撤退，已三次要求我接防德王府、百灵庙一线。"为此，刘少奇提出"全国战略必须确定向北推进，向南防御的方针"。② 18 日刘少奇又建议紧急调重兵部署在热、察、冀东及东北沿海地区，阻止蒋军北进，控制东北。19 日毛泽东回电：完全同意。③ 到 10 月初，毛泽东的胃口更大了，中共中央设想的目标是：在华北、东北、苏北、皖北及边区全部实行人民自治，中央军不得开入，仅平、津、青三地可暂时驻一小部中央军，将来亦须退出；华北、东北各设政治委员会统一管理各省，中央政府不得违背自治原则派遣官吏，已派者须取消。④

在控制东北的问题上，斯大林最大的担忧在于美国势力渗透到苏联的势力范围，随着国民党军队在美国的援助下不断接近和开进东北，莫斯科的担心越来越加重，态度也越来越明朗。蒋介石非常担心因国军不能及时到达东北，而共军乘苏军撤退之机夺取优势，故早在 9 月 11 日就让行政院长宋子文向美国政府请求借船运兵。⑤

① 中共中央政治局临时会议记录，1945 年 9 月 14 日，转引自《刘少奇传》上卷，第 523 页；金冲及：《较量》，《近代史研究》2006 年第 4 期。
② 中央档案馆编：《中共中央文件选集》第 15 册，中共中央党校出版社 1991 年版，第 278—279 页。
③ 中央致中共赴渝代表团电，1945 年 9 月 18 日；中共赴渝代表团给中央的复电，1945 年 9 月 19 日，转引自《刘少奇传》上卷，第 526 页。
④ 《毛泽东文集》第 4 卷，人民出版社 1996 年版，第 57 页。
⑤ 秦孝仪主编：《中华民国重要史料初编》第七编（一），台北中国国民党中央委员会党史委员会，1981 年，第 116 页。

美国的态度也很积极，代理国务卿艾奇逊第二天便以备忘录形式将此事报告总统。9月18日杜鲁门总统答复："驻西太平洋陆军和海军司令已下达命令，将按照魏德迈将军所明确指出的日期和港口运送前往满洲的中国军队提供船只"，"参谋长联席会议深信，在中国军队准备好登船前往满洲之日，将有足够的船只为其所用"。[①] 9月24—27日，就有消息转开，美军将在天津、大连、烟台、威海、秦皇岛登陆，蒋军将由空运和海运至平津。[②] 10月初，一方面是美国一再要求苏联公开保证遵守门户开放的原则，一方面是国民政府连连发出照会和通知：中国计划在满洲吸引外资，而美国有意投资；要求苏联开始考虑撤军问题；中国政府的第一批军队将在数日内乘坐美国军舰抵达大连。[③] 这如何不让斯大林心急？在与立法院长孙科的谈话中，彼得罗夫默认："美国人在北平、天津、青岛和秦皇岛登陆"，"是导致局势更加严重化的因素"。[④] 而斯大林则向蒋经国坦言："苏联政府不愿让美军进入满洲。这是苏联的地盘"，"无论美军、英军或其他外国军队，都不应当允许他们进入

---

① *FRUS*，1945，Vol.7，p.1028；薛衔天编：《中苏国家关系史资料汇编（1945—1949）》，社会科学文献出版社1997年版，第6页。

② 中共中央致东北局电，1945年9月24日；中共中央给林彪和山东局的指示，1945年9月27日。

③ *FRUS*，1945，Vol.7，pp.973—974、979—980、981；АВПРФ，ф.0100，оп.40，п.248，д.7，л.17—18、19—20；оп.33，п.244，д.12，л.50—51；оп.33，п.244，д.13，л.71—73，Русско—китайские отношение，Том.IV，с.245—255、252—257.

④ АВПРФ，ф.0100，оп.40，п.248，д.7，л.86—88，Русско—китайские отношения，Т.IV，К.2，с.296—298.

满洲"。① 既然认定国民党是美国人的傀儡，那么，要遏制第三国势力进入东北，只能依靠共产党。

在重庆，苏联大使曾对周恩来寻求帮助的提问依然闪烁其词。② 但在东北的苏联军人却对共产党显得格外坦率和热情。10月3日，一位未透露姓名的苏共中央军委委员在接待中共东北局负责人时，不仅热情称赞中国共产党人，而且高度赞赏中共关于"向南防御，向北发展"，争取控制东北的战略方针。他还认为，"满洲北部不成问题"，建议中共把主力部队部署在山海关方面（15万人）和沈阳周围（10万人），全力阻止国民党军进入东北。为了增强中共方面的信心，第二天苏方就通知中共东北局说，苏军准备把缴获的所有保存在沈阳、本溪、四平街、吉林、长春、安东、哈尔滨和齐齐哈尔日本关东军的武器弹药和军事装备，如数转交给中共，并说明这些武器弹药可以装备几十万人。③

10月上中旬，苏联一再拒绝国民政府关于国军在大连登陆的请求，即使蒋介石亲自出面也无济于事。同时，对设立在长春负责接收工作的东北行营，也是百般刁难，设置重重障碍。蒋经国向

---

① АПРФ，ф.45，оп.1，д.322，л.98—121，*Ледовский* Сталин и Чан Кайши// Новая и новейшая история，1996，№4，с.119.

② АВПРФ，ф.0100，оп.40，п.7，д.248，л.120—123，《中苏关系：俄国档案原文复印件汇编》第4卷，第840—843页。

③ 东北局致中共中央电，1945年10月3日；刘少奇致中共赴渝代表团电，1945年10月4日；东北局致中共中央电，1945年10月8日，转引自杨奎松：《毛泽东与莫斯科的恩恩怨怨》，江西人民出版社1999年版，第233—234页；《刘少奇传》上卷，中央文献出版社1998年版，第531页；金冲及：《较量》，《近代史研究》2006年第4期。

苏联使馆通报长春之行的感受时抱怨说，苏军不允许他们建立警卫队，拒绝到除沈阳外其他地区进行视察，还下令停止出版东北行营发行的《光复报》。① 与此同时，苏联却与中共紧密配合，加快了对东北的控制步伐。苏军指挥部下决心"打开前门"，拟把南满和锦州地区的行政权全部交付给中共，并应允在中共来不及接收的情况下，代为保存1个月。甚至在苏军完全控制的大连地区，占领当局也希望中共在那里建立起党政领导机关。② 10月6日，中共得知蒋军在大连登陆已被拒绝后，估计可能转向营口、锦州和安东，于是请求苏军"一律拒绝，至少拖延一个月至一个半月"。10天后彭真便报告，蒋军"到营口、锦州两处海岸企图登陆，已被拒绝"，苏方催促中共立即派兵在陆地阻击。因中共军队一时无法到达，苏方还答应再设法拖延几天。而在蒋军准备登陆的安东，不但出现了"民主政府"，还举行集会，呼吁满洲独立，撤销东北行营，甚至断水断电。③ 10月19日，毛泽东从重庆回到延安后，决定按照苏方的要求，改变过去分散占领全东北的方针，而"集中主力于锦州、营口、沈阳之线，次要力量于庄河、安东之线，坚决拒止蒋军登陆及歼灭其一切可能的进攻，首先保卫辽宁、安东，然后掌握全

---

① АВПРФ, ф.0100, оп.40, п.248, д.7, л.26—27、28—30、128—132；оп.33, п.244, д.13, л.82—83；оп.40, п.248, д. К и032, л.7, Русско—китайские отношения, Т.Ⅳ, К.2, с.258—259、262—264、274—275、299—302.

② 中共中央致中共赴渝代表团电，1945年10月5日；《彭真年谱》，第294页。

③ 毛泽东给彭真的指示，1945年10月6日；彭、陈给毛泽东的报告，1945年10月15日；АВПРФ, ф.0100, оп.40, п.248, д.7, л.128—132, Русско—китайские отношения, Т.Ⅳ, К.2, с.299—302.

东北"。① 21 日又提出："竭尽全力，霸占全东北，万一不成，亦造成对抗力量，以利将来谈判。"②

10 月 25 日，苏联接到中方正式通知，国军将使用美国舰队在营口和葫芦岛登陆。③ 于是，苏军再次催促中共军队迅速接防中心城市和工业，逐步接收政权，并建议中共把领导中心移至沈阳，还声称："如果说过去需要谨慎些，现在应该以主人自居，放开些干。"如蒋军在 11 月 15 日前进攻，苏军可协同中共军队给以打击。④ 接到东北局的报告后，毛泽东"甚为欣慰"，即刻指示："我党决心动员全力，控制东北，保卫华北、华中，六个月内粉碎其进攻，然后同蒋开谈判，迫他承认华北、东北的自治地位"；按照苏方意见"速在安东、营口、葫芦岛三处设防，加强军队配备，即速派兵控制一切重要飞机场，接收各主要城市的政权、工厂、兵工厂及武器弹药"；最重要的是请求苏方"拒止蒋方在两个月内登陆、着陆"。28 日，东北局便拟定了东北九省的主席或特派专员名单，准备"以最快速度接收全部政权"。⑤

因受制于外交，苏联无法满足毛泽东的要求，经反复交涉，只

---

① 中央档案馆编：《中共中央文件选集》第 15 册，中共中央党校出版社 1991 年版，第 364 页。

② 《彭真传》编写组编：《彭真年谱》，中央文献出版社 2012 年版，第 300 页。

③ АВПРФ，ф.0100，оп.40，п.248，д.7，л.71，Русско—китайские отношения，Т. IV，К.2，с.282—283.

④ 东北局致中共中央电，1945 年 10 月 25 日，转引自《中间地带的革命》，第 411 页；《彭真传》编写组：《彭真年谱》，中央文献出版社 2012 年版，第 302 页。

⑤ 《中共中央文件选集》第 15 册，中共中央党校出版社 1991 年版，第 388—389 页；《彭真传》编写组：《彭真年谱》，中央文献出版社 2012 年版，第 305 页。

得应允蒋军"10月30日在葫芦岛、营口登陆，11月12日进至锦州、海城线，11月20日进至沈阳，苏军则于11月25日撤完"，还同意先头部队在苏军撤离前三天空运至长春和沈阳。不过，苏方也公开声明，苏军数量不多，无法保证登陆部队的安全，而且并不打算限制共产党部队，因为苏联"不会干涉中国内政"。① 同时，彭真报告，苏方通知中共，"同意我们在营口、葫芦岛作战，他们不加任何限制"，还同意中共前往沈阳和长春接收工厂、武器装备，并更换除市长外的长春各级政府。② 为此，11月上旬毛泽东不断发出指示。针对国民党军队在山海关发动的大规模进攻，毛泽东要求"必务要将（这一地区）一切可能的力量集中起来，以便在这场具有战略性决定意义的战役中取得胜利"。同时，要求部队"争取时间布置内线作战，决心保卫沈阳不让蒋军进占。一俟苏军撤退，我方即宣布东北人民自治"。③ 在长春，据东北行营的通报，中共调动了大批军队集中在机场附近，约有2000人已进入长春市，并示威性地包围了行营驻地。④ 11月12日毛泽东在政治局扩大会议发表讲话："派十九万军队去东北，这是有共产党以来第一次大规模

---

① Gillin and Myers（eds.），*Last Chance in Manchuria*，pp.94—95；《毛泽东文集》第4卷，人民出版社1996年版，第63—65页。

② 参见《彭真传》编写组编：《彭真年谱》，中央文献出版社2012年版，第310、312—313页。

③ 毛泽东致彭真电，1945年11月2日；中央军委关于11月作战部属及指示电，1945年11月2日；《毛泽东文集》第4卷，人民出版社1996年版，第63—65页。

④ АВПРФ，ф.0100，оп.40，п.248，д.7，л.79—80，Русско—китайские отношения，Т.Ⅳ，К.2，с.294—295；《王世杰日记（手稿本）》第5册，台北"中央研究院"近代史研究所1990年编印，第214页。

的军事调动。""总的来说，蒋一定攻，我坚决打。""只要有现在的条件，苏联不帮助我们，我们也不怕。"只有此战得胜，"我们才能提出东北自治的问题"。①

然而，就在毛泽东准备利用苏联帮助的有利条件放手与蒋介石在东北一战的紧要关头，莫斯科的立场突然发生了变化。11月10日，斯大林从他的休养地索契给莫洛托夫、贝利亚、马林科夫和米高扬发出一封密码电报，指令他们"尽可能快地从延安和毛泽东部队活动区域撤离我们所有的联络官员和其他人员"，而且"越快撤出越好"。原因是"中国的国内战争正处在一个重要的转折点上，我担心我们的敌人将来会指责我们留在这些地区的人是中国国内战争的组织者，虽然我们的人并没有控制任何东西"。② 这一指令立即得到贯彻执行。第二天东北局报告：昨日友方突然通知陈云，已允许在苏军撤退前五天内让国民党空运部队到各大城市，并且不准我们在此期间与国民党军队发生冲突。友方一再声明，这是"莫斯科的决定"，东北苏军任何人员无权变动。如果五天中出现冲突，苏方"只能缴我们的械"。友方还一再提出，"莫斯科的利益应该是全世界共产主义者最高的利益"。③ 17日马利诺夫斯基命令中共军队撤出长春、沈阳和哈尔滨，并不得阻碍国民党军队在长春和沈阳着陆。20日又"郑重通知"东北局："长春路沿线及城市全部交蒋"，中共军队一律退

---

① 《毛泽东文集》第4卷，人民出版社1996年版，第73—80页。

② RGASPI（俄罗斯社会政治史国家档案馆），f.558，op.11，d.98，l.81，Alexander Chubariyan and Vladimir Pechatnov，"Molotov 'the Liberal'：Stalin's 1945 Criticism of his Deputy"，*Cold War History*，Aug.2000，Vol.1，Issue 1，pp.131—132.

③ 《彭真传》编写组：《彭真年谱》，中央文献出版社2012年版，第315—316页。

至铁路线 50 公里以外；只要有苏军的地方，既不准与蒋军交战，也不许中共军队存在，"必要时不惜用武力"驱散；全东北境内，包括锦州至山海关段，均不准作战。① 同日，苏军驻哈尔滨卫戍司令部要求中共北满分局和军队三天之内撤出哈尔滨。中共撤出后，苏军即通知国民党政府，来哈接收。② 在重庆，苏联使馆也告诫中共代表王若飞，"为了避免遭到美国和中国舆论的反对"，中共最好不要试图占领长春路，并注意减少与苏联使馆和驻华机构的联系。③ 24日，苏联心安理得地照会国民政府，现在可以毫无阻碍地向沈阳和长春空运部队了，苏军对东北中共军队"未曾予以任何帮助"，并表示苏军可延期一两个月撤离，以利中方接收。④ 驻长春苏军指挥官还向东北行营副参谋长董彦平保证："决心消除所有的暴民活动，严格保护各政府组织及其工作人员的住宅，并禁止一切对中国政府不利的宣传。"⑤ 后经双方协商确定，为确保中国政府顺利接收，将苏联撤军完成日期改为 1946 年 2 月 1 日。⑥

---

① АВПРФ, ф.0100, оп.40, п.248, д.7, л.134—136, Русско—китайские отношения, Т. IV, К.2, с.306—307；《彭真传》编写组编：《彭真年谱》，中央文献出版社 2012 年版，第 318 页；东北局致中共中央电，1945 年 11 月 20 日。

② 余建亭：《陈云与东北的解放》，中央文献出版社 1998 年版，第 30—32、40 页。

③ АВПРФ, ф.0100, оп.40, п.248, д.7, л.134—136, Русско—китайские отношения, Т. IV, К.2, с.306—307.

④ 秦孝仪主编：《中华民国重要史料初编》，第七编（一），第 153—155、168—171 页；《王世杰日记（手稿本）》第 5 册，第 216 页；АВПРФ, ф.0100, оп.40, п.248, д.7, л.127—128, Русско—китайские отношения, Т. IV, К.2, с.305—306。

⑤ Gillin and Myers (eds.), *Last Chance in Manchuria*, pp.126—127.

⑥ 秦孝仪主编：《中华民国重要史料初编》第七编（一），第 157、168 页；АВПРФ, ф.0100, оп.40, п.248, д.7, л.99—100, Русско—китайские отношения, Т. IV, К.2, с.313—314。

苏联的态度为何突然改变？从斯大林密电和苏联参赞谈话的口气看，莫斯科的担心主要在于美国对东北事态发展的不满及其制造的舆论压力。蒋介石对这一点看得很清楚，早在10月19日他就有意向苏联大使建议：采纳美国的提议，召开第二次五国外长会议解决中国问题。① 11月8日蒋介石又在内部讨论时提出"将东北行营撤至山海关，同时声明不放弃东北，以使苏联违约之真相大白于天下"。② 一个星期后，国民政府正式向苏联发出照会：由于接收工作无法进行，决定于17日起将东北行营"迁移至山海关"。同时，又照会各国使领馆，告苏联阻碍接受工作。随后，蒋介石迅速将这一决定告诉华盛顿，并抱怨苏联人未能执行1945年中苏条约，希望与美国积极协调行动，防止局势继续恶化。③

莫斯科面临的压力还不只此，从10月下旬到11月初，在远东，苏联急于插手促成对日和约，反复就盟国对日管制机制问题与美国进行磋商。④ 在近东，伊朗危机趋向国际化，对苏联感到绝望和恐

---

① АВПРФ，ф.0100，оп.40，п.248，д.7，л.60—64，Русско—китайские отношения，Т.Ⅳ，К.2，с.277—278.

② 《王世杰日记（手稿本）》第5册，台北"中央研究院"近代史研究所1990年编印，第209—210页。

③ 秦孝仪主编：《中华民国重要史料初编》第七编（一），第147、148—149、151—152页；FRUS，1945，Vol.7，p.1044.

④ 详见 Севостьянова Г.Н.（под ред.）Советско—американские отношения 1945—1948，Россия ⅩⅩ век. Документы，Москва：МФД，2004，с.67—68、87—89、92—98、104—112。

惧的德黑兰政府开始求助于美国和联合国。[1] 针对苏联关于修改《蒙特勒公约》的诉求，美国也开始关注土耳其海峡问题，并提出了国际监督的建议。[2] 于是，苏联在一系列国际问题上都需要继续与美国保持一致，并争取美国支持自己的主张，这里当然也包括中国问题。所以，当11月下旬美国倡议召开三国外长会议解决这些国际问题时，苏联不仅积极响应，而且立即开始与美国进行紧密接触和协商。[3] 在这样的背景下，12月莫斯科外长会议作出美苏同时从中国撤军的决议，以及国务卿贝尔纳斯对斯大林履行中苏条约抱有乐观态度，就毫不奇怪了。[4]

于是，斯大林再次抛出了"联合政府"。在12月30日与蒋经国会谈时斯大林说："苏联政府已经从延安召回了所有的代表，因为他们不同意中国共产党人的举动"，苏联政府仍然"承认蒋介石政府是中国的合法政府"，并认为中国"不能有两个政府，两支军队"，尽管"中国共产党人不同意这一点"。斯大林还一再辩白，苏联政府对中共的情况不了解，也未向中共提过任何建议，莫斯科对

---

① 详见 *Егорова Н.И.* Иранский кризис, 1945—1946гг., По рассекреченным архивным документам// Новая и новейшая история, 1994, №3, с.35；Fernande Scheid Raine, Stalin and the Creation of the Azerbajan Democratic Party, *Cold War History*, Oct.2001, Vol.2, Issue 1, pp.25—26。

② 详见 *Кочкин Н.В.* СССР, Англия, США и "Турецкий кризис", 1945—1947гг.// Новая и новейшая история, 2002, №3, с.68。

③ АВПРФ, ф.017а, оп.1, п.2, д.12, л.62—62об, *Кынин Г.П., Лауфер Й.* СССР и германский вопрос, 1941—1949, Документы из Архива внешней политики российской федерации, Том.2, Москва：Международные отношения, 2000, с.47—48；*Севостьянова Г.Н.*（под ред.）Советско—американские отношения, с.118。

④ *FRUS*, 1945, Vol.7, pp.844—845；*FRUS*, 1946, Vol.9, Washington：GPO, 1972, p.18。

中共的行为不满意，更不能为他们的行为负责。① 而对中共，斯大林则希望他们放弃已经制定的目标。

1946 年 1 月，苏联使馆告诫中共在重庆的谈判代表，目前提出东北问题还 "为时过早"，因为中央政府和来华调停的美国总统特使马歇尔都没有提到这个问题；"中共应该寻找和平解决所有军事和政治问题的道路"。苏联大使还警告周恩来："在满洲发生战争，尤其是伤及美人，必致引起严重后果，有全军覆没及惹起美军入满的绝大危险。" 以至周恩来不得不向苏联人检讨说，"对中共来说，与美国人的关系是一个新问题"，中共领导人认为苏军应该把东北交给中共，是因为 "不懂得整个国际形势的复杂性"。② 而在给中共中央的报告中，周恩来指出：看到中共能以军事力量抵抗国民党进攻以利谈判时，他们就欢呼，看到中共要独霸东北、华北时，他们就惊呼。③

毛泽东确实需要再次改变战略方针了。得知苏联态度改变后，中共中央最初决定，一方面 "照顾友方信用"，"服从总的利益"，一方面 "仍须控制大城市"，重新部署力量，"准备一切条件于苏军撤走后歼灭顽军"。④ 11 月 19—20 日，中共的方针仍然是 "在顾

---

① АПРФ，ф.45，оп.1，д.322，л.98—121，*Ледовский* Сталин и Чан Кайши//Новая и новейшая история，1996，№4，с.109—120.

② АВПРФ，ф.0100，оп.34，п.253，д.22，л.20—21；д.20，л.5а—11，Русско—китайские отношения，Т.Ⅳ，К.2，с.31、41—45；《彭真传》编写组编：《彭真年谱》，中央文献出版社 2012 年版，第 362 页。

③ 《周恩来一九四六年谈判文选》，中央文献出版社 1996 年版，第 7 页。

④ 毛泽东致东北局电，1945 年 11 月 13 日；《彭真传》编写组编：《彭真年谱》，中央文献出版社 2012 年版，第 316—317 页。

及苏联国际信用的条件下力争大城市"，希望苏军能把"锦州、葫芦岛及北宁路之一段"留给我们，并"尽可能推延蒋军进入满洲及各大城市的时间"。① 但是，11月22日，迫于形势的变化，刘少奇便提出了一个新的方针："让开大路，占领两厢"。28日和29日，刘进一步明确："独占东北已无此可能，但须力争在东北的一定地位"，今后工作重心为控制长春铁路以外的中小城市、次要铁路及广大乡村，"建立根据地，作长期打算"。② 武力解决不行，只好再次转入和谈。12月7—8日，中共提出准备恢复与国民党的谈判，和平解决东北问题，并希望苏联"居间折冲"。30日，中共公开呼吁："立即全面无条件的停止内战"。③

1946年1月，国共停战协议公布后，中共中央要求东北局"将部队高度分散"，迅速控制既无苏军驻扎又无国军开进的地区，特别是靠近苏联和蒙古的地区。④ 到2月，随着和平谈判的进展，中共中央政治局决定毛泽东等人参加国府委员会，周恩来等人参加行政院，并力争周恩来任副院长，还批准了中共出席宪草审议委员会

---

① 中央档案馆编：《中共中央文件选集》第15册，中共中央党校出版社1991年版，第429—430、431—432页。

② 中共中央文献研究室编：《刘少奇年谱（1898—1969）》下卷，中央文献出版社1996年版，第530—531页；中共中央致东北局电，1945年11月28日；中央档案馆编：《中共中央文件选集》第15册，中共中央党校出版社1991年版，第457页。

③ 中央档案馆编：《中共中央文件选集》第15册，中共中央党校出版社1991年版，第465—466、474—475、528—529页。

④ 中央档案馆编：《中共中央文件选集》第16册，中共中央党校出版社1991年版，第20—21页。

的名单。[①]

尽管很不情愿，但是在力量对比明显不利以及美苏两国的共同压力下，中共不得不暂时放弃进行大规模武装斗争的计划，准备与国民党和解，进入"联合政府"。然而，就在"和平"的曙光似乎将要出现的时候，情况又发生了急剧变化。

3. 苏联撤军与中国内战

斯大林对华政策的根本目标是确保苏联在东北（还有蒙古）的独占地位，这就是说，是否援助中共，如何援助中共，完全取决于形势是否对苏联实现其在远东的战略目标有利。因此，苏军在1945年底准备撤离东北，把政权交给国民党的时候，仍然与中共保持着联系并秘密给以帮助。12月2日，随苏军行动的周保中等人报告：苏联远东军指挥部"愿意知道我全满实力及对东北方针，苏军表示在撤退前，在可能限度内一定给我物资帮助，但是讲究方法，并尽量制造困难给顽"。[②] 看来，即使在压制中共时，苏联人还是留了一手。

果然，当东北局势的发展使莫斯科感到威胁时，苏联的态度又出现一百八十度大转弯。关于苏联对华政策的目标，副外长洛索夫斯基在蒋经国访苏前给斯大林的报告中作了全面论述：第一，中国政府必须承认蒙古人民共和国独立；第二，中国必须保证长春铁路

---

① 中共中央文献研究室编：《周恩来年谱（1898—1949）》，中央文献出版社、人民出版社1989年版，第643页。

② 吉林省档案馆，全宗1，目录1—1，第1卷，第4页。

沿线的安全，在目前的混乱局面下，应提议苏联"铁路护卫队保留二至三年"；第三，"不准外国人及外国资本进入满洲"，"我们不能允许满洲成为另一个大国施加经济和政治影响力的场所"；第四，必须在苏联"积极参与满洲经济活动的情况下"实现与中国在东北的经济合作，为此就要控制一批合资公司，特别是船舶公司、航空公司和中长铁路。[①] 但恰恰在这些问题上，1946 年初呈现出一种对苏联的危险局面。

在中苏经济合作谈判中，为了及早撤军，减缓国际舆论压力，苏联代表一再表示愿意让步，只要中国同意对所有重工业公司实现双方合资经营，苏方就会进一步采取行动，帮助国民政府尽快解决东北的接管问题。[②] 而蒋介石在美国的支持下，态度却愈益强硬。[③] 1 月 26 日他告诉中方谈判代表张嘉璈，对经济合作谈判采取"紧缩"态度。于是，尽管苏方代表斯特拉科夫斯基一再声称，莫斯科急于签署合作协议，并非要在东北"霸占利益"，而只是"不愿见有第三国再卷入"，但张嘉璈始终坚持强硬立场：战利品问题中方不予考虑，航空公司和轮船公司的问题也不讨论，一切非金属矿业不在合作之列，即使在合作企业，中方亦要求占 51％的股份。在接下来的一个月里，苏方坚持尽快签订经济合作协定，方能最后撤军，

① АПРФ, ф.3, оп.86, д.146, л.20—26, Ледовский Сталин и Чан Кайши// Новая и новейшая история, 1996, №4, с.105—108.

② 详见 Gillin and Myers（eds.），*Last Chance in Manchuria*，p.126；《中华民国重要史料初编》第七编（一），第 174 页。

③ 马歇尔劝告国民党采取强硬态度的情况，详见杜鲁门：《杜鲁门回忆录：考验和希望的年代（1946—1953）》，李石译，三联书店 1974 年版，第 87—88 页。

中方则强调没有顺利交接行政权，故无法谈经济合作，以至经济谈判陷入僵局。[①] 此时，美国也不断向苏联施加压力。2月11日美国同时照会苏联和中国，对中苏经济谈判感到"不安"，认为这"与门户开放原则会有矛盾"，对美国的商业利益和威信"是一种明显的损害"，并表示美国有意参与谈判，在经济合作方面采取"共同行动"。[②] 这无疑更加刺激了斯大林敏感的神经。

不仅与政府的谈判步履维艰，中国民间的反苏情绪也突然高涨起来。在雅尔塔会议召开一周年之际，2月11日，美英苏三国同时公布了有关远东问题的秘密协议。苏联同意公布协议，大概是着眼于对南萨哈林和千岛群岛占领的合法性，而美英这样做显然是针对东北问题的。为了进一步逼迫苏联撤军，美英在报纸上公开指责莫斯科违背雅尔塔协议。这在中国引起强烈反响，一时间舆论哗然，广大市民、学生纷纷涌上街头，张贴标语，示威游行，发表演说，抗议苏联在中国东北、新疆和内蒙的行为，要求苏军立即退东北。[③] 3月5日，国民党六届二中全会通过了《对苏联提出抗议，严重交

---

① 详见秦孝仪主编：《中华民国重要史料初编》第七编（一），第421、423—424、425—426、429—434页。

② АВПРФ，ф.0100，оп.34，п.10，д.2520，л.3—4，Русско—китайские отношения，Т.IV，К.2，с.58—60；总统机要室编：《领袖特交文电项目整理·俄帝阴谋部分编案纪要初稿及参考资料》（二、阻挠接收东北），1975年6月，台湾"国史馆"。

③ 关于国民反苏情绪的详细史料见秦孝仪主编：《中华民国重要史料初编》第七编（一），第617—669页；F.C.琼斯、休·博顿、B.R.皮尔恩：《国际事务概览（1939—1946年）·1942—1946年的远东》（复旦大学外文系英语教研组译）下册，上海译文出版社1979年版，第311—313页；Русско—китайские отношения，Т.IV，К.2，с.66—68。

涉限期撤退其东北驻军》的提案。3 月 6 日，中国照会苏联，撤军期限已过，苏军尚未完全撤退，要求苏联政府饬令"即行撤退"。4 月 1 日，蒋介石在第四届第二次国民参政会上发表演说，公开推翻东北停战协定，宣称"东北九省在主权的接收没有完成以前，没有什么内政可言"。[1] 东北的局面更加复杂，据苏联驻东北当局报告，国民党与土匪勾结，煽动反苏情绪，捣毁中苏友好协会甚至苏方的机构，苏联军人和侨民不断遭到骚扰、袭击和杀害等等。马利诺夫斯基还认定，张莘夫被害一案，就是土匪"精心策划的，目的在于破坏苏中关系"。[2] 面对如此局势，莫斯科只得再次打出中共这张牌。

2 月 1 日彭真报告："辽阳、鞍山、本溪三处苏军已正式将政权交与我当地民主政府，并由双方签字。该区以南（包括安东）苏军不再交给国民党，对外暂不公布。"除旅顺、金州完全归苏军长期驻兵外，大连的副市长、区长及公安局长也都由中共干部担任。原因在于，该地区的煤铁业及若干大工业，已由苏方接收并开始经营，大连的工业也完全在苏方掌握之中。[3] 不仅如此，在 2 月 22 日与外蒙领导人乔巴山谈话中，斯大林甚至同意外蒙"可以悄悄地进行"宣传鼓动工作，以准备在兴安岭和内蒙古建立独立的国家。[4] 显然，斯大林最终还是希望把政权（无论在东北还是内蒙）交给共

---

① 秦孝仪主编：《中华民国重要史料初编》第七编（一），第 187 页；《彭真传》编写组编：《彭真年谱》，中央文献出版社 2012 年版，第 402 页。

② РЦХИДНИ，ф.17，оп.128，д.1013，л.42—69，《中苏关系：俄国档案原文复印件汇编》第 5 卷，第 996—1023 页。

③ 《彭真传》编写组编：《彭真年谱》，中央文献出版社 2012 年版，第 376 页。

④ 斯大林与乔巴山谈话记录，1946 年 2 月 22 日，台湾"中央研究院"近代史研究所藏俄文原档复印件。

产党控制，以此来保证苏联的远东利益。

　　此时中共中央已经了解到情况的变化，并考虑了新的方针。3月3日周恩来作为军调处的中共代表，与马歇尔、张治中（国民党代表）来到太原视察。当晚，周召集当地高级将领开会，传达了"党中央对当前情况的估计和战略意图"。周恩来"压低了声音，把手攥成拳头向下挥着：中央决定现在谈不了了，要锤！"[1] 不过，这离采取实际行动还有一段时间。莫斯科显然有点迫不及待，看到中共没有进一步的举动，便提出了更加直接的建议。3月12日，东北局电告中央，苏军通知将于13日撤离沈阳，希望中共军队"迅速攻入沈阳"，而且"凡红军撤退处都可打"。然而，考虑到停战协定已经签字的背景以及军事力量的对比，中共中央决定，不仅不去进攻沈阳，沈阳至哈尔滨铁路沿线苏军撤退时亦不去占领，甚至准备让出已经到手的抚顺、本溪、鞍山、辽阳等地，以交换蒋军从热河撤军，并承认中共在东北的地位。[2] 看起来，此时毛泽东还没有改变"让开大路、占领两厢"，倚靠苏联、外蒙建立根据地，通过和谈解决东北问题的基本方针。这种稳重的态度与此前莫斯科的立场变来变去大概不无关系。

　　苏联对于中共的犹豫不决、行动迟缓颇有不满，因而采取了更加强硬的态度。3月中旬东北局报告：苏军批评中共对美国人太客

---

① 程光烈：《军事调处工作日记（1946.2—11）》，严平整理，载李丹慧主编：《冷战国际史研究》第4辑，世界知识出版社2007年版，第405、422页。

② 《彭真传》编写组编：《彭真年谱》，中央文献出版社2012年版，第385—388页；中共中央文献研究室编：《周恩来年谱（1898—1949）》，中央文献出版社、人民出版社1989年版，第651页。

气了，更不应该同意让国民党的 5 个军开到东北来。又表示，凡苏军撤离之地，包括沈阳和四平，"我可以放手大打，并希望我放手大打"。为此，东北局要求在征得苏联同意后夺取四平街、哈尔滨，并进占其他大城市及长春路支线小城市，逼迫蒋介石谈判，甚至可以考虑夺取长春。[①] 与此同时，马歇尔给东北停战小组的指令规定，"小组只能随政府军前进，政府军有权进驻东北之主要地区，长春路两侧各 30 公里以内，政府军单独管理，苏军撤出地区中共军队不得开入占领等"，而对中共在东北的地位既没有提及，也不愿讨论。毛泽东对此极为不满，当即建议周恩来在谈判中提出："承认政府军进驻沈阳至长春"，长春以北应为中共军队的驻扎地区。对此必须坚持，即使谈判"全面破裂"，"亦绝对不屈服"。[②]

3 月 17 日，中共中央致电彭真和林彪："国民党还不停战，沈阳以北长春路沿线的苏军撤退区，同意你们派兵进驻，以为将来谈判的条件，时间愈快愈好。"同日，毛泽东在批转周恩来关于商谈东北问题的报告上加了以下两段批示："请东北局速与友方接洽，将整个中东路（包括哈市）让我驻兵，永远占住，不让国民党进驻一兵一卒。""东北协定即将签字，请彭、林速即布置一切，造成优势，以

---

① 中共中央文献研究室编：《周恩来年谱（1898—1949）》，中央文献出版社、人民出版社 1989 年版，第 651 页；东北局致中共中央电，1946 年 3 月 14 日；《彭真传》编写组：《彭真年谱》，中央文献出版社 2012 年版，第 389 页；东北局致中央电，1946 年 3 月 17 日，转引自章百家：《对重庆谈判一些问题的探讨》，《近代史研究》1993 年第 5 期。

② 中央档案馆编：《中共中央文件选集》第 16 册，第 92 页；中共中央致中共赴渝代表团电，1946 年 3 月 16 日。参见中共中央文献研究室编：《刘少奇年谱》下卷，第 27 页；杨奎松：《一九四六年国共四平之战及其幕后》，《历史研究》2004 年第 4 期。

利谈判。"又在批转周恩来商谈东北问题三点意见的说明时指示："请彭、林按照针锋相对、寸土必争与有理、有利、有节之方针，准备与执行小组进行谈判。"当天，东北民主联军一部即收复四平。[①]

3月18日东北局再报：苏方"曾一再谈北满甚为重要，决不能允许国民党接收整个长春路与矿区"，故提议进占哈尔滨和齐齐哈尔。中共中央当天回复表示同意。第二天，彭真又请周保中去长春直接与苏军交涉，"要求他们于最近期间缩小驻区，尽量将次要地点让我军驻防，特别如延吉、敦化、吉林、牡丹江、佳木斯等地"。3月20日，关于东北问题的谈判已陷于僵局，中共中央又进了一步，通知东北局，"如果友人谅解，即可进占长春"。23日更要求林彪"立即动手大破北宁路及沈阳附近之长春路，愈迅速愈广泛愈好"，"同时立刻动员全军在运动中及其立足未稳之时，坚决彻底歼灭国民党进攻军队，愈多愈好，不惜重大伤亡（例如一万至两万人），求得大胜，以利谈判与将来"。[②]

一切准备就绪，苏军开始了撤退行动。此前，苏方曾以发生瘟疫、冬季交通不便等种种借口延缓撤军，且迟迟不告知撤离时间，从而造成国民党军队沿长春路北进和接收的困难。3月22日，苏联使馆突然通知国民政府，苏军将于4月底撤军完毕。[③] 莫斯科的目的，

---

① 《彭真传》编写组编：《彭真年谱》，中央文献出版社2012年版，第390—391页；中共中央文献研究室编：《刘少奇年谱》下卷，中央文献出版社1996年版，第28页。

② 东北局致中共中央电，1946年3月18日；《彭真传》编写组编：《彭真年谱》，中央文献出版社2012年版，第391—392、394页。

③ 秦孝仪主编：《中华民国重要史料初编》第七编（一），第188—189、230—234页；АВПРФ, ф.06, оп.8, п.38, д.597, л.3, Русско—китайские отношения, Т. IV, К.2, с.84—85。

当然是尽可能将东北政权交给中共，为此，双方的配合日益紧密。

3月24日中共中央致电东北局，说明现在的方针是"用全力控制长、哈两市及中东全线，不惜任何牺牲"，因此要求速与苏军交涉，在撤退时允许中共军队进占哈尔滨、齐齐哈尔及长春。苏方则通过周保中转告，一旦条件具备，立即通知中共接管长春，同时告诉东北行营接收人员，因要"防疫，不允许办理长春交接手续"。[①] 25日中共中央连续致电东北局，因停战小组将于近日到达东北，需即刻与苏方联系，请他们"速从哈、长、齐等市撤退"，中共军队必须在苏军撤退后一二日内控制长春、哈尔滨、齐齐哈尔等地，并以长春为首都。[②]

3月底，苏联因重开经济谈判且似有进展而再次出现反复，以至中共在接管长春、哈尔滨、齐齐哈尔三市的问题出现了一些周折。[③] 但事情很快就过去了，莫斯科在撤军的最后时刻采取了两面手法。4月3日，这边是苏联政府答复国民政府，可先行通知各地撤兵日期，并协助中国接防部队；那边是苏军代表接连通知东北局，苏军将于15日和25日分别撤离长春和哈尔滨、齐齐哈尔，请中共军队立即前进

---

① 中共中央致东北局电，1946年3月24日；《彭真传》编写组编：《彭真年谱》，中央文献出版社2012年版，第395—396页；《中华民国重要史料初编》第七编（一），第191页。

② 《中共中央文件选集》第16卷，中共中央党校出版社1991年版，第102页；《彭真传》编写组编：《彭真年谱》，中央文献出版社2012年版，第396—398页。

③ 详见东北局致中共中央电，1946年3月31日；《彭真传》编写组编：《彭真年谱》，第399、401—402页。彼得洛夫向外交部提交一个经济合作方案，其中要求作为合办企业的数量较以前有极大减少（从过去的60多项改为7项）。外交部主张撤军后再谈，蒋介石主张可以先谈，撤军后签订协议。《王世杰日记（手稿本）》第5册，台北"中央研究院"近代史研究所1990年编印，第292—293、302页。

至三市近郊待机，并入市侦察，以便届时就近占领。苏方代表还解释说，美国利用国民党接管东北来反苏，蒋介石利用美国来反苏反共，苏联目前因谈判不成受外交限制不能直接插足东北，但希望中共全力坚持东北，使东北问题悬而不决，造成美蒋被动。①

为了让中共顺利接收长春，苏联对国民党继续采取麻痹战术。4月13日苏联使馆还信誓旦旦地向中国外交部重申，将通知具体撤离时间，并尽量协助中国政府完成接收任务。② 第二天，苏军就突然撤出长春，同时用事先约定的密码通知了周保中。③ 早已做好准备的中共军队随即发动总攻，当天便占领了机场两处、市区一部，并于18日控制了全市。④ 4月19日，中共中央指示：东北局应迁长春，并考虑于短期内召集东北人民代表会议成立东北自治政府问题。同时，一方面向四平增兵，再打几个胜仗，一方面"用全力夺取哈、齐二市"。⑤

---

① 《王世杰日记（手稿本）》第5册，台北"中央研究院"近代史研究所1990年编印，第296页；东北局致中共中央电，1946年4月3日，转引自杨奎松：《中间地带的革命》，中共中央党校出版社1992年版，第433页。

② АВПРФ, ф.0100, оп.34, п.253, д.21, л.22, Русско—китайские отношения, Т. IV, К.2, с.97.

③ 赵素芬：《周保中将军传》，解放军出版社1988年版，第508—509页。

④ 《彭真传》编写组编：《彭真年谱》，中央文献出版社2012年版，第408、409页；中国社会科学院近代史研究所翻译室译：《马歇尔使华——美国特使马歇尔出使中国报告书》，中华书局1981年版，第113—114页。王世杰在4月22日的日记中写道，苏联近日没有再提经济合作问题，似乎是放弃了与国民政府进行经济合作的政策，而以支持中共为其基础。长春的陷落和中共态度日益强硬，均与此有关。《王世杰日记（手稿本）》第5册，台北"中央研究院"近代史研究所1990年编印，第309页。

⑤ 中央档案馆编：《中共中央文件选集》第16卷，中共中央党校出版社1991年版，第134页；《彭真传》编写组编：《彭真年谱》，中央文献出版社2012年版，第410页。

苏军原计划 4 月 25 日撤出哈尔滨，但毛泽东考虑到马歇尔可能在此之前到达沈阳，故于 16 日电告东北局，速与苏方交涉，让其尽早撤离。18 日再次要求陈云和高岗，"速催友方从哈市立即撤去，以利我军马上占领。此事万急勿延"。20 日与苏军代表会面，高岗被告知，哈市苏军已定于 25 日撤离，无法再提前，但中共所需武器已经留下，进城后即可得到。此后，按照计划，东北民主联军 25 日攻占齐齐哈尔，28 日进驻哈尔滨。[①] 一则占有了相当的地盘，二则得到苏军提供的武器援助，中共此时的决心是："一切决定于战场胜负，不要将希望放在谈判上"。[②] 4 月 26 日与苏联大使会谈时，周恩来告知："以前共产党曾同意在满洲问题上对国民党作出

[①] 《彭真传》编写组编：《彭真年谱》，口央文献出版社 2012 年版，第 408、413、416、418 页。中共进占齐齐哈尔和哈尔滨的情况详见 Борисов О. Советский Союз и маньчжурская рево л юционная база 19451949, Москва : Из д атп л ыстно 《Мыс л ь》, 1977, c.160—166；余建亭：《陈云与东北的解放》，第 55—56 页。

[②] 《彭真传》编写组编：《彭真年谱》，中央文献出版社 2012 年版，第 414 页。据笔者考察，内战初期苏军的确向中共提供了大量武器装备，但具体数字不详。据华西列夫斯基回忆，仅苏联两个方面军向中共军队移交的缴获的日军武器就有：3700 门火炮、迫击炮和榴弹炮、600 辆坦克，861 架飞机，约 1200 挺机枪，近 680 座各类军火库，以及松花江分舰队的军舰。稍后又转交了大批苏联武器。据驻旅顺海军基地的苏联第三十九集团军军事委员博伊科中将回忆，1946 年春天，萧劲光代表东北局与苏军司令部谈判，要求把缴获的日本武器（达 50 车厢）移交给中共军队。经呈报苏联滨海军区批准，于一周后在大孤山半岛（大连以北 15 公里处）开始移交。见博伊科：《解放的使命》，《苏联红军在旅大》，第 186、184 页。另见 Борисов Советский Союз и маньчжурская рево л юционная база, c.138、185。但中国学者引证东北军区司令部的资料说明，1946 年 5 月底，东北野战军的装备为：长枪 160881 支，轻机枪 4033 挺，重机枪 749 挺，各种炮 556 门。见刘统：《解放战争中东北野战军武器来源探讨》，《党的文献》2000 年第 4 期。双方的说法差距较大，实情究竟如何，尚缺乏完整的统计资料。不过，苏方的资料确有夸大之嫌（尤其是关于飞机、坦克、军舰的说法）。

一系列让步，但是国民党不愿意停止反对中共军队的军事行动。现在形势发生了根本变化，共产党不会再作出让步。"①

此时国共在东北的实力对比正在悄悄发生变化。由于得到美国的大力支持，2月上旬和3月，全部美式装备的国民党精锐主力新一军和新六军，以及第七十一军、第六十六军和第九十四军一部，都相继投入东北战场。东北国民党军正规军的兵力，已由1月份的13.4万人增加到28.5万人。3月13日，国民党军队进占沈阳，随后兵分两路，向南进攻本溪，向北增援四平。②此时，林彪的主力部队"已苦战三月，急需休整补充训练，并适当调剂武器"。四平中共守军虽作战英勇，但能够指望的增援部队只有一至两个团。所以，尽管毛泽东这时提出了"化四平街为马德里"的雄壮口号，但私下里却与林彪商议，争取尽快停战和谈。③

正在春风得意的蒋介石当然不愿再给中共提供喘息的机会。就在5月3日苏军宣布全部撤离中国的这一天，蒋介石偕夫人宋美龄飞抵南京。两天后，国民政府宣布还都南京。显然是对中共的前途没有把握，斯大林此时又回过头来向南京展开微笑。5月8日，斯大林命驻华使馆武官转告蒋经国，说去年蒋介石曾表示愿赴苏访问，现在斯大林欢迎蒋介石前往莫斯科或边境某地进行会晤。④蒋

---

①　АВПРФ，ф.0100，оп.34，п.253，д.21，л.43—47，Русско—китайские отношения，Т.Ⅳ，К.2，с.105—107.

②　参见金冲及：《较量》，《近代史研究》2006年第4期。

③　参见《彭真传》编写组编：《彭真年谱》，中央文献出版社2012年版，第417页。

④　参见《王世杰日记（手稿本）》第5册，台北"中央研究院"近代史研究所1990年编印，第317—318页；宋平：《蒋介石生平》，吉林人民出版社1987年版，第430页。

介石现在想的是立即消灭共军，对此当然予以拒绝。5月14日，新六军攻占本溪后，大举北上增援四平。18日林彪下令四平守军撤出战斗，国民党军队进占四平后继续北进，23日不战而进入长春。虽然此后国民党军队因战线过长，力所不及，而止步于松花江，从而形成国共两军隔江对峙的局面，但是在关内，蒋介石却命令河北、山东、山西和苏北的国民党军队向中共军队大举进攻，中国的内战于1946年6月全面开启。①

中国内战的全面爆发无疑标志着莫斯科的"联合政府"政策在亚洲的破产，这大概是斯大林始料不及的。斯大林的本意是支持国民党，利用共产党，通过促成统一的联合政府，保障苏联在远东的安全和利益。但是，他既不了解也不能控制共产党，更没有想到国共之间水火不容，在蒋介石和毛泽东那里，所谓联合政府和停战谈判，都不过是为积蓄力量以利再战而采取的权宜之计。国民党对美国援助的依赖，也加深了斯大林的疑虑，他不得不把重心向共产党一方倾斜。笔者同意这样一种分析："正是反对美国和国民党政府控制东北的共同利益，使中共与苏联形成了一种战略关系。"② 不过，苏联关注的中心毕竟在欧洲，而就全局而言，1946年仍然是

---

① 参见金冲及：《较量》，《近代史研究》2006年第4期；АВПРФ，Ф.0100，оп.34，п.253，д.21，л.91—95，Русско—китайские отношения，Т.IV，К.2，с.147—149。

② 牛军：《中苏同盟的起源》，《中国社会科学》1996年第2期。不过，认为1946年是中共与苏联关系发展的一个"转折点"，恐有不妥。在笔者看来，真正的转折点出现在1949年初中共即将掌握全国政权的时候。

斯大林推行或极力维护与美国合作的一年。① 所以，莫斯科对于中国的内战采取了作壁上观的态度，只要与苏联接壤的地区能够保留在共产党的控制下，其他问题斯大林恐怕一时是顾不上，也不关心的。

从上述历史过程还可以看出，战后苏联对华政策确实是多变的、不确定的。表面看起来，苏联对东北的政策似乎有些反复无常，但实际上这恰恰反映了斯大林的一贯作风：目标始终确定而手段经常变换。对于苏联在东北的政策，当时在北满工作的陈云有很深刻的认识："苏联对满洲的政策基本上包括两方面：一方面，把沈阳、长春、哈尔滨三大城市及长春铁路干线交给国民党；另一方面，援助我党在满洲力量的发展。保持远东和平和世界和平，是苏联这一政策的基本目的。某一时期由于国际国内条件的变动及斗争策略上的需要，苏联对于执行中苏协定的程度，及对我援助的程度会有所变化。但苏联这些政策的本质，是一贯的，不变的。"②

至于中国内战与美苏冷战之间的关系，通过国共美苏四方在东北问题上错综复杂的相互关系可以看出，美苏之间本质上的不信任状态，影响了他们对国共两方的立场，而国共之间的生死对立又反过来制约着美苏关系的发展。一方面应该说，如果战后美苏之间存

---

① 关于冷战爆发的时间，学者中存在很多不同的看法。笔者认为，杜鲁门主义的出现虽然表明美国已经决心与苏联分手，但斯大林却想尽量拖延与西方破裂的时间，直到 1947 年中，苏联的冷战政策才最终形成。详见沈志华：《共产党情报局的建立及其目标——兼论冷战形成的概念界定》，《中国社会科学》2002 年第 3 期。

② 《陈云文选》，人民出版社 1995 年版，第 299 页。

在真诚的合作，那么他们是有能力制止中国内战爆发的。另一方面，中共内战的爆发及其延续，无疑成为美苏之间进行全面冷战的奠基石，也是冷战在亚洲的预演。

第七章

第二次世界大战与战后国际秩序

　　法西斯国家发动的第二次世界大战，使人类在物质上和精神上蒙受了前所未有的巨大双重劫难。当我们站在 21 世纪的高度，审视这场发生在 20 世纪的伟大而惊心动魄的战争时，不禁深感到它对战后人类社会发展的影响是如此深远，而最为重要的有两点：它带来了新的国际政治格局，建立了新的世界秩序。① 可以说时至今日，世界仍然生活于由战胜国主导建立的国际秩序之中，虽然它在诸多方面已经和正在发生深刻的变化、进步。因此，很有必要更深入地理解，二战促成了怎样的战后国际格局和国际秩

---

① 根据国际关系理论，国际政治格局是指在一定的历史时期内，世界主要战略力量之间构成的一种相对稳定的战略关系和结构状态；国际秩序是指在一定的历史时期内，国际社会主要战略力量之间围绕某种目标和依据一定规则相互作用运行的机制，是指处理国与国之间关系的准则和行为规范。特定的国际秩序总是与特定的国际格局相对应，并受到后者的影响与制约。

序、这一国际秩序的运转情况如何以及中国与这一国际秩序的关系，等等。

一、二战与战后国际格局

自从民族国家出现以来，大国就是建立国际格局的主要力量，决定着国际秩序的基本内容，大国之间的力量对比发生重大变化以及具有全局性的国际事件，是推动国际秩序演变的决定性因素。从历史上看，17世纪经历三十年战争后以法国、瑞典、奥地利、普鲁士、西班牙、英国、俄国为主构建的威斯特伐利亚体系，19世纪经历拿破仑战争后以英国、法国、俄国、奥地利、普鲁士为主构建的维也纳体系，第一次世界大战后以英国、法国、美国、意大利和日本为主构建的凡尔赛—华盛顿体系①，均是当时大国力量相对平衡的产物。第二次世界大战的最直接最深刻的结果，是它大大加速了欧洲作为传统力量中心的衰落和美国与苏联这两个欧洲侧翼大国的真正崛起，从而最终改变了世界范围内的力量对比，完成了自20世纪初便开始进行的在国际政治格局方面的巨大变革：以欧洲大国均势为中心的传统的国际政治格局完全被战火所摧毁，取而代之

---

① 需要指出的是，尽管当时的苏俄被排斥在外，但也以独特的方式影响了该体系的建立。曾作为威尔逊总统的助手之一参加巴黎和会的新闻秘书 R．S．贝克尔（R.S.Baker）写道："俄国问题对巴黎会议的影响是深刻的，没有莫斯科就不能理解巴黎。布尔什维克和布尔什维主义虽然在巴黎不曾有代表，然而经常都是强有力的因素。……俄国在巴黎起了比普鲁士更为重要的作用。" R. S. Baker ed., *Woodrow Wilson and World Settlement*, Vol.2, New York, Doubleday, page and Co.,1922, p.64.

的是美苏对峙的两极格局。

第二次世界大战使整个欧洲遭受了几乎是致命的打击。随着又一代青年人被战火吞噬，欧洲各国的基本国力几乎也在战争中消耗殆尽，从而导致了欧洲的整体衰落。不仅如此，欧洲还被苏联和美国划分为东西两大势力范围，造成了它在地缘政治、经济模式和意识形态方面的一分为二，形成了欧洲历史上前所未有的现象。与此同时，殖民地半殖民地人民奋起"对西方造反"，从而使争取主权平等、政治独立、种族平等、经济公正和文化解放这五大主题为基本内容的非殖民化进程，终于以始料不及且无法控制的速度席卷了所有殖民帝国，[①] 并在短短的 20 多年的时间里，就结束了欧洲构筑了几个世纪的世界殖民体系。这不仅是 20 世纪最伟大的革命性变化，是人类历史的极其巨大的进步，也是对旧欧洲的又一个致命打击。因此，经过第二次世界大战，欧洲在 19 世纪建立起来的世界霸权地位一去不复返了。

与欧洲的整体衰落形成极大反差和鲜明对照的是美国和苏联的力量在战后的空前强大。二战使美国一跃而成为世界第一经济、政治和军事强国。它拥有占全球财富 50％的巨大经济实力，将整个西欧、美洲和日本置于自己的控制之下，控制着制海权和制空权并一度垄断着原子武器。美国所具有的这种巨大优势，不仅使它有了一种"飘飘然的自我优势感"，而且认为"美国统治下

---

① 　关于这五大主题，可参见 Hedley Bull and Adam Watson ed., *The Expansion of International Society*, （Oxford: Oxford University Press,1984），pp.220—223。

的和平时代"已经到来了。① 另一方面，在战争中以经受严峻考验而令盟国刮目相看的苏联，虽然在经济上逊于美国，但在军事和政治上十分强大。它的军事实力仅次于美国；控制着东欧，改善了东、西部的战略环境，并因其在战争中的巨大贡献而赢得了很高威望。因此，当二战结束时，只有苏联的国际权势和影响能够与美国相比。于是，第二次世界大战便成为国际政治格局从欧洲中心走向美苏对峙的两极格局的真正转折点。这个新的两极格局的基石，就是第二次世界大战中后期由"三巨头"罗斯福、丘吉尔和斯大林通过多次会谈所签订的一系列协定而确立的雅尔塔体系；而两极格局的外在表现，则是美苏在战后逐渐形成的"冷战"态势。与国际格局的演变相联系，第二次世界大战也彻底打破了依靠欧洲列强之间的力量平衡所建立并在欧洲主导之下的以国际联盟为代表的旧的国际秩序结构，代之而起的是以美、苏之间力量的相对平衡为基础，以美、苏、英、中、法五大国为主导的新的国际秩序结构。这个新的国际秩序结构在政治上的外在表现，就是反法西斯大同盟在战争即将胜利之时建立的、作为雅尔塔体系重要组成部分的联合国，而它在经济上的体现，则可视为由国际货币基金组织、世界银行以及关税及贸易总协定所组成的布雷顿森林体系的建立。

1937 年 7 月 7 日日本发动全面侵华战争，中国人民奋起抵抗，开辟了第二次世界大战的亚洲主战场。1939 年 9 月 1 日德国对波

---

① 参见［美］保罗·肯尼迪：《大国的兴衰》，王保存等译，求实出版社 1988 年版，第 439—440 页。

兰的武装进攻，使二战的战火燃烧到欧洲。在欧洲国家分裂为以英法为首的同盟国和德意组成的轴心国两个集团并进行作战的同时，战前以欧洲列强均势为主导的、以国际联盟为代表的旧的国际秩序结构便随之彻底崩溃。随着战局的不断发展，国际政治的分野也日渐清晰，整个世界逐渐形成了两个相互敌对作战的阵线。发动并继续进行侵略战争的德、意、日法西斯国家虽然于1940年9月签订了《德意日三国同盟条约》，但它们始终没有形成真正意义上的同盟关系，也未能协调军事行动，当德国于1941年6月22日发动对苏联的战争时，日本却决定南进，并于同年12月7日以偷袭珍珠港这一爆炸性事件对美国开战。法西斯国家在不到半年的时间内迫使苏联和美国正式参战，使这场原本主要由中国和英国坚持进行的反法西斯战争进入了真正的全球阶段，美、英、苏、中四大国也出现在国际政治舞台上。在这关系到各国各民族生死存亡的关键时刻，面对共同的敌人，以四大国为首的反法西斯国家将它们之间的各种分歧特别是意识形态和社会制度的分歧暂时搁置一边，为彻底打败法西斯而协同作战。

二战中后期，在各个战场已经处于战略反攻的形势下，美、英、苏、中等反法西斯同盟国家举行了一系列公开的和秘密的首脑会议和会晤（主要包括1943年的莫斯科外长会议、开罗会议和德黑兰会议，1944年的布雷顿森林会议、敦巴顿橡树园会议和英苏首脑莫斯科会晤，1945年的雅尔塔会议、旧金山联合国制宪会议和波茨坦会议等），签订了一系列公开的或秘密的、书面的或口头的宣言、公告、声明、决议、协议等，对战后的世界作出安排。二战结束后，战胜国又通过与一些战败国签订和约的形式，进一步补充了这种安排。这些国际文件形成了第二次世界大战后的国际秩序。

二战后的国际秩序，主要体现在政治上的雅尔塔体系和经济上的布雷顿森林体系当中，包括以下一些重要内容。

第一，从组织、思想、社会等各方面消灭德国纳粹暴政和日本军国主义，防止其死灰复燃。从1945年至1948年，反法西斯同盟国分别在德国和日本设立纽伦堡国际军事法庭和远东国际军事法庭，对纳粹战犯和日本甲级战犯进行了审判，分别有12人和7人被判绞刑。中国政府在南京、上海、北平（北京）、台北等地，盟国在马尼拉、新加坡等地也设立军事法庭，对日本乙级和丙级战犯进行了审判。与此同时，美、英、法、苏在德国的各自占领区均实行了"非纳粹化"或"根除法西斯残余"行动，整肃法西斯主义并进行民主政权建设和思想教育。在日本，美国盟军总部主导了清除军国主义的民主化改革，制定了保证日本和平发展的1947年《日本国宪法》，即"和平宪法"。但由于冷战的发生，日本的民主化改革并不彻底。

第二，领土安排。重新确定了战后欧亚地区的政治版图，特别是重新划定了德、日、意等发动战争的法西斯国家的疆界及其被占领地区的归属和边界。在欧洲：美苏英法四国分区占领德国和柏林市；波兰边界被重新划定，其东部的一部分领土划归苏联，其西部从德国获得一些领土补偿，波兰边界西移至奥得河—尼斯河。其他战败国的领土也做了有利于战胜国的变动。在亚太地区:《开罗宣言》明确规定同盟国的宗旨"在剥夺日本自从 1914 年第一次世界大战开始以后在太平洋所夺得或占领之一切岛屿，在使日本所窃取于中国之领土，例如满洲、台湾、澎湖群岛等"，归还中国，并严正指出"日本亦将被逐出于其以武力或贪欲所攫取之土地"；《波茨坦公告》强调:"《开罗宣言》之条件必将实施，而日本之主权必将限于本州、北海道、九州、四国及吾人所决定其他小岛之内"；1945 年 8 月 14 日，日本天皇在《终战诏书》中表示接受《波茨坦公告》，无条件投降；同年 9 月 2 日，日本政府在《日本投降书》中承诺"忠实实行波茨坦公告的各项条文"，这就意味着日本必须放弃其所攫取的所有中国领土。1946 年 1 月《盟军最高司令部训令第 677 号》再次明确规定了日本施政权应包括的范围是"日本的四个主要岛屿（北海道、本州、四国、九州）及包括对马诸岛、北纬 30 度以北的琉球诸岛的约 1000 个邻近小岛"。根据上述规定，钓鱼岛及其附属岛屿从未包括在日本国土之内。另外规定日本须将库页岛南部及邻近一切岛屿以及千岛群岛交还苏联，美国单独占领日本；美、苏以北纬 38 度线为界分区占领朝鲜；承认外蒙古独立。

第三，建立联合国组织，作为协调国际争端、维护战后世界和平的机构。联合国的根本宗旨和原则是维持国际和平与安全，尊重基本人权和自决原则，尊重国家领土完整和政治独立，不干涉内政，尊重各国自主选择的社会制度和发展道路，加强国际友好合作，促进全球经济、社会、文化和福利发展，等等。不仅如此，联合国所规定的和平解决国际争端和制裁侵略的机制，并以"大国一致"原则将制裁侵略的权力集中于安理会，也反映了二战结束时的世界政治力量对比，体现了大国的协调与合作，从内部机制上有利于保证集体安全。有关联合国与战后国际秩序的关系，下文还将做进一步论述。

还必须指出的是联合国宪章所规定的"敌国条款"："本宪章并不取消或禁止负行动责任之政府对于在第二次世界大战中本宪章任何签字国之敌国因该次战争而采取或授权执行之行动"（见《联合国宪章》第 17 章第 107 条）。这一条款，对防止战时敌国一旦东山再起破坏和平，具有威慑作用。

第四，对德、日、意的殖民地和国际联盟的委任统治地实行国际托管计划，促进被托管地区的和平及政治、经济、社会、教育等方面的发展，直至最终独立。

第五，建立战后国际经济秩序。美国凭借其军事、政治和经济的绝对优势，建立了包括国际货币基金组织、世界银行和关贸总协定（1995 年为世界贸易组织所代替）三大国际经济组织，它们构成了战后调节世界经济、金融、贸易的三大支柱，不仅对国际经济的恢复和有序发展起到了积极作用，而且进一步促进了世界经济的一体化进程。对此问题，下文也有更具体的论述。

必须承认，主要由战胜国美英苏建立的战后国际秩序，仍然存在大国强权政治的深深烙印。其中最明显的就是在 1945 年美苏背着中国达成的《雅尔塔密约》，承认中国的领土外蒙古的独立。这是对中国领土主权的重大伤害。但是，就总体而言，战后国际秩序还是有着很大的历史进步性，并在实际的运作中得到了比较好的贯彻和发展。首先，它第一次将苏联和美英两种不同社会制度国家之间的和平共处原则正式纳入了国际关系，成为战后国际秩序的有机组成部分，这就在总体上制约了美、苏在产生任何争端时的行为方式，即双方不能以战争手段，而要用和平手段协商谈判来解决。因此，在二战后东西方紧张对峙、局部战争始终不断的情况下，冷战中的两个主要角色美国和苏联之间从未发生过直接的军事冲突。这便形成了冷战的最基本特征：它既是战争，又是和平，从而使世界维持了整体的和平状态，同时有利于社会主义事业的发展。其次，战后国际秩序所提倡的和平、民主、独立原则，对战后世界的发展有很大作用，从一定意义上说，它决定了战后世界和平与发展的主潮流。例如，尽管有冷战的干扰，但是联合国在维护世界整体和平并促进全球经济社会发展方面，还是作出了重要贡献，特别是它在实践中创造的维持和平行动，成为联合国集体安全制度下的重要机制之一。再如，为适应经济全球化的发展，关贸总协定被世界贸易组织所取代，从而使战后建立的多边贸易体制迈进了"世界贸易法"的新历程。

二、联合国与战后国际政治秩序

当第二次世界大战发展到苏联和美国相继参战的时候，这场原本主要由中国和英国坚持进行的反法西斯战争便进入了真正的全球阶段，而新的国际秩序结构也已经在战争中孕育。1942年1月罗斯福用自己创造的"联合国家"来代替"协约国"，并亲自设计了由美国、英国、苏联和中国提前一天签字的签名方式来签署美国提出的《联合国家宣言》，就使"四大国"正式出现在联合国家之中，这不仅在实际上"反映了新的联合国家联盟后面的真正均势"，① 而且表明了美国要在其中担当领导责任的强烈欲望。因此，《联合国家宣言》的发表和以美英苏中为核心的联合国家反法西斯大同盟的形成，实际预示着战后一种新的国际秩序结构的诞生。② 它将以一个新的国际组织——联合国为代表，并成为建立联合国的法律与外交结构的基础。

但是，联合国并不是由政治家们凭空臆想出来的，而是反法西斯大同盟根据时代的需要，在吸收了以往国际组织的经验和教训的基础上创建的。它的一个最直接的参照物，就是第一次世界大战后战胜国建立的世界上第一个由主权国家组成的国际组织——国际联盟。正如曾任国联副秘书长的华尔脱斯所说："联合国的建立，使过去的国际联盟的全部存亡史令人一目了然。"③ 国际联盟的出现不仅反映了 20 世纪的世界已经发展为一个息息相关的整体的现实，更表达了人类在经历了一场空前残酷的大战之后对世界和平的追求与向往，因此是史无前例的国际政治的重要发展。但是它所具有的与生俱来的缺陷和弱点，几乎使它的全部历史成了一部不断失败的

① ［英］威廉·哈代·麦克尼尔：《国际事务概览·美国、英国和俄国，它们的合作和冲突（1941—1946 年）》上册，叶佐译，上海译文出版社 1978 年版，第 154 页。
② ［美］理查德·W. 布利特等：《20 世纪史》，陈祖洲等译，江苏人民出版社 2001 年版，第 264 页。
③ ［英］华尔脱斯：《国际联盟史》下卷，封振声译，商务印书馆 1964 年版，第 404 页。

记录。① 首先，国际联盟是在一场帝国主义战争之后由战胜国列强作为对战败国的媾和条约的组成部分而建立的，因此国联盟约所规定的"为促进国际合作，保证国际和平与安全，承担不从事战争之义务"的宗旨，② 主要是为了维护以英法为代表的战胜国的既得利益和它们所建立的"新秩序"，这是国联的本质缺陷。其次，盟约规定对侵略者实行制裁，但是对"侵略"和"侵略者"的含义却没有作出明确规定，也没有具体的制裁措施，更没有宣布战争为非法；不仅如此，它所规定的形成决议的"全体一致"原则（或称"普遍一致"原则，"普遍否决权"等），实际使国联失去了对侵略行为采取任何有效行动的可能性，因此不仅对受到侵略的国家的保护软弱无力，而且无法制止战争的发生。③ 第三，国联并不具有真正的普遍性和权威性，美国始终不是它的成员，④ 苏联长期被拒之门外，法西斯国家日本、德国和意大利相继退出，不受约束，从而使集体安全有名无实。因此，国联的政治实践便否定了它所标榜的基本宗

---

① 应当指出的是，国联在促进社会福利方面做了一些工作，并对国际秩序和国际组织的运作提供了经验。

② 国联盟约不仅是第一次世界大战中的战胜国对德国签订的《凡尔赛和约》的第一部分内容，而且是战胜国对每一个战败国签订的和约的第一部分内容，因此国联盟约也是凡尔赛体系的组成部分。国联盟约的主要内容，可参见齐世荣主编：《世界通史资料选辑·现代部分》第一分册，商务印书馆 1998 年版，第 24—29 页。

③ 《联合国史》的作者埃文·卢亚德深刻地指出，国际联盟的关于保护其他受到侵略的国家的承诺是纯粹自愿的，因此极其软弱无力，而且没有任何价值。参见 Evan Luard, *A History of the United Nations*, V.1: *The Years of Western Dominations,1945—1955*, （New York：St.Martin's Press， 1982），p.6。

④ 美国虽然没有参加国联，但是至少参加了国联附属机构的一系列活动，这些机构包括国际劳工组织、常设国际法院和知识合作组织，并出席了所有有关军备问题的会议和大多数有关经济和商业问题的会议。

旨，在保卫世界和平方面没有作出应有的贡献，反而在客观上助长了侵略，最后也不可避免地遭遇失败。

联合国则不同。它与国际联盟有着较为密切的历史渊源与联系，又有着根本的区别。正如英国国际关系史专家 F.S. 诺斯埃奇所说："尽管赢得战争胜利的那些国家可能并没有详细地考察国联的体系和它的历史，但是人们却能够感到，在新的联合国组织里，国联的基本缺点必定得到克服。"[1] 而且正是由于建立联合国的目的"就在于取代已经不被信任的国际联盟，并且要以更为有效的措施继续实现国联的崇高目标"，[2] 联合国宪章才成为一部国际法和国际关系史上划时代的不朽的历史文献，而已经走过 58 个春秋的联合国从整体上来说也基本上是一部成功的历史。

首先，联合国宪章将联合国这一国际组织建立在坚实的基础之上。[3]

第一，针对两次世界大战特别是二战对人类造成的大浩劫，为了回答如何避免使"后世再遭今代人类两度身历惨不堪言之战祸"这一严峻问题，反法西斯大同盟将他们之间的社会制度和意识形态的分歧暂时搁置一旁，达成了以联合国宪章为宗旨和原则建立国际秩序的共识。与此同时，他们将维持世界和平，尊重基本人权和自

---

① F. S. Northedge, *The League of Nations: its Life and times 1920—1946*, (Leicester: Leicester University Press,1986)，p.278.

② William R. Keylor, *The Twentieth—Century World, An International History*,Third Edition, (New York & Oxford：Oxford University Press，1996)，p.254.

③ 联合国宪章的全文，见《国际条约集（1945—1947)》，世界知识出版社 1959 年版，第 35—60 页。

决原则，加强国际友好合作，促进全球经济、社会、文化和福利发展确定为联合国组织的根本宗旨并写进宪章当中，体现了二战结束之时已经开始显现的人类呼唤世界和平与要求共同发展的时代特征和应当完成的历史任务。不仅如此，宪章第一次把维护和平与解决经济和社会发展问题紧密地联系在一起，更彰显了反法西斯大同盟对建立战后国际秩序的深刻战略思考。

第二，宪章强调会员国的普遍性和广泛性，它的国家不分大小强弱都有平等发言权的规定，不仅从地域上，而且从政治上实现了"以欧洲为中心的世界体系向一种真正的全球性体系平稳过渡"。[①]今天已经拥有 193 个成员的联合国体现了二战后全球一体化进程的不断发展和国家之间日益密切的相互依存。宪章所规定的组成联合国的庞大的屋顶式体系，以及大会、安理会等六大组织、各种辅助机构和为数众多的专门机构之间的"权力划分"原则，无不体现了普遍性原则，使联合国成为最重要的国际讲坛和开展多边外交的场所，成为维持战后国际秩序的最有效的国际多边机制，从而体现了国际政治的民主化进程。

第三，宪章明确规定，除了单独或集体自卫以及由安理会授权或采取的武力行动之外，要求会员国废弃战争，以和平手段解决国际争端，并确定了详细的和平解决国际争端的机制（如第六、八章）；另一方面，宪章也周密地制定了制裁侵略的机制（如第七章），并把制裁的权力集中于安理会。与此同时，宪章所确立的由中、法、苏、

---

① 转引自李铁城：《联合国五十年》（增订本），中国书籍出版社 1995 年版，第 52 页。

英、美五个安理会常任理事国的"大国一致"原则，[①] 不仅反映了二战结束时的世界政治力量的对比，体现了大国的协调与合作，在保护大国利益的同时突出了大国的责任和作用，更为重要的是，它从内部机制上赋予联合国前所未有的权威性和生命力，使任何决议一旦作出便可付诸实施，使和平解决争端和制裁侵略都具有更大的可操作性和强制力量，并对侵略和潜在的侵略形成威慑，从而使集体安全有了切实可行的保证。关于这一点，我们在后面还会谈到。

第四，宪章为发展经济和社会合作，为尊重人权和民族自决作出了大量的原则规定（如第九至第十三章），并通过作为联合国主要机构之一的经济及社会理事会将经社合作发展到人类生活的几乎各个领域，使联合国在成为一个世界性的集体安全组织的同时，也成为实现人类共同发展和繁荣这一理想的有力工具，从而使联合国从另一个方面获得了活力。不仅如此，宪章顺应二战后国家要独立、民族要解放的历史潮流，第一次使民族自决成为公认的国际法准则，并直接推动了战后的非殖民化进程。

其次，联合国在实践中的最大功绩，在于维护了世界的整体和平并促进了全球的经济与社会发展。

尽管联合国也犯过种种错误，特别是在全面冷战的年代里，它曾在某种程度上成了苏联和美国不断使用否决权的难以正常运转的

---

① 又称"雅尔塔公式"，其基本含义是：安理会关于程序事项以外一切事项的决议应以 11 个理事国中 7 个理事国的可决票包括全体常任理事国的同意票为之。这种要求在作出决定时必须得到"五大国一致同意"的原则，使安理会各常任理事国因此而享有"否决权"。许光建主编：《联合国宪章诠释》，山西教育出版社 1999 年版，第 183 页。目前安理会为 15 个理事国，可决票为 9 票。

机器，① 成了冷战的战场和工具，一度背离了联合国的宗旨，但是，必须看到，正是由于有了"大国一致"原则，就保证了在大国不一致的情况下，安理会不能采取措施侵犯任何一个大国的利益，从而控制了战后出现的一系列危机的不断升级，② 避免了冷战时期美苏两个超级大国之间的迎头相撞，并因此而在整体上维持了战后的世界和平状态。正是在这个意义上，大国所拥有的"否决权"是确保世界和平的安全机制，对避免世界大战的爆发，维系战后的世界和平功不可没。这一点，也正是联合国的缔造者的重要初衷。③

针对二战结束后地区冲突和局部战争对国际和平与安全造成的威胁，联合国做了大量重要工作。据不完全统计，1945—1995 年，联合国为帮助和推动结束地区冲突而开展谈判，促使 172 场地区冲突得以和平解决，80 场一触即发的战争得以避免。④ 与此同时，联

① 据不完全统计，从 1946 年到 1965 年，苏联共使用否决权 104 次，而同期内美国一次也未使用否决权；从 1966 年到 1985 年，苏联行使了 12 次否决权，而美国行使了 42 次；从 1946 年到 1986 年，安理会内共行使否决权 223 次，平均每年 5.57 次，其中 95%以上是美苏两国使用的。参见裘克安：《关于否决权问题》，袁士槟：《世界格局转换与美国对联合国的政策》，钱文荣：《试论联合国改革和我国的对策》，分别见陈鲁直、李铁城主编：《联合国与世界秩序》，北京语言学院出版社 1993 年版，第 136—142、66—86、105—122 页。

② 朝鲜战争的升级从反面说明了"大国一致"原则在控制危机中的作用，正是由于当时的苏联和占据中国在安理会常任理事国席位的国民党集团没有运用否决权，才使美国得以操纵安理会通过有利于贯彻美国侵略意图的决议，并使美国的干涉披上了联合国的外衣。

③ 联合国的缔造者之一、前美国总统罗斯福在 1945 年 2 月 6 日雅尔塔会议的第三次会议上认为，大同盟建立联合国这一国际安全组织的任务是至少保证 50 年的和平。参见《德黑兰、雅尔塔、波茨坦会议文件集》，三联书店 1978 年版，第 166—167 页。今天这一目标已经得到实现。

④ 李铁城：《联合国五十年》（增订本），中国书籍出版社 1995 年版，第 390 页。

合国在国际军控与裁军方面也作出了不懈的努力。

但是特别要指出的是，在联合国面对一些冲突但既不能用和平解决争端的纯外交手段解决问题，又没有达到使用武力或非武力的强制手段的程度的情况下，联合国为解决这些冲突而在实践中所创造的维持和平行动，不仅是联合国最成功的创新活动之一，更成为联合国集体安全制度下的重要机制之一。所谓联合国的维和行动，在一般的意义上，是指根据联合国安理会或者大会决议，由联合国所从事的，向冲突地区派遣不具有强制力的军事人员以恢复和维持和平的行动。① 在宪章的旗帜下，从 1948 年 6 月到 2015 年 5 月，联合国共实施了 71 次维和行动，共有超过 100 万军警和文职人员曾经或仍在维和行动中供职，3300 多名维和人员为世界和平献出了生命。目前，联合国正在执行的 16 项维和行动共部署大约 125000 名维和人员。② 实践证明，这些维和行动不仅是使局部战争逐步降级和控制冲突恶性升级的十分有效的手段，而且以既非和平又非武力的独特方式使安理会的影响伸展到冲突的当地。正由于此，联合国的维持和平部队获得了 1988 年的诺贝尔和平奖。

联合国在铲除世界殖民制度的过程中作出了巨大贡献。进入 20

---

① 联合国宪章并没有关于维和行动的规定，它是联合国在实践中的一项重要创新，因此关于什么是维持和平行动，目前并无一致的定义，本章根据联合国新闻部编写的《蓝盔：联合国维持和平的回顾》一书的说法，参见 *The Blue Helmets: Review of United Nations Peacekeeping*，Second Edition，(UN，1990)，p.4. 李铁城先生通俗地指出，联合国的维和行动是在和平解决争端不想求，强制措施又无法求的情况下出现的一件新事物。它是介于强制措施和和平解决争端之间的一个中间环节，它原是宪章所未曾预料到的。参见李铁城：《联合国五十年》（增订本），第 60 页。

② 参见丁山：《联合国维和人员有哪些？》，人民网，2015 年 5 月 29 日。

世纪以来，人类已经越来越认识到殖民主义是产生战争与冲突的重要根源，国际联盟所设计的委任统治制度，尽管并未改变殖民统治的本质，但毕竟有着部分满足委任统治地人民的民族自决要求的考虑；而联合国则在宪章宗旨的指导下和具体的实践过程中，建立和逐步完善了包括基本原则、规则、规范和决策程序等在内的一整套非殖民化机制。它从宪章中规定的非自治领制度和托管制度并立并设立托管理事会，到根据 1960 年联合国以压倒多数通过的《非殖民化宣言》（即《给予殖民地国家和人民独立宣言》）取消托管领土和非自治领土的区别，通过将宪章中的民族自决原则转变成人权而为殖民地人民的解放斗争提供了法律依据和强制措施，再到 1988 年第 34 届联大宣布 20 世纪 90 年代为根除殖民主义国际十年，联合国在非殖民化的进程中树立了一个又一个的里程碑。当 1994 年最后一块托管地帕劳共和国独立并被接纳进入联合国的时候，作为联合国六大机构之一的托管理事会的历史使命业已完成。[1] 据统计，到 2000 年底，在全世界只有 16 块非自治领土尚未获得自治或独立，而它们多是位于加勒比和太平洋地区的 "小块领土"。[2] 因此我们完全可以说，联合国关于在进入 21 世纪的时候不再有殖民制度的目标基本实现了。这是人类历史的划时代的巨大进步，也是联合国的伟大成就。

联合国为推动全球的经济和社会发展进行了不懈的努力。自联合国成立以来，便开始实施宪章中关于促进发展的宗旨，并逐渐

---

[1] 托管理事会于 1994 年 11 月 1 日正式停止活动，成了联合国六大机构中唯一一个有名无实的空闲机构。

[2] 参见聂理纲：《联合国非殖民化机制浅析》，《国际论坛》2001 年第 3 期。

把发展活动的重心移向发展中国家。长期以来，联合国正常预算的
70％—80％用于发展援助（包括人道主义援助和人事、行政开支），
其援助范围囊括了所有的全球性经济、社会、文化、教育、健康及
人道主义问题，并通过经社理事会及其各种机构，协助发展中国家
制定和实施了许多具体的各种层次的发展项目。联合国各有关机构
每年共提供 100 多亿美元的低息贷款和赠款，1993 年开发计划署以
13 亿美元支援 170 个会员国的 5000 个项目，从 1946 年到 1994 年世
界银行已向发展中国家提供了 3330 亿贷款以资助它们的发展计划。[①]

　　但是，联合国毕竟不是一个世界政府，没有政府所拥有的在经
社领域中的管理权和决策权。因此联合国在经社领域中的作用更为
重要的体现，是它在半个多世纪中所形成了丰富的发展思想和发展
战略。从 1961 年到 2000 年联合国提出的四个"发展十年"的计划，
以及在此期间所提出的各种发展纲领表明，联合国的发展思想和发
展战略经历了从最初的优先追求高增长率以解决发达国家和发展中
国家生活水平之间不断扩大的差距，到强调建立公平合理的国际经
济新秩序和以人为中心，确认发展权为不可剥夺的人权的观念，再
到确立保护环境与发展协调一致的原则，直到从环境保护思想引申
出可持续发展战略这一新的发展观的演变过程。这一体现在 1997
年联合国大会通过的《发展纲领》中的可持续发展战略所阐发的和

---

① 参见田进：《联合国与发展：艰难的历程》，谢启美等：《走向 21 世纪的联合国——
　　纪念联合国成立 50 周年学术研讨会论文集》，世界知识出版社 1996 年版，第 126—
　　134 页；李铁城：《联合国五十年》（增订本），中国书籍出版社 1995 年版，第 391—
　　392 页。

平、经济增长、保护环境、社会正义和民主与发展之间的关系以及"发展文化"概念的提出，[①] 在经济全球化的浪潮下，不仅成为今后指导联合国发展行动的全面纲领和政策框架，而且为世界各国的发展提供了指南，从而使联合国在国际经济与社会发展方面起到了独特而实实在在的促进作用。

联合国也为编纂和发展国际法作出了重要贡献。不仅联合国宪章本身就是国际法的重大发展和现代国际法的基础，而且联合国制定或参与制定并通过了 500 多个国际条约和公约，涉及从不扩散核武器到人权问题，从和平利用外层空间到海底开发，从保护知识产权到保护生态环境等各个方面，从而使联合国成为避免国际秩序发生混乱的重要屏障和推动国际关系朝着更加公正合理的有序发展的国际权威机构。

随着冷战的终结，摆脱了两极格局羁绊的联合国迎来了前所未有的发展机遇，与此同时，许多新的问题和新的任务也摆在了联合国面前：在已经存在的一些冲突尚未解决的情况下，极端民族主义和民族分离主义以及宗教极端主义所导致的内战和局部冲突也不断发生；南北之间的贫富差距进一步扩大，最不发达的国家已经增加到 48 个；包括恐怖主义在内的各种跨国犯罪日益猖獗；生态环境日益恶化并威胁着人类的生存……这些都是联合国面临的新挑战。然而，联合国毕竟是二战结束时建立的，它既带有那个时代的特点也带有那个时代的缺点，当人们期待着联合国

---

① 关于《发展纲领》的提出过程，参见李铁城主编：《世纪之交的联合国》，人民出版社 2002 年版，第四章第一节。

为维护和平与促进发展，为建立公正合理的国际政治经济新秩序作出更大贡献的时候，要求联合国改革的呼声也在加强。但是，半个多世纪的国际政治发展的现实至少已经证明：联合国作为当代世界最大的和最重要的主权国家所组成的政府之间的国际组织，尽管存在着各种各样的问题，然而不可否认的是，它仍然在国际政治舞台上起着不可替代的作用，是建立国际政治经济新秩序的主导力量；联合国宪章基本符合当今世界和平与发展的时代主题，它的宗旨和原则无须改变，它所确立的目标和规划的蓝图还远未实现；安理会常任理事国所拥有的否决权作为历史的产物，既有保持大国均势的现实主义考虑，又有保持大国合作实行集体安全的理想主义成分，到目前为止，仍基本符合世界政治的现实情况和多极化的发展方向，因此既不能取消，也不能扩大，而是应当作出一些防止滥用否决权的规定。

另一方面，我们也必须承认，在冷战以苏联一极的自行坍塌而结束，国际政治力量逐渐呈现出"一超多强"的态势，真正意义上的多极的国际关系格局尚未最终形成的情况下，霸权主义和强权政治作为国际政治旧秩序的集中表现，不仅继续存在，而且体现在要依靠美国的权势和价值观来建立"世界新秩序"的主张之中，① 这

---

① 根据白宫自己的统计，1990—1991年期间，美国领导人在各种讲话中有42处提到"世界新秩序"。见杜攻主编：《转换中的世界格局》，世界知识出版社1992年版，第302页。与此相呼应，美国认为建立由美国领导的国际关系体系的"单极时刻"（the Unipolar Moment）终于到来了。有关学者论述单极世界的文章，可参见 Ethan B. Kapstein and Michael Mastanduno eds., *Unipolar Politics: Realism and State Strategies after the Cold War*,（New York, Columbia University Press, 1999）.

就使联合国在建立和平稳定公正合理的国际新秩序中再次面临考验。但是，值得指出的是，在 2000 年 9 月联合国召开的千年首脑会议上，五个常任理事国的首脑已经庄严承诺："在进入 21 世纪之际，将致力于确保联合国更加强大、更加有效、更有效率"，将"与全体会员国一道加强联合国的作用、维护安理会的权威、捍卫《联合国宪章》的宗旨和原则。"[①] 因此，我们有理由相信，尽管还会遇到各种各样的困难与斗争，联合国也必须通过改革而不断自我完善，但是联合国在制定国际社会各个领域的行为规则方面，在促进国际法的建设方面，将会发挥更大的作用，从而使国际关系进一步走向体制化。在这个经济全球化加速发展、国家之间的相互依存关系日益加强的世界里，这也是联合国不可回避的历史使命。

三、布雷顿森林体系与战后国际经济秩序

如果说在政治领域，反法西斯大同盟决心在二战后共同致力于建立以联合国为代表的以维护世界和平与安全为目标的国际政治秩序的话，那么在经济领域，则主要是在美英为首的西方国家的主导下，建立了以国际货币基金组织、世界银行和关税及贸易总协定为三大支柱的国际经济秩序结构，即布雷顿森林体系，亦称布雷顿森

---

① 2000 年 9 月 7 日《安理会五常任理事国首脑声明》，《光明日报》2000 年 9 月 9 日。

林制度。① 正如罗斯福在要求国会通过布雷顿森林协议的咨文中所说："国际上政治合作的奠基石是建立常设联合国组织的敦巴顿橡树园会议建议……国际上经济合作的奠基石是建立国际货币基金组织和国际复兴开发银行的布雷顿森林会议的建议。"②

两次世界大战使维持世界经济发展的货币金融关系和贸易关系一片混乱。然而正是战争的血的教训，才使各国取得了这样的共识：传统的孤立主义和保护主义的经济政策，必将导致世界经济再次走进死胡同，只有国际间的经济合作，才是促进世界经济繁荣从而维护世界和平的必由之路。因此为了恢复世界经济的有序发展，美国凭借其军事、政治和经济的绝对优势，试图从金融、投资、贸易三个方面重建国际经济秩序。在金融方面，重建国际货币制度，以维持汇率的稳定和国际收支的平衡；在投资方面，以鼓励对外投资、筹措资金来促进战后经济的复苏和发展；在贸易方面，以扭转日益盛行的高关税贸易保护主义和歧视性的贸易政策来促进国际贸易的自由化。于是在经过美、英等国的艰苦谈判之后，1944 年 7 月在美国的提议下召开了布雷顿森林会议（即联合国家货币与金融会议），与会的 44 个国家的代表签署了"国际货币基金组织协定"和"国际复兴与开发银行协定"，并于

---

① 参见［美］H.N. 沙伊贝等：《近百年美国经济史》，彭松建等译，中国社会科学出版社 1983 年版，第 517—518 页。这三个机构亦被称为"布雷顿森林三驾马车"，而美国长期以来就是要用这"三驾马车"来取代联合国经社理事会对经济方面的决策权。参见［美］菲利斯·本尼斯：《发号施令——美国是如何控制联合国的》，陈遥遥等译，新华出版社 1999 年版，第 86—88 页。

② 关在汉编译：《罗斯福选集》，商务印书馆 1982 年版，第 500 页。

1945 年建立了国际货币基金组织（IMF）和国际复兴开发银行，即世界银行。

国际货币基金组织设立的主要目的，在于稳定成员国货币的汇率，避免竞争性的货币贬值；取缔对经常性国际交易支付的外汇限制，建立有序的多边支付体系；在有适当保证的条件下，向遇有国际收支困难的成员提供短期临时性国际融资，即扮演"消防队"的角色，及时纠正该国国际收支的失衡，防止其采取有损于本国和国际繁荣的措施。世界银行的职能在于通过向成员国提供长期性融资以解决成员国发展经济的长期建设资金的需求，协助后者的复兴与开发。1947 年，国际货币基金组织和世界银行都成为联合国的专门机构。[①]

国际货币基金组织作为布雷顿森林体系的主要组成部分，其内部的运行机制是：规定"双挂钩一固定"的世界货币制度，即美元与黄金挂钩，各国货币与美元挂钩，美元与黄金的比价固定为 35 美元兑换 1 盎司黄金，各国货币对美元的汇率上下浮动不得超过 1%。于是美元便享有了高于其他货币的国际储备货币的特殊地位，并因此而建立起以美元为中心的"黄金美元本位"制度，[②] 使布雷顿森林体系成为支配战后 20 多年的世界货币金融体系。另外，国

---

① 这两个机构在美国等发达国家的控制下，并不接受联合国的监督，实际上独立于联合国之外。

② 根据"双挂钩一固定"制度，参加国际货币基金组织的国家包括美国的中央银行都要按照这一固定水平买进和卖出黄金，以确保美元不会贬值，这又被称为"黄金共享"原则。

际货币基金组织和世界银行都实行加权投票制度，① 按照资金的配额决定各国投票权的大小，所以实际上也为经济实力最强，占有股份最多的美国所操纵。

接着，美国着手筹建国际贸易组织作为贸易领域中与国际货币基金组织和世界银行相对应的组织，并积极提议签订关税及贸易总协定。但国际贸易组织最终由于美国和其他一些国家没有批准而未能建立，而关贸总协定（GATT）则得以缔结并于 1948 年 1 月 1 日开始临时生效。② 通过关贸总协定包括的 38 条内容可以看出，它建立的目的在于：达成互惠互利的安排，以求大幅度削减关税和其他贸易壁垒，消除国际贸易中的歧视待遇，确立多边贸易自由化体系，以便促进世界资源的充分利用，扩大商品生产和交换。尽管具有临时性质的关贸总协定在法律上从未获得真正国际组织的地位，也不是联合国的专门机构，然而它的临时实施却与联合国有着直接的关系，并与联合国在秘书处和政府间一级进行合作，所以类似于联合国的专门机构。

---

① 加权投票制度，是指每个成员国的投票权与其在基金的配额，即向基金的认股份额成正比。根据布雷顿森林会议，每个成员国有基本投票权 250 票，另外每增加相当于 10 万美元的配额，便增加 1 票。

② 国际贸易组织宪章草案由美国提出并得到联合国贸易和就业会议的审议通过，但美国和一些国家以该宪章与其国内立法存在差异和矛盾并有损美国的利益为由拒绝批准国际贸易组织宪章，遂使建立国际贸易组织的努力失败。但美国和其他 22 个国家达成了双边关税减让协议，随后它们将该协议与国际贸易组织宪章中的贸易政策条款加以合并和修改，形成一个单一的多边协定，再加上涉及 45000 项商品、影响世界贸易额达 100 亿美元、占进口值 54% 的应税商品平均降低税率 35% 的关税减让表，就形成了关税及贸易总协定。关于关贸总协定的出台过程，参见刘光溪：《中国与"经济联合国"——从复关到"入世"》，中国对外经济贸易出版社 1998 年版，第 2—4 页。

作为一个准国际性组织，关贸总协定实行最惠国待遇原则、非歧视原则、国内待遇原则、关税保护原则、取消数量限制原则、公平贸易原则、对发展中国家优惠原则以及例外条款等一系列建立自由贸易秩序的基本原则。自临时实施以来，它不仅一直是管理国际贸易的唯一多边贸易协定，更成为削减贸易壁垒多边谈判、解决缔约方贸易争端和规范国际贸易关系的主要国际机构，因此成为事实上的"国际贸易组织"。然而同样由于美国的经济实力最强并主导着规则的制定而在其中占有特殊地位。

苏联虽然也参加了布雷顿森林体系的制定工作，但最终没有批准这些协定，随着冷战的爆发，苏东国家和其他社会主义国家曾长期处于该体系之外。中国是该体系的创始国之一，于1980年恢复了在国际货币基金组织和世界银行中的合法席位。到2014年底，这两个组织的成员已分别包括188个国家和地区。作为关贸总协定的创始缔约方之一，中国于1982年11月第一次派代表团以观察员身份列席了关贸总协定缔约方大会。1986年7月中国正式提出关于恢复在关贸总协定缔约方地位的申请，从此复关谈判长达10年，从1995年11月开始，中国的复关谈判转为"入世"谈判，并于2001年11月成为世界贸易组织（WTO）的成员。① 到2011年底，世贸组织的成员已经包括154个国家和地区，因此国际货币基金组织、世界银行和世界贸易组织都被称为"经济联合国"。

在战后相当长的时间里，国际货币基金组织、世界银行和关贸

---

① 1995年1月1日，"世界贸易组织"（WTO）正式成立，1995年与关贸总协定共存一年，1996年1月1日WTO成为全球经济贸易组织，关贸总协定不再存在。

总协定共同构成了战后调节世界经济、金融、贸易的三大支柱，不仅对世界经济的恢复和发展起到了积极作用，而且进一步促进了世界经济发展的规范化和一体化进程。

作为布雷顿森林体系的运转核心，国际货币基金组织提供的相对稳定的汇率制度和短期贷款缓解了战后的国际收支危机，使国际清偿力得到增加。60 年代国际货币基金组织又创设了特别提款权（SDR），[①]进一步增加了国际清偿力的供应。随着西欧经济的恢复和发展，到 60 年代国际货币基金组织的贷款重点也从欧洲转向第三世界国家。世界银行则从 50 年代初就将提供和组织的长期贷款从欧洲转向发展中国家，以资助它们兴建某些建筑周期长，利润偏低，但又为该国经济和社会发展必需的建设项目。以中国为例，从 1981 年到 1997 年 6 月，世界银行对中国的贷款总承诺额接近 280 亿美元，用于支持 184 个项目，其中投入农业和基础设施的贷款占总贷款额度的 70% 以上。[②]另据报道，2015 年 6 月 23 日，世界银行执行董事会批准向中国贫困片区产业扶贫试点示范项目提供贷款

[①]　特别提款权为国际货币基金组织于 1969 年创设的分配给成员国的除了一般提款权之外的一种使用资金的权利，是一种补充储备资产和一种新的记账单位，由国际货币基金组织按各成员国的份额分配。成员国可用它向国际货币基金组织或其他成员国兑换外汇，用于政府间的结算，解决国际收支逆差，也可向国际货币基金组织偿还贷款、支付利息和手续费，但不能直接用于贸易或非贸易支付。从 1981 年起由美元、西德马克、英镑、法郎和日元五种货币定值。目前特别提款权主要为发展中国家服务。

[②]　在世界银行进行的项目评价中，90% 以上的中国项目被评为"满意"。中国被认为是世界银行贷款使用和偿还情况最好的借款国之一。参见祝宪：《中国与世界银行合作关系的回顾与前瞻》，《国际金融研究》1997 年第 10 期。

1.5 亿美元，助力四川、贵州、甘肃三省减少贫困。[①]

在关贸总协定临时生效的 47 年中，通过 8 轮多边贸易谈判，签署了大量协议，不断丰富、发展和完善了多边贸易体制的法律规范，形成了一套对各缔约方具有一定约束力的国际贸易体系，并为全球贸易自由化的发展进程建立了保障其目标得以实现的组织机构。它涉及的国际贸易数额巨大，超过了世界贸易额的 90%。它成功地解决了 100 多起缔约方之间的贸易争端，为解决发展中国家和发达国家之间的贸易待遇问题提供了机会，促进了发展中国家的贸易增长。它使各国关税大幅度削减，发达国家缔约方的平均关税已从 1948 年的 36% 降到 80 年代的 4.5%，发展中国家缔约方的平均关税同期已降到 13%。[②] 根据世界贸易组织的资料，由于执行乌拉圭回合（即关贸总协定第 8 轮多边贸易谈判回合）协议，发展中国家的平均关税水平在 2000 年降到 10%—12%，发达国家将降到 3%—5%，配额和许可证管理的最后一个堡垒——纺织品的数量限制也将在 2005 年消失。[③]

在布雷顿森林体系运行的 1950—1970 年间，世界贸易总额从 610 亿美元剧增至 3127 亿美元。从 1947—1995 年，世界贸易额增加了 10 倍。国际贸易的繁荣带动了国际投资的发展。1950 年，

[①] 见世界银行网站 www.worldbank.org.cn（中文）·2015 年 6 月 24 日新闻稿：世界银行贷款支持中国贫困片区产业扶贫。

[②] 参见王福明主编：《世贸组织运行机制与规则》，对外经济贸易大学出版社 2000 年版，第 24 页；刘光溪：《中国与经济联合国》，第 12—13 页，关于 GATT 的 8 轮贸易谈判回合，参见第 5—6 页。

[③] 龙永图为《经济全球化丛书》撰写的总序言，见张碧琼：《经济全球化：风险与控制》，中国社会出版社 1999 年版，《经济全球化丛书》总序言，第 12 页。

西欧与美国之间的交叉投资仅分别为 53 亿美元和 31 亿美元，到 1970 年，美国在西欧的投资已达 296 亿美元，西欧对美国的投资已达 316 亿美元。与此同时，发达国家向发展中国家的投资也不断增长，到 60 年代末，仅从西欧转移到发展中国家的资本每年的净流动额就达到 60 亿美元。[①] 因此，布雷顿森林体系在带动各国经济增长，加深国际经济联系，推动发展中国家参与国际经济合作，从而促进世界经济一体化与全球化的进一步发展等方面，功不可没。

但是布雷顿森林体系的建立是以战后初期的国际政治经济格局为基础的，并依赖于战后美国超强的经济实力。它以美国一个国家的货币（美元）作为主要国际储备货币，于是其先决条件就是美国拥有绝对的黄金储备优势，美元能够基本保持稳定，美国的国际收支能基本保持平衡。但是随着西欧和日本经济实力的不断上升和第三世界经济的发展，美国的经济实力相对减弱。从 1950 年以后，除了个别年代略有顺差之外，其余各年度都是逆差。随着国际收支逆差的逐年增加，美国的黄金储备也日益减少。1945 年美国的黄金储备为 200.8 亿美元，约占资本主义世界黄金储备的 59%。[②] 但是到 60 年代中期，外国人的美元持有额已超过美国已有的黄金储备量。[③] 美元的大量流出，形成了美国国外的"美元过剩"现象，

---

① 参见刘光溪：《中国与经济联合国》，中国对外经济贸易出版社 1998 年版，第 12 页；张幼文等：《世界经济一体化的历程》，学林出版社 1999 年版，第 129—130 页。

② 《战后世界历史长编（1945.5—1945.12）》第一编第一分册，上海人民出版社 1975 年版，第 522 页。

③ 参见 ［美］H.N. 沙伊贝等：《近百年美国经济史》，彭建松等译，中国社会科学出版社 1983 年版，第 523 页。

据统计，1973 年底，在各国金融市场上游荡的"欧洲美元"就达
1000 多亿。[1] 这导致美元与黄金挂钩的国际信誉严重下降，各国争
先向美国挤兑黄金，而美国的黄金储备捉襟见肘，这不仅暴露了布
雷顿森林体系的内在缺陷和它所推动的国际经济合作的发展之间的
不和谐，[2] 而且使国际货币金融领域陷入越来越混乱的局面。于是
布雷顿森林体系从 60 年代开始就不断发生动摇。1971 年，美国尼
克松政府实行"新经济政策"，宣布美元贬值并停止兑换黄金。同
年，西方十国集团财长会议通过重新调整货币汇率的"史密森学
会协议"：将黄金官价从 1 盎司 35 美元提高到 38 美元，美元贬值
7.89％，发达国家的货币对美元不同程度地升值，各国货币对美元
汇率的波动幅度从上下各 1％扩大到 2.25％。但是该协议的基本精
神仍然在于维持布雷顿森林体系。1973 年，美元再次贬值，各主
要资本主义国家则普遍实行浮动汇率制，不再承担维持美元汇率的
义务，布雷顿森林体系的"双挂钩一固定"的运行机制被彻底取消，
于是以布雷顿森林体系为代表的国际货币金融体系崩溃了。[3]

---

[1]　吴念祖：《欧洲美元与欧洲货币市场》，中国财政经济出版社 1981 年版，第 13 页。

[2]　美国经济学家罗伯特·特里芬把这种不和谐用"两难困境"来表述：美元与黄金挂
　　钩，靠美国国际收支的持续逆差来支持各国储备的增长和国际的清偿力的增加，必
　　然会使美元陷于一种两难的境地：如果美国纠正国际收支逆差，保持平衡稳定美元，
　　就会断绝国际储备来源，世界的清偿能力就会不足；如果美国持续保持国际收支逆
　　差，必然会影响美元的信誉并怀疑美元的可兑性，并引起美元危机。这就是有名的
　　"特里芬难题"。参见［美］罗伯特·特里芬：《黄金与美元危机——自由兑换的未来》，
　　陈尚霖等译，商务印书馆 1997 年版。

[3]　在西德马克升值 3％的情况下，西德、法国等欧共体国家的汇率对美元联合浮动，
　　内部实行固定汇率制度，建立了欧洲货币体系，英国、意大利和爱尔兰则单独浮
　　动，日元等其他货币也对美元浮动。

70 年代布雷顿森林体系的崩溃不仅与国际政治开始出现的多极化趋势相一致，更与国际经济出现的多元化趋势相一致，美国维持了 20 多年的国际经济支配地位一去不复返了。随着西欧和日本在国际经济中地位的不断增长，国际货币关系也出现了多元化格局，美元、西德马克、英镑、法郎和日元都成为特别提款权的定值货币，从而成为国际储备货币，于是浮动汇率的合法化和汇兑安排的多样化也随之产生，国际收支调节制度也不得不相应地发生改变，再加上发展中国家的强烈要求，国际货币基金组织的临时委员会便于 1976 年 1 月在牙买加举行的会议上通过了关于国际货币体系改革的《牙买加协议》，并由此而诞生了新的国际货币体制，即"牙买加体系"。该体系的运行机制是：实行浮动汇率制，但成员国不得操纵汇率以妨碍国际收支的有效调节或谋取贸易上的好处，并接受国际货币基金组织的监督；取消黄金作为货币定值的标准，成员国可在自由市场上买卖黄金；加强特别提款权作为国际储备货币的地位，削弱黄金和美元在国际储备中的地位等。该体系于 1978 年 4 月正式生效，并成为现行的国际货币体系。20 年来，该体系的浮动汇率制被证明是基本成功的。①

---

① 进入 20 世纪 90 年代后，国际货币汇率体系表现出更大的灵活性和自由浮动性，实行自由浮动和有管理的浮动国家，由 1991 年的 56 个上升到 1997 年的 99 个。在 IMF 的成员国中，所有发达国家都实现了资本账户可兑换，大多数发展中国家实现了经常账户货币自由兑换，而对资本账户仍保留不同程度的限制。中国自 1996 年 12 月 1 日实现经常项目下的人民币可兑换。参见张碧琼：《经济全球化：风险与控制》，第 204、203、222 页。

布雷顿森林体系崩溃后，作为该体系核心的国际货币基金组织和世界银行继续存在。但是从 1975 年西方七国首脑会议首次举行以来，发达国家之间的国际经济和金融问题便开始由西方七国首脑会议协商解决，国际货币基金组织在这方面的作用明显淡化，而是转向处理与发展中国家的关系，它通过处理 80 年代的拉美债务危机而成为解决发展中国家债务危机的最主要的机构（也包括世界银行）。随着冷战的结束以及日益加速的国际金融全球化进程，西方七国首脑会议在加强对世界经济调节作用和稳定国际金融市场方面采取了许多措施，并为加强国际货币基金组织和世界银行的作用提出了一些改革的建议，而国际货币基金组织和世界银行的作用也日益显得重要。例如，在 1994 年爆发的墨西哥金融危机中，国际货币基金组织和以美国为首的援助国自 1995 年为其融资将近 500 亿美元；在 1997 年爆发的东亚金融危机中，基金组织向东南亚各国提供了近 1600 亿美元的援助贷款，[①] 从而使自己再次担当了"消防队"的角色，并重新成为解决和防止金融危机的机构。[②] 到 1998 年，大约 90 个国家受国际货币基金组织

---

① 在这近 1600 亿美元的援助贷款中，韩国获得 570 亿美元，印度尼西亚获得 430 亿美元，泰国获得 170 亿美元，菲律宾获得 10 亿美元。参见郑振龙、周婉波：《国际货币基金组织反危机功能评析》，《国际金融研究》1998 年第 5 期。

② 1997 年东亚金融危机的各国对国际货币基金组织的贷款的巨大需求超出了预计范围，1998 年基金组织设立和补充储备贷款，为发生危机的国家解决突出的收支不平问题；1999 年又设立了应急信用贷款，以方便那些尚未发生危机但已经感到有潜在问题的国家得到贷款，这是典型的预防危机的新举措。参见朱雪琴：《国际货币基金 (IMF)：面临角色的选择》，《中共宁波市委党校学报》第 22 卷第 6 期。

的各种形式调整计划的影响。①

但是，面对经济全球化的发展，国际货币基金组织和世界银行作为历史的产物，不仅在加强各国经济合作、应付金融危机、稳定金融秩序和管理国际资本的流动方面已经感到力不从心，在适应全球化需要的发展援助机制方面存在明显缺陷，而且它们的加权投票制和贷款额与借款国在国际货币基金组织和世界银行中的份额相联系的规定，使之一直受到发达国家的政策导向的影响并有利于发达国家的利益，从而使其政策的变化不可避免地带有相当程度的政治化倾向。例如：IMF所推行的经济政策协调和监督框架基本上是以经济发达国家为蓝本的，对受援国所提供的调整与改革方案都是这样的模式：提供贷款，要求危机国采取财政紧缩政策和货币紧缩政策，提高利率以吸引外资进入并进一步稳定汇率，并要求亚洲各国整顿金融机构，加速开放市场并迈向自由化，取消不平等补贴政策等等，而没有充分考虑到各国经济、地理特点和历史、心理、文化传统的差异，以致使受援国认为这是对自己的经济主权的粗暴干涉。马来西亚总理马哈蒂尔就曾指责美国借国际货币基金组织对危机国以贷款之名，行"经济殖民主义"之实。②

---

① ［英］戴维·赫尔德等：《全球大变革——全球化时代的政治、经济与文化》，杨雪冬等译，社会科学文献出版社2001年版，第295页。

② 参见戴硕：《矛盾中的国际货币基金组织》，《国际关系学院学报》2001年第1期。应当指出的是，在经济全球化的进程中，民族国家为了自身的利益必须主动让渡某些主权，并应该丰富国家主权内涵，努力创造新的主权工具，以达到加强国家主权控制风险的目的。参见张碧琼：《经济全球化：风险与控制》，第二章。

世界银行在 20 世纪 90 年代以来，其业务更多地介入非经济领域，如良政、法制、非政府组织与公民参与、反腐败、民族文化、劳工标准乃至宗教、民主、人权等等，也不断受到发展中国家的批评。[①] 面对国际社会要求国际金融组织改革的呼声日益升高，在 2000 年 9 月召开的国际货币基金组织和世界银行第 55 届年会上，新任基金组织总裁霍斯特·克勒的讲话和金融委员会主席戈登·布朗的报告已经发出了明确的信号：国际货币基金组织将要在新的一轮经济繁荣之际，在其理念、职能和政策上作出重大调整，肩负起促进经济增长和全球化的重任。

与国际货币体系的改革相对滞后相比较，20 世纪 90 年代以来，在国际贸易领域发生的最大变化就是关贸总协定为世界贸易组织所取代。这是因为关贸总协定的历史局限性已经不能适应经济全球化的发展。关贸总协定作为非正式生效的国际条约，从法律体系看是不统一、不完整的；它的临时性削弱了它的权威性；它的"例外条款"和一些"灰色区域措施"使合法与不合法的认定基准模糊；[②] 它的靠政府间的谈判并要求所有缔约方"完全协商一致"才能发生效用的解决争端方式，使谈判结果往往取决于各国政治、经济的强弱，难以达到应有的公正，并容易使争端久拖不决；它的相对狭窄

---

① 参见邹佳怡、莫小龙：《从世界银行政策变化看全球化的矛盾和发展援助的职能》，《世界经济与政治》2002 年第 1 期。

② 例如：农业和纺织业未受到关贸总协定的规范，因此，在农业方面，一些国家就利用这一漏洞制定一些与关贸总协定原则不一致的政策；在纺织品方面，一些发达国家根据《多种纤维协议》而对进口纺织品实行限制措施。由于人们对这类政策和措施与关贸总协定原则和规则的一致性表示怀疑，因此它们被称为"灰色区域措施"。

的管辖范围，不能满足知识经济发展的要求。① 而这些缺陷，在世界贸易组织中都得到了克服。因此，世贸组织不是对关贸总协定的简单否定，而是对后者的扬弃、发展和创新，关贸总协定第 8 轮多边贸易谈判即乌拉圭回合的主要成果都体现在《世界贸易组织协定》当中。

世贸组织实行非歧视原则、自由贸易原则、关税保护原则、保护措施可预测原则、促进公平竞争原则、鼓励发展与经济改革原则，以及对发展中国家的差别特惠待遇。它的主要运行机制包括：（1）世贸组织作为一个永久性的机构，具有牢固的法律框架结构，拥有自己的完备的秘书处并设有处理日常事务的总干事；（2）世贸组织不仅获得其成员方的批准和接受，而且作为一项单一承诺构成其各项协议的多边性质，因此它涉及所有成员方的承诺；（3）它所涵盖的范围从货物贸易扩展到服务贸易、知识产权及投资等领域；（4）世贸组织的争端解决机制规定了具体的时限，其运行具有自动性，它所设有的永久上诉机构，通过争端解决专家小组对裁决进行审议，并就裁决的执行程序制定了更为具体的规则，使之不易受到争端当事方的影响，并使争端解决裁定的实施更容易得到保证；（5）世贸组织拥有对其成员方进行定期的贸易政策审议机制，以了解并监督成员方在遵守和执行多边贸易协议的承诺方面的实施情况

---

① 关贸总协定的规则只适用于商品贸易（也称"货物贸易"），不包括服务贸易，而后者已经发展为国际贸易中的重要组成部分；关贸总协定也缺乏对知识产权的适当保护措施，使知识产权受到侵害，这不仅被视为影响到外国在生产专利产品方面投资的不利因素，也成为发达国家工业界不愿向发展中国家同行出售或特许使用技术的重要因素。

和程度，避免贸易摩擦，并促进成员方贸易政策的透明度，以推动贸易更加自由地发展。

因此，世界贸易组织作为一个独立于联合国系统之外的、常设性、永久性的国际组织，标志着第二次世界大战以后建立的多边贸易体制迈进了"世界贸易法"的新里程，并用事实肯定了世贸组织作为"世界贸易法"的地位。[①] 尽管它仍然未能完全摆脱贸易大国的控制并面临全球发展的各种新问题，但是它仍然能够通过对世界经济贸易的法制化的协调与协商管理，通过开放、公平、无扭曲的综合国力的竞争，逐步达到它建立的初衷：保证不同经济制度国家劳动者的充分就业，促进人们的实际收入稳定增长，提高民众的生活水平，并通过全球资源的最佳配置实现世界经济的可持续发展。实际上，从关贸总协定和世贸组织的发展来看，尚无一个缔约方和成员方因为加入该组织而引起经济衰退，反而是加快了其经济的发展。事实证明，加入该组织对本国经济的继续发展具有促进作用，这正是该组织不断扩大和发展的重要原因。

70 年以来的世界经济发展的现实已经证明，国际货币基金组织、世界银行、关贸总协定和世界贸易组织等国际经济组织在建立战后的国际经济秩序方面具有相当积极的、为其他经济组织所不能替代的作用，虽然它们在很大程度上仍为西方大国所主导，其运行和规范也更多地倾向发达国家，但是应该承认，在全球化的时代，

---

① 参见刘光溪：《中国与"经济联合国"》，中国对外贸易出版社 1998 年版，第 48 页。

世界各国的确继续需要这些高于国家层次之上的国际组织来系统管理、规范和控制世界经济的运行。另一方面，随着发展中国家广泛参加这些国际经济组织并参与其规则及政策的制定，也必将会使国际经济秩序更加公平化，并向着更有利于全球的方向发展。

事实上，随着全球化的进程和发展中国家的发展和努力，随着世界范围的有识之士的支持，旧的国际经济秩序已经有所松动。例如，世界贸易组织允许发展中国家对外国企业实行必要的限制、监督和管理，发达国家对发展中国家实行普惠制；2009 年，国际货币基金组织已经承诺要将发展中国家的份额提高到至少5％以上，在世界银行至少要将发展中国家的投票权增加3％，等等。但是，这些承诺至今仍未兑现。因此，建立公正合理的国际经济新秩序是一个长期而复杂的斗争与协调过程，既有赖于发达国家的进一步觉悟，也有赖于发展中国家的进一步发展，任重而道远。

总之，联合国、国际货币基金组织、世界银行和世界贸易组织等最为重要的全球性的国际政治经济组织，仍然是支撑和协调21世纪的世界政治和经济秩序的主要支柱，它们将通过不断的改革与完善，继续成为世界和平与发展的推动力量。当然，我们也必须看到，目前的和平是带有强权政治和霸权主义色彩的不够公正的和平，目前的发展也是在一定程度上以牺牲发展中国家利益的不够均衡的发展。实际上，如何继续改变这种不公正和不均衡，正是联合国和世贸组织，以及国际货币基金组织和世界银行等国际组织改革的根本性任务和动力所在。

四、中国抗战与战后国际秩序

中国抗日战争是中华民族历史上一次空前的伟大民族解放战争，中国人民通过这场战争实现了国家独立和民族解放，并且为世界反法西斯战争的胜利作出了伟大的贡献，[①] 它所留下的政治遗产对中国历史和世界历史发展的影响都是相当深远的。

中华民族通过英勇抗战赢得了国家的独立，这首先就表现在战争期间，中国促使列强废除了不平等条约。

随着太平洋战争的爆发，中国战略地位的重要性终于为美英等国所承认，美国总统罗斯福曾经对他的儿子埃利奥特说过："假如没有中国，假如中国被打坍了，你想一想有多少师团的日本兵可以因此调到其他方面来作战？他们可以马上打下澳洲，打下印度——他们可以毫不费力地把这些地方打下来。他们并且可以一直冲向中东……"[②] 因此，为了使中国坚持对日本的有效作战，美国众参两院于 1942 年 2 月 7 日通过了援华贷款 5 亿美元，扩大了对华援助的规模。不仅如此，美英特别是美国，在废除对华不平等条约问题上的态度逐渐积极起来，而国民政府也及时抓住这一历史机遇，下决心解决这个问题。

1942 年春天，中国社会掀起了要求立即废除不平等条约的热潮。4 月 23 日，正在美国访问的宋美龄在《纽约时报》上发表《如

---

① 有关这个问题，笔者已在《世界历史视野下的中国抗日战争》一文中做了比较具体的论述，参见《光明日报》2005 年 5 月 10 日第 7 版理论周刊·史学。

② 伊利奥·罗斯福：《罗斯福见闻秘录》，李嘉译，新群出版社 1950 年版，第 49 页。

是我观》的文章，谴责西方国家在华领事裁判权等特权，呼吁有关各国尽早予以废除。该文在美国社会引起了强烈反响，人们纷纷致函美国政府有关部门，要求立即放弃在华领事裁判权，许多报刊也发表文章支持中国的要求。几乎与此同时，美国国务院就是否废除在华领事裁判权的问题展开的讨论也基本有了结果，主张立即废约的意见被接受。① 于是美国开始与英国磋商是否考虑在战时废约的问题。10月4日，蒋介石对来华访问的美国共和党领袖温德尔·威尔基正式提出了废除不平等条约要求，他指出："中国今日尚未能取得国际上平等之地位，故深盼美国民众能了解中国，欲其援助被压迫民族争取平等，应先使其本身获得平等地位始。"② 这时美英就立即废约问题也达成了共识。10月9日，美、英两国同时通知中国驻美、英的使节：两国准备立即与中国政府谈判废约问题，不过他们都准备把所放弃的特权范围限定在"治外法权和相关的权利方面"。③ 但中国政府认为这是不够的，于是蒋介石向美英提出：除了"领事裁判权以外，尚有其他同样之特权，如租界及驻兵与内河航行、关税协定等权，应务望同时取消，才得名实相符也"。④ 他还指示当时中国的外交部长宋子文，希望在谈判中"将过去所有各种不平等条约一律作废，整个撤销，

① The U. S. Department of State, ed., *Foreign Relations of the United States, Diplomatic Papers,* 以下简写为 *FRUS/1942, China,*（D.C.:GPO,1956），pp.271—274.

② 秦孝仪主编：《中华民国重要史料初编——对日抗战时期》第三编（1），台北中国国民党中央委员会1981年版，第759—760页。

③ *FRUS, 1942,China, p.307.*

④ 秦孝仪主编：《中华民国重要史料初编——对日抗战时期》第三编（3），台北中国国民党中央委员会1981年版，第712页。

重订平等合作之新约"。①

1943 年 1 月 11 日，中美、中英分别在华盛顿和重庆签订《中美关于取消美国在华治外法权及处理有关问题之条约与换文》（简称《中美新约》）和《中英关于取消英国在华治外法权及其有关特权条约与换文》（简称《中英新约》），宣布取消美英两国在中国的治外法权及有关特权；取消 1901 年签订的《辛丑条约》，终止该条约及其附件给予两国的一切权利；两国放弃在北平使馆界、上海和厦门公共租界所享有的权利，并协助中国政府收回这些地区的行政管理权和官方资产；取消两国在通商口岸的特别法庭权，在上海和厦门公共租界的特区法院制度，在中国领土内各口岸雇用外籍引水人的权利，两国船舶在中国领水内沿海贸易与内河航行的权利，两国军舰驶入中国领水的权利等项特权；英国交还天津和广州的租界，放弃英籍海关总税务司权；等等。②

在美英的影响下，其他在华享有特权的国家也相继宣布放弃在华特权，与中国签订新约。尽管中美、中英新约并不完美，例如英国就拒绝交还香港和九龙，但是应当承认，这些新约的签订，标志着在法理上结束了西方列强在中国享有的百年特权，雪洗了中国人民的百年耻辱，使中国从此摆脱了半殖民地的地位，获得了国家的

---

① 秦孝仪主编：《中华民国重要史料初编——对日抗战时期》第三编 (3)，台北中国国民党中央委员会 1981 年版，第 714 页。

② 详细内容参见王铁崖编：《中外旧约章汇编》第 3 卷，三联书店 1962 年版，第1256—1260、1263—1269 页。

独立，成为国际社会中的平等一员。不仅如此，中国人民以对日本帝国主义的坚决抗争，给世界殖民体系以沉重打击，中国抗日战争成为第二次世界大战后在世界范围内涌起的波澜壮阔的民族解放运动的先声。

其次，与中国废除不平等条约、获得国家独立相伴随的，是中国在国际上获得了政治大国的地位。太平洋战争爆发后，战时盟国开始真正意识到中国战场的重要战略地位。1942年1月1—2日，26个抗击法西斯的国家在华盛顿签署了《联合国家宣言》，宣布签字各国为了将这场反法西斯战争进行到底而协同作战。几乎与此同时，包括中国、泰国和印度支那的中国战区成立。以这两件大事为标志，世界反法西斯大同盟终于得以形成，从而奠定了最终取得这场战争胜利的基础。值得注意的是《联合国家宣言》的签名方式，在美国的支持下，美国、英国、苏联和中国排在26个国家之首，并比其他国家提前一天签字，其他国家则于第二天按国家名称的字母顺序排列签字，这就使中国作为"四大国"之一正式出现在国际文件和国际舞台上。尽管与其他三个国家相比中国仍然贫弱，尽管美国出于其战时和战后长远战略利益的考虑支持中国的大国地位，但是，从根本上说，正是中国人民以自己的英勇抗战和民族的巨大牺牲，才赢得了中国应有的国际地位。正如罗斯福的密友哈里·霍普金斯在1941年12月27日提交罗斯福的一份备忘录中所说，《联合国家宣言》的签字方式"要打破按字母编排的次序，把像中国和苏联这样的国家提到同我国和联合王国并列的地位，区别的办法可以是，那些在自己的国土上积极作战的国家为一类，另外则是已经被轴心国征服了的国家。我认为这种排列极为重要。"①从此，中国作为"四个最主要的参战国"，不仅为战争的胜利继续作出努力，而且为重建战后世界的和平而作出贡献。

第二次世界大战中后期，以反法西斯同盟的主要大国美国、英国和苏联为主召开了一系列国际会议，共同设计战后新的国际秩序和世界和平蓝图，也就是雅尔塔体系。在雅尔塔体系形成的过程中，中国的大国地位不仅一再得到确认，而且中国也在重建战后的世界和平中发挥了重要作用，这种作用，特别体现在作为该体系的重要组成部分——联合国的建立过程中。

1943年3月，宋美龄在美国与霍普金斯会谈，她代表蒋介石表示，应当立即采取某种步骤，使四大国一起商谈战后的事务。②在1943年10月莫斯科召开的美英苏外长会议上，美国国务卿赫尔代表美国政府表示："美国政府认为中国是世界上正在进行作战的四大国之一。对中国来说，如果现在俄国、大不列颠和美国在宣言中把它抛在一边，将极有可能在太平洋地区造成最可怕的政治和军事反响"，因此他认为"在四国宣言中漏掉中国是不可能的"。③在美国的坚持下，中国最终作为四强之一签署了《四国关于普遍安全的宣言》(亦称《莫斯科宣言》)，宣布要"根据一切爱好和平国家

---

① [美] 舍伍德：《罗斯福与霍普金斯——二次大战时期白宫实录》下册，福建师范大学外语系编译室译，商务印书馆1980年版，第15页。

② [美] 舍伍德：《罗斯福与霍普金斯——二次大战时期白宫实录》下册，福建师范大学外语系编译室译，商务印书馆1980年版，第335页。

③ Cordell Hull, *The Memoirs of Cordell Hull*, Vol.2, (New York, The Macmillan Company,1948) ,p.1282.

主权平等的原则，建立一个普遍性的国际组织，所有这些国家无论大小，均得加入为会员国，以维持国际和平与安全"。《宣言》还明确规定，四大国"按法律与秩序重建及普遍安全制度创立之前"将彼此协商，"并于必要时与联合国家中其他国家磋商，以便代表国际社会采取共同行动"。[①] 这明确肯定了中国在建立未来的联合国组织中与美国、英国和苏联所处的特殊地位。

同年 11 月，中、美、英首脑举行开罗会议。在 11 月 23 日美国总统罗斯福和蒋介石的会晤中，罗斯福表示，支持中国关于日本窃取的中国领土满洲、台湾和澎湖列岛必须归还中国的要求，[②] 并将其写进中美英三国《开罗宣言》当中。1945 年 7 月发表的《波茨坦公告》再次宣布：开罗宣言之条件必将实施。[③] 这就在国际法上明确承认了台湾是中国领土这一重要的历史事实。在当天的会晤中罗斯福与蒋介石还讨论了未来的国际组织问题。罗斯福再次支持中国的四大国之一的地位，表示"中国应当拥有作为四强之一的地位，并且应当以平等的身份参加四强小组的机构并参与制定它的一切决定"。蒋介石则当即表示"中国将欣然参加四强的一切机构和参与制定决定"，[④] 并指示中国代表团成员王宠惠草拟有关筹建新的国际组织的建议，以供讨论之用。24 日中国政府就提出了有关建立四国机构或建立联合国机构的四点建议：1. 在联合国总机构未设

---

① 《国际条约集》(1933—1944)，世界知识出版社 1961 年版，第 403 页。

② *FRUS/1943, The Conference at Cairo and Tehran*, (*D.C.*: GPO,1961)，p.324.

③ 《国际条约集 (1934—1944)》，世界知识出版社 1961 年版，第 407 页；《国际条约集 (1945—1947)》，世界知识出版社 1961 年版，第 77—78 页。

④ *FRUS,1943, The Conference at Cairo and Tehran*, p.323.

置前，由美英苏中成立四国机构，协商四国宣言规定的具体事项；2.四国机构的常设机关设于华盛顿，根据情况，该机关可以在伦敦、重庆或莫斯科开会；3.四国机构应负筹设联合国总机构之责任；4.联合国总机构的组织，中国政府同意美国的设计，即由11个国家组成一个执行机关，由美英苏中任主席。[①] 由此可见，中国对建立维持战后国际和平的联合国组织的态度是相当积极的，同时也再次表明，中国的大国地位已经进一步得到了国际社会的确认。

1944年7月，赫尔将根据罗斯福的指示起草并得到国会同意的"普遍国家组织暂定方案"，分送中英苏三国政府征求意见，同时邀请三国于8月在美国举行会议具体商谈未来国际组织的筹建。蒋介石立即致电罗斯福，表示中国向来主张早日成立战后国际和平机构，如其可能，并望在战事结束以前成立，并表示"中国必须参加此次会议……盖东方人民如无代表，则此会议将对于世界之一半人类失去意义也"。[②]

1944年8月中国代表团参加了首次筹建联合国的四大国会议——敦巴顿橡树园会议，并积极参与了联合国章程的制定工作。中国政府高度重视这次会议，蒋介石指示中国代表团"应该促使敦巴顿橡树园会议取得成功，我们的所有建议都应服从于这个总方针"。[③] 与此同时，中国政府拟定了《我方基本态度与对重要问题

---

① FRUS/1943, *The Conference at Cairo and Tehran*, p.387.

②、秦孝仪主编：《中华民国重要史料初编——对日抗战时期》第三编（3），台北中国国民党中央委员会1981年版，第826页。

③ 《顾维钧回忆录》（第二版）第5卷分册，中国社会科学院近代史研究所译，中华书局2013年版，第400页。

之立场》，其中提出：（1）世界和平机构以愈坚强有力为愈宜；（2）世界和平机构之全部或一部分应尽早成立；（3）凡美、苏、英在世界和平中参与之事项，我国应以平等地位同样参与。该文件还对有关世界和平机构的 16 个主要问题说明了中国政府的立场。[①] 另外，中国还提出《国际组织宪章基本要点节略》，对 21 个重要问题阐述了中国政府的主张。[②]

　　鉴于苏联以其未对日本作战为借口拒绝与中国代表团同桌讨论问题，美英两国为了尽早取得对德国战争的胜利而迁就苏联，致使中国只参加了会议的第二阶段，但是在整个会议期间，中国代表团都进行了积极的努力。例如：中国代表团长顾维钧 10 月 3 日拜见罗斯福，后者再次表示要将中国列为战后负有维持和平责任的大国之一。[③] 中国代表团"为了使新国际组织能够有效地促进国际安全与和平"，在第二阶段会议上提出了 14 个早已准备好的与第一阶段会议采纳的提案有关的问题，希望对这些提案进行改进与修订。[④] 尤其要指出的是，中国代表团提出了三点非常重要的建议：第一，为解决国际争端提出了一项重要原则，即这些国际争端"应根据正义和法律原则加以解决"。正是由于中国在这次会议上提出了这项

---

① 秦孝仪主编：《中华民国重要史料初编——对日抗战时期》第三编（3），台北中国国民党中央委员会 1981 年版，第 868—870 页。

② 秦孝仪主编：《中华民国重要史料初编——对日抗战时期》第三编（3），台北中国国民党中央委员会 1981 年版，第 875—886 页。

③ 《顾维钧回忆录》（第二版）第 5 卷分册，中国社会科学院近代史研究所译，中华书局 2013 年版，第 384 页。

④ 《顾维钧回忆录》（第二版）第 5 卷分册，中国社会科学院近代史研究所译，中华书局 2013 年版，第 382 页。

原则，并最终取得了美国和英国的支持，才使后来的《联合国宪章》写进了"依正义及国际法之原则"解决国际争端这一提法。正如顾维钧所说，这是"为了实现和平，采取了一些积极的措施"。[①] 第二，联合国大会应具有进行调查与作出建议的任务，以发展并修改国际法的规范与原则。第三，经济及社会理事会应具有在教育以及其他一些文化问题上促进合作的特殊任务。[②] 上述建议先后得到美、英、苏等国的同意，并作为"中国建议"被吸收进上述三国签署的《关于建立普遍性的国际组织的建议案》之中。该建议案作为四大国一致同意的提案，于1945年5月5日提交旧金山制宪会议审查。它的重要意义在于基本规定了联合国的构成，为旧金山制宪会议奠定了基础。中国代表团在敦巴顿橡树园会议的活动得到了与会美英代表的高度评价，认为"中国代表团成员巧妙而策略地提出自己的看法，为会议的成功做出了贡献"[③]。

1945年4月，联合国在旧金山召开制宪会议，根据雅尔塔会议的决定，中国是这次重要会议的四个发起国之一。中国共产党也派出董必武等代表，与国民政府的代表共同组成中国代表团，出席会议，以体现代表团是代表全中国人民的意志的。毛泽东在中共七大的政治报告说："中国共产党对于保障战后国际和平安全的机构

---

① 《顾维钧回忆录》（第二版）第5卷分册，中国社会科学院近代史研究所译，中华书局2013年版，第391页。

② 参见［苏］C.B.克里洛夫：《联合国史料》第1卷，中国人民大学出版社1955年版，第54页；《顾维钧回忆录》第5卷分册，中国社会科学院近代史研究所译，中华书局2013年版，第390页。

③ 《顾维钧回忆录》第5卷分册，中国社会科学院近代史研究所译，中华书局2013年版，第392页。

之建立，完全同意敦巴顿橡树林会议所作的建议和克里米亚会议对这个问题所作的决定。中国共产党欢迎旧金山联合国代表大会。中国共产党已经派遣自己的代表加入中国代表团出席旧金山会议，借以表达中国人民的意志。"①

在这次制宪会议上，中国代表团提出的一些重要建议为大会所接受。第一，针对国际联盟不能有效制止侵略行动的教训，以及敦巴顿橡树园建议案中的不足，中国代表团提出：授权安全理事会当发生紧张情势时在最后决定之前采取临时办法。第二，针对可能发生的破坏和平的国家或发动侵略的国家拒不执行国际法院判决的情况，中国代表团提出：授权安全理事会采取办法以实现国际法院的裁决。第三，针对敦巴顿橡树园建议案中要求非联合国会员国承担维护和平的义务但未提这些国家的权利问题，中国代表团提出：授权安全理事会确定向本组织提出请求的非联合国会员国应当享有的权利。第四，对联合国非常任理事国的选举，中国代表提出"要斟酌地域上的公匀分配"。第五，对于国际托管的目的，中国代表团认为，"托管领土朝着独立的道路发展"。这些建议都反映在《联合国宪章》之中。②

总之，会议期间中国代表团反对强权政治，强调国家和种族平等、国家主权和民族独立，为弱小国家伸张正义，成为中国在创建联合国的外交活动中的一大特色和独特贡献。中国的国际地位也被

---

① 《毛泽东选集》第三卷，人民出版社 1991 年版，第 1085 页。
② 参见［苏］C.B. 克里洛夫：《联合国史料》第 1 卷，第 44—46、83、84、第 146 页；《联合国宪章》第 40 条、第 94 条、第 11 条和第 35 条、第 23 条、第 76 条等。

与会国一致肯定，中国被确认为联合国安理会的五大常任理事国之一，中文也成为联合国的正式语言之一。

中国成为联合国常任理事国，在国际法上进一步确认了中国的大国地位。这是 100 多年以来中国的志士仁人前赴后继孜孜以求的努力结果，也是中国人民浴血奋战而赢得的国家和民族的尊严。正如毛泽东指出的："中国是全世界参加反法西斯战争的五个最大的国家之一，是在亚洲大陆上反对日本侵略者的主要国家。中国人民不但在抗日战争中起了极大的作用，而且在保障战后世界和平上将起极大的作用，在保障东方和平上则将起决定的作用。中国在八年抗日战争中，为了自己的解放，为了帮助各同盟国，曾经作了伟大的努力。这种努力，主要地是属于中国人民方面的。"[①] 这不仅是对中华民族八年抗战在世界反法西斯战争中的地位和作用所作出的最正确的概括，也是对中国为维护和保障战后世界和平的努力所作出的合乎历史事实的评价。

当然，中国虽然在战时取得了政治大国的地位，但当时毕竟还不具备与一个世界大国相匹配的实力，也没有真正获得美英苏等国的平等相待。在 1945 年 2 月的雅尔塔会议（即克里米亚会议）上，美、苏在不让中国知晓的情况下就达成了有关东亚问题的秘密协定。在该协定中，美国以中国的主权为筹码，以维持外蒙古现状，南库页岛及临近岛屿归苏联，大连商港国际化并保证苏联在这个港口的优惠权益，恢复租借旅顺港为苏联海军基地，中东铁路和南满

[①] 《毛泽东选集》第三卷，人民出版社 1991 年版，第 1033 页。

铁路由中苏合营并保证苏联的优惠权益，千岛群岛归苏联等条件，换取苏联在德国法西斯投降3个月内参加对日作战。[①] 随后美国又迫使中国接受该协定，苏联则基本按照该协定与中国政府签订了实际上并不平等的《中苏友好同盟条约》。中国抗战胜利后，英国仍拒不交还香港和九龙；美国则依据1943年5月中美签订的《关于处理在华美军人员刑事案件换文》以及1946年11月两国签订的《中美友好通商航海条约》等，不仅使在华美军实际享有治外法权，而且使美国获得了多方面的特权。这种情况的根本改变是在新中国成立之后。

需要指出的是，抗日战争为中共领导的革命运动奠定了坚实的基础，也加速了革命进程。1949年新中国的诞生，带来了中国与国际秩序之间关系的革命性的变革。新中国成立前后，中国领导人先后提出"另起炉灶"、"打扫干净屋子再请客"的外交方针。在国际冷战体系的影响之下，中国选择了"一边倒"向苏联的战略方针，同时与美国主导的国际体系处于尖锐对立的状态。现在回溯既往，从1949年到"文化大革命"结束，可以看到中国与战后国际秩序关系发展的两个方面。

一方面，中国遭到美国等西方发达国家的排斥，它以一个批判者和挑战者的姿态，坚决反对和批判两个超级大国控制的或由西方主导的国际秩序，前者如联合国，后者如三大国际经济组织。另一方面，中国对外关系中也存在三个突出的特点。

---

① 萨纳柯耶夫、崔布列夫斯基编：《德黑兰、雅尔塔、波茨坦会议文件集》，北京外国语学院译，三联书店1978年版，第258页。

第一，中国提出并倡导"互相尊重主权和领土完整、互不侵犯、互不干涉内政、平等互利、和平共处"的和平共处五项原则，以及在国家关系中求同存异、大小国家一律平等的原则。这与战后国际政治秩序的代表——联合国所提倡的维持世界和平与安全，尊重基本人权和自决原则，加强国际友好合作，促进全球经济、社会、文化和福利发展等理念，是有其内在的一致性的。中国的"和平共处"理念在1955年的万隆会议上得到亚非国家的赞同，使中国在亚非国家获得了认可和支持。

第二，中国虽然对现存国际秩序持批判态度，但从未放弃要求恢复在联合国的合法权利。尽管这在当时主要是为了维护新中国作为主权国家的合法国际地位，以及维护中国的主权和领土完整，但也从一个侧面表明，中国从根本上说并不否认联合国所代表的国际政治秩序的合法性。1971年，中国恢复在联合国的合法权利并开启中美正常化进程后，中国的外交舞台就扩展到了整个世界，中国对外关系进入了全面发展时期。在此后一段时间里，中国基本完成了与欧洲、大洋洲和非洲国家的建交过程。中国外交的这些突破性进展，也为以后的改革开放奠定了基础；中国作为一个被排斥在战后国际体系之外的大国，由此成为战后国际秩序的倡导者和认真实践者。

第三，在经济方面，由于冷战特别是朝鲜战争导致的西方对中国的长期敌对和封锁、向苏联学习的计划经济模式、中苏关系恶化后中国更为封闭的经济体制等等，都使中国与市场经济为运转规则的国际经济体系联系甚少。特别是从20世纪60年代中期开始，中国领导人对国际形势的基本分析是，两个超级大国争夺世界霸权的斗争愈演愈烈，世界大战日益逼近，因此应准备战争和推动革命。这也是使中国对西方发达国家主导的战后国际经济秩序避而远之的一个原因。这时，中国既不可能进入战后的国际经济秩序，也没有进入的途径。中国本身也将后者视为一种旧的国际经济秩序，它与第三世界国家站在一起，要求建立国际经济新秩序。

以 1978 年中国共产党十一届三中全会为标志，中国进入了改革开放的新时代，与此同时，中国的对外政策也开始了引人注目的调整。这一调整的最重要内容是提出了和平与发展已经成为当代世界主题。[①] 随着对世界的认识不断深化，中国领导人在对外关系发展中提出，要根据世界的发展趋势和自身的利益，以及根据事情本身的是非曲直等，决定中国的政策和处理与其他国家的关系，实行真正不结盟的独立自主外交政策。在发展对外经济中，也确立了"独立自主不是闭关自守，自力更生不是盲目排外"的方针。总之，在新的外交理念的指导下，中国与国际秩序的关系发生了巨大而深刻的变化，中国的角色发生了从被排斥者和挑战者到成为参与建设者的转换。

战后中国与国际秩序关系的发展变化对今天是富有启发的。战后国际秩序是由一系列国际组织、国际协议、国际规则和国际惯例组成的，它们主要是由发达国家主导的，对发展中国家不够公平。但是这种状况说到底是由经济力量决定的，谁的综合国力强大谁的

---

① 《邓小平文选》第三卷，人民出版社 1993 年版，第 105 页。

发言权就大，因而使发达国家享有实际否决权，改变并非易事，彻底推倒重建更不可能。唯有在现存国际秩序中利用已有的规则来维护国家主权、享有应得利益、不断发展自己，才是中国对外关系的最佳选择。实际上，改革开放以来中国与国际社会之间的关系发生的一个最鲜明也是最深刻的变化，就是中国领导人以坚定的政治勇气和敏锐的战略眼光，自觉开启了中国重建与现存国际体系和国际秩序的关系的进程，并在此过程中逐渐成长为一个世界大国。今后中国也将继续沿着这条道路走下去，继续参与建构国际新秩序。

作为 20 世纪最重大的历史事件之一，第二次世界大战改变了中国，改变了世界。中国以其全国的坚决抗战和中华民族几千万人的巨大牺牲，成为抗击法西斯的四大国之一，不仅对日本法西斯军国主义的覆灭起到了决定性作用，在构建战后国际秩序特别是东亚秩序中发挥了重要作用，而且为中国的民族解放事业奠定了坚实的基础。今天，继续深化改革开放、和平发展的中国倍加珍惜来之不易的和平环境，有权利、有责任，也有必要联合国际社会，维护和巩固世界反法西斯战争的胜利成果和战后和平的国际秩序，绝不允许军国主义和法西斯主义复活。

第八章

二战与战后东亚国际格局的缘起
（1943—1955）

　　本章涉及的时间跨越二战后期和战后初期，那个时代最基本也是最主要的背景包括两个：其一是第二次世界大战的结束；其二是冷战的兴起及其向东亚的大规模蔓延。在这两个接续出现的历史进程中，发生了一系列塑造战后东亚秩序的重大事件，从1943年11月的开罗会议开始到1955年4月召开的万隆会议，最终确定了随后持续将近20年的东亚秩序。这个秩序的核心部分固然包括反映了美苏冷战对抗的中苏同盟与美日同盟（以及包括其他一些美国的双边与多边同盟体系）的两大体系，以及它们之间持续变动的力量对比，但是，只要从冷战时代40余年的全过程看，都必须面对和解读一个最基本的事实，即一方面是处于美苏对抗中心地带的欧洲两大军事集团之间没有发生战争，美苏之间也没有发生战争；另一方面，东亚在地缘政治层面从来不是美苏竞争的中心地区，但在二战结束后，这里持续不断地爆发了大规模的热战，包括中国持续了

4 年的国共大规模内战、持续 3 年的朝鲜战争、持续 8 年的法越战争、两年多相继发生了荷兰印度尼西亚战争以及持续 10 年的美越战争。可以说东亚地区的战争规模在其他地区是罕见的，两个超级大国几乎每次都有不同程度的介入，尽管苏联从没有像美国那样在朝鲜和越南的战争中担当过主角。战后东亚秩序形成受到大规模军事冲突的严重影响，甚至可以说冲突与战争就是这个秩序的组成部分和表现形式之一。

问题恰恰在于，在二战后期，如同为欧洲规划战后秩序一样，美英苏也同时为东亚的战后秩序作出了安排；冷战向东亚蔓延时也在这里形成了两个对抗性的军事同盟体系。但是，大国的外交协调和军事同盟体系等两个在欧洲能阻止大规模战争的重大因素，却没有在东亚产生同样的后果。这就非常有必要从东亚独特的地区性中寻找原因，尤其是要分析东亚国家与欧洲国家不同的国际与国内政治议程。近年来冷战史研究的新成果及其对国际政治研究的重要启示之一，就是要重视超级大国之外的"中等强国（Middle Powers）"和其他一些特殊国家（如古巴）等对世界政治进程施加的有时是巨大的影响。[1] 这些研究对重新构建战后东亚地区秩序的图景是非常有启发的，它们提醒人们更加注重并有必要重新审视东亚地区特性对东亚秩序形成到底产生了多么重大的影响。以往在冷战架构中的

---

[1]　参阅 Melvyn P. Leffler and Odd Arne Westad edited, *The Cambridge History of The Cold War*, (*Cambridge: Cambridge Press*, three volumes,2011)；Odd Aren Westad, *The Global Cold War Third World interventions and the Making of Our Time*, (Cambridge: Cambridge University Press)，2007; Michael H. Hunt and Steven I. Levine, *Arc of Empire, America's Wars in Asia from the Philippines to Vietnam*, (Chapel Hill：The University of North Carolina)，2012.

分析很可能低估了东亚地区角色在历史中的真实作用。

二战结束后，东亚最重要的改变就是战争期间日本统治的所谓"大东亚"秩序被摧毁了，随之出现了一大批新兴国家，它们处于不同的发展状态，面临不同的挑战和问题，包括完成彻底结束殖民主义以及之后建设现代国家的历史性任务，这是这里的所有政治集团做出重大决策的决定性动力。二战期间，美国与苏联曾经为战后东亚秩序作出过妥协，从开罗会议、德黑兰会议、雅尔塔会议到波茨坦会议，它们达成了一系列有关的协议。战后初期，美英苏等曾经试图协调他们在东亚的政策，不久即爆发的冷战导致列强从战时的盟友变为对手，这严重地加剧了东亚国家内部本已经很尖锐激烈的政治斗争。在这个意义上，大国在战时的纵横捭阖和战后不久的冷战爆发等，不过是使东亚新兴国家应对的历史性挑战变得更为复杂而已。可以说，美苏从同盟到冷战对手的演变过程与东亚国家为完成其建国的历史使命而展开的内部与外部斗争等两个不同的历史过程交织在一起，共同塑造了东亚国际政治的特殊进程。显然，仅仅理解美苏之间的对抗及其在东亚的表现，不足以解释战后东亚冷战的进程及其建构的地区国际秩序。只有将大国之间的权势斗争同东亚本地区的特殊情势结合在一起，特别是深入分析东亚地区中各种政治力量的兴衰及其政策特征，尤其是揭示它们在塑造东亚秩序中的主动性和发挥的真实而且很可能被大大低估的影响等，才能系统展示一个更真实的战后东亚秩序的形成和演变过程，从而更有助于理解今日有关国家的地区认同和有关认知的来龙去脉，而这正是本章的目的。国内学界对本章涉及的诸多具体问题已经做了深入研究并有丰富的成果。本章从战后初期东亚秩序形成的视角，对诸多重大事件及其意义的阐述等等，很多是奠基于对以往研究成果的总结与概括，在此不对那些成果及其奉献者（他们几乎都是我的同事）和他们的贡献做专门的详细介绍。[①] 这里顺便解释，日本也是东亚国家，但它作为战败国和由美国占领，加之本章着重分析东亚新兴国家的地区角色，所以对日本的分析有限，只在《旧金山和约》部分略有涉及。当然，这绝不表明要否定研究此时期日本各方面发展的重要性。

一、从开罗到雅尔塔

有关二战后国际关系历史的论著差不多都是从 1945 年 2 月，美英苏三国首脑在雅尔塔召开的峰会作为起点，他们正是在那次会议上，共同为战后国际政治格局描绘了最基本的蓝图。不过本章既然将东亚地区的战后国际关系作为视角，就必须从 1943 年 11 月下旬美英中三国首脑的开罗峰会作为起点，因为中国是从这次会议开

[①]　参见牛军：《冷战与新中国外交的缘起，1949—1955》，修订版，社会科学文献出版社 2013 年版；约翰·刘易斯·加迪斯：《长和平：冷战史考察》，潘亚玲译，上海世纪出版集团 2011 年版；梅尔文·P. 莱弗勒：《人心之争：美国、苏联与冷战》，孙闵欣译，华东师范大学出版社 2012 年版；资中筠主编：《战后美国外交史——从杜鲁门到里根》上册，世界知识出版社 1994 年版；资中筠：《追根溯源：战后美国对华政策的缘起与发展（1945—1950）》，上海人民出版社 2000 年版；时殷弘：《敌对与冲突的由来——美国对新中国的政策与中美关系（1949—1950）》，南京大学出版社 1995 年版；赵学功：《巨大的转变：战后美国对东亚的政策》，天津人民出版社 2002 年版；于群：《美国对日政策研究》，东北师范大学出版社 1996 年版；林利民：《遏制中国：朝鲜战争与中美关系》，时事出版社 2000 年版。

始参与到塑造东亚战后国际秩序的进程之中，尤其是这也是中国唯一的一次机会。进一步说，从东亚地区的视角，开罗会议是战时唯一一次有非西方国家首脑参加讨论战后东亚问题的盟国峰会，这更凸显了美国总统罗斯福与中国国民政府总裁蒋介石在开罗会谈对理解战后东亚国际史的特殊含义，即由于日本战败而出现的战后东亚秩序重组，或迟或早必定要有中国的参与并发挥重要作用。过去列强以东亚国家日本为重心、主要通过与日本协调政策构架东亚秩序的局面，将发生根本性的改变，这既是因为日本的失败，也是因为东亚新国家的兴起，而中国正是这个发展趋势的象征。

历史学家已经足够充分地分析了开罗会议的关键背景，即二战在 1943 年出现决定性转折，轴心国彻底失败已成定局，盟国的主要领袖们越来越关注战后世界政治的前景，因为他们已意识到，"现在必须把目光透过 1943 年的军事胜利而看到将来战后世界的真正事态"。[1] 在他们看来，旧世界必定要被摧毁，而未来却并不因此就一片光明。与世界其他地区相比，东亚的变化更复杂也更深刻。一方面是历经数百年的殖民体系分崩离析，而日本人靠战争建立的"大东亚共荣圈"顷刻土崩瓦解。另一方面则是有三支重要的力量在迅速崛起。其一是军事力量遍及东亚西太平洋地区的美国；其二是横跨欧亚的苏联，它依靠辉煌的军事胜利而迅速成为世界一流军事大国；其三则是东亚新兴的民族解放运动，正迅速汇聚成难以阻

---

[1]　舍伍德：《罗斯福与霍普金斯：二次大战时期白宫实录》下册，福建师范大学外语系编译，商务印书馆 1980 年版，第 325—326 页。

遏的浪潮。[①] 正是基于对战后东亚局势的理解和担忧，罗斯福政府在 1943 年春提出一项新的对华政策："使中国成为强大国家（China be a Great Power）。"

在太平洋战争爆发初期，美国对华政策相对单纯，简而言之就是"使中国打下去（keep China in the War）"，以便将日军拖在中国战场，使盟国得以集中力量先在欧洲打败德国，然后再挥师亚太打败日本。1943 年的转折大大增加了美国对华政策的复杂性，美国领导人开始从战后东亚的战略格局审视中美关系，使中美战时同盟除了共同打败日本侵略，增加了更为丰富的内涵，包括影响战后东亚必将兴起的民族解放运动和防范苏联。正如罗斯福本人所说的，"中国既不会侵略，也不会成为帝国主义"，"承认中国居于四强的地位，将足以阻塞白人控制世界的攻讦的口实"。总之，"一个稳定的中国，对苏俄在远东的野心，将形成一道屏障，也可以当作一种最有价值的向心力，以限制亚洲革命暴乱的影响"。[②]

美国政府的确作出了巨大的努力，罗斯福本人在一次美国军政首脑会议上甚至强调，盟国间签署任何有关战后的协议必须"包括中国"。1943 年春，罗斯福的助理霍普金斯告诉访美的国民政府外交部长宋子文，"尽可与美方正式商谈远东各种实际问题，及中国

---

① 　参阅 Cordell Hull, *The Memoirs of Cordell Hull*,（New York: Macmillan Co.,1948），pp.1586—1587。

② 　安东尼·艾登、瞿同祖：《艾登回忆录》中册，赵曾玖译，商务印书馆 1976 年版，第 687 页；Sumner Welles, Seven *Times that Shaped History*,（New York: Harper and Brother Publisher ,1951），p.186.

对世界集团之意见"。①3月间，罗斯福对到访的英国外交部长艾登说，中国将与美英苏等共同在国际事务中发挥特殊作用，并对英国首相丘吉尔不肯接受他的建议"表示遗憾"，后者认为美国这样是为了"瓦解不列颠的海外帝国"。②在10月召开的美英苏莫斯科外长会议期间，赫尔不断向苏联外长莫洛托夫施加压力，希望中苏"能以友好的方式"解决分歧。他甚至暗示如果苏联不接受美国的建议，"目前对俄国的援助，其中某些部分可能拨给蒋"。③苏联为了避免同日本发生冲突，不希望表现出同中国建立密切的关系，但迫于美国的压力，斯大林最终同意中国成为外长会议宣言的签字国，三国会议发表了"四国外长会议宣言"。④就是在这次会议结束的晚宴上，斯大林第一次明确告诉赫尔，苏联将在打败德国后对日宣战。他选择这个时机的目的显然包括了降低美国对中国的战略需求，以及提高苏联的战略地位，从而增强未来讨价还价的地位。

11月22日至26日，美英中在开罗召开三国首脑会议。在23日的双边会晤中，罗斯福告诉蒋介石："中国应该取得它作为四强之一的地位，并以平等的地位参加四强小组机构并参与制订该机构的一切决定"，而且美中在战后应互相合作反对"外来侵略"，美国将在太平洋地区保持足够的军队。他们一致同意，日本从中国夺取

---

① 秦孝仪主编：《中华民国重要史料初编》第三编（1），台北中国国民党中央委员会1981年版，第159—160页。

② 丘吉尔：《第二次世界大战回忆录》第4卷，吴万沈译，南方出版社2003年版，第504页。

③ W. 艾夫里尔·哈里曼、伊利·艾贝尔：《特使：与丘吉尔、斯大林周旋记》，南京大学历史系和英美对外关系研究室译，三联书店1978年版，第264页。

④ 《国际条约集（1934—1944）》，世界知识出版社1961年版，第403页。

的一切领土，战后必须归还中国，"辽东半岛及其两个港口，即旅顺和大连必须包括在内"。蒋介石则表示希望美国向中国提供武器装备，以及战后允许美国使用旅顺港。此外，罗斯福和蒋介石还就美国援华、中苏关系和东亚相关国家等问题交换了意见。他们都认为朝鲜应该独立，而印度支那也不应恢复法国的殖民统治，而要经过一段时间的托管后独立。① 三国会议结束时发表了《开罗宣言》，宣布剥夺日本自第一次世界大战以来占领的一切太平洋岛屿，将从中国所窃取的领土归还中国，以及"使朝鲜自由独立"。②

开罗会议及其发表的宣言是同盟国第一次就战后东亚秩序作出原则性的规划。它表明了美英中决心彻底摧毁日本的"大东亚新秩序"，这对于反法西斯战争尤其是东亚的对日战争无疑具有重要的积极意义。不过那些安排也有很大的局限性。首先是在斯大林已经表明苏联将参加对日战争的情况下，任何有关战后东亚的安排都需要获得苏联的认可才行得通。其次是丘吉尔在开罗会议期间明确表示，英国将不会放弃在东亚（包括中国香港）的殖民地，这也给战后东亚的政治前景带来混乱。③ 世界反法西斯同盟得以成立的核心价值之一就是民族自决权，在有中国这类国家参加的峰会上，英国尚不肯就战后结束其在东亚的殖民统治作出承诺，由此可见战后东

---

① 《德黑兰雅尔塔波茨坦会议记录摘编》编译组编：《德黑兰雅尔塔波茨坦会议记录摘编》，上海人民出版社 1974 年版，第 447—451 页，The U.S. Department, ed.: *Foreign Relation of the United States*（*FRUS* afterhere），*Diplomatic Papers: The conferences at Cairo a Tehran,1943*,（D.C.: GPO,1961），pp.484—486.

② 《国际条约集（1934—1944）》，世界知识出版社 1961 年版，第 407 页。

③ 参见陶文钊、杨奎松、王建朗：《抗日战争时期中国对外关系》，中共党史出版社 1995 年版，第 375—376 页。

亚地区将面临的复杂局面，以及中国国际地位的仍然赢弱。

在中美双边层次上，开罗会议确定了美国与国民政府在东亚——包括战时和战后——的战略同盟关系，这被证明对战后东亚格局产生了相当长远的影响。如上所述，美国的新对华政策对中国得以进入盟国战略决策体系起了重要作用，也是美中战略关系得以确立的一个基本的动力。如果转换视角，就有必要强调，中国地位的提升在根本上是中国军民长期同日本侵略者浴血奋战的结果，中国战场在对日战争中的重要地位是盟国领导人一切战略考虑的基本条件。此外也应看到，中国当时在东亚反日战争中也的确有一些独特的影响力，包括朝鲜抵抗运动中的一部分人在中国建立了一个流亡政府、国民政府同印度支那反日统一战线组织越盟也保持着一些联系、中国远征军是盟国在缅甸作战的主力，以及国民政府同印度反殖民主义领导人保持着相对密切的联系，等等。

另一方面，国民政府在抗战中积极寻求美国的合作，全力争取与美国结盟，也起了重要的作用。1939年夏秋之际，国民政府的外交重心就转向了美国，蒋介石称美国开始对日采取强硬政策等，是关系中国"抗战前途最大的一件事"。他在同美国驻华大使詹森的一次会谈中表示："中日问题之解决，实有赖于美国。中国惟美国马首是瞻。"[1] 1941年12月太平洋战争爆发后，中美都是《联合国家宣言》的发起国，也是反法西斯大同盟的主要国家。12月23日，中美英在重庆召开联合军事会议，决定建立中缅印战区（包括泰国

---

① 参见牛军：《开罗会议与战时中美关系》，《抗日战争研究》1995年增刊，第359页。

和印度支那）联合统帅部。经罗斯福提议，蒋介石担任了该战区统帅。战时同盟的形成标志中美关系进入一个新的阶段。

中美结盟的基础是战时形成的共同对日的战略关系，但国民政府联美政策的动力大大超出了对日作战的需要，其内容极为复杂，包括了在战后处理与苏联的关系，以及为解决国内的国共矛盾创造条件。即使在对日作战中，国民政府的军事战略设想也与美国相去甚远，以致中美双方在缅甸战役、对华租借物资的管理与分配、中国代表参加盟国军事会议、中国战场的军事战略等一大堆问题上，一再发生矛盾。1943 年 1 月到 8 月，美英军事领导人持续召开会议讨论对日作战，决定今早实施第二次缅甸战役对于西南太平洋的作战"是极端重要的"。[①] 这一战略设想遭到国民政府的持续抵制，蒋介石希望美国加强在华空军力量，而不是让中国军队在缅甸北部单独与日军交战。军事战略的分歧后来愈演愈烈，在 1944 年夏季发展到美军是否拥有对中国军队的指挥权之争，其结果是担任盟军中印缅战区司令的美国将军史迪威被解除职务，以及中印缅战区被解构，中国被列为盟军一个单独的中国战区。这一重大人事变化和盟军战争机构的调整等，与美军在太平洋战场的突飞猛进结合在一起，标志着中国战场的地位在美国的军事战略中大幅下降，并强化了蒋介石在罗斯福政府中的负面形象。[②]

---

① Chales F. Romanus and Riley Sunderland, *Stiwell Mission to China*,（Washington D.C.: GPO:1953），pp.328,331.

② 参见牛军:《从赫尔利到马歇尔：美国调处国共矛盾始末》，东方出版社 2009 年版，第 45—47 页。

国民政府面临的另一个重大问题是国内的国共矛盾。蒋介石向来认为，国共之争才是真正的"心腹之害"，美国则是可以被利用的外部力量。1943年夏季，恰逢罗斯福下决心"使中国成为伟大强国"之际，国共又爆发了新的危机。起因是5月共产国际宣布解散，以及国民政府正利用苏联集中力量于欧洲战场之际，恢复对新疆的控制，包括动用西北地区的中国军队施加压力，迫使新疆的盛世才政权放弃亲苏政策。就中国理所当然的立场观之，国民政府收复新疆的控制权无疑是辛亥革命后的一次历史性胜利。当然，这一进程难免导致中苏关系的恶化，苏联舆论从1943年夏季的国共危机开始公开力挺中共，就是明确的信号。

无论具体原因为何，这场国共危机不仅严重干扰了美国拟议中的第二次缅甸战役，而且引起苏联方面的关注，而中共中央亦将此次危机导向战后建国的争论。这使美国方面意识到，国共矛盾甚至有可能成为在战后引发大国冲突的导火索。时任副国务卿的韦尔斯后来写道，1943年9月，罗斯福对国民政府的确深表不满，不过他尤为担心的是战后"中国又燃起内战战火"，"危险在于苏联将插手支持共产党，西方世界也将被引诱或被迫支持"国民政府，总之"战后中国是最可能造成麻烦的地方"。①

在1943年的最后一天，美国驻华使馆二秘戴维斯在给美国政府的一份报告中说："蒋介石也许是唯一一个这样的中国人，他使

① Sumner Welles, *Seven Decisions That Shaped History*,（New York: Harper Press,1950），p.151.

362

多数美国人误认为他就是中国"。① 这的确一针见血地指出了美国新政策面对的中国现实，那里除了国民政府，还有另一支后来被证明是决定性的力量中国共产党。更重要的是，中共中央这时也在以独立的姿态展开外交活动。1943 年夏季的国共危机结束之后，中共中央逐步形成了一项"联美"的政策。重庆八路军办事处的人员和中共华北各根据地均积极展开与驻华美军和政界人士的联络工作，其影响显而易见，尤其是促成了罗斯福政府在 1944 年夏季向延安派遣了一个官方机构"美军观察组"。中共中央在一份党内文件中说，美军观察组到延安标志着中共独立外交的开始。②

当年 10 月，中共中央开始向华东沪杭甬地区派遣军队，与有可能在该地区登陆作战的美军合作，并在大城市发动抗日武装起义等等。总之就是要"放手与美军合作，处处表示诚恳欢迎"。③ 二战是一场将中国与世界连接起来的战争，中国各种政治力量的生存与发展都不可避免地同世界政治挂钩。尽管中共中央当时的目的是为了解决在中国面临的问题，但他们毕竟就是通过处理同美国的关

---

① John Paton. Davies, *Dragon by the Tail: American, British, Japanese, And Russian Encounters with China and One Another*, (New York: W.W. Norton and Company, 1972), p.299.

② 《中共中央关于外交工作的指示》，1944 年 8 月 18 日，见中央档案馆编：《中共中央文件选集》第 14 册，中共中央党校出版社 1992 年版，第 314—318 页。

③ 《毛泽东、刘少奇关于我当与美军合作的方针问题给张云逸、饶漱石、曾山等的指示》，1944 年 9 月 9 日，见逄先知主编：《毛泽东年谱（1893—1949）》中卷，人民出版社、中央文献出版社 1993 年版，第 544 页。《中央军委关于苏浙皖发展给华中局电》，1944 年 10 月 24 日；毛泽东：《准备力量向苏浙地区发展》，1944 年 11 月 2 日，见中国人民解放军军事科学院、中共中央文献研究室编：《毛泽东军事文集》第二卷，军事科学出版社、中央文献出版社 1993 年版，第 733 页。

系，开始介入东亚国际政治之中。

国共矛盾的尖锐化以及国共双方的对美政策等，推动罗斯福政府从 1944 年秋季开始深度介入国共斗争，他任命新的驻华大使赫尔利直接调处国共谈判。后者的确十分努力，但最终未能如愿。国共矛盾继续发展，在战争临近结束时双方已经剑拔弩张，美国则被中共中央视为危险的敌人。[①] 实际上，战争后期美国在中国面临的问题同列强战后将在东亚面临的问题在本质上都是一样的，结局也相差不大。

除中国内部的国共斗争外，苏联东亚政策的迅速发展尤为重要，其核心内容是苏联承诺参加对日战争，以及因此而大幅提升了对东亚战后安排的影响力，这直接导致了盟国处理战后东亚问题的决策权力体系的巨变，中国在其中的地位大幅下滑，这为战后东亚的动荡埋下伏笔。

1943 年 11 月 27 日，在开罗会议结束的第二天，罗斯福和丘吉尔直飞德黑兰与斯大林举行美英苏三国峰会。28 日，罗斯福与斯大林举行双边会晤，向后者介绍了美国新对华政策的主要内容，以及同蒋介石就东亚问题达成的共识。斯大林则立即表示中国人对日作战不力，这实际上是在贬低国民政府的重要性。在后来的会谈中，斯大林还一再对罗斯福的美英苏中"四强"支配战后世界的设想表示怀疑，明确不希望中国介入欧洲事务。11 月 30 日，丘吉尔午宴上询问斯大林对《开罗宣言》的看法，并主动提出苏联可以获

---

① 参见牛军：《从赫尔利到马歇尔：美国调处国共矛盾始末》，东方出版社 2009 年版，第 51—66 页。

得一个不冻港。罗斯福随即附和说，中国大连战后可以作为有国际保证下的自由港。斯大林表示赞成《开罗宣言》的主要内容，至于苏联的看法要到参加对日战争时再谈比较好。[①] 罗斯福和丘吉尔这是在打算用给予中国东北的利权来换取斯大林承诺参加对日战争。此外，丘吉尔还在会议期间异常明确地声明，英国战后绝不放弃在香港的殖民统治。斯大林的确承诺苏联将对日作战，但肯定是要有回报的，包括获得中国的大连港。

美英苏在德黑兰会议上就东亚问题作出的初步安排，包括苏联接受《开罗宣言》的原则内容、苏联将在欧洲战争结束后对日作战以及作为回报它将在东亚获得令其满意的战略利益、朝鲜和印度支那应经过一段时间后独立、英国将恢复其在东亚地区原有的殖民地、对日本在亚太地区占领的一些地区实行托管，等等。会议的突出特点是没有任何一个东亚国家参与，以及美英宁愿用中国东北的利权换取苏联的合作。其中涉及战后的安排得以实现，首先取决于三国维持其合作；其次是东亚国家予以接受，而中国首先就面临着考验。从这个意义上说，德黑兰会议的某些安排等于是立即否定了开罗会议的部分价值，欧洲列强的首脑们打算在战后继续将东亚置于他们的支配之下。

在随后的整个 1944 年，美英苏之间频繁就战后问题交换看法，而国民政府则被排除在外。中国战场军事形势因日军发动"一号作战"而严重恶化，中苏关系因为新疆局势持续紧张，苏军暗中支持

---

① *FRUS, Diplomatic Papers: The conferences at Cairo and Tehran,1943*, pp.565—568,869.

新疆的独立叛乱势力，同时国共关系毫无改善，国民政府与美国的关系因史迪威事件陷入低谷。这一切导致国民政府在外交领域几乎无所作为，在美英苏最终敲定战后东亚蓝图的至关重要的时刻除了等待，完全无法施加必要的影响。这突出的反映在1945年2月4—11日，美英苏在雅尔塔召开首脑会议时，将涉及中国的重要内容对国民政府保密。

史学界早有定论，雅尔塔会议对战后世界政治产生了至关重要的影响。它不仅巩固了美英苏在战争中的团结，确定了盟国在欧洲战争结束后将共同彻底打败日本的目标，而且就战后世界政治前途达成了重要的共识，在此基础上形成的各项文件成为战后大国处理一系列重大国际问题的基本依据。雅尔塔会议有关战后部分的讨论内容实际上可分为两个部分，一个是在欧洲划分"东和西"；另一个则是在东亚及西太平洋划分势力范围。吊诡的是前者最终演变成欧洲的"雅尔塔体制"，并在很长时间里被基本遵循；后者体现在"雅尔塔秘密协议"中，包括了外蒙古以"维持现状"为名从中国独立出去、苏联将获得1904年以来在东亚丢失给日本的岛屿和权益（主要是中国东北的港口和铁路等）。① 此外，会议还讨论了对朝鲜、印度支那地区实行托管后使其独立、对日本在西太平洋占领的地区实行托管以及英国将维持其在东亚的殖民地，等等。至关重要的是，所有根据这次会议为战后东亚作出的安排都很快被摧毁了，有些根本就没有实现过，例如在朝鲜、印度支那和其他一些地

---

① 《国际条约集（1945—1947）》，世界知识出版社1959年版，第8—9页。

区的托管，等等。列强显然希望或是习惯于他们能继续支配东亚的前途，但那样的时代后来被证明的确已经基本结束了。

中国无疑是东亚第一个不得不面对雅尔塔会议结果的国家。罗斯福和斯大林都承诺，在欧洲战争结束前对蒋介石保密，但国民政府的外交官们还是通过各种渠道，提前获悉雅尔塔秘密协议的大致内容，问题是他们由于国内外种种原因而无力回天。1945 年 6 月 30 日，宋子文在莫斯科同他的苏联对手就签订一项中苏条约展开谈判。苏联的目标是使雅尔塔会议的秘密交易合法化；宋子文的全部努力就是为了使中国的损失最小化。谈判持续到 7 月 14 日，宋子文返回重庆，斯大林则赶去参加战争期间美英苏的最后一次峰会——7 月 17 日至 8 月 2 日召开的波茨坦会议。

在中苏谈判开始之前，国民政府已经在努力争取美国的帮助以抗拒苏联的压力，但杜鲁门政府为确保苏联参加对日战争，一直态度暧昧。波茨坦会议召开前夕，美国政府内部对苏联的不信任气氛迅速上升，原子弹试验成功的消息加强美国的立场。7 月 26 日，美英中三国发表"波茨坦公报"，其中重申了"开罗宣言"的重要性，其"条件必将实施"。[①] 在中苏问题上，美国军政阁员们几乎都倾向向斯大林施加压力，以免国民政府迫于苏联压力做过多让步。会议期间，杜鲁门告诉斯大林，不要妨碍东北的"门户开放"。[②] 美国驻苏联大使哈里曼也在莫斯科奉命转告苏方，必须理解确保"门

---

① 《国际条约集（1945—1947）》，世界知识出版社 1959 年版，第 78 页。

② Feis Herbert, *The China Tangle: The American Effort in China from Peal Harbor to the Marshall Mission*，(Princeton: Princeton University Press,1953)，pp.328—329

户开放"对于美国的重要性。[①]

美国和国民政府此刻的外交努力都已经太迟。8月8日，苏联对日宣战，百万苏军同时从东北的东、北、西等三个方向发动进攻，以每天100公里的速度冲向长春和沈阳，并挥师进入朝鲜半岛。8月9日，毛泽东发表《对日寇的最后一战》。八路军总司令朱德两天后发布命令，指示晋察冀根据地的中共吕正操部向东北挺进，配合苏军对日军作战。[②] 这就是8月7日开始的中苏第二阶段谈判的主要背景，斯大林则毫不掩饰地利用东亚急剧变化的军事和政治形势，向国民政府施加压力。在8月10日的谈判中，他直率地提醒宋子文、王世杰等人，"如果不尽快达成协议，中共军队将进入东北"。[③] 国民政府实际上已经别无选择了。

8月14日，日本宣布投降当天，莫洛托夫和王世杰分别代表两国政府，在中苏条约上签字。苏联基本上达到了目的，它通过控制东北铁路和主要港口等，保持了在东北的军事优势，并实际上控制了东北地区的经济生活，加之外蒙古从中国分离出去，苏联的东方安全防波堤终于合龙。此外，苏联因苏军在朝鲜半岛的巨大优势而获得无可置疑的发言权。国民政府在谈判中得到的承诺是苏联在战后将支持中国在国民政府之下的统一，以及战后将东北行政权移交给国民政府，并且不支持新疆的独立势力。

---

① *FRUS*,1945，*China*，pp.969—970.

② 《解放日报》1945 年 8 月 12 日。

③ 牛军：《从赫尔利到马歇尔：美国调处国共矛盾始末》，东方出版社 2009 年版，第101 页。

总而言之，中苏条约的签订使从开罗到雅尔塔期间围绕对战后东亚秩序的一系列外交折冲终于在日本战败的时刻有了一个各方尚能接受的结局。不过，这些纸上的格局能否转变为东亚的现实，仍属未定之秋。毕竟，战争后期为东亚作出的安排既要取决于大国的折冲，也非常依赖东亚国家的内部整合的结果，中国就是一个典型，而且影响巨大。后来的发展证明，其他国家也几乎无一例外。

二、东亚冷战与热战（之一）：东亚大陆

如果以美苏冷战为界线，所谓的"战后时期"就很短了。到1946年"冷战"这个概念流行起来的时候，东亚已经是烽火遍地了。美苏战略竞争的重心是在欧洲，但东亚呈现的复杂局面和冲突的烈度即使不超过欧洲，也是毫不逊色的。如果以热战为标准，东亚则是独一无二的。不论是列强在二战后期基于外交协调的各种安排，还是战争结束时基于军事占领的现实造成的局面，都没有阻止一个个东亚国家由于内部矛盾采取行动和发生战争，其中包括了内战（中国）、反殖民主义战争与冲突（越南与法国、印度尼西亚与荷兰），直至大国之间的大规模地区战争（朝鲜战争），也有新兴国家之间规模不大的冲突。以往的论著都将这些事件同美苏爆发冷战紧密联系，以致忽视甚至无视东亚地区内的各种力量的极端重要性。这并不符合历史进程的真实情况，至少在东亚陆地部分的主要地区是这样，在那里美苏也可以说是被各种当地力量加以利用的外部因素。

1945 年 8 月 14 日，日本宣布战败投降前一天，杜鲁门政府将准备发给日本政府的《总命令第一号》通知各主要盟国，其内容主要是划定各国接受日军投降的地区。根据这份命令，中国和 16 度以北的法属印度支那地区，由中国战区总司令受降；中国东北、北纬 38 度以北的朝鲜和库页岛等地区，由远东苏军司令部受降；日本、北纬 38 度以南的朝鲜和菲律宾等地，由太平洋美军司令部受降；其他东南亚国家和地区，由英军指挥的东南亚统帅部受降。[①] 这个大致反映了盟军军事力量分布和政治考虑的文件基本被执行，也展现了之后不久东亚地区冲突骤起的基本画面以及介入其中的各种复杂的势力的分布。以下将按此版图展开叙述，实际上战后东亚的大变动也首先表现为中国的国共内战。

日本宣布投降后不久，主要是在美国推动、但也包括了苏联的协助之下，毛泽东本人亲赴重庆，与蒋介石进行了长达 43 天的谈判。自 1927 年国共破裂以后，这是第一次、也是唯一的一次国共最高领导人面对面谈判解决中国的前途。会谈后双方签订了《双十会谈纪要》，宣布共同遵循团结建国、避免内战的总方针，以及召开各党派参加的政治协商会议。重庆谈判是一个相当特殊的历史事件，它虽然发生在二战结束后不久，如果追根溯源，应该说它是战时美国对华政策的产物，也是美苏战时协调对华政策的结果，是列强在东亚确立雅尔塔体系的重要步骤。结果证明，这次会谈既是列强根据雅尔塔秘密协议构建战后东亚秩序的终点，也是这个本来就

---

① 参见方连庆、王炳元、刘金质主编：《国际关系史（战后卷）》上册，北京大学出版社 2006 年版，第 28 页。

摇摇欲坠的格局崩溃的开端。

由于受降权、军队整编和中共控制区的政权等实质性问题在重庆谈判中未获解决，《双十会谈纪要》难免成为一纸空文。谈判还未结束，国共在华北地区便爆发了大规模军事冲突，其复杂性还在于驻华北的美军也被卷入其中，尽管尚不严重。由于中国战区一直有美军参与，美军于9月在华北地区登陆，参加那里的受降和遣返日军，其人数最多时达10万之众。随着国共爆发内战，美军实际上是起了帮助国民党军队抢占和守护战略要地与交通线的作用。这严重损害了中共军队的战略部署，导致双方在胶济线、秦皇岛—山海关和烟台等地区发生对峙甚至小规模的冲突。这可以说是战后中共与美国发生战略对抗的先兆。① 与此同时，东北地区出现美国政府最担心的局面，即中共军队抢先进入东北，他们得到当地苏军的同情和支持。

改变东北战略态势的主动方一开始并不是苏联，而是中共中央，指出这一点对理解本章的核心观点至关重要。早在1945年5月的中共七大期间，战后争取控制东北在中共领导人心中已经是战略性的考虑了。他们认为，战后如能控制东北地区，就能根本改变中共长期被包围的态势。② 毛泽东在赴重庆谈判之前，中共中央已经确定向北收缩，并随即开始向东北调兵遣将。③ 重庆谈判结束后

① 可参阅牛军：《冷战与新中国外交的缘起（1949—1955）》，社会科学文献出版社2013年版，第103—107页。
② 参见中共中央文献研究室编：《毛泽东在七大的报告和讲话集》，中央文献出版社1995年版，第218—219页。
③ 参见中共中央档案馆编：《中共中央文件选集》第15册，第257页。

不久，中共中央一度提出控制华北、夺取整个东北的战略方针。[①]
相比之下，苏联最初对中共既不关注、也不谈不上是热情的。斯大林主要是通过与美国和国民政府协调政策来实现它在东北的目标，苏军统帅部制订在东北地区对日作战计划时，也没有考虑是否以及如何与控制着大片华北与东北接壤地区的中共军队展开合作。

9月14日，东北苏军代表贝鲁诺索夫中校奉命前往延安，向中共领导人转达了苏军统帅部的口头通知。这是一个相当费解的举动，因为如果莫斯科有意支持中共，完全可以通过在延安的苏联人员与中共领导人交涉，他们一直保持着通讯联络。例如，斯大林希望毛泽东去重庆的时候，就可以直接给中共中央打电报。这次则交由东北苏军当局去处理，显然他至少不希望影响到正在重庆展开的蒋、毛会谈。

刘少奇、朱德等同贝鲁诺索夫经过谈判，还是达成了一些默契，包括苏军允许中共军队进入东北并在乡村而不是城市开展工作，以及中共可控制由冀热辽进入东北的通道。[②] 此次会谈十分重要，贝鲁诺索夫传达的信息对促使中共中央形成最终的战略判断和下定最后决心等，起了关键的作用。9月17日，在延安的中共领导人经过讨论后，向在重庆的毛泽东发出了一份电报，提出了"向北推进、向南防御"的战略方针。电报说为了苏军"撤退时能抢先

[①] 《中央关于全力控制东北拒止蒋军登陆着陆给东北局的指示》，1945年10月28日，第388—389页。

[②] 参见中共中央文献研究室编：《刘少奇年谱》上卷，中央文献出版社1996年版，第490页。

进入东北"，需要在冀东、热河一带屯兵"十万至十五万军队"，"为了实现这一计划，我们全国战略必须确定向北推进、向南防御的方针"。①19 日，中共重庆代表团即复电表示同意。

此后不久，苏联开始调整它在东北的政策，苏军对中共军队进入东北不主动、不积极的态度逐步开始发生变化。9 月 11 日召开的伦敦外长会议未就对日管制问题达成协议，苏联几乎完全失去了参与管制日本的机会。美军也开始在华北港口登陆，并大规模向华北和东北运送国民党军队，加之美国政府不断要求苏联公开保证遵守门户开放的原则。②这些均增加了苏联对美国意图的怀疑，东北苏军遂转向支持中共军队控制东北。

10 月初，中共中央接获东北局报告，说东北苏军已经"下最后决心，大开前门"，苏军将从日军那里缴获的大量装备都移交给中共军队。受到苏军的鼓舞，东北局遂向中共中央建议，可抽调30 万主力进入东北。③10 月下旬，苏军代表进一步鼓励东北局"应以主人自居放手些干"，迅速派人"接收工业中心及城市工业"，苏军并可协同中共军队同国民党军队作战，而且中共最好将"党的中心移到此间"。④这相当于是鼓励中共在那里建立一个地方的亲苏联的政权，就如同苏军正在其他一些地区的做法一样。在此背景之

---

① 参见中央档案馆编：《中共中央文件选集》第 15 册，中共中央党校出版社 1991 年版，第 278—2795 页。

② *FRUS*,1945, Vol.7,*The Far East:China*,pp.973—974,979—980,981.

③ 参见中共中央文献研究室编：《刘少奇年谱》上卷，中央文献出版社 1996 年版，第509 页。

④ 《辰兄态度积极关系皆好》，1945 年 10 月 25 日。

下，中共中央在 10 月下旬提出要"竭尽全力，霸占东北"，并准备在南满和热河同国民党军队进行一次战略性决战。[①] 中共中央进一步向苏军提出，最好推迟撤出东北、阻止国民党军队在东北港口登陆和接收，等等。[②] 苏军实际上照办了，并向中共军队移交了一批武器装备，使进入东北的中共部队获得步枪十一二万，机枪约 4000 多挺，数目不详的各种火炮和大量弹药，大批通讯器材，小型运输机 6 架和两列火车。[③]

这一时期中共与东北苏军关系的发展对双方都产生了长远的影响。苏联为了巩固它在东北的地位，除了支持中共争夺东北外，也没有更好的选择。中共中央要实现夺取东北的计划，没有苏联的认可和支持也是不可能的。正是反对美国和国民政府控制东北的共同利益，使战略关系成为在东北联结中共与苏联的关键因素。此后尽管苏联一再调整其东北政策，但中共与苏联在那里进行战略合作的本质从未根本改变。

中国华北的内战和中共与苏联在东北的合作等，导致杜鲁门政府决定再次调停国共冲突。1945 年 12 月 15 日，杜鲁门发表声明，美国的政策是国共立即停止军事冲突，召开各党派的协商会议解决

---

① 参见《中央关于集中主力拒止蒋军登陆给东北局的指示》，1945 年 10 月 19 日；《中央军委关于 11 月份作战部署的指示》，1945 年 11 月 1 日；中央档案馆编：《中共中央文件选集》第 15 册，中共中央党校出版社 1992 年版，第 364—365、394—396 页。

② 参见《要求苏联红军再留驻热河两个月》，1945 年 10 月 25 日；《与国民党会谈方针及要求苏军缓撤》，1945 年 10 月 26 日；见《彭真传》编写组：《彭真年谱》上卷，中央文献出版社 2012 年版，第 303 页。

③ 参见《彭真传》编写组：《彭真年谱》上卷，中央文献出版社 2012 年版，第 312—313 页。

目前的纠纷；美国不会军事干涉中国内政，而苏联也有义务将东北归还中国。[①] 苏联为避免与美国的对抗，否认曾向中共军队提供援助。东北苏军则要求中共军队退出所有大、中城市，并沿铁路两侧后撤 50 公里。[②] 在 12 月下旬召开的莫斯科三国外长会议上，莫洛托夫重申了以往的有关承诺，即承认蒋介石与国民政府的合法地位，以及东北苏军将按时撤出等等。[③]12 月 27 日，美英苏莫斯科三国外长会议发表公报，宣称"必须在国民政府之下建立一个团结而民主的中国"，以及他们"将不干涉中国内政"，美苏在尽快从中国撤军的问题上"彼此意见完全一致"。[④] 会议结束后，美国总统特使马歇尔赴华，开始第二轮调处国共冲突的努力。

在调处开始后的两个月，马歇尔似乎看到了和平的希望，但迅速恶化的美苏关系导致他前功尽弃。4 月下旬，国共军队在东北再次爆发冲突，而且一发不可收拾，迅速蔓延到华北和华中地区，全面内战终于在 6 月爆发。中国内战固然同美苏冷战有显而易见的关联，不过从中国外交的角度看，国共两党持续不断的战略选择固然受到美苏政策的巨大影响，但是它们在每个阶段上都试图尽可能地利用美苏的矛盾，两党领导人在处理各自的对美对苏政策时往往是非常现实的。蒋介石和国民政府不是这里探讨的重点。中共的外交行为更值得关注，毕竟是他们决定了中国对外关系的未来。

---

① 参见《中美关系资料汇编》第一辑，世界知识出版社 1957 年版，第 628 页。
② 《满洲不许作战》，1945 年 11 月 20 日。
③ 参见复旦大学历史系中国近代史教研组编：《中国近代对外关系史资料选辑》下卷第二分册，上海人民出版社 1997 年版，第 322—323 页。
④ 《中美关系资料汇编》第一辑，世界知识出版社 1957 年版，第 185—186 页。

　　在东北爆发的战争最终摧毁了部分中共领导人对美国人的最后一点信任，对毛泽东来说则是证明了他对美国人的一贯怀疑和警惕是正确的，尽管他们也还是可以利用的。① 另一方面，中共的政策明显受到苏联的影响，尤其在东北的和与战问题上，不能不考虑苏联的态度，但苏联政策的反复无常也加深了中共决策层对苏联的疑虑。当中共领导人决定与国民党彻底决裂时，他们实际上也是下定决心，不再受苏联外交战略的约束。历史的有趣之处是，由于中共中央决定自行其是时恰逢冷战爆发，苏联这时也已经不打算像抗战刚结束时那样约束中共中央了，后来在支持中共方面甚至走得更远。

　　这个时期中共对外政策的另一个重要特点是明确提出了并在实践中几乎是尽其所能地利用美苏之间的矛盾。在马歇尔来华调处之初，中共领导人一度认为，利用美苏矛盾向马歇尔施加压力是可取的。中共中央在一份电报中如此直截了当地谈到中国传统的"驭夷"之道："中国从来就是依靠几个国家相互牵制来保持独立，所谓以夷制夷政策，如中国只被一个强国把持，则早已灭亡。"② 理解他们这种认知特点显然是有意义的，这有助于理解东亚地区诸多本土力量在应付两个甚至几个大国同时介入的局面的外交思维。

---

① 中央文献研究室编：《周恩来年谱（1898—1949）》，中央文献出版社、人民出版社1989年版，第665、668页；《中央关于东北局势及作战问题给林彪、彭真同志的指示》，1945年5月15日；《中央关于时局及对策的指示》，1946年5月15日，《中央关于发表纪念"七七"宣言后对美国及国民党斗争问题的指示》，1946年7月6日，见中央档案馆编：《中共中央文件选集》第16册，第161—163、230—231页。

② 《中央关于停战、受降、恢复交通等问题给重庆代表团的指示》，1946年1月2日；《中央关于英国苏联参加国共谈判问题的指示》，1946年1月3日。

在随后的两年多时间里，真正决定中国对外关系的关键事件是中共在内战中取得了决定性胜利。到 1947 年底，当中共领导人制定了尽快推翻国民党政权的战略时，毛泽东认为密切与苏联的关系对新的中国政权至关重要，所以他主动表示希望前往莫斯科，同斯大林直接讨论有关问题。[①] 从 1948 年春开始，苏联对中共的援助明显增加。11 月初，解放军占领东北后，斯大林认为已经有必要认真了解中共党内的状况以及中共中央在各个领域的政策，他从此才开始亲自处理对华政策。尽管如此，斯大林的某些政策遭到中共领导人的坚决抵制。1949 年 1 月 10 日，斯大林致电中共中央，建议举行国共和平谈判。即使不是有意为之，斯大林建议的谈判也有可能导致中国出现南北分治的分裂局面。毛泽东断然拒绝了斯大林的提议，后者则不得不收回他的主张。[②] 这表明中共领导人在事关战略利益的重大问题上并不会顺从，而斯大林则需要更认真地考虑与中共的关系。

从 1949 年初到夏季，苏共和中共进行秘密的高层互访。1 月 31 日，苏共政治局委员米高扬秘密访问中共中央驻地西柏坡，他随后连续三天与毛泽东和其他中共领导人举行了内容广泛的会谈。6 月下旬，刘少奇率领一个中共高级代表团秘密访问莫斯科。这些高层互访基本完成了中共与苏联结盟的准备工作，尚未确定的是如

[①]　参见《毛泽东文集》第五卷，人民出版社 2004 年版，第 99 页。

[②]　参见牛军："The Origin of the Sino—Soviet Alliance," in Odd Arne Westad（ed.）. *Brothers in Arms: The Rise and Fall of the Sino—Soviet Alliance 1945—1963*（D.C.: Woodrow Wilson Center,1998），pp.64—65。

何对待 1945 年 8 月签订的中苏条约。1949 年 12 月 16 日，毛泽东到达莫斯科，他在第一次会谈中立即提出了需要修改 1945 年 8 月签订的中苏条约。斯大林则认为时机尚未成熟，他直截了当地表示，那个条约是基于与美英的谅解，目前不宜修改，所以应在形式上维持不变，有关旅顺驻军和中长铁路的具体条款等，可按中方意愿做实际修改并发表专项声明，不过任何大幅修订都应在两年后。[①]

由于毛泽东的顽强坚持和东亚局势的某些变化，直到 1950 年 1 月 2 日，苏联方面才作出让步。[②]20 日，周恩来专为谈判条约抵达莫斯科。两天后，毛泽东与他同斯大林一起确定了有关新条约的主要内容，随后通过一系列艰苦的谈判，苏联最终同意了中方的大部分建议。不过斯大林坚持签署一个"补充协议"，以阻止其他国家进入东北和新疆，他最终如愿以偿。1950 年 2 月 14 日，中苏签署了《中苏友好同盟互助条约》，中苏正式结成军事同盟。苏联开始大规模向中华人民共和国提供经济、财政和军事援助，并像在东欧国家所做的那样，派遣大批各领域的顾问，以帮助中共。总之，中苏结盟极大地改变了建立在"雅尔塔秘密协议"之上的战后东亚秩序，而且中国通过与苏联结盟，在冷战中与苏联并肩而立，站到同美国对抗的前沿。

---

① 参见裴坚章主编：《中华人民共和国外交史（1949—1956）》第 1 册，世界知识出版社 1994 年版，第 17—18 页。
② 参见中共中央文献研究室编：《建国以来重要文献选编》第 1 册，中央文献出版社 1992 年版，第 95—96、97 页。

1946 年冬季，几乎与中国全面内战同时，在印度支那爆发了胡志明领导的反法战争。印支地区在二战前是法属殖民地，法国殖民当局在战争期间维持着同日本的关系，日军甚至可以利用那里的空军基地轰炸中国后方的城市。1945 年 3 月，日军突然将法军缴械，法国殖民统治事实上被结束了。8 月 15 日，在日本投降的当天，越南抵抗运动的中坚力量越南共产党中央宣布发动"总起义"，建立了越南民主共和国。由于英军将他们的占领区移交给法国人，后者很快成了越南民主共和国的主要对手。胡志明最初靠着在中法之间纵横捭阖，使越南民主共和国的存在得到某种认可。不过，在中国军队撤出后不久，进入北越的法国人很快就将胡志明政权从河内驱赶到山林之中。1946 年 12 月 20 日，胡志明号召全民奋起展开武装斗争，越南抗法战争从此开始。

越共的反抗运动最初并未引起重视，后来变得令人瞩目是因为中国的军事介入，包括派遣军事顾问团和提供使越共足以打败法军的军事援助。从中越关系的源头看，两党领导人的核心认同是中共与越共都是苏联、共产国际领导下的国际共运中两个东亚共产党之间的同志关系，胡志明冠以"同志加兄弟"是十分贴切的，他因此在向中共求援时从没有什么犹豫。中共领导人则感到中国有一种天然的义务帮助越共的抗法斗争。中苏结盟的确提升了中共领导人"援越抗法"的热情，不过就如同毛泽东是中苏结盟的发起者一样，胡志明无疑是建立中越战略关系的发起者，中国则给予了积极的回应。苏联先是漠不关心，后来表示支持但将援助越共的责任推给了中国。印度支那毕竟与苏联的安全战略无关，斯大林也不希望因援助越共而破坏与法国的关系，后者是苏联在欧洲事务中唯一可利用的对象。所以，"援越抗法"在本质上是中国的事业，而非苏联东亚政策的产物，明白这一点这对理解东亚国家在地区政治中的影响更有参考价值。

新中国成立后不久，越共中央于 10 月派遣李班、阮德瑞秘密使华，恢复中越两党高层联系并争取军事援助。中共中央从这时开始考虑援越问题，但双方关系的实质性转变发生在毛泽东访问莫斯科期间。12 月 24 日，刘少奇向在莫斯科的毛泽东报告了越共代表提出的两项要求，包括提供军事援助和给予胡志明的共和国以外交承认。刘少奇认为，在军事援助方面应保持谨慎，给予外交承认则属"利多害少"。[1] 毛泽东在莫斯科对援越表现出极大的热情，他指示刘少奇"必须尽可能给越盟人员及越南人民以便利和帮助"，越方所需弹药、粮食等"应尽力帮助"，特别是要将越共"看成自己的同志一样"，等等。他还要求转告越共，"派一个政治上负责的代表团来"公开访华，北京也要"予以公开欢迎"。[2]

胡志明显然已经看到中国政策很有可能向他希望的方向演变，故决定亲赴北京。1 月 25 日，胡志明步行 17 天后到达武汉。刘少奇这时才从中共中南局的电报中获知，酝酿中访华的"负责任的"越共代表竟然是胡志明本人。他一面指示中南局只在党内表示秘密

① 参见中共中央文献研究室、中央档案馆编：《建国以来刘少奇文稿》第 1 册，中央文献出版社 2005 年版，第 226—227 页。
② 中共中央文献研究室、中央档案馆编：《建国以来刘少奇文稿》第 1 册，中央文献出版社 2005 年版，第 226、271 页。

欢迎，"周密护送来京"；一面立即电告毛泽东。毛泽东复电要求刘少奇、朱德、董必武、聂荣臻等应去车站迎接，有关援助事项"凡可能者均应答允之"，并希望胡志明能等他和周恩来回京后面谈。

1月30日，胡志明到达北京。刘少奇没有到火车站公开热烈欢迎，只派杨尚昆到车站接人和在中南海设宴招待。然后他立即打电报向毛泽东汇报有关情况，包括胡志明以革命工作繁忙为由，不愿在京久候到毛泽东回国。毛泽东立即回电力邀胡志明访问莫斯科，并告已经直接给斯大林打电话促使后者也表示同意。刘少奇遂与胡志明协商，后者毅然决定三天后即启程前往莫斯科。这时毛泽东又从莫斯科发来一封贺电表示问候，并告之"苏联已承（认）越南"，苏联阵营各国在中国的推动下"亦可能承认"。为使胡志明顺利成行，毛泽东在莫斯科继续做了一些努力，促使斯大林决定派飞机接他。[①]

胡志明于2月6日抵达莫斯科。此前斯大林已经告诉毛泽东，中国应承担援助越共之重任，苏联则提供一些物资从旁协助。他在会见胡志明时表达了同样的意思。胡志明与毛泽东一同踏上归途，他们在途中商定，中国将向越南派遣一个军事顾问团。3月4日，毛泽东等从莫斯科回到北京。10天后，刘少奇即为中共中央起草了一份有关支援东亚革命的党内指示，称"用一切可能的方法去援助亚洲各被压迫民族中的共产党和人民争取他们的解放，乃是中国共产党与中国人民不可推辞的国际责任，也是在国际范围内巩固中

---

① 参见中共中央文献研究室、中央档案馆编：《建国以来刘少奇文稿》第1册，第421—426页；中共中央研究室编：《建国以来毛泽东文稿》第1册，第254页。

国革命胜利的最重要的方法之一"。① 这表明中共中央决定在东亚地区革命运动中承担重任。

中国从 4 月开始向越共提供了大量武器装备和军用物资，并有大批越南军人进入中国接受军事训练。4 月 17 日，中央军委向各野战军下达抽调干部组建顾问团的命令，并于 5 月中旬完成组建工作。顾问团从兵团级干部到工作人员共 281 人，他们于 9 月开赴越南。第一次印支战争从此兼具反殖民、大国对抗（中法）和冷战（两个阵营）等复杂的属性。

在东亚最不确定和具破坏性的地区当属朝鲜半岛。根据美英苏中的战时协商，他们将在战后对朝鲜实行暂时性的托管。8 月 10 日，苏联宣布参加对日作战后，杜鲁门政府召开紧急会议，提出将北纬38 度线作为美苏分别对朝鲜实行军事占领的临时分界线，后获苏方同意。9 月 8 日，美军开始在仁川和釜山登陆，已经占领三八线以南的苏军陆续退到三八线以北，那里形成了美苏以三八线为界分别占领的局面。

同东亚其他地区一样，朝鲜局势从此取决于两个因素。第一是美苏是否能根据战时达成的谅解，协调他们的政策；第二是朝鲜各派政治力量是否接受大国为他们的命运作出的安排。事实表明这两方面的情况都在急剧变化。

首先是美苏最终未能协调他们的朝鲜政策，双方的矛盾在 12 月莫斯科会议上暴露出来。美方主张设立由美苏占领军司令部组成

---

① 中共中央文献研究室编：《刘少奇年谱》下卷，中央文献出版社 1996 年版，第 245 页。

的统一的军事和行政机构，作为对朝鲜全境进行管理的暂行办法。苏方则强调，应为尽早组成朝鲜政府做准备，托管期明确限制在 5 年。苏方显然更有自信，认为他们在朝鲜的影响要比美国更强大，实际情况也差不多如此。毕竟朝鲜抵抗力量的主要军队长期在苏联驻扎，美国最初没有什么可依靠的势力。从中国回去的金九和从美国回去的李承晚当时都还没有证明他们之中谁更有影响力。美苏最终还是签署了《关于朝鲜问题的莫斯科协议》，同意将托管时间限制在 5 年。① 斯大林和杜鲁门都对此表示满意。

莫斯科协议表明，美苏都不愿意在朝鲜长时间承担过于繁重而又不受当地人民欢迎的管理责任，实际情况是莫斯科协议一出台，立即遭到南北各地的朝鲜人的反对。当然，更重要的是两国都不希望使对方有机会单独掌控朝鲜。美国的政策是防止一个大国即苏联独占朝鲜，同时又不打算承担太多责任。会议结束后，美国在与苏联保持协调的同时，试图尽可能在朝鲜组建一个非共产党掌权的亲美政府。苏联则正相反，积极扶持朝鲜共产党并支持后者依靠"统一战线"，在包括三八线以南的美军占领区扩大影响。但是，斯大林也不想为朝鲜耗费太多资源，如果能同美国协调也未尝不可。②

1946 年 3 月，美苏占领军司令部在汉城召开联合委员会，讨论协调对朝鲜的管理和安排建立朝鲜人的政府。此后联委会又开了 20 多次，结果还是不欢而散。直到 1947 年 10 月 18 日，该委员会终止工作。第二年，在美国的支持下，南朝鲜单方面举行选举，并

---

① 《国际条约集（1945—1947）》，世界知识出版社 1959 年版，第 125 页。
② *FRUS*,1946,vol. VII, China, p.744.

于 8 月 15 日成了大韩民国政府，激进的右翼民族主义者李承晚当选总统，这标志他终于在南方激烈的政治斗争中胜出。在美国的推动下，第三届联合国大会通过决议，承认大韩民国为合法政府。在此之前，苏军占领区已经搞过选举。现在作为对美国的反击，苏军于 1948 年 9 月，在北朝鲜建立了金日成为首脑的朝鲜民主主义共和国。苏联在占领区的政策亦经历复杂过程，同多种势力保持积极的关系或给予支持，直到最终选择了战争期间在苏联接受训练的金日成，后者被证明可能有比南方的李承晚更为激进的统一朝鲜的诉求。①1948 年底，苏军从北朝鲜撤出全部军队。美国政府随后决定撤军，美军于 1949 年 6 月全部撤出。

南北朝鲜出现两个政府标志着朝鲜半岛分裂，这种局面对于三八线两边的朝鲜人都是不可接受的。尤其是他们都表现出武力统一的强烈愿望，这导致美苏撤军后，北南双方沿三八线不断发生军事冲突，地区紧张局势明显加剧。双方领导人似乎都很清楚，朝鲜近代历史的基本经验就是大国博弈会严重影响这个半岛的前途。列强之间如果能够协调行动，朝鲜的政治力量能发挥的空间将受到限制。反之，他们就能有所作为。所以，冷战爆发在北南双方领导人看来，都是难得的战略机遇，他们大可以玩弄"尾巴摇狗"的策略，利用大国之间的对抗来实现自己的政治抱负。金日成在建国后很快就展开外交活动，争取得到苏联和中共的赞成与支持，他实际上正在成为改变朝鲜半岛现状的主要推动者。

---

① 苏联与北朝鲜关系的最新研究可参阅沈志华：《苏联与北朝鲜政权的建构（1945—1949）》，《俄罗斯东欧中亚研究》2015 年第 3 期。

美国在 5、6 月相继从中国和南朝鲜撤军，标志着杜鲁门政府在东亚大陆完成了以收缩力量为特征的战略调整。这一事态与中共革命的胜利等因素一起，极大地诱发了金日成武力统一的欲望。金日成的代表金一于 5 月秘密访华时，便同毛泽东谈过此事，毛泽东当时要求北朝鲜打消主动发起进攻的念头。①他在 6 月间电告斯大林，只要没有外敌入侵，内战告一段落后，中共就转入"和平建设阶段"。②10 月 21 日，他又打电报给斯大林，要求后者说服金日成打消武力统一朝鲜的想法。斯大林回电称，会"依照这种精神向朝鲜朋友提出我们的劝告"。③

12 月 26 日，毛泽东访问莫斯科第一次面见斯大林，苏方的记录显示，他说的第一句话就是"现在，最重要的问题是保障和平"，"解决中国最重要的问题，取决于和平的前景"。④毛泽东这样说是有的放矢的，但他没有料到的是，1 月 30 日，也就是在他同斯大林讨论援助越共的同时，斯大林电告金日成，愿意在莫斯科接待后者，在了解局势后将向北朝鲜提供必要的援助。⑤

斯大林态度急剧转变的原因很复杂，其中至关重要的是金日成

---

① 参见沈志华编：《朝鲜战争：俄国档案馆的解密文件》上册，台湾"中研院"近代史研究所 2003 年版，第 189—190 页。

② 《毛泽东通过科瓦廖夫给斯大林的报告》，1949 年 6 月 12 日，存华东师大国际冷战史研究中心资料室：NO.16525。

③ 参见沈志华编：《朝鲜战争：俄国档案馆的解密文件》上册，台湾"中研院"近代史研究所 2003 年版，第 276 页。

④ 《斯大林与毛泽东的会谈记录》，1949 年 12 月 16 日。

⑤ 参见沈志华编：《朝鲜战争：俄国档案馆的解密文件》上册，台湾"中研院"近代史研究所 2003 年版，第 336 页。

在中苏之间耍手腕儿，以便影响这两个大国盟友的政策。例如 1 月 17 日，金日成在一次午宴上当着苏联大使什特科夫的面声称，如果斯大林不肯在莫斯科接见他，他就去北京与毛泽东商谈进攻南方和成立东方共产党情报局等问题，因为他在那里会得到必要的支持。① 6 天前，中共中央军委刚决定让四野的朝鲜族部队返回北朝鲜。② 中央军委作出决定的时机的确敏感，他们是基于国内裁军的单纯目的，并不了解苏联和朝鲜之间的矛盾。苏方对此举动则疑虑重重，立即要了解北朝鲜使用这些部队的意向。金日成则故弄玄虚，表示要"请教怎样答复中方"。③

无论如何，斯大林 1 月 30 日的电报成为一个至关重要的转折点。4 月 10 日，斯大林在莫斯科秘密会见金日成，双方就北朝鲜武力统一计划达成一致意见。5 月 13 日，金日成秘密访问北京，向中国领导人报告莫斯科会谈的决定。周恩来当天紧急会见苏联驻华大使罗申，要求确认斯大林本人的决定。④ 第二天，斯大林回电称，金日成代表了他的意见，不过"如果中国同志不同意，则应重新讨论解决这个问题"。⑤

---

① 参见沈志华编：《朝鲜战争：俄国档案馆的解密文件》上册，台湾"中研院"近代史研究所 2003 年版，第 305 页。

② 参见中共中央文献研究室、中央档案馆编：《建国以来刘少奇文稿》第 1 册，中央文献出版社 2005 年版，第 319—321 页。

③ 沈志华编：《朝鲜战争：俄国档案馆的解密文件》上册，台湾"中研院"近代史研究所 2003 年版，第 281 页。

④ 参见沈志华编：《朝鲜战争：俄国档案馆的解密文件》上册，台湾"中研院"近代史研究所 2003 年版，第 383 页。

⑤ 沈志华编：《朝鲜战争：俄国档案馆的解密文件》上册，台湾"中研院"近代史研究所 2003 年版，第 384 页。

毛泽东在第二天的会谈中并没有否决苏朝的计划，最直接的原因是金日成和斯大林都有必胜的把握，特别是金日成表示，北朝鲜并不需要中国的援助。[①] 他这样说就是要使中方没有什么反对的理由。6 月 25 日，北朝鲜沿三八线发动进攻，朝鲜战争爆发。东亚战后秩序由此发生了天翻地覆的变化，而北朝鲜的武力统一政策的确是始作俑者。

三、东亚冷战与热战（之二）：日本与东南亚

同一时期的日本和东南亚的形势同样不稳定。首先是日本，作为战败国被美军占领，美国的政策在那里是决定性的，日本国内力量的影响在最初阶段的确不大。在战争即将结束之际，杜鲁门政府就明确了美军单独占领的原则，目的之一就是要将苏联排除在外，而英国和中国本来就对占领兴趣缺乏。8 月 18 日，经杜鲁门批准的一项文件非常明确地指出：在日本，"美国在决定政策时应有至高无上的发言权"，占领当局的第一、二把手则必须是美国人。[②] 只是为了照顾盟国的观感，杜鲁门政府提出建立一个"咨询委员会"，其权限是提出各种建议而已。各有关国家于 9 月开过一次会，即不欢而散。后来在 12 月的莫斯科会议上，美英苏通过了《关于建立

[①]　参见沈志华编：《朝鲜战争：俄国档案馆的解密文件》上册，台湾"中研院"近代史研究所 2003 年版，第 381—382 页。

[②]　资中筠主编：《战后美国外交史——从杜鲁门到里根》上册，世界知识出版社 1994 年版，第 142 页。

远东委员会及盟国对日委员会的决议》。不过这除了反映出列强还勉强愿意表达协调对日政策的愿望外，只能算是个纸上谈兵的东西。机构相继设立了，麦克阿瑟的占领军司令部从没将它放在眼里，美国单独统治日本已经是既成事实。有讽刺意味的是，曾经也算是列强之一的日本因为战败，这时是东亚地区唯一一个不可能自主操弄列强政策的国家。

战后最初的阶段，美国占领政策的重点在"惩罚"、"削弱"和"改造"日本，包括清除日本军国主义使之非军事化，以及在各领域推行民主改革。这种政策大致延续了战争时期确定的指导思想，即根本消除日本的战争能力，以及中国将成为亚太战略的重心。随着冷战爆发、东亚大陆形势因中国全面内战和国民政府败像日益明显以及日军的遣返和全部解除武装工作基本完成，美国的对日政策随之发生了战略性的和影响深远的转变，其核心是通过扶植和重新武装日本，使其取代中国，成为美国在东亚的战略支柱。

美国对日政策的转变主要不是日本国内势力影响的结果，它同欧洲冷战的尖锐化和东亚大陆地区形势巨变之间，存在十分明显的互动。1947 年间，凯南被任命主持国务院对日政策的研究。他刚刚为遏制战略的出台提供了重要的思想资源，这不可能不影响到他对日本问题的思考，其关键性的内容就改变对战时政策的沿袭，将重点放到转变了的世界政治格局中加以检讨。这首先涉及的是日本在美国战略中的地位，他认为应放弃罗斯福对战后亚太秩序的不切实际的构想，将亚太战略的重心从中国转到日本。如他所言，"一个真正友好的日本和一个有名无实的敌对的中国，美国会感到相当安全"，"但一个有名无实的友好的中国和一个真正敌对的日本对我们的威胁，已为太平洋战争所证实"；当然，中日同时都是美国的敌人则完全不可取。他建议停止对"中国承担不合理的义务"，将日本和菲律宾建成"足以保卫美国利益的太平洋安全体系的基石"。①

1948 年 3 月 23 日，凯南等经过反复研究并与相关部门商讨，提出一份政策文件，比较详细地制定了从各个方面扶植日本的各项计划，也包括了推迟对日媾和的设想。② 后经美国国家安全委员会批准，这项文件的内容成为指导性政策。10 月 9 日，杜鲁门正式予以批准，美国终于完成战后对日政策的战略性转变，"民主化"和"非军事化"被解决日本的经济政治稳定所取代，成为政策的首要问题。美国对日政策的这一转变是战后东亚秩序形成过程的一次巨震，其影响之长远一直持续到当今。

从战略角度，新对日政策从一开始就包括需要解决的三个重要问题，即确定战后日本在美国亚太战略中的地位，美国同日本的关系，以及是否重新武装日本。美国决策层这时根本改变对日政策，首先同欧洲局势有关，1949 年 4 月，北约已经成立了。另一方面，更直接地同中国革命进程联系在一起。中共越是接近全国胜利，日本在美国亚太战略中的地位就越高，而且两者演变的速度都是成正比的。杜鲁门本人在 1948 年 12 月就说过，"中国革命的进展同日

① George Kennan, *Memoirs,1925—1950,*（Boston:1967），pp.374—5,381.
② *FRUS,1948,* Vol.1, pp.523—5.

本重要性的增长是不可分割地联系在一起的"。①1948年10月获批准的《关于美国对日政策的建议》（PPS/28）中，日本将成为美国亚洲战略的"基石"是起草者凯南设计各项政策的前提这一点，在文字上并不明确，杜鲁门政府内部也争议颇多。有关重新武装日本的问题并没有包括其中，凯南只是在一份解释性备忘录中提到此一设想。②

中华人民共和国成立前后，美国国家安全委员会连续制定和通过了两个重要文件NSC1/48和NSC2/48，基于对中国巨变后的东亚格局的全面评估，非常明确地定义了日本在美国亚太战略中的核心地位。文件将"遏制"作为美国亚太安全战略的首要目标，在美国的战略考虑中，日本由于其特殊的国家禀赋而居各有关国家之首；美国的政策是确保日本绝对不能参加到苏联阵营，而且还要在美国亚太军事战略中占据中心地位。为了配合这一战略，美国将在日本保持军事基地和部署军队，允许日本建设一支新军队，采取措施使日本的经济"复兴"，以及使日本在政治上不"极端化"。③

对日政策转变的另一个严重后果是导致了"单独对日媾和"的设想，并最终被付诸行动。1947年3月，美国国务院远东司拟定了对日媾和方案的初稿，史称"博顿草案"。该草案大致沿袭了战

---

① 王绳祖主编：《国际关系史（1949—1959）》第八卷，世界知识出版社1995年版，第162页。
② 参见于群：《美国对日政策研究》，东北师范大学出版社1996年版，第105—107页。
③ NSC48—1，NSC48—2，转引自资中筠：《战后美国外交史——从杜鲁门到里根》上册，世界知识出版社1994年版，第119—120页；参见于群：《美国对日政策研究》，东北师范大学出版社1996年版，第135—136页。

时美国亚太政策的设想，一出台即遭美国政府内部各方的谴责，认为它的思路过于陈旧，既没有反映战后世界尤其是亚太局势已经出现的重大变化，更没有重视至关重要的美国在日本的支配地位。[①]之后不久，凯南领导的国务院政策计划署开始研拟相关政策，他们在报告中提出一项推迟对日媾和的设想，通过"化整为零"实现所谓"事实上的和平"，其实质则是获得足够时间改造日本，确保"媾和"不打乱使日本成为美国亚太战略支点的部署。[②] 这个建议立即得到杜鲁门政府中各方面的赞成，推迟媾和以实现"事实上的和平"成为这个时期的指导原则。

7月11日，美国副国务卿建议一个月后召开远东委员会，共同草拟对日和约。该建议遭到苏联代表反对，他们认为应按照莫斯科会议的协议，首先召开美英苏中四国外长会议。[③] 国民政府的立场则是模棱两可的。不过，杜鲁门政府事前已经公开宣布过，即使各国意见"不能一致，美国也要立即采取行动"帮助日本"复兴"。[④]对日媾和就这样拖延下来。

随着欧洲两大军事集团对峙局面日益明朗，英国等转向明确支持美国的媾和政策。1949年9月，英国派代表先后前往东京和华盛顿，在没有苏联参加的情况下就与日本单独媾和，同美国达成

---

① 参见资中筠主编：《战后美国外交史——从杜鲁门到里根》上册，世界知识出版社1994年版，第156—157页。

② *FRUS*,1947, Vol.Ⅵ, PP.485—7,537—543,700—702.

③ 《对日和约问题史料》，人民出版社1951年版，第39—42页。

④ 参见方连庆、王炳元、刘金质主编：《国际关系史（战后卷）》上册，北京大学出版社2006年版，第171页。

共识，英国同意签订对日和约后，美国可以同日本签订双边安全协议，以及英国将说服英联邦国家予以支持。[①] 后来召开的美英法三国外长会议肯定这些原则。

必须指出的是，日本国内政局演变产生的影响正变得越来越重要。1947年美国对日政策的变化伴随着处理日本内部问题的各项措施的改变，包括了压制战后兴起的日本左翼运动和各种社会运动，打击日本共产党、镇压工人罢工等等。这导致日本亲美政治力量的扩大和上升成为日本政治潮流的主导力量。1949年2月，日本领导人吉田茂再次组阁，该政府从美国获得安全保障的决定起了至关重要的作用，它为解决美国政府内部的分歧提供了可行的途径。4月25日，日本大藏相池田勇人访美，向美国政府转达了吉田茂的绝密口信，即缔结和约后美军可继续驻扎日本，而这一点可由吉田政府主动提出，以解决杜鲁门政府在国内面临的难题。[②]6月1日，吉田政府发表一项"白皮书"，宣布愿与任何承认日本独立的国家缔结和约。美日双方迅速就此问题达成一致，这加快了杜鲁门政府相关政策的出台。

1950年6月，接管对日和约规划工作的杜勒斯和军方领导人分率国务院和军方代表团前往东京。23日，他们与麦克阿瑟共同最后敲定了一份备忘录，其核心是在签订和约的同时缔结美日安全条约。该条约的指导原则包括日本给予美国驻军和保留基地的权

---

① *FRUS*, 1949, Vol.VII, Part2, p.854.

② 官泽喜一：《东京——华盛顿会谈秘录》，世界知识出版社1965年版，第29—30页；*FRUS*，1949，Vol.VII，Part2，pp.854.1195—1196.

利，而且整个日本都被视为美国潜在的基地，美国有在那里无限制使用军事力量的自由，以及日本也应为自卫尽其所能。[①] 两天后，朝鲜战争爆发，这大有助于杜鲁门政府内部将意见统一到提早媾和之上，以使"化整为零的媾和"在国际上合法化，以及美日同盟得以确立。9月间，美国安会通过了 NSC60/1 号文件，最终确定了对日媾和的原则，即确保美国在日本的"排他性战略支配权"。[②]

1951 年 9 月 4 日，对日和会在旧金山召开。有 51 个国家与会，48 个国家同日本签约。签字仪式结束 5 个小时后，美日两国签订了"安全保障条约"，美日同盟从此建立，并在后来很长时间里成为东亚秩序的组成部分和支配性战略力量之一，也对日本国内政局产生了长远的影响，左翼政治力量受到外部的严重挤压而失去了扩展空间。

战后初期，划归英国领导的东南亚统帅部受降的东南亚国家局势十分复杂。首先，那里的发展趋势同盟国的占领政策密切相关，不久后爆发的冷战并没有立即产生直接的影响。由于被划归给顽固坚持恢复殖民统治的英军受降并实施占领，共产党组织及其他激进的反日抵抗组织通常难以得到有力的外部支持，这与中国、朝鲜和越南等的情况非常不同。除此之外，那里局势的复杂性并不亚于东亚其他地方，各种矛盾和冲突持续了很长时间，包括欧洲殖民地宗主国与当地民族主义运动的矛盾、在地区日益取得主导地位的美国同欧洲宗主国之间围绕民族自决权展开的斗争、那里殖民地国家内

---

① *FRUS*,1949，Vol.Ⅶ, Part2, pp.1227—1228.

② *FRUS*,1949，Vol.Ⅶ, pp.1281—1282,1293—1296.

部各种政治力量的斗争直至内战、殖民地国家独立后相互之间的问题如领土纠纷，等等。

印度尼西亚是这类国家中比较有代表性的，这部分的是因为印尼在日本占领时期已经形成了强有力并有保守倾向的本土政治集团，当然也有其他成分复杂的抵抗力量；部分的是因为英国和荷兰都奉行已经过时的政策，企图恢复战前的殖民统治，这根本无法适应印尼已经形成的政治局面。随着日本崩溃和欧洲殖民者的重返，那里立刻爆发了反殖民主义斗争甚至战争。

日本投降后，印尼苏加诺、哈达和其他抵抗组织等举行集会，通过"印度尼西亚独立宣言"，宣告成立了印度尼西亚共和国。英军在雅加达登陆后即遭到反对，甚至发生了一些无组织的武装抵抗，当地各方政治力量尤其坚决反对荷兰恢复对印尼的殖民统治。英国秉持其维护殖民主义的一贯政策，像在印支一样，试图将占领区移交给荷兰，而后者拒绝同印尼共和国打交道。由于英国与荷兰之间就印尼占领区的私相授受没有给当地人带来稳定和他们期待的独立，随着英军在1946年完成遣返任务后开始撤军和荷兰军队的进驻，荷兰同印尼共和国的冲突迅速升级。1946年11月15日，在英国人斡旋下，荷兰与印尼共和国代表草签了林芽椰蒂协定。但是，在英军全部撤出后，荷兰政府试图加强对印尼的控制，双方矛盾立刻升级。

1947年春，荷兰曾经寻求美国的支持。美国的东亚政策如前述，正处在大调整过程之中，美国国务院遂起草了一份备忘录，明确表达对东南亚地区"极为关切"，尤为重要的是深入分析了东南亚民族主义力量的特征和可能造成的影响。与荷兰不同的是，备忘录凸显对当地政治力量的重视，提出争取同本土民族主义力量中的温和派合作"对世界政治和经济的稳定，是十分重要的"。备忘录建议，应劝告荷兰作出妥协，寻求同印尼民族主义力量中的温和派展开合作。[①] 与此同时，美国开始直接与印尼共和国建立联系。美国的行动招致荷兰的反对，后者在提出抗议的同时也警告美方，苏联支持的印尼共产党的影响在增强，那里有可能成为苏联的"桥头堡"。杜鲁门政府对此甚不以为然，坚持认为，同印尼共和国合作有利于消除"共产党得以渗透的各种条件"。[②]

实际情况是苏联确实在支持印尼共，但既不得力，也不积极。斯大林更看重的是中共，并希望后者取得政权后，能在支持东南亚革命运动中发挥更大的作用。[③] 这期间，印尼各派内部爆发了冲突，主要是在苏加诺领导的力量同印尼共产党之间。1948 年 8 月，印尼共领导人穆梭从苏联回国。在他主持下，印尼共很快召开了扩大会议，通过决议要实现印尼的"完全独立"，驱逐荷兰军队，建立一个党派的联合政府。哈达内阁立即决定进行武力镇压，印尼共在军事冲突中遭到惨败，其成员被大批杀害，党组织领导核心被极大破坏，哈达政府从此成为印尼国内的主要力量。

1947 年 7 月 20 日，荷兰军队向印尼共和国发动进攻，荷印尼

---

① 参见《战后世界历史场边》编委会编：《战后世界历史长篇（1947）》第 3 册，上海人民出版社 1977 年版，第 200—201 页。

② *FRUS,1947*，Vol.6, pp.917—918.

③ 牛军：《冷战与新中国外交的缘起（1949—1955）》，社会科学文献出版社 2013 年版，第 183 页。

战争爆发。1948 年 12 月，荷兰军队利用印尼的内部冲突又一次发动战争，并逮捕了苏加诺等印尼领导人。印尼共和国军队随即展开猛烈反击，加之国际社会的巨大压力，荷兰恢复其殖民统治的努力最终失败。1949 年 8 月，荷兰与印尼共和国在海牙举行圆桌会议，确定荷兰于 12 月 30 日之前向印尼方面移交主权，以及之后荷兰与印尼之间的各种安排。

荷兰在印尼的失败标志着殖民统治在东南亚这类地区的终结难以避免，而本土存在的强大而保守的民族主义力量更愿意寻找自己独立的认同，以及凸显其在本土的主导作用。在同一时期，这块地区相继独立的还有马来西亚、泰国、缅甸等。它们作为自主的地区国际行为体，共同成为 20 世纪 50 年代兴起的中立运动的中坚力量。这些国家的领袖人物同样有着那个时代革命者的宏大抱负，他们痛恨殖民主义统治，反对强权为私利操弄他们的命运，对新兴国家在世界政治中影响怀抱巨大的期待，并宁愿为之身体力行。这些构成了他们独特的身份认同，也是后来他们能共同采取行动的思想基础。

四、从日内瓦到万隆

战后初期的东亚局势演变趋势有些像地壳板块的移动，经过剧烈的碰撞挤压后，最终形成了新的地貌。经过一系列的战争（包括内战和大规模的局部战争）和各种矛盾冲突，沿东亚大陆的边缘逐步形成了一条对峙的战线，站在两边的是两个对峙着的军事集团。

一个是 1950 年 2 月 14 日，中苏签约结成军事同盟。这一事件同朝鲜战争一起，成为导致冷战向东亚大规模蔓延的重要原因。中朝和中越也是实际上的军事盟友，它们共同组成了一个很复杂的东亚社会主义国家军事同盟体系。站在对立面的是 1951 年建立的美日同盟，以及随后逐步建立起来的美国与一些东南亚国家的军事同盟，美国与澳大利亚、新西兰等的军事同盟。

东亚秩序可以说被连接到全球冷战体系之中，不过远不能因此就断定那是东亚秩序的全貌。到 20 世纪 50 年代中期，在东亚地区形成了一股新的政治潮流，由亚洲新兴国家（主要是东南亚国家）发起和主导的中立运动迅速兴起。这个运动酝酿于前述东亚反殖民主义浪潮之中，它反映了一大批新兴国家寻求独立的认同和捍卫自己的利益，以及希望在世界政治中发挥更大的影响。当时的重要发起国家如印尼、缅甸、锡兰、也包括南亚的印度和巴基斯坦等，标榜在两大阵营的斗争中保持中立。它们同两大阵营保持着不同程度的联系，并受到不同程度的影响，但都自认有着与两个超级大国和欧洲殖民主义者完全不同的身份和诉求，实际上这些国家也处在非常不同的社会发展阶段，都面临着"建国"的共同任务。不仅如此，那些国家的领导人例如缅甸总理吴努、印尼总理沙斯特罗阿米佐约、也包括表现尤为突出的印度总理尼赫鲁等等，他们的关注都超出了自己的国家，包含着改变东亚命运的伟大抱负。

特别需要指出的是，东亚的中立运动对中国对外政策产生了重要的影响，并最终通过万隆会议将中国融合到蓬勃兴起的新兴力量运动之中。当然，这些国家之所以能对东亚秩序发挥影响，同中国展开合作也是不可或缺的。过去那种脱离地区潮流、仅仅将中国对外政策演变作为叙事中心的研究肯定是狭隘的。东亚兴起的中立运动及其与中国的关系，构成了理解东亚秩序尤其是安全形势的另一条重要的线索。从这个角度，1955 年 4 月召开的万隆会议既是东亚国家试图团结起来影响世界政治的一次尝试，也是战后东亚秩序大致定格的标志。

从 1950 年 2 月中苏结盟到 1951 年 9 月美日同盟的出现，欧洲两大阵营的对抗向东亚蔓延的局面大致形成。这期间发生的朝鲜战争深刻地反映了两个阵营的力量在东亚的剧烈碰撞，战争的发生如前述是由朝鲜首先发动的，但最终结束则取决于美苏冷战结构的内部变化，中国作为主要参战的一方甚至都难以根本支配停战的进程。

1951 年春，朝鲜战场陷入僵持。从 7 月开始的停战谈判并没能立即结束战争，"谈谈打打"的局面持续了一年多。直到 1953 年 3 月 5 日，斯大林突然病逝。苏联的东亚政策随即发生重大变化，苏联新领导人决定尽快结束朝鲜战争。[1]3 月 8 日，周恩来率代表团到达莫斯科参加吊唁斯大林。这期间，苏联领导人直接向周恩来通报了尽快结束朝鲜战争的决定，他们同时也向平壤传达了相同的决定。[2]3 月 19 日，苏联新领导人又分别向毛泽东和金日成发

---

[1]　参见沈志华、李丹慧：*After Leaning To One Side: China And Its Allies in The Cold War*，（Washington D.C.: Woodrow Wilson Center Press and Stanford: Stanford University Press,2011），pp.98—99.

[2]　参见沈志华编：《朝鲜战争：俄罗斯档案馆的解密文件》下册，台湾"中研院"近代史研究所 2003 年版，第 1349 页。

函，说明苏联就战俘遣返问题作出的决议，同时也向苏联驻联合国代表团发出指令，说明了中朝应如何恢复停战谈判的具体步骤，以及恢复谈判的目的就是为了实现停战。[①] 这表明苏联不打算再同盟友协商了。3 月 26 日，周恩来返回北京，立即向毛泽东报告苏联政策的巨大变化。中国领导人随后改变了之前一直坚持的不主动恢复谈判的方针。3 月 28 日，中朝发表声明希望恢复谈判，苏联随后宣布给予支持。[②] 两天后，周恩来发表声明，就解决战俘问题提出了一项新建议。[③]

美国领导人这时基本上是心力交瘁了，十分愿意恢复谈判以早日结束战争。他们虽然很怀疑中朝突然改变政策的动机，还是决定接受对方的建议。新一轮谈判于 4 月 26 日恢复，随后的进展与之前相比可用迅速来形容，两个月后就达成交换战俘的协议。7 月 27 日，交战各方在停战协议上签字，历时 3 年的朝鲜战争终于结束了。

朝鲜停战在本质上是冷战两个军事集团在东亚的战争的结束。相比较而言，一年后召开的日内瓦会议则更多地反映了东亚地区力量为解决印支冲突展开的博弈。这首先是因为第一次印支战争严格地说是一场反殖民主义战争，从军事冲突的角度也可以定义是一场

---

① 参见沈志华编：《朝鲜战争：俄罗斯档案馆的解密文件》下册，台湾"中研院"近代史研究所 2003 年版，第 1295—1300 页。

② 《金日成元帅、彭德怀将军致联合国军总司令克拉克函》，1953 年 3 月 28 日，《人民日报》1953 年 3 月 29 日。

③ 《周恩来外长关于朝鲜停战谈判问题的声明》，1953 年 3 月 30 日，《中美关系资料汇编》第二辑（上），第 1113 页。

典型的地区冲突，尽管也受到冷战的影响。其次是作为谈判主角的东亚国家中国，对会议的结局具有决定性的影响力，而且中国的决策动力主要来自对东亚地区的诉求，也更多受到中国领导人对东亚局势的关切而非美苏关系的影响。

有关日内瓦会议的最初动议来自印度于 1951 年提出的一项解决亚洲问题的建议。中苏曾于 1952 年 9 月达成共识"支持这项建议"，以提升中国在东亚的地位。[①]1953 年朝鲜停战后不久，苏联照会美英法三国，提出召开苏美英法中五国外长的会议，解决朝鲜问题和印支问题。中国政府很快表示赞成，中国媒体则热情宣传了五国外长会议意义重大。[②] 中国的热情不能被简单地视为配合苏联的外交，它是中国领导人准备参与大国博弈的舆论准备，其逻辑起点是确认中国有与其他亚洲国家和世界上很多国家不同的"身份"，包括中国是一个大国，在亚洲则是唯一的大国，并因此国际地位更重要且责任更重大。他们认识到而且特别愿意看到中国的东亚地位的巨大变化。通过参与国际事务树立东亚大国的威望等，是中国领导人强烈追求的目标之一，并潜移默化地影响甚至约束着他们的相关言行。可以说，日内瓦会议的结果部分地取决于中国领导人对东亚大国责任的理解和承担那种责任的意愿。

中国的特殊身份并不仅仅取决于中国人自己是否认可，从根本

---

① 沈志华主编：《朝鲜战争：俄国档案馆的解密文件》下册，台湾"中研院"近代史研究所 2003 年版，第 1129 页。

② 参见《为争取世界和平而斗争到底——拥护世界和平理事会的伟大决议》，《争取早日缔结和平公约》，《人民日报》1951 年 2 月 28 日、3 月 4 日。

上说，它需要在同国际体系的互动过程中建构起来，必须得到亚洲新兴国家和其他大国的承认，否则就成为自娱自乐了。日内瓦会议恰好提供了一个重要的舞台，周恩来有机会同世界上除社会主义国家和共产党之外的从美欧列强到东南亚的各类国家直接交往，展开谈判，解决地区冲突。这种经历是近代以来中国领导人的第一次，也是之后近20年里的唯一一次。国际社会当时也普遍认为，通过朝鲜战争和援越抗法，中国奠定了东亚强国的地位，解决东亚冲突离不开中国的参与和合作。这是东亚国际政治的基本事实，也是基本特点之一。

这时第一次印支战争正处在转折的关头。法国人对撤出犹豫不决，美国则跃跃欲试地企图军事介入，越南领导人矢志要赶走法国殖民主义者，实现国家统一以及建立在其领导下的大印支联邦。越共中央有不少人自信已经拥有彻底驱逐法国殖民者的军事能力，不过他们并没有重视面临的高风险，即美国随时可能迅速和大规模地军事介入。以往的研究忽略了东南亚一些国家的反应，它们这时既不希望同美国结成军事同盟，更反对法国的殖民主义政策，但都希望印支能实现和平。中国已经大致了解到，科隆坡会议国家当时设想的解决办法大致上是越南的南北临时分治，甚至可以接受将包括河内在内的越南北部划归越南控制，以及法国军队最终撤出印支。①

上述局面使中国面临选择：或者继续援越抗法，帮助越南实

---

① 《一周电报汇编第八十三期（关于亚洲五国总理会议问题）》，1954年4月30日，中华人民共和国外交部档案馆：102—00212—06。

现独立统一，同时甘冒美国军事介入甚至再打一次朝鲜式战争的风险；或者选择尽快通过谈判结束冲突，这样既能阻止美国军事介入，也可以安定西南边疆，减轻财政负担，同时安抚一批东南亚邻国。后一种选择同中国决定在朝鲜停战的深层理由在逻辑上是一致的。这时中国领导人正制定塑造东亚秩序的新政策，包括在东亚建立"和平统一战线"和"和平中立地区"，争取同亚洲新兴国家缔结一项"亚洲和平公约"，以及阻止美国在东南亚建立包围中国的军事同盟体系。目的是"安定四邻"包括稳定东南亚局势，以便集中精力完成刚刚起步的第一个五年计划。中国选择了后者。

日内瓦会议有关印支问题的谈判是从 5 月 8 日开始，主要的参与者除英法苏外，还有越南、老挝、柬埔寨三国中对立各方的代表。中国实际上在对手和盟友两个方面都面临难题。一方面，中国的谈判对手美英法同属一个阵营，但也存在相当明显的分歧。美国更多是基于冷战的战略考虑确定立场，而英法则是从维护殖民主义利益的立场出发。中国领导人需要在抵抗美国的遏制战略和反殖民主义两个战略层次，处理同美英法的关系。这是中国同其他相关东亚国家最大的不同。

另一方面，中国还面临自己盟友内部几乎同等复杂的纠葛，其中最大的难题是如何说服越南。后者最初的目标是通过谈判加速完成国家统一，至少也要能很清楚地看到统一的前景。对于他们，能用和平方式达到目标当然更好，不过使用武力也未尝不可。

周恩来在会议期间殚精竭虑，为促成停战作出巨大努力。谈判涉及的领域极为繁杂，包括越南与老挝、柬埔寨停战分别处理、越军撤出老柬、越南和老挝是否分区停战、分区停战线的位置以及停战后的全国选举，等等。会议几次陷入僵局，关键的转折出现在 7 月初休会期间。周恩来通过同英法代表会谈，确认了停战后老、柬将保持中立以及同法国新总理孟戴斯—弗朗斯直接会谈，确认法国决心结束战争。之后，他利用休会期返回中国柳州，与越共中央举行了三天秘密谈判，终于说服这个盟友放弃了不切实际的幻想，接受尽快停战的原则。越共中央在会后通过《关于日内瓦会议的方案和谈判问题》的决议，并于 7 月 5 日电告在日内瓦的代表团。[①] 周恩来第二天从柳州返回北京，当晚向毛泽东等汇报了全部情况。在 7 月 7 日专门召开的中共中央政治局扩大会议上，与会者都明确支持周恩来的行动，会议提出了更加进取的方针："主动、积极、迅速和直截了当地解决问题，在不损害基本利益的前提下，做个别让步，以求达成协议。"[②]7 月 12 日，周恩来返回日内瓦，当天即与越南代表范文同会谈，促使后者接受中越会谈决议，"要主动、积极、迅速地解决问题。"[③]

中国政策的变化至关重要。在随后的谈判中，法、越双方在周

---

① 参见牛军：《冷战与新中国外交的缘起（1949—1955）》，社会科学文献出版社 2013 年版，第 406—407 页。

② 《毛泽东关于中国代表团参加会议方针政策的讲话（节录）》，1954 年 7 月 7 日，中华人民共和国外交部档案馆编：《中华人民共和国外交部档案选编（第一集）1954 年日内瓦会议》，世界知识出版社 2006 年版，第 185 页；金冲及主编：《周恩来传》上卷，中央文献出版社 1998 年版，第 189 页。

③ 中共中央文献研究室编：《周恩来年谱（1949—1976）》上卷，中央文献出版社、人民出版社 1997 年版，第 397 页。

恩来的推动下，终于同意以北纬 17 度线为界停战。7 月 21 日，经过长达 75 天的讨论，各方在最后一次全体会议上终于达成了恢复印支和平的协议和三个停战协定，并发表了最后宣言。中国周边地区的又一场战火熄灭了，周恩来立即给予会议非常积极的评价："缓和了紧张局势，并为进一步协商解决其他重大国际问题开辟了道路。"①

日内瓦会议的成功使中国领导人决心更大幅度地调整对东亚的政策，实际上此时东亚国际关系也酝酿着重大变化。在日内瓦会议召开前后，冷战初期兴起的中立不结盟思潮在东南亚发展为一场地区性运动，这首先表现为美国建立东南亚军事联盟体系的政策遭到一些东南亚国家抵制。在 3 月 6—8 日召开的马尼拉会议上，只有菲律宾和泰国两个东南亚国家参加，美国试图拉拢的印尼、缅甸、柬埔寨等均予以拒绝。

其次是在 1954 年 4 月 28 日到 5 月 2 日，锡兰、印度尼西亚、印度、缅甸和巴基斯坦等五国总理召开科隆坡会议，讨论召开一次由亚非国家参加的会议。这一倡议最初是由印尼总理沙斯特罗阿米佐约于 1953 年 8 月首次提出的，它反映了东南亚地区民族主义高涨，混合着反殖民主义运动和反对大国（包括美苏）干预和操纵地区事务的各种复杂的诉求。沙斯特罗阿米佐约的个人抱负和看法也起了重要作用，他相信新独立的国家的团结合作对维护世界和平至关重要。他本人在科隆坡会议上作出巨大努

---

① 《周恩来离开日内瓦时发表的声明》，1954 年 7 月 23 日，中华人民共和国外交部档案馆编：《1954 年日内瓦会议》，第 484 页。

力，推动参会国家同意在公报中明确表达了"召开亚非国家会议的愿望"，以及"赞同印尼总理探寻召开这样一次会议的可能性"。①12月28—30日，上述五国领导人又召开了茂物会议，就召开亚非会议达成明确的共识。会议发表的联合公报公布了将邀请与会的25个国家的名单，其中包括了中国。在会议期间，五国之间最大的争议就是是否邀请中国参加。发生这一争议固然有美国施加影响加以阻止的原因，中国有同苏联结盟的社会主义国家的身份也是客观事实。向中国发出邀请最终因缅甸总理吴努强有力的坚持而确定下来。他强调如果没有中国与会，缅甸将"不出席"。②

以1954年4月科隆坡五国会议为标志的亚洲新兴国家集团兴起，这一趋势同样牵扯中国政策的走向和日内瓦会议的结局。中国对中立不结盟运动的看法以及与此相关的五国的外交活动等，并非一开始就是积极肯定的。依据中共的传统理论，在已经形成了两大阵营的国际政治分野中，"中立主义"是危险的和有害的，任何国家都必须在两个对立的阵营中选边站，而且不站在苏联一边就是"反革命"。③朝鲜战争导致的安全形势恶化促使他们重新考虑对东南亚国家的政策，毕竟打破美国建立军事包围圈对于维护和改善中国的安全环境已成当务之急，而那些拒绝美国结盟要求的东南亚国家给中国提供了有利的条件。

6月25—29日，周恩来利用日内瓦会议休会期间，闪电式地

---

①　王绳祖：《国际关系史（1949—1959）》第八卷，世界知识出版社1995年版，第237页。
②　王绳祖：《国际关系史（1949—1959）》第八卷，世界知识出版社1995年版，第240页。
③　刘少奇：《论国际主义与民族主义》，《人民日报》1948年11月7日。

访问了印度和缅甸。北京的领导人同意周恩来这次访问的指导思想包含着对中立主义的看法和评价的重大转变，他们最初是意识到，在美国推行遏制政策和建立军事同盟体系的背景下，"若能保持东南亚一个中间集团"，对维护中国的安全和缓和国际紧张局势"均有利"。① 周恩来的设想更积极，他将访印的主要目的界定为"为缔结某种形式的亚洲和平公约做准备工作，以打击美国进行组织东南亚侵略集团的阴谋"。② 由于这时中国正筹划组建自己主导的亚洲和平战线并签署"亚洲和平公约"，周恩来在访印、缅期间，对他们拟议中的亚非会议并不积极。

中国政策的转折点是前述 7 月 7 日的政治局会议。毛泽东在会议发言中阐述了他的"中间地带"思想，东南亚地区亦随之被赋予了更为重要的战略意义。③ 随后印、缅等亚洲领导人相继到访，这也增强了中国领导人对东亚形势的自信。在此背景之下，12 月 1 日，毛泽东亲自向到访的吴努表示，"对于亚非会议，我们很感兴趣"，"希望参加这个会议"。④ 在万隆会议召开之前不久，刘少奇系统阐述了中共中央对中立主义和万隆会议的新看法。他认为"对于中立国的作用要有充分的估计"，

---

① 《告总理访印》，1954 年 6 月 20 日，中华人民共和国外交部档案馆藏：203—00005—02（1）。

② 《总理访印目的及计划》，1954 年 6 月 22 日，中华人民共和国档案馆藏：203—00005—02（1）。

③ 牛军：《冷战与新中国外交的缘起（1949—1955）》，社会科学文献出版社 2013 年版，第 466—467 页。

④ 中华人民共和国外交部、中共中央文献研究室编：《毛泽东外交文选》，中央文献出版社、世界知识出版社 1994 年版，第 177—186 页。

"特别是扩大和平区域和抵制美国组织侵略性军事集团的阴谋，中立国的作用是不可忽视的"，中国需要"重视即将召开的亚非会议"，"立场必须坚定，策略必须灵活，态度必须友好"，从而坚定他们的"中立主义立场"。① 中国政策的转变和积极支持亚非运动，有力地加强了东亚的中立主义力量，是万隆会议得以成功召开的重要原因之一。

1955 年 4 月 18 日—24 日，万隆会议隆重召开。这是一次没有任何一个欧美国家参加的地区多边会议，议题则涵盖了亚非两个大洲的各项重大事务。如果综观近代以来的东亚历史，仅此一点就意义重大。

万隆会议之于东亚战后秩序的重要意义，首先在于会议提倡并初步建构了亚洲"认同"。正如尼赫鲁所言，"几百年来，亚洲问题主要是在亚洲之外决定。这种倾向现在还存在。但是，现在越来越多的人认识到，以后要忽视亚洲国家对它们自己或它们邻国的想法，将是不可能的"。②

其次是会议通过的决议确认，亚洲新兴国家将在和平共处的原则下，以独特和中立的姿态处理国际安全、裁军和反殖民主义等战略问题。客观地看，亚非运动中的东亚国家没有一个认认真真地在设想过，要成为冷战体系中的第三方，尤其是东亚大国中国本身就因为与苏联结盟而是冷战中的一方。这些国家本身既没有实

---

① 中共中央文献研究室和中央档案馆编：《建国以来刘少奇文稿》第七册，中央文献出版社 2005 年版，第 129 页。
② 陆诒：《亚洲地区新形势》，新知识出版社 1955 年版，第 53 页。

力、也没有意愿去构建一个冷战的第三方。但会议的影响的确是重大和深远的，包括对每个参与国的国家认同的长期影响、对界定和处理战略问题的原则达成的共识以及这些国家间建立起来的各种多边双边的联系等等。会议的这些成果都深刻和有力地冲击了冷战体系及其在这个地区设置的国际议程和解决方式。因此，应该说以万隆会议为标志，战后东亚秩序基本形成。

纵观本章涉及的十年，东亚经历了巨大的变革时代。一方面是二战基本结束了日本靠军事扩张和侵略战争建立的"大东亚共荣圈"，但并没有根本结束列强对地区事务的干预和强大的影响力，它们之间的外交纵横捭阖和对抗、冲突等，是导致东亚在战后战争与冲突不断的重要推动力，也是东亚国家之间形成尖锐对抗和东亚各国内部出现剧烈政治与社会矛盾的重要推动力。殖民主义统治、帝国主义战争的遗产等等，给战后东亚秩序造成的影响是巨大的。这个地区在战后初期还面临着清除战前和战争期间大国关系遗留物的历史性任务，不幸的是恰逢此时爆发了美苏冷战并向东亚地区大规模蔓延。

以欧洲为中心的冷战对抗向东亚蔓延的规模之大、速度之快，都是独一无二的。尤其是冷战向东亚蔓延是以大规模战争的方式展开的，剧烈的军事冲突给东亚国家间留下了长期难以弥合的裂痕。由于冷战具有不同于以往帝国战争或殖民主义战争的特点，其中至关重要的是美国和苏联都认为他们所倡导的思想是普世性的，认为那些在他们之间造成相互敌对的思想适用于全世界各个国家、民族、个人。可以这样说，美苏冷战的激烈程度很大部分是因为双方及其支持者所抱有的坚定信念，他们都认为自己代表着真正的现代性，也是人类最终和最伟大的希望。客观地看，美苏两国在法西斯主义、殖民主义、帝国主义都被历史所抛弃之后，向世界展示了尚有希望获得成功的两种模式和选择。它们给东亚带来了严重的后果，一方面是在有些国家给政治集团夺取国家权力的进程造成了不同的影响，以及对每个新国家的建国模式都提供了不同的选择，造成一些国家的长期分裂和内部对立。另一方面是在东亚地区形成了对立的军事集团。

本章基于新冷战史成果和历史档案的分析也证明了，二战后东亚秩序中主要的推动力之一和最重要的变革力量，是二战后出现的包括中国在内的一大批新兴国家。它们处于不同的发展状态，面临不同的挑战和问题，在推翻外来殖民统治之后要实现现代化，必须完成"建国"的任务。在东亚，一些政治集团被淘汰，一些政权被推翻，从根本上说是未能合理地完成"建国"。另一方面，冷战之所以在东亚蔓延尤速且规模巨大，同东亚这种特殊的历史进程有直接关系，毋宁说这是东亚国家选择的结果。他们是东亚秩序的直接缔造者，也因此决定性地约束着列强在东亚的作为。

20 世纪 50 年代初期，东亚国家已经普遍走上建设现代国家的道路，这是 1955 年春在印度尼西亚的万隆召开第一次亚非会议的主要背景。此后东亚进入一个相对稳定的时期，尽管小规模的冲突和一些国家的内战、动乱还在继续。不过后来的发展表明，这个阶段形成的秩序尚不足以带来根本的稳定和消弭战争，其原因很大部分是新兴国家本身的发展及其对外战略选择的不确定性，以及一些国家内部问题未获得根本的解决，以及某些地区事务被"冷战化"。从这个意义上说，到 1955 年万隆会议为之形成的东亚秩序仍属于转型期的。仅仅叙述传统结构的遗产、冷战和新兴力量的分合这三个基本要素的作用，对于理解东亚秩序的形成和发展是十分必要却远远不够的，通过大量个案研究找到其中的机理，是需要进一步完成的任务。

责任编辑：刘敬文（455979309@qq.com）

责任校对：吕　飞

版式设计：胡欣欣

图书在版编目（CIP）数据

历史的回声：二战遗产与现代东亚秩序／牛军　主编 .

　－北京：人民出版社，2015.9

ISBN 978－7－01－015215－8

I.①历…　II.①牛…　III.①国际关系－研究－东亚　②中外关系－研究

　IV.① D822.313 ② D822

中国版本图书馆 CIP 数据核字（2015）第 210054 号

历史的回声：二战遗产与现代东亚秩序

LISHI DE HUISHENG ERZHAN YICHAN YU XIANDAI DONGYA ZHIXU

牛军　主编

人民出版社 出版发行

（100706　北京市东城区隆福寺街 99 号）

北京市通州兴龙印刷厂印刷　新华书店经销

2015 年 9 月第 1 版　2015 年 9 月北京第 1 次印刷

开本：710 毫米 ×1000 毫米 1/16　印张：26.5

字数：280 千字

ISBN 978－7－01－015215－8　定价：55.00 元

邮购地址 100706　北京市东城区隆福寺街 99 号

人民东方图书销售中心　电话（010）65250042　65289539